日本の初期農耕文化と社会

甲元眞之 著

同成社

目　　次

第1章　環境と考古学 ………………………………………………… 1
　　第1節　農耕社会と環境の変化　*2*
　　第2節　砂丘の形成と考古学　*15*

第2章　大陸との交流 …………………………………………………… 25
　　第1節　大陸文化との出会い　*26*
　　第2節　大陸文化と玄界灘　*40*
　　第3節　稲作農耕の伝播　*59*
　　第4節　弥生文化の系譜　*72*

第3章　生業とくらし …………………………………………………… 81
　　第1節　九州出土種子の炭素年代　*82*
　　第2節　弥生農耕の展開　*90*
　　第3節　弥生時代のコメの収穫量　*100*
　　第4節　播種と収穫　*113*
　　第5節　稲作栽培と魚　*120*
　　第6節　先史時代九州の植物利用　*130*
　　第7節　海と山と里の形成　*149*
　　第8節　弥生時代のくらし　*159*

第4章　集団と社会 ……………………………………………………… 171
　　第1節　弥生時代の社会　*172*
　　第2節　地域と中枢地帯　*189*
　　第3節　農耕集落の変遷　*197*

第5章　祭祀と呪術 …………………………………………………… 245
第1節　考古遺物と祭祀活動 *246*
第2節　シャーマンと鏡 *257*
第3節　鳥装のシャーマン *270*
第4節　弥生時代の動物随葬墓 *278*

第6章　南の世界 …………………………………………………… 285
第1節　トカラ列島の先史文化 *286*
第2節　広田遺跡の考古学的環境 *301*
第3節　琉球列島の農耕のはじまり *309*
第4節　熊襲と隼人 *326*

初 出 一 覧 ……………………………………………………………… *336*
あ と が き ……………………………………………………………… *338*
索　　　引 ……………………………………………………………… *341*
英 文 要 旨 ……………………………………………………………… *348*

第1章　環境と考古学

第1節　農耕社会と環境の変化

はじめに

「農耕社会が本格的に形成されると、自然にはたらきかけることで大規模な二次的環境をつくり出し、またそれに適応しつつ、ついには高度な文明を成立させた」とみるのが、これまでのこの分野における論者の一般的な見解であった。しかし「環境の変化」を把握するにあたっては、数多くの前提が設けられていることも事実である。環境の変化においてはまず卑近な日常生活から広域に及ぶ変化までのさまざまなレヴェルが想定されるのであり、その内実とわれわれが考古学的資料から具体的に接近することのできる実態との間には「落差」があり、さらに巨視的にみるか微視的にみるかによってその評価には大きな隔たりが生じるのである。さらに考察の対象を弥生時代に限定すると、わずか600〜700年の間のできごとであり、パラダイムの立て方によっては如何様にも解釈される可能性があることなどを想定しておかなければならない。そこでここでは環境の変化を把握することに今日もっとも有力な武器とされる花粉分析による方法の検討を行い、中国の新石器時代の環境変化と考古学的事象との関連を述べ、最後に日本での様相を垣間見てゆくことにする。

花粉分析

花粉分析は出土した植物の種を同定することによって、当時の植生を復元的に把握し、生態的変遷や気候変動を把握することに大きな意味がある。この方法は1915年にフォン・ポストにより開発されたもので、その後デンマークのアイヴェルセンによって、植生の変化と人間のかかわり方、すなわち「人間の農

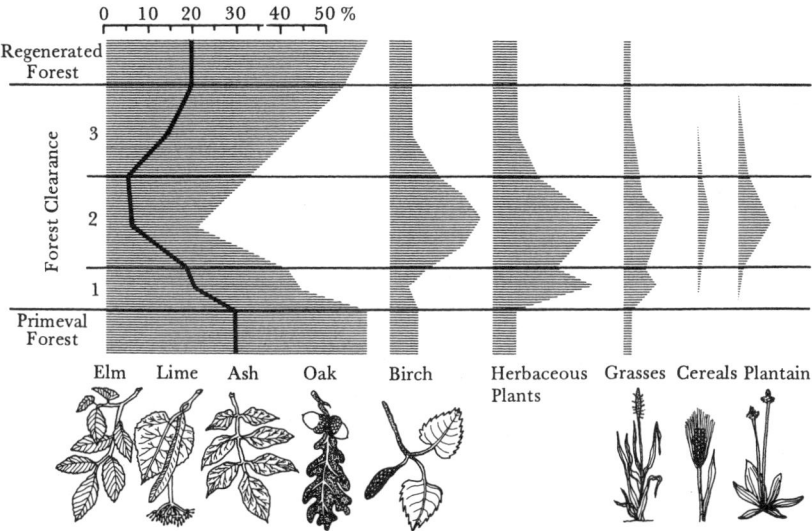

第1図　アイヴェルセンの開拓モデル

耕活動と環境の変化」のメカニズムが明らかにされるようになって、先史学の世界の有力な武器となった。アイヴェルセンが提示したオルドラップ湿地での開拓農耕モデル（landnam model）は次のようなものである（第1図）。

　北欧の原始の森林地帯においてはナラ混交林が極盛相林として発達し、林間をオオバコ、スミレその他雑草が彩りを添える景観がみられる。それが開拓の第1段階では落葉樹林が伐採され、草本類や雑草が急激に増加する。第2段階ではニレ、シナノキ、トネリコ、ナラなどの落葉樹の占める割合が2割以下になるのに対して、カンバ属や草本類、オオバコなどとともに穀物がピークに達する。開拓の第3段階では第2段階で増加した植生がどれも減少するのにくらべ、落葉樹が徐々に増加してゆき、最終段階では森林が回復して元の状態に戻るというプロセスをたどる。

　こうした植生の変化についてアイヴェルセンは、穀物の花粉の増加と森林の減少がともなうことから、人間が森林を開拓して農地を広げたこと、また落葉樹のなかでも家畜の越冬用の餌になるニレを中心として減少がいちじるしいこ

とから、動物飼育を行った結果であるとみた。実際新石器時代の遺跡から家畜の餌として保存されていたニレやカバノキ、ナラなどの葉が発見され、今日でもニレ属の葉は家畜の餌として利用されている。これら花粉の推移は全体として、穀物栽培と家畜飼育をともなった農耕民が自然景観のなかに入り込み、一定期間農耕活動を行った後に、やがて他所へ移動して放棄したことで自然林が回復したのであると解しうる。この開拓の初期の段階においては炭化した木材がみられることから、ヨーロッパ初期の農耕は焼畑移動耕作によるものと推測され、ダニューブ文化の農耕形態に当てはめて解釈されるところとなった。

　このモデルによれば、たとえ遺構や遺物などの考古学的な直接の資料がなくとも、花粉のダイヤグラムを解析し、炭素測定による年代を取り入れることで、植生の変化だけでなく、人間による農耕活動の広がりと規模をも推定することが可能となるのである。すなわち森林の開拓は端的にはニレの急速な減少 (elm decline) によって示され、この花粉の数値の変動により農耕の現象を把握できる可能性が指摘されたのである。事実イギリスでは1960年代から70年代にかけて各地で花粉分析が大々的に行われ、ブリテン諸島全域にわたる「同定花粉分布図」が作成されるにいたり、人間の自然に対するはたらきかけの側面からの考察が多くもたらされるようになったのである。

　しかしながらこのアイヴェルセンのシェーマについては問題がないわけではない。まずニレの減少はある種の「病気」によることも考えられ、かならずしも人間による越冬用の秣として選別的に伐採されたわけではないとの議論が提出されて、未だ決着をみていない。アイヴェルセンは開拓から自然林回復までの期間を短く考えて移動焼畑農耕 slash and burn cultivation を想定したが、新石器時代の1遺跡で採集された木炭の炭素年代の最古の数値と最新の数値との間が遺跡の占有期間 (life span) とすると、それは炭素年代では23世紀、暦年代では28世紀に及ぶとして、アイヴェルセンの開拓モデルは実際には本格的な定着農耕ととらえる人もいる。この解釈はさらにこの本格的な農耕の導入に先立って（花粉分析によるニレの没落）、ある種の穀物花粉や穀物そのものが発見されることにより、初現期の農耕は遡上すると想定することと関連

してくるし、中石器時代にすでに自然に対する操作が行われていた可能性を説く考えにも通じるのである。

ウォーターボルクは中石器時代においてアカザ科の花粉が急速に増大する現象を、自然火災の結果引き起こされた植生の変化よりも、人間による意図的な行為の結果と想定したが（Waterbolk 1968）、テイバー（Taber *et al.* 1971）やメラーズ（Mellars 1976）などにより狩猟の効果を上げるために、主としてシカ科の狩猟動物の食料になる落葉系の二次林を増やすことを目的として、一定範囲内に意図的な「火入れ」を行う民族事例が紹介されている。自然林の後退と植生の変化はかならずしも農耕とのみ結びつくわけではないことも考えておく必要がある。問題なのは自然林の破壊と回復の期間の長さと農耕との同一地域内での具体的な繋がりを指摘することである。

イギリスの新石器時代遺跡においては明確な遺構をともなうことが少なく、生活層も薄く、また遺物の出土量も限られていて、考古学的側面からは決して定着的な、本格的な農耕が営まれていたとは考え難い。このことは long span でみる花粉分析にもとづく環境変化の把握のレヴェルと short span で把握する遺跡動態の様相の差に関係するものと想定できる。金原正明が指摘しているように遺跡や遺構と結びつかないボーリング試料は時間軸の長い、緩やかな変動の時代にこそ適応的なものであり（天理大学考古学研究室 1994）、一般的な環境の変化と特殊具体的な遺跡でのありかたはかならずしも一致しないことがありうることを意味する。自然状態における森林回復に要する時間とも関係するが、イギリスの新石器時代遺跡や遺物の貧弱さからすると、こうした現象は短期間の移動農耕のくり返しとも解釈される余地がある。この点において長期間にわたって継続的に営まれた遺跡や、同一地域内での遺跡相互の編年的連続性を示す条件下でなされる中国新石器時代の花粉分析からする環境復元は、イギリスの場合以上に実際的であるといえる。

中国新石器時代の環境変化

中国の初期農耕文化は栽培穀物と飼育家畜の差異によって、長江流域の水稲

栽培地帯と黄河流域の畑作栽培地帯に区分される。華南地域においてはかなり古い段階において農耕活動に入ったと想定されるにもかかわらず、生活の基盤は狩猟・漁撈・採集に依存する度合いが高く、人間の農耕活動と環境の変化の初期の様相はあまり明確ではない。今日までにもっとも古く遡上する稲作栽培の痕跡は長江の中流域で発見され、最近では淮河流域にまで及ぶことが明らかとなって、中国農耕文化の展開過程がきわめて複雑であったことをうかがわせる。長江下流域での確認される最古の稲作遺跡は河姆渡であるが、文化内容がきわめて高度であり、決して初現期の段階のものではない。

中国の先史時代から歴史時代にかけて体系的に気候変動を論じたのは竺可楨であったが、その後各地の先史遺跡や遺跡付近での花粉分析による情報の質量が増大し、ほぼイギリスでの気候変動と一致することが明らかとなってきた。ちなみにイギリスでの花粉帯の変遷は次のように把握されている（第2図）。

中国湖南省彭頭山遺跡は最古の稲作関連遺物が検出されたことで有名であり、この遺跡内で花粉分析が行われている。第1層は現在の表土、第2〜6層が彭頭山文化層、第6・7層が地山層で、花粉帯としては第3〜7層、第2層、第1層に区分されている。

第1層である現在の表土層ではマツ、フウ、マンサク、シイノキなどの木本類が2／3近くを占め、ワラビ類が1／4と次ぎ、禾本科やアカザ科、ヨモギ属などの草本類は1割未満にすぎない。第2帯では木本類が8割以上を占め、なかでもコウヨウザン、マツ、フウが主要種となっている。草本類はほんのわずかで、ワラビ類にはミズワラビ科、カニクサ科のものが4割以下となっている。第3帯ではコウヨウザンが大多数を占める木本類が2／3から100％を示し、草本類ではきわめて少量のイネやタデ科があるにすぎず、ワラビ類は14％以下となっている。

これらの結果から彭頭山遺跡が営まれていた頃は現在より0.5℃から1℃気温が低いものの、基本的には鬱蒼と生い茂るコウヨウザンの樹木の下でコケ類が繁茂する温暖湿潤気候状態であり、付近の山丘には少数のマツや闊葉樹が見られる景観であった。これがしだいにコウヨウザンの森林が伐採され、徐々に

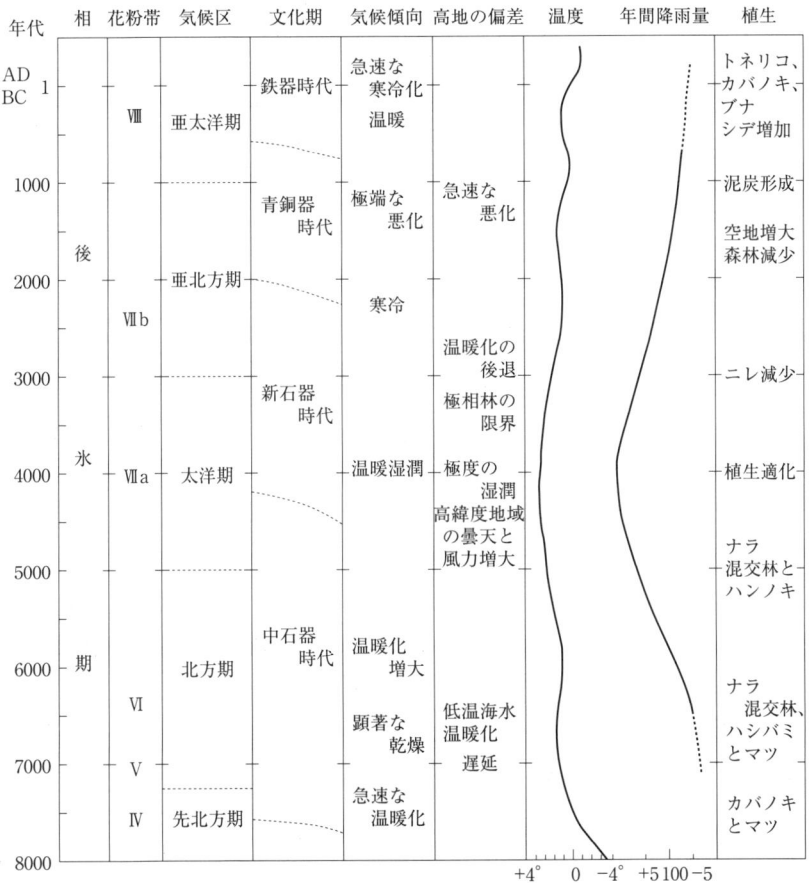

第2図 イギリス自然環境の時代的変化

闊葉針葉混交林に変化していったことがうかがわれる。一方彭頭山文化にやや遅れて出現する淮河流域の畑作栽培農耕としては裴李崗文化を挙げることができよう。その文化期に属する賈固遺跡（BP8600〜7600）では3つの花粉帯が設定されている。現在の地表下1.6mの第1花粉帯では木本類にはマツ属やヤナギ属、ハンノキ属などがみられるが、わずかに6％を占めるにすぎず、草本類のヨモギ属が全体の6割以上に達し、ワラビ類も1割近くに及んでいる。地表下1.5mの第2花粉帯ではヤナギ属、ニレ属、コナラ属（多くはクヌギ）な

どの木本類が2割近くと比重が増し、草本類や灌木類の花粉の比率が低下して4割ほどになり、そのうち約3割がヨモギ属、禾本科やカヤツリグサ科などみられる。ワラビ類は約1割でイワヒバ科が半数を占めている。地表下0.8～1.4mの第3花粉帯ではコナラ属、クリ属、ニレ属などの木本類がみられるが、約6％にすぎず、残りの大部分は水生の藻類が占めている。これらのことから賈固遺跡は疎林の景観から草原へ、そして湖沼へと変化していったことがわかる。

　賈固遺跡で初期の農耕文化が形成された頃は広範にヨモギ属の草原で、付近の丘陵上にはクヌギやハシバミなどの落葉樹木の疎林が開け、水辺ではハスなどが咲いていた。やがて好温性のニレ、フウ、ブナやミズワラビが増加し、耐寒性のヨモギ属が減少することから温度が高まりかつ湿潤な気候が展開し、しだいに湖沼の面積が拡大してゆきつつあったことがうかがえる。これら植物の組み合わせは今日の長江中流域のそれと同様であり、年間降雨量は1200～400mm、年平均温度は16℃～18℃と想定される。

　以上のように水稲耕作地域では自然林が繁茂し、畑作地域では湖沼を控えた草原環境がみられるというまったく相対する景観が展開していた。中国の初期農耕文化はまた異なった環境の下に異なった農耕文化様式から出発したことがわかる。

長江下流域の新石器時代環境変化

　長江下流域では最古の農耕文化である馬家浜文化につづいて、6000年前から5200年前にかけて崧沢文化が展開する。その標識遺跡の崧沢では生土と称される地山層、馬家浜後期層、崧沢前期層、崧沢後期層と西周から春秋期に分けて花粉分析がなされている。

　地山層では木本類の花粉が約半数を占め、草本類は30.5％と第2位であった。木本類のうちではアラカシ、シイノキの花粉がもっとも多く、次いで落葉樹のクヌギ、カシワがあり、草本類ではアカザ科の花粉が絶対多数を占め、少数のヒルムシロ科、イネ科などの花粉があり、水生のミズワラビもわずかに

あった。
　馬家浜文化期では草本類が55〜77％と花粉のなかでは第1位を占め、木本類は19〜43％と減少する。木本類ではアラカシ、ニレ、シイノキ、クワ、ネムなどの属が多く、草本類ではアカザ科の花粉がいちじるしく減少し、水生草本類が50％以上にも達する。水生植物のなかではサジオモダカ科とヒルムシロ科がもっとも多く、そしてイネ科の花粉が急増することが確認されている。
　崧沢文化の段階では花粉に大きな変化が見られる。最下層では草本類の花粉が優勢で、しかも水生草本類が花粉の半数以上を占め、木本類のなかではナラ類、ニレ、ヤナギなどの落葉樹が主体で、常緑闊葉樹のアラカシやシイノキが減少するのに対して、下層ではクヌギ、カシワの花粉が相当数存在し、クワとコウゾが多く、針葉樹のイトスギ科の花粉が増加する。草本類ではイネ科の数量が増大し、草本類のなかの半数以上にも達するのに、水生草本類は大幅に減少する。上層ではふたたびアラカシの花粉が大幅に増え、所によってはクワ科の花粉が第1位となることもある。そのほかにフウ、ネム、イトスギの花粉も一定数あり、水生草本類の花粉も増加している。
　崧沢文化後半期でも花粉の組み合わせに大きな変化が見られる。下層ではクワ科、アラカシの花粉がもっとも多く次いで落葉樹のナラ属、ニレ、ナナミノキも一定数量ある。また針葉樹のなかではコウヨウザンが木本類の15％を占めるという変化がみられる。ワラビの仲間ではミズワラビの胞子がもっとも多い。上層ではクワ、アラカシの花粉は大きく減少し、これに代わってクヌギが最大量に達し、イトスギも増加して木本類の14％を占めるにいたる。そのほかにカラマツ、カシワ、ネムなどの花粉も相当数ある。草本類ではイネ科の数量が比較的多く、水生草本類は減少してミズワラビが多くみうけられるようになる。
　以上の花粉分析の結果から、次のような自然環境の変化がうかがえる。崧沢遺跡に人びとが開拓の鐘を告げる以前は、アラカシやシイノキを主体とした落葉照葉混交林で覆われ、塩生のアカザ科の花粉が多く、水生の草本類が少ないことから、海岸近くの森林高台に遺跡は立地し、付近のわずかな淡水の水辺に

イネ科の植物がみられた。開拓初期の段階は気温が上昇し、湿度も高く、三角州がしだいに拡大して塩生の草本類に代わって水生草本類が増加し、付近には湖、沼あるいは窪地が多数形成され、稲作が本格的に開始された。

ところが崧沢文化期になると照葉樹林は後退し、冷涼を好むイトスギが増加し、水生植物が減少することは、気温が涼しくなりやや乾燥した状態に変化したことを意味する。しかし木本類のなかでクワ科、草本類のなかでイネ科の花粉が増加することは、人類による生産活動の活発化を反映している。ただし水生草本類が少ないことは湿度が下層にくらべやや低下し、温度は今日よりも1℃〜2℃高かったにすぎないと想定される。

崧沢文化後半期になると、落葉照葉混交林が形成され、温暖湿潤な気候が展開していたことが知られるが、最上層（BC1000年前後）ではアラカシが大きく後退し、イトスギが急増して水生植物の花粉が少なくなり、山地には落葉針葉混交林が繁茂することから、気候は今日よりもやや涼しく乾燥し、湖沼は縮小して、現在の地勢に近い状態になったと想定できる。

このように崧沢遺跡ではアトラント（太洋）期からサブ・ボレアル（亜北方）初期にかけて稲作栽培を中心とした人類の活動がうかがわれるが、環境の変化はあくまでも気候変動によりもたらされたものと考えられ、約2mにも及ぶ持続的な文化堆積層があるにもかかわらず、人為的な自然に対するはたらきかけの現象は何もうかがいえない。

中国東北地域の環境変化と農耕文化

環境の変化が人類の生活に及ぼす影響は、低緯度地域よりも北方地域ではより鮮明に表現される傾向にあることが知られている。ここでは中国東北地域を例にとって農耕文化変容の様相を見ていくことにする。

遼寧省西部から内蒙古東南部の台地にかけては、本格的な農耕文化として中原の仰韶文化とほぼ同じ頃紅山文化が開花した。しかしこの紅山文化以前に、狩猟・漁撈・採集といった自然経済に混じってBC5000年頃、興隆窪文化という初現的な農耕文化の存在が認められている。また紅山文化以降は小河沿文化

（BC3000～2200年）、夏家店下層文化（BC2200～1200年）、夏家店上層文化とつづき、夏家店上層文化は殷末から西周にかけての年代が想定されている。興隆窪文化は深鉢形の大中小を器種とする単純な構成をなす土器で示されるもので、環壕で囲まれた集落に居住し、一部にはブタを飼育し、いかほどかの農耕栽培を行っていた。基本的な農耕具は耕起具としての打製石鍬、収穫具として石刃を嵌め込んだ鎌、調理具として擦臼と擦棒という簡単な組み合わせにすぎない。次の紅山文化期になると、土器の器種に数多くのヴァリエーションが登場し、農具も耕起具に大型の石鋤が加わり、収穫具に一部石庖丁もみられるようになる。また飼育する家畜もブタの他にウシ、ヒツジもあって、こうした農耕の基本的様相は小河沿文化にも引き継がれる。ところが夏家店下層文化段階になると大型の耕起具である石鋤が欠落し、石鍬が大量に出土するようになり、家畜動物のなかでヒツジの数が増大してゆくことが知られている。また夏家店上層文化段階になるとブタは存在するもののウマ、ヒツジがまんべんなく多くみられるようになり、狩猟動物にモウコノウサギなど草食性の動物が増加するという変化が認められる。

興隆窪文化段階はボレアル（北方）期からアトラント（太洋）期にかけての最温暖期にあたり、今日の河北省の気候状態に相当すると考えられている。このことから遺跡が形成された台地上はクヌギやカシワ、モンゴリナラを中心とした落葉樹にアカマツやマンシュウアカマツなどの針葉樹が加わった混交林が繁茂し、イタヤカエデが彩りを添え、河川や湿地付近ではハルニレ、ヤチダモ、マンシュウグルミなどが存在していたという景観を彷彿させる。こうした植生の下ではシカ科の動物を中心としてイノシシ、ゴラール、イタチ、キツネ、ツキノワグマ、タヌキ、キエリテンなどの動物の生息に適していて、遺跡から発見される動物相とも一致している。

アトラント期の紅山文化期には徐々に農耕生産活動が活発化し、森林伐採後の厚い腐食土を耕起するための大型の石鍬が開発され、小型の石鍬とともに使用された。ところが小河沿文化段階になると花粉のダイヤグラムのなかで落葉樹の後退にあわせて、マツ属やヨモギ属が増加し、やがてヨモギ属が一般化す

ることがうかがえるようになる。これは一方では自然林の回復がのぞめなくなったことを意味し、これは動物相でのシカ科の減少と、ヒツジやウマの増加でも示される。気温の冷涼化と乾燥化によって自然林の回復力が弱まり、森林草原の景観が出現したことを物語る。深耕用の大型の石鍬が消失することは、森林消滅による腐食土の薄化と乾燥化の下での土壌水分保持のための、浅耕用の石鍬の大量化と結びつくものである。環境の変化に対応しながら農耕方式を変化させ、家畜動物の種類を変更させることによって対処したことがうかがえるのである。その後夏家店上層文化段階にいたると、極端な気候悪化により自然林はこの地域では完全に壊滅し、ホルチン砂地の拡大に見られるように、もはやサヴァンナやステップ景観が大部分をしめるようになり、これに応じて一部には畑作栽培を行うものの、ウマやヒツジの飼育に比重を置く生活へと変化してゆき、ついには「水草を追って業とする」遊牧民が登場してくることになる。

　以上の遼西台地での文化様相の変化は、大きくは気候変動と、それを増大させた農耕生産のための森林開拓（焼畑耕作を含め）、それにより結果的にもたらされた環境の変化に先史人が対応的に文化様式を変更させたことからもたらされたと認めることができよう。そこに環境の変化と人間の対応のひとこまをうかがいうる。

日本初期農耕文化期の環境変化

　塚田松雄は後氷期に4花粉帯（RⅠ、RⅡ、RⅢa、RⅢb）を設定し、RⅢbは草本性の植物が増え、マツ属、カンバ属が優勢であることから、人間の農耕開拓による関与のみられることを指摘した。この塚田のシェーマが日本の花粉帯設定の基礎となり、今日まで引き継がれている。しかしこの日本の花粉帯はヨーロッパや中国のそれとくらべて幅が大きすぎるために、かならずしも考古学的事実や海退現象と符合しない側面がある。イギリスや中国のそれと比較すると最温暖期は縄文時代早期後半から前期前半（裴李崗文化期・仰韶文化期）に相当し、縄文時代中期（廟底溝第2文化期・龍山文化期）は冷温期、後期頃

（夏・殷王朝期）はやや温暖期で、晩期（西周末期）は極度な気候悪化の後に徐々に今日の状態に近づいてゆき、弥生時代後半期から古墳時代前期にはやや気候が低下するという傾向が実際的である。

日本に農耕文化が形成される前後の環境変化は最近金原正明により精力的になされているので、氏の研究成果を紹介することで、一文を締めくくりたい。

金原は近畿地方中部の底湿地や遺跡内部に堆積した土壌を分析することで、考古学的事象との接近を試みている（天理大学考古学研究室 1994）。それによると縄文晩期に近畿地方では泥炭や砂による埋積作用が確認されている。寒冷期に基準面の低下があって河谷や河道が形成され、後の縄文晩期後半期から弥生初期にかけての温暖化にともなって、埋没作用があったことを示す。この頃の植生はカシ類を中心とする照葉樹林が繁茂し、イネ科やカヤツリグサ科を主とする湿地とヨモギ属の生える微高地が入り交じった状態であった。弥生時代にはイネ科の花粉が増大し、底地帯での木本類は減少して、二次林であるエノキ、ムクノキが増加するが、木本類の多寡は遺跡によって異なることが示される。これは弥生時代の森林開拓は遺跡周囲の小規模な範囲内に止まっていたことを示し、大規模な開拓は古墳時代末から奈良時代以降を待たねばならなかったことを意味している。

引用文献
〈日本語〉
甲元眞之 1989「東北アジアの石製農具」『古代文化』第41巻第4号
甲元眞之 1991「東北アジアの初期農耕文化」『日本における初期弥生文化の成立』文献出版
甲元眞之 1992「長江と黄河」『国立歴史民俗博物館研究報告』第40集
塚田松雄 1974『花粉は語る』岩波書店
辻誠一郎 1988「自然環境」『季刊考古学』第23号
天理大学考古学研究室 1994『奈良盆地の古環境と農耕』
〈中国語〉
竺可楨 1972「中国近五千年来気候変遷的初歩研究」『考古学報』1期
侯仁之編 1984、1989『環境変遷研究』第1輯～第3輯

湖南省文物考古研究所花粉実験室1990「湖南省澧県彭頭山遺址花粉分析与古環境」『文物』8期
周昆叔編1991『環境考古研究』第1輯
上海市文物保管委員会1987『崧沢』
中国科学院地質研究所花粉分析組他編1984『第四紀花粉分析与古環境』
〈英語〉
Barker, G. 1985 *Prehistoric Farming in Europe*. Cambridge University Press.
Mellars, P. A. 1976 Fire ecology, animal populations and man. *Proceedings of the Prehistoric Society*. Vol. 42.
Mercer, R. ed. 1981 *Farming Practice in British Prehistory*. Edinburgh University Press.
Renfrew, C. ed. 1976 *British Prehistory*. Duckworth.
Simomns, I. ed. 1981 *The Environment in British Prehistory*. Duckworth.
Taber, R. D. *et al*. 1971 Controlled Fire in the management of North American Deer. Duffey. E. & Watt A. S. ed. *The Scientific Management of Animal and Plant Communities for Conservation*. Blackwell Scientific Publications.
Thirsk, J. ed. 1967 *The Agrarian History of England and Wales*. Cambridge University Press.
Waterbolk, H. T. 1968 Food Production in Prehistoric Europe. *Science*. Vol. 162, No. 3858.

挿図の出典
第1図：Barker 1985より、第2図：Taylor 1980より

第 2 節　砂丘の形成と考古学

はじめに

　日本考古学研究の基本は、考古資料の型式学的処理をへて対象の時空的把握を行い、それにもとづいて研究対象の個別分析を試み、考古資料を通してその歴史的世界を明らかにするものである。その際、設定した考古資料の型式的序列が妥当なものであることを裏づける方法として、共伴関係出土事例の数量的把握とともに、層位的検証が重要な役割を担うことはいうまでもない。ところが一般に、日本列島においては考古学的文化層の堆積は薄く、オリエントや中国にくらべて小規模な遺跡が多いのであり、またその後の歴史においての生産活動が活発に営まれてきたことから、個々の調査現場においてはコンタミネーションをつねに想定しなければならず、確実な層位的検証にはむずかしい側面があることも否めない。したがって日本列島における層位的研究において、浜田耕作が「火山灰」という自然活動を重要視した（浜田 1922）ことはきわめて適切であったとすることができよう。ただ単に連続する層位の相対的上下関係ではなく、洪水とか火山灰降下とかの自然現象がもたらす無遺物層を介在させることで、明確な時間的前後関係を把握することの必要性が要請されたのである。こうした層位的研究はここ二十数年来、新東晃一をはじめとする南九州の研究者により着実に進展してきた。AT の降灰から AH の降灰までの数枚の火山灰をキー層として把握し、縄文時代早期・前期の土器の編年研究と遺跡動態的変化の追求においてすばらしい成果を挙げている（新東 1980、1996、1997）。

　こうした自然現象を取り込んでの遺跡の形成過程を把握する試みは、日本でもこれまで少なからずなされている。しかし砂丘の形成を指標として時間的前

後関係を把握する試みは十分とはいい難いのが実情である。

砂丘の形成

　日本列島は四周海に面しており、複雑に海岸線が入り乱れる小さな谷あいには、小規模のものを含めて多くの箇所に砂丘の分布が認められる。そして沿岸地帯に立地する先史時代の遺跡の多くは、こうした砂丘上での日常生活をおくる基盤として、あるいは墓域として利用されてきた。

　縄文時代前期に位置づけられている曾畑式土器が堆積する層の直上には、しばしば砂丘が形成されていることが知られている。鹿児島県大浜遺跡や一湊松山遺跡（上屋久町教育委員会 1981、鹿児島県立埋蔵文化財センター 1996）がそれで、熊本県大矢遺跡でも砂の堆積が確認されている（本渡市史編さん委員会 1991）。一湊松山遺跡では曾畑式土器が砂層から検出されているが、これは砂が堆積した後、永らくの間植生の回復がないために、砂の移動がもたらした結果であると考えられる。大矢遺跡の場合は曾畑式土器を包含する層は礫で成り立っていて、風による砂や遺物の移動が困難であったために、本来の層位関係を保っていたと想定できる。この大矢遺跡のように礫層が曾畑式土器の包含層であり、その上部に砂が堆積している例は、熊本県小波戸遺跡（大坪 2004）や五島列島の中島遺跡でも確認されている（熊本大学考古学研究室中島遺跡調査団 2001）。

　砂層の上部から検出される土器は小波戸遺跡や中島遺跡では縄文時代後期初頭の土器群であるが、大矢遺跡では中期初頭の並木式土器が出土している。これにより砂丘の形成は曾畑式土器と並木式土器に挟まれた時間帯のことであったと想定できる。

　同様に縄文時代後半期から弥生時代前期にかけての時期の砂丘について考えてみよう。この時期の砂丘上に営まれた生活遺跡の代表として、五島列島の福江市白浜遺跡を挙げることができる。

　白浜遺跡は福江市の東南部沿岸に立地する貝塚をともなう居住地で、砂丘の下位からは縄文時代後期中頃の土器が、砂丘上位からは板付Ⅱ式土器を中心に

夜臼式土器や若干の板付Ⅰ式土器も検出されている（福江市教育委員会 1980）。さらに夜臼式土器段階の埋葬址も砂層を掘り込んで構築されていることから、砂丘の形成は縄文時代後期中頃以降、夜臼式土器が使用される以前の時期であることが知られる。もっとも一部夜臼式土器が砂層のなかで検出されていると報告書には記載されているが、これは砂丘にありがちな砂の移動にともない本来的な位置関係が崩れた結果であると想定できる。砂丘が形成された後に植生の回復が十分ではない場合は、砂の二次的移動はつねに生じるものであり、したがって、砂丘形成の終末時期を明確にするには、遺物包含層だけでなく、砂丘と遺構の層位関係から接近する必要がある。

　砂丘の上位に、あるいは砂丘の上面から掘り込まれて遺構が形成された事例としては、同じく五島列島の宇久松原遺跡を取り上げることができよう。これは宇久島平港の背後に形成された砂丘上に立地する弥生時代の埋葬址で、夜臼式土器を副葬する支石墓や夜臼式丹塗磨研壷を用いた壷棺が多数発掘されている（宇久町教育委員会 1997）。これら埋葬址は砂層を掘り込んで構築されていて、層位的に砂丘が堆積した後にこれら遺構がつくられたことを示しており、これと同様の事例は玄海灘に面した福岡県藤崎遺跡（福岡市教育委員会 1985）や新町遺跡でも確認されている。新町遺跡では砂丘上に構築された最古の遺構は、夜臼Ⅰ式土器を副葬する支石墓であることが判明している（志摩町教育委員会 1987）。しかも夜臼式土器段階の埋葬址は十数基にも達していて、短期間に継続的に墓が営まれ、墓地の形成が板付Ⅰ式土器段階まで連続して引き継がれていることはきわめて重要である。宇久松原遺跡や新町遺跡、藤崎遺跡の事例から、夜臼Ⅰ式土器以前に砂丘の形成時期を想定することが可能である。山陰沿岸から九州各地にかけての沿岸部に立地する砂丘上には、夜臼式土器や板付Ⅰ式土器をともなう埋葬址が広範に点在していることが知られている（甲元 2003）。このことは、弥生時代早期には西日本の砂丘は安定期を迎え、当時の人びとにとって利用可能な空間であったことを物語っている。すなわち、これら西日本に共通する砂丘利用状況から、弥生時代早期から前期の段階には砂丘の形成は終止符がうたれ、植生の回復がみられたことが知られるので

ある。

　他方、砂丘形成の始まりの段階に関する情報はあまりない。縄文時代においては砂丘の形成は数回確認されているので、夜臼式土器段階以前で夜臼式土器の使用時期に接近した土器を出土する事例が、ここで検討の対象としている砂丘形成年代の限定に役立つものである。前記した白浜貝塚では砂丘下のもっとも新しい土器は縄文時代後期中頃の北久根山式のそれであった。縄文時代後期の遺物は礫層のなかに認められることから、砂の堆積はそれ以後のこととなる。長崎県壱岐郡石田町の大久保貝塚では、海岸の砂礫に混じって縄文時代晩期の条痕文土器破片が検出されていて、その上に砂丘の堆積が確認されている（甲元他 2002）。このことからこの時期の砂丘の形成は、縄文時代後期中頃ではなく、さらに下って縄文時代晩期前半以降の時期に限定できる可能性を示している。

　福江市大浜遺跡では砂丘堆積の直下第5層から黒川式土器が単純なあり方で検出されている。このことを根拠に、砂丘の形成は突帯文土器の時期から、板付I式土器の間に急激な砂の供給があったことが福田一志により指摘されている（長崎県教育委員会 1998）。鹿児島県一湊松山遺跡においても、黒川式土器の上層に砂の堆積が認められることは（上屋久町教育委員会 1981）、西日本におけるこれら砂丘の形成が、ほぼ同一期に、同一の原因により引き起こされたものであることを示唆しており、上述した資料から西日本におけるこの期の砂丘の形成は、黒川式土器と夜臼I式土器に挟まれた期間内（初期突帯文土器使用期）のできごとであったという、さらに時間的な限定が可能である（第1図）。

　こうした砂丘には細かな貝類が多数含まれていることから、沿岸部の砂が風により運ばれて堆積した風成の砂丘であることが確認される。風成砂丘は海水面が低下し、浅い海底に堆積していた砂が地上に露出することで風に吹き寄せられて、硬い岩盤を核として形成されるものであり、寒冷化による海水面の下降現象にともなってもたらされる自然現象である。この時期に海退現象がみられることは、川崎市でのボーリングコア調査により陸上の有機物の供給量が急

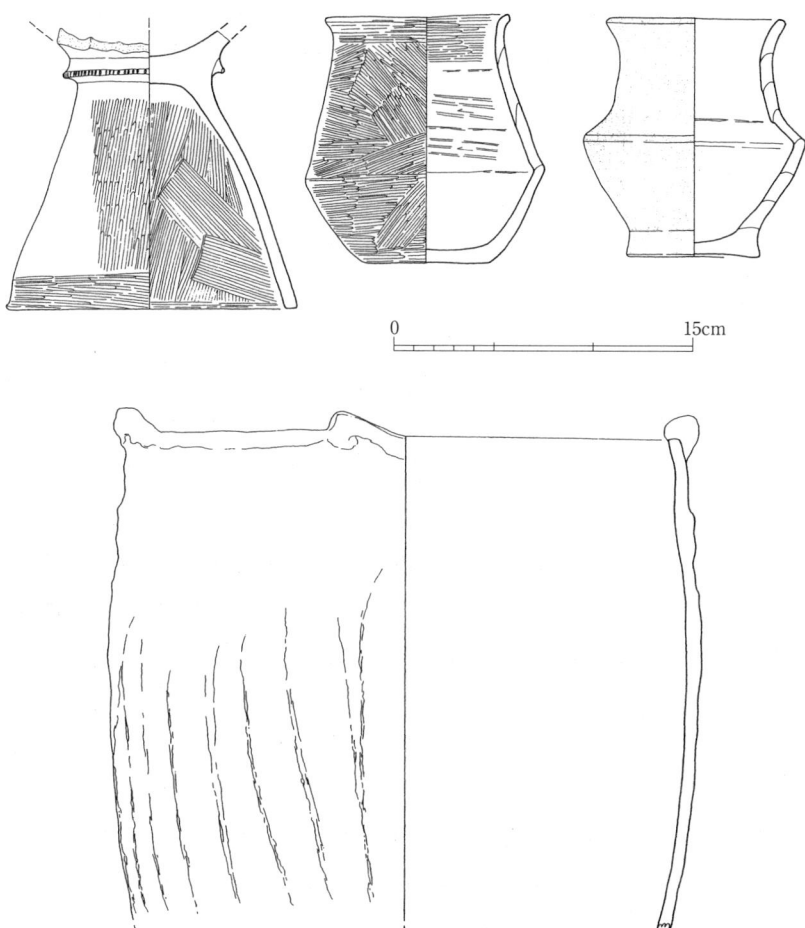

第1図 新町遺跡出土夜臼式土器(上段)と大浜遺跡出土黒川式土器(下段)

速に増加することで把握されている(安田 1994)。したがって初期突帯文土器が使われた時期に、寒冷化現象が東アジア各地で確認されるとしたら、これら寒冷化にともなう環境の変動と西日本においての砂丘形成という考古学的事実がうまくかみ合うこととなるのである。

中国での事例

ここでは、中国北方地域で自然環境の変化が具体的に考古学資料で認められるいくつかの事例を取り上げてみよう。中国黒竜江省東翁根山遺跡では、砂丘の形成過程と文化層との関係がよく検討されている（葉啓暁・魏正一・李取生 1991）。ここでは発掘調査により、文化層と砂層が互層になった状態が明らかにされている。考古学的な文化層が形成されるのは、砂丘の生成活動が止まり、樹木や草が繁茂する状況下に腐植土が生成される時期であり、東翁根山遺跡においては、砂丘の生成と停止が交互にくり返されたことを示している。そのうち第Ⅲ層と区分された古土壌層は白金宝文化に属する文化層で、上下を砂層で挟まれていた。この層位関係から、白金宝文化が終焉した後にふたたび砂の厚い堆積があったことを物語っている。

白金宝文化は吉林省北部と黒竜江省南部に広がる松嫩平原を代表する青銅器時代の文化で、多くは河川や湖沼に面する台地上に遺跡が形成され、漁撈関係の遺物を多量にともなうことで有名である。鉢や壺および罐に描かれた幾何学文は魏営子文化の系譜をひくものであり、大甸子遺跡出土土器の文様と共通性が認められる。さらに鬲の形状は夏家店上層のそれと類似することから、白金宝文化の終末は商代末期から西周前期にかけての頃の年代と時間的に並行するものと想定されている（黒竜江省文物工作隊 1980、譚英杰他 1991）。すなわち西周前期以降、この地域でも大規模な砂丘が形成される自然条件が醸成されていたことを示している。

内蒙古赤峰地区の大甸子遺跡での花粉分析の結果によると、紀元前1500年頃は湿潤高温であったものが、紀元前1000年頃を境として急速に低温乾燥状態になったことが報告されている（中国社会科学院考古研究所 1996）。遼東半島南部での花粉分析結果からもこの頃急速な温度低下が確認されている（Laboratory of Quaternary Palynology and Laboratory of Radiocarbon 1978）。竺可楨はこの時期の年平均気温が約3度低下したと推測した（竺可楨 1972）。同様な現象は内蒙古中央部でも確認されていて、考古学資料では広範囲にわたる

自然条件の変化があったことが指摘されているのである（田広金・史培軍 1997）。そこでは、急速な寒冷乾燥化は樹林の後退と草原・荒地の出現を引き起こし、農耕生産を不可能にしたことが類推されていて、こうした環境の変化にあわせて、青銅器を所持する移牧民が急速に展開していったことが明らかにされてきた。これらの諸現象は紀元前一千年紀初め頃に、中国北方地域では広範囲にわたり寒冷乾燥化が進行していたことを物語るものである。

『太平御覧』が引用する「史記」によれば、「西周孝王 7 年、大雨と霰が降り、牛馬が死んで漢水や長江が結氷した」とある。また『竹書紀年』には夷王の後半期にも大規模な乾燥状態が連続したことが記録されている。この「大旱状態」は『太平御覧』引用の「史記」により東周の宣王が即位した時期までつづいたことがわかる。この文献上での記録は、先に述べた考古学的事実とよく符合し、紀元前 9 世紀中葉から 8 世紀末葉までの間、中国北部地域では寒冷乾燥化がいちじるしかったことがうかがえる。またこの頃西日本に形成された砂丘成分のなかに黄土に起源する物質が含まれていることは（成瀬他 1997）、紀元前一千年紀初め頃の中国北部の寒冷化・乾燥化と西日本の砂丘の形成が同時期であったことの証左となるものである。

こうした自然環境の変化はイギリスの鉄器時代でも指摘されていて、紀元前一千年紀初め頃に泥炭層の形成が顕著に認められるし（Simmons and Michael 1981, Fowler 1981）、また日本列島においても、東日本の縄文時代晩期前半には遺跡内に泥炭層が形成されているのが確認されているし（八幡 1973）、尾瀬ヶ原での花粉分析結果にも示されている（阪口 1989）。また近畿地方でも泥炭層の形成がこの頃認められている（天理大学考古学研究室 1994）。泥炭層の形成は湿潤な状況下にあって急速に寒冷化が進むときに生じるものである。紀元前一千年紀の初めの段階に、世界的な広がりで極端な寒冷化が起こり、イギリスと日本では湿潤化が、中国大陸北部では乾燥化が生じていたことを物語るものであるとすることができよう。

おわりに

　今から約12,000年前のヤンガー・ドライアス期の寒冷化は、後氷期の急速な温暖化により海流の動きが停止したことで引き起こされたとされる。しかし、紀元前一千年紀初め頃の寒冷化現象は、海流と直接に関係する資料は今のところ提示されていない。むしろこの時期、炭素年代測定値にいちじるしいイレギュラーが生じていることはこの際注目されるのである（国立歴史民俗博物館 2003a、b）。この根本的な原因については未だ明確にはされていないが、太陽黒点の巨大化が多量の放射線を発することで空中の炭素濃度になんらかの影響を与え、その結果炭素年代数値にイレギュラーを起こした可能性も想定できる。太陽の黒点が巨大化すると輻射熱が減少し、地球温度の低下を招くことはよく知られた事実である。現時点においては、太陽黒点は一方では炭素年代の数値をおかしくするとともに、地球の寒冷化を引き起こしたと想定することが、紀元前一千年紀初め頃のさまざまな現象を統一的に解釈することのできる有望な説であるとすることができよう。この期以外にも炭素年代にイレギュラーを起こす時期が、考古学的に認知できる寒冷化現象と一致していることも、太陽黒点との関係を強く示唆するものであろう。

　初期突帯文土器期の寒冷化現象は、沿岸部に砂丘を形成することで西日本の各所では砂丘背後に後背湿地をつくり上げることとなった。このことはすなわち水田稲作栽培を可能にする生態環境がこの時期に成立したことを意味するものであり、弥生時代早期や前期の板付Ⅰ式段階の遺跡が沿岸部に点在するという考古学的事実からもそれは裏づけることができる。

　以上、西日本における砂丘の形成が、世界的な寒冷化による自然環境の変貌の一環として出現したものであることを論じてきた。それはちょうど炭素年代による測定値がイレギュラーを起こす時期であり、曾畑式土器と並木式土器の間、黒川式土器と夜臼Ⅰ式土器の間である。前者は炭素年代（未補正）で2700年を前後する頃であり、サブ・ボレアル期にあたる。この暦年代は現在では確定できない。しかし後者は中国の古文献の記載により、紀元前9世紀中葉から

8世紀末葉の間のことであったことが知られる。これにより縄文時代晩期突帯文土器段階の絶対年代を推定することが可能となるのである。

(補説)
　寒冷化現象と海退現象に関しては、自然地理学の分野でも縄文中期寒冷化、縄文晩期寒冷化、古墳寒冷化として唱えられている。しかしこれらは文化遺物とは無関係に炭素年代測定値を考古学の編年体系にあてはめて設定されたものであり、炭素年代測定値を考慮しなければ、縄文中期寒冷化は曾畑式土器の後、縄文晩期寒冷化は黒川式土器の後、古墳寒冷化は弥生時代後期に相当することは明らかである。これについては近々改めて論じる予定である。
　阪口豊『尾瀬ヶ原の自然史』中公新書、1989年。
　梅津正倫『沖積低地の古環境学』古今書院、1994年。

引用文献
〈日本語〉
宇久町教育委員会　1997『宇久松原遺跡』
大坪志子　2004「熊本県小波戸遺跡の植物種子」『先史・古代東アジアの植物遺存体（2）』熊本大学
鹿児島県立埋蔵文化財センター　1996『一湊松山遺跡』
上屋久町教育委員会　1981『一湊松山遺跡』
熊本大学考古学研究室中島遺跡調査団　2001「中島遺跡発掘調査報告」『環東中国海沿岸地域の先史文化』第5編、熊本大学
甲元眞之他　2002「大久保貝塚」『熊本大学考古学研究室報告』第37集
甲元眞之　2003「考古学的環境」『種子島広田遺跡』鹿児島県立歴史資料センター黎明館
国立歴史民俗博物館　2003a『歴史を探るサイエンス』
国立歴史民俗博物館　2003b『炭素14年代測定と考古学』
阪口豊　1989『尾瀬ヶ原の自然史』中公新書
志摩町教育委員会　1987『新町遺跡』
新東晃一　1980「火山灰からみた南九州縄文早・前期土器の様相」『鏡山猛先生古稀記念古文化論攷』鏡山先生古稀記念論文集刊行会
新東晃一　1996『最新の南九州縄文文化』明治大学博物館友の会
新東晃一　1997「薩摩火山灰と縄文草創期文化の動態」『人類史研究』第9号
天理大学考古学研究室　1994『奈良盆地の古環境と農耕』
成瀬敏郎他　1997「電子スピン共鳴（ESR）による東アジア風成塵石英の産地同定」『地

理学評論』70巻1号
長崎県教育委員会 1998『大浜遺跡』
浜田耕作 1922『通論考古学』大鐙閣
福江市教育委員会 1980『白浜貝塚』
福岡市教育委員会 1985『博多』Ⅲ
本渡市史編さん委員会 1991『本渡市史』
安田喜憲 1994「紀元前1000年のクライシス」『古代文明と環境』思文閣出版
八幡一郎編 1973『貝の花貝塚』東京教育大学文学部

〈中国語〉
黒竜江省文物工作隊 1980「黒竜江肇源白金宝遺址第一次発掘」『考古』4期
竺可楨 1972「中国近五千年来気候変遷的初歩研究」『考古学報』1期
譚英杰・趙虹光・孫秀仁・于志耿 1991『黒竜江区域考古学』中国社会科学出版社
田広金・史培軍 1997「中国北方長城地帯環境考古学的初歩研究」『内蒙古文物考古』2期
中国社会科学院考古研究所 1996『大甸子』科学出版社
葉啓暁・魏正一・李取生 1991「黒竜江省泰来県東翁根山新石器地点的古環境初歩研究」『環境考古研究』第一輯、科学出版社

〈英語〉
Fowler, P. J. 1981 *The Farming of Prehistoric Britain*. Cambridge University Press.
Laboratory of Quaternary Palynology and Laboratory of Radiocarbon 1978 Development of Natural Environment in the Southern Part of Liaoning Province During the Last 10,000Years. *Scientia Sinica*. Vol.XXI, No.4.
Simmons, I. and Michael, T. eds. 1981 *The Environment in British Prehistory*. Duckworth.

挿図の出典
第1図：志摩町教育委員会 1987、および長崎県教育委員会 1998より

第 2 章　大陸との交流

第1節　大陸文化との出会い

はじめに

　弥生時代にみられる各種の文物を、縄文文化の伝統を受け継ぐもの、大陸文化にその出自が求められるもの、弥生文化のなかで日本独自の発達と展開をとげたものに分類し、弥生文化のメカニズムの一端を明らかにしたのは、佐原真であった（佐原 1975）。

　このように分類された文物を、それらが男女の性差にどのようにかかわり合うかをみてゆくと、縄文文化の伝統を受け継ぐものには、女性の仕事に関するものが多く、大陸文化にその出自を求められる文物には男性の役割に関連するものが多いことがわかる（甲元 1978）。これは多数の男性と少数の女性を混じえる大陸からの渡来人種が、在来の縄文人と混血することで、弥生人が生まれたとする形質人類学の研究成果ともうまく符合するもので（金関 1973）、北部九州から瀬戸内、近畿中央部にかけての、典型的な弥生文化が開花した地域での実際ではなかったのかと想定したのである。

　その後、稲作栽培の開始が、従来考えられていたよりさかのぼることが判明し、また、弥生時代の代表的工具である太型蛤刃石斧も、縄文時代の磨製石斧と系譜的に繋がることが主張されて、弥生文化のなかでの縄文文化の伝統が強調されるようになってきた（下條 1975）。

　縄文文化はその独自性から日本列島に固有の展開をみせた文化であると考えられやすいが、けっしてそのように閉鎖的なものではなく、絶えず大陸との交流が行われていた。とりわけ北部九州の沿岸部ではそれが顕著であり、縄文時代前期には、結合式釣針や石製銛頭にみられる新しい漁法が登場し、中期以降

になると、動物の解体や骨角器の製作に便利な石刃技法が九州北部を中心に広まってゆき、離頭銛の出現をみるにいたる。こうした交流のなかで、長崎県佐賀貝塚の出土品でみられるように、弥生時代に特有のものとされる扁平片刃石斧も現れてくる。

　このようにみてくると、縄文文化の伝統をひくものとされる文物のなかにも、大陸文化との接触の結果列島にもたらされたものもあることがわかる。また弥生時代に独自に展開したと考えられている銅鐸は、その祖形を朝鮮の馬鐸に求めることができる。さらに弥生時代になって登場する方形周溝墓や方形台状墓は、列状配置された墓群のうち、中央部集団を両側の墓群と区別して高くつくることから生まれたと考えられる。縄文時代の集団墓は、一般的に円形もしくは塊状に配されるのに対して、この弥生時代に登場する列状集団墓は、先史時代の中国や朝鮮半島に類例をみることができ、この点からも大陸文化との関連を無視することはできない。

　弥生時代に入って現れる新しい文物は、水稲農耕にまつわる種々の道具類から、習俗・儀礼にかかわるものまで、多様なあり方を示している。ここでは、それらのうち大陸との関係がもっともよく現れている青銅製品を中心として、みてゆくことにしよう。

弥生時代の青銅器

　弥生時代の前期末から中期初頭にかけての頃、玄界灘に面する地域では、青銅製の剣・戈・矛が甕棺・木棺・箱式石棺などの墓に副葬されるようになってくる。青銅製品を多数出土した福岡市吉武高木遺跡、大石遺跡、唐津市宇木汲田遺跡などをみてみると、一般に墓1基あたり1本の剣か戈、あるいは矛というのがふつうで、副葬青銅器は特定の墓に集中することはない。また青銅製品の伴出が少ないそれ以外の地域でも、青銅製武器はひとつの墓に1本ずつというのがほとんどである。

　剣・戈・矛といった青銅製武器以外に、この時期日本にもたらされたものとしては、多鈕精文鏡がある。多鈕精文鏡はこれまでに5面発見されている。そ

のうち、大阪府柏原市大県、奈良県長柄のものは、墓地出土例ではないのでこれを除くと、宇木汲田遺跡では、甕棺墓から多鈕精文鏡と細形銅剣1本が出土し、吉武高木遺跡第3号木棺墓には細形銅剣2本、銅戈・銅矛各1本に、硬玉製勾玉1点、碧玉製管玉95点が副葬されていた。また山口県梶栗浜遺跡では、1基の箱式石棺墓から2本の細形銅剣とともに多鈕精文鏡が1面発見された。これらは武器と鏡がセットになって副葬されており、そこに、青銅器文化のもつ意味を解く鍵があるように思える。そこで、最近発掘が盛んに行われている中国や朝鮮の出土例をみてゆくことにしよう。

大陸の青銅器文化

　北京市の西南、房山県琉璃河鎮一帯が、西周時代(紀元前11世紀後半～前771年)の大墓地であることが確認されたのは、1973年の発掘調査からである。それ以降今日まで数次にわたる調査の結果、琉璃河鎮の黄土坡と董家村を中心として、東西約3.5km、南北約1kmの広がりをもつ遺跡であることが知られるようになった(琉璃河考古工作隊 1974、中国科学院考古研究所 1984)。

　このうち黄土坡では、200基あまりの墓と10基ばかりの車馬坑が確認され、うち60余基の墓と5基の車馬坑が発掘された。黄土坡の墓地は、遺跡中央を貫通する京広鉄道によって二分され、1区と2区では副葬品の組み合わせや、葬法に違いのあることがわかった。

　黄土坡1区にある7基の西周初期の墓は、いずれも二層台をもつ木棺墓で、1基を除いては1人から2人の殉葬者をともなっている。副葬品には青銅製や陶製の礼器、車馬具、武器、工具、装身具などがあり、青銅製の礼器には鼎、鬲、爵、觶、簋、尊などがある。これら墓には墓底に腰坑を備えていて、殷の祭式が色濃く残るものといえる。銅器にみられる銘文には「侯が復に貝三綴を賜った」とか、「侯が攸に貝三綴賜った」とか記されていて、別の銘文には「匽侯」や「匽侯が復に冏衣・臣妾・貝を賜った」とある。これらの銘文から、この黄土坡1区の被葬者たちは、周によって北京周辺に封建された、「燕」の支配下にある殷系の人びとであったと推測される。

2区のほうには、墓道をもつ大型の墓が分布しており、出土する青銅製礼器の数も多い。251号墓からは、殷の青銅器に近い獣面文鬲が出土しているが、その銘文には「戊辰という所で匽侯が伯矩に貝を賜ったので、父戊の宝器を作った」とあって、この墓の被葬者は1区と同様に燕との結びつきが強いことを示している。

また253号墓から出土した獣面文鼎には、「匽侯が堇に命じて王都に行き、太保に贈物を献上させた。庚申の日、太保は堇に貝を賜ったので太子癸の宝器を作った」との銘がある。白川静によると、太保は中国の古典に「皇天尹太保」とみえる召公奭のことで（白川1971）、周公とともに武王を助けて殷を滅ぼし、さらに成王、康王に仕えて周の革命を成就させた有力者である。

京都泉屋博古館所蔵の周初の鼎には「匽侯の旨が王都に行き、初めて召公奭に見えた。奭は貝二十朋を旨に賜ったので、姒の宝器を作った」という銘があり、燕の領主である奭は西安に留まって、成王を助けて全国統治にあたり、その子供の旨が燕の領主として北京に赴き、燕の支配者として統治していたことがうかがわれる。

墓の形態と、これらの銘文から推察すると、2区に埋葬された人びとは、燕の領主である燕侯旨の代理を務めうるほどの立場にある階層に属し、彼らが指揮官であるとすると、1区の人びとはその実働部隊の隊員であったとも考えられる。1区の墓が殷風な礼器をもち、殉葬者をともない、腰坑を備えるなど、安陽における殷の埋葬様式ときわめて類似した墓葬であるのに対して、2区の被葬者には殉葬もなく、副葬品も1区のものと異なることから、中国の学者は、1区を殷族、2区を燕族のものに比定している。

実際、北京市郊外の平谷県では殷中期にさかのぼる埋葬遺跡群が発見されていて、琉璃河鎮黄土坡でも西周初めの墓により破壊された古城址も検出されていることから、北京周辺まで当時すでに殷の支配下にあったことがうかがえよう。また、銘文の末尾に亜字形の徽号をもつことは、これらの被葬者は殷との深い結びつきを示しているともいえる。これに対して日本の学者、白川静（白川1977）や町田章（町田1981）は1区、2区の被葬者とも殷との繋がりが深

く、殷族、燕族と区別できにくいことをあげて、燕の領主である召公一族と擬制的結合を結んで、その支配下に組み込まれた殷の北方遺民であるとする。

　召公奭は、古典には周公と兄弟であると記されているが、白川によれば、召氏はむしろ殷との関係が深い一族の出であり、武丁期の甲骨文には、西方召として殷の祭儀の重要な担い手であったことがわかる（白川 1972）。ところが後になると殷と離反したらしく、召方という敵対者として甲骨文に登場するようになる。このことからすれば、殷周革命は、殷の一部が周勢力と結んで殷帝辛を倒し、殷勢力の盟主である召氏一族が殷の遺民を率いて、山東に、河北にと殷の残存勢力を掃討していったのが事実であると考えられるのである（甲元 1988b）。

　燕山山脈を越えた北方の大凌河上流域では、殷末・周初期につくられた青銅礼器が一括して出土する埋納遺跡がしばしば発見されている。遼寧省喀左県北洞村では2カ所の埋納遺跡が調査されているが、うち、1973年に発掘された2号址では、方鼎1、円鼎2、罍1、簋1、鉢形器1と計6点の青銅礼器が発見されている（北洞村文物発掘小組他 1974）。この青銅器の作風は、前述した黄土坡のものと同様で、方鼎の銘文に「亜▲侯矣」とあることから、これらは殷と深い繋がりを有する集団により営まれたことがうかがえる（甲元 1988b）。

　また、北洞村から少し大凌河をさかのぼった遼寧省凌源県馬廠溝でもかつて15点の殷末周初期の青銅礼器が出土したことがある。これら青銅器のなかには殷的な徽号に混じって「匽侯が飯盛器を作った」との銘文をもつものがあって、馬廠溝や北洞村の青銅器群も黄土坡出土のものと一連のものと考えることができる。さらに、大凌河上流の山湾子、吐魯溝村、木頭公社でも同様の埋納遺跡が発見されていて、とりわけ山湾子出土の甗に「伯矩が宝器を作った」という銘があって、これは黄土坡出土の伯矩と同一人物であると考えられるので、大凌河流域が殷の遺民を率いて北上した燕の召氏一族の到達点と見ることができる。

　召氏一族の北方への展開は、周の成王の頃と考えられることから、紀元前11世紀末頃、殷的祭儀の担い手である召氏一族が、殷の遺民を率いて北上し、東

北アジアに殷的な青銅器文化を拡散させていったと見ることができる。ところが、周の勢力が安定的でなくなると、中原的な青銅器文化に替わって、東北アジアでは土着化した新しい青銅器文化が開花するようになってくる。

内モンゴル寧城県南山根遺跡は、努魯児山脈の西側、老哈河の一支流である坤都河上流の海抜が500mほどの丘陵の裾にあり、1958年の調査以来、中原とは異なる青銅器群が出土することで知られている。その後、数回にわたる発掘調査の結果、それら特異な青銅器群を伴出する墓と、その時代の生活址が発見された。

南山根遺跡では、今日まで14基の墓の存在が知られ、墓の形態をみると石槨木棺墓、石槨石棺墓、石棺墓があり、石槨木棺墓は遺構の約半数を占める（中国社会科学院考古研究所東北工作隊 1981）。M101号墓は大型の石槨木棺墓で、ここからは多数の青銅製品が出土した。それら青銅器のなかには、簋、鼎、鬲、篹などの礼器とともに剣・矛・戈といった武器、斧や刀子などの工具、車馬具などもあり、磨製の石斧も伴出している。南山根の他の墓では、副葬品は武器や工具、車馬具の部品などで構成されていて、青銅製の礼器を欠いている。こうした青銅製の礼器物を副葬品としてもたない石槨石棺墓は、大凌河の上流や小凌河流域のかつての燕の支配領域やそれに外接するあたりに多く分布している。副葬品に青銅製の礼器よりも武器や工具が多くみられるという点では、北京周辺の西周初期の墓とは大きな違いがみられるが、有柄式銅剣と小型の単鈕無文鏡をともなう点では、共通性を認めることができる。

北京市の西北郊外にある昌平県白浮村では、西周時代の木槨墓が3基発掘されている（北京市文物管理処 1976）。大きな根太状の木材を20本以上組み合わせてつくった槨のほぼ中央部に、中年の女性を埋葬し、その周囲を多数の副葬品が取り巻いている。副葬品のなかには、壺・鼎・鬲などの礼器や、玉器もあるが、有柄式銅剣や戈などの武器や工具が多く、死者は武装した状態で葬られていた。こうしたものに混じって直径が9cmほどの単鈕無文鏡があった。礼器よりも武器や工具を多く副葬し、小型鏡をともなう墓は、南山根でも見ることができる。さらに、礼器はまったく出土せず、武器や工具とともに単鈕無文

鏡を副葬品としてともなう例としては、大凌河上流の建平県水泉城子遺跡や、大拉罕溝遺跡でも見ることができる。

　甲骨文の解読により、婦好は、殷の後期、帝であった武丁の妻でシャーマンであり、かつ婦将軍として知られている（白川 1972）。この婦好が葬られていた墓から、シャーマンに必須の小型単鈕鏡が出土していることは、たいへん興味深い。

　東北アジアからシベリアにかけて現存するツングース系諸民族の間で行われている祭儀においては、鏡は天の神を降ろし、シャーマンに憑依するときに欠かすことのできない道具となっている。殷のシャーマンは、戦いにあっては軍の先頭に立ち、天の神を味方につけて相手を呪い殺すことが重要な役割であった。白浮村2号墓に埋葬されていた女性は、まさしくそうしたシャーマンの姿を彷彿とさせるものである。

　大凌河中流域に位置する遼寧省朝陽県十二台営子では、3基の墓が発掘されている（朱貴 1960）。1号墓には男女2体が埋葬されていたが、副葬品には工具や馬具の他、遼寧式銅剣と鏡背に複数の鈕をもつ、いわゆる多鈕鏡が2面認められた。その多鈕鏡は粗い凹線によって鏡背に幾何学文を表出するもので、多鈕粗文鏡とよばれているものである。2号墓でも2体の人骨が埋葬されていて、馬具に混じって遼寧式銅剣2本と多鈕粗文鏡2面が出土し、3号墓では剣を固定する石製の剣把頭と多鈕鏡1面が採取されている。この十二台営子の墓は、帝である武丁とその妻でありシャーマンであった婦好との関係が、同一の墓に合葬された状況を思わせる。

　このような多鈕鏡と遼寧式銅剣との組み合わせは、大凌河流域だけではなく、遼寧省東部の本渓市梁家村や丹東市趙家堡、吉林省集安などでも発見されている。遼寧省瀋陽市に所在する鄭家窪子の第三地点は、そうした組み合わせをもつ墓の好例である。墓はかなり大型の木槨木棺墓で、なかには60歳ぐらいの男性が埋葬されていた（瀋陽故宮博物館他 1975）。多数の武器や馬具に混じって1面の多鈕鏡が出土し、この他に正装して葬られた死者の頭頂部・胸部・腰部・下肢部・足端部と6カ所に、「大型円形鏡形飾り」とでもよぶべき

ものが置かれていた。この円形鏡形飾りは、今日大興安嶺に住むオロチョン族のシャーマンの衣装にみられる鏡と同様なものであろう。男性の首長とペアになって支配者層を構成するシャーマンから、男性シャーマン自身が権力者へと変化した姿を見ることができる。

ロシア領沿海州南部と朝鮮のほぼ全域でも、多鈕鏡の出土例が知られているが、鏡にともなう短剣は細形銅剣へと変化している。朝鮮半島忠清南道大田市槐亭洞では、石槨木棺墓と思われる墓から、細形銅剣とともに3面の多鈕粗文鏡が出土している。また同じ忠清南道の南城里や東西里・蓮花里でも、細形銅剣とともに2面以上の多鈕粗文鏡が発見されている。

東北アジアに広く分布している多鈕粗文鏡は、鏡の背面に描かれた文様の構成法の違いにより、ほぼ製作順に次の6型式に分類できる。

Ⅰ式：狭い有文の外帯をもち、内面は同一のＺ文で全面を飾るもの
Ⅱ式：匕面縁で、狭い無文の外帯をもち、2列もしくは3列の凹溝で表した雷文を主文とするもの
Ⅲ式：匕面縁で、幅広い有文の外帯をもち、内面には凹溝により表出された雷文から変化した三角文を主文とするもの
Ⅳ式：蒲鉾型縁で、内面全体が同一の文様により構成されるもの
Ⅴ式：蒲鉾型縁で、鈕座があり、内面全体が同一の文様により構成されるもの
Ⅵ式：蒲鉾型縁で、鈕座、内区、外区の区別をもつ文様で構成されるもの

以上のような鏡の型式分類を伴出する短剣でみると、Ⅰ式が古式の遼寧式銅剣と、Ⅱ式が新式の遼寧式銅剣と組み合わさる。またⅤ式の一部とⅥ式には忠南大学校の尹武炳のいう新式の細形銅剣がみられる（尹武炳 1966）。前述した槐亭洞ではⅤ式とⅥ式の多鈕粗文鏡が出土しているが、そこでは新古両型式の細形銅剣がともなっていて、Ⅴ式鏡と古式の細形銅剣、Ⅵ式鏡と新式細形銅剣が組み合わさるとすることが可能である。

多鈕粗文鏡は伝平壌出土の鋳型にみるように、石の鋳型でつくられたのに対して、粘土（真土）の鋳型に幾何学文を細線で表した多鈕精文鏡があり、これ

らは朝鮮半島から西日本の弥生時代に見ることができる。

　咸鏡南道梨花洞では木棺墓と推定される墓から細形銅剣・銅矛・銅戈とともに、2面の多鈕精文鏡が出土しており、平安南道反川里では、かつて細形銅剣・銅鉇とともに2面の多鈕精文鏡が採集されている。黄海北道松山里の石槨木棺墓から、細形銅剣・銅矛とともに1面、全羅南道大谷里では細形銅剣と2面、慶尚北道入室里では木棺墓から細形銅剣・銅矛・銅戈とともに1面の多鈕精文鏡が発掘されている。このほか、偶然の発見で出土状況が不明なものが江原道や全羅北道でも知られており、多鈕精文鏡は朝鮮半島のほぼ全域に分布していることがわかる。また出土状況が明確な事例では、すべて武器、とりわけ短剣と共伴していることは注目すべきである。

　以上のような多鈕精文鏡は、鏡背の文様構成でみると、次の4型式に分けることができる。

　　Ⅰ式：鈕座、もしくは内区と外区の2文様帯で構成されるもの。なお内区と外区の間に円圏帯をもつ松山里や佐賀県宇木汲田出土鏡はこの亜式である。

　　Ⅱ式：鈕座、内区、外区の3文様帯で構成されるもの

　　Ⅲ式：鈕座と内区、内区と外区の間に区画文としての円圏帯をもち、外区に区画文をもつもの

　　Ⅳ式：鈕座と内区、内区と外区の間に区画文としての円圏帯をもち、縦の区画文と同心円文により外区を分割するもの

　多鈕粗文鏡との関係からすると、多鈕粗文鏡Ⅵ式と多鈕精文鏡Ⅱ式の文様構成が同一であり、多鈕粗文鏡Ⅴ式と多鈕精文鏡Ⅰ式が同様である。このことから、多鈕精文鏡は多鈕粗文鏡Ⅳ式から出現したものであり、十二台営子3号墓出土鏡から始まる多鈕鏡の一連の流れのなかにおくことができる。

　このように東北アジアの青銅器は、青銅礼器を中心とする中国中原地域のものとは異なって、武器と鏡という組み合わせを基本として展開したもので、玄界灘周辺の出土遺物もその流れのなかにある。すなわち西周時代の北京周辺や燕山脈の北側では有柄式銅剣と単鈕無文鏡、西周の終わりから春秋の初め頃の

遼寧省西部では古式遼寧式銅剣と多鈕粗文鏡、春秋時代の遼寧省では新式の遼寧式銅剣とヒ面縁の多鈕粗文鏡、戦国時代併行期の朝鮮では古式の細形銅剣と多鈕精文鏡の組み合わせとなるのである。中国東北部や朝鮮、日本にみられる青銅製武器のうち、戈をみると殷末から西周初期にかけて中国中原でみられる胡の張らない型式のものが、そのまま伝統として引き継がれていることがうかがわれる。

青銅製武器、とりわけ短剣と鏡という組み合わせから、殷的な祭儀の司祭者であった召公奭をはじめとする召氏一族が、北京周辺に燕侯として封建されたことをきっかけに、殷的な青銅器文化の考え方が、東北アジアに展開してゆく過程をみてきた。シカやイノシシの肩胛骨を使って占いをすること、シカやイノシシの下顎骨を飾ること、木の鳥の飾りなどは、すべてそうしたものと連係するもので、一言でいえば、シャーマニズムの世界とすることができる（甲元 1988a）。これは日本人の精神的世界に大きなインパクトを与えたのであった。これとは別に、弥生時代以前にも日本文化の形成に重要な役割を果たした大陸文化との出会いがあった。

先史時代の大陸との交流

今から約7000年～6000年前までの日本列島は、もっとも暖かい気候が全土を覆い、照葉樹林帯がかなり北方まで進出していた。ところが5000年前～4500年前には、一変して寒冷となり、植生に大きな変化をもたらした。自然依存の生活をつづける縄文人にとっては、年平均気温が2度も低下することは耐え難いものであったにちがいない。4000年前から3000年前までは再度温暖湿潤気候になったが、2800年～2700年前にはふたたび極度の寒冷化を迎えた。先史時代ではこうした環境の変化は住民に多様な行動をもたらす素因となったのである。

紀元前三千年紀の終わり頃西日本の沿岸地域には、これまでみられなかった彫器や刃器などの黒曜石で拵えた石器が登場し、弥生時代にみられる扁平片刃石斧も出現した。また離頭銛や逆T字形釣針といった新しい漁具もみられるようになってきた。一方、佐賀県伊万里腰岳産の黒曜石が朝鮮南部地域にもたら

され、縄文土器がかの地に搬入されるなど、朝鮮半島との活発な交流を示す文物が多くなってきた。

　縄文時代後期の温暖湿潤な気候は、大量の土砂を沿岸部に運び、遠浅の海岸を西日本の各所に形成していった。こうした生態環境の変化は漁撈活動を活発化させたが、縄文時代晩期頃の極端な寒冷化は、海水面の低下をもたらすとともに、海岸砂丘を形成させることとなり、沿岸漁撈民の生活基盤をおおいに損ねたことが想定される。

　弥生時代早期（紀元前一千年紀中頃）には、玄界灘に面した小河川の流域や砂丘背後の後背湿地に、水稲耕作を営む人びとの集落が点々と出現するようになってきて、その波はやがて有明海沿岸地域にも到達していたことが確かめられている。

　弥生時代早期から顕著になった農耕生産への動きも、けっして水稲栽培だけに依存するものではなかったことは、寺沢薫・知子の研究で明らかにされている（寺沢・寺沢 1981）。それによると、畑作作物としては、アワ・ヒエ・キビ・モロコシ・オオムギ・コムギなど、ほとんどすべての種類が揃っている。その他にダイズ・アズキ・ソラマメ・エンドウなどのマメ類もある。このことから、水稲耕作を基盤としながらも、複合的な農耕文化が展開していたことがわかる。

　弥生文化の基盤をなす水稲栽培は、中国長江流域で開始されたというのが今日の学会の見解で、約1万年前のことである。それが山東半島北端に達するのが約4500年前、朝鮮では3000年前にイネの存在が確認されている。

　弥生文化と内容がほぼ等しい朝鮮半島の無文土器文化の時期で、炭化したイネを出土する遺跡としては、平壌市南京遺跡、京畿道欣岩里遺跡、忠清南道松菊里遺跡などがある。南京遺跡は大同江下流の河岸段丘上に立地するもので、多くの住居址群が発掘された。この立地からすれば、段丘背後の湿地を利用しての水稲栽培も行われていたことも考えられる。しかし、イネを出した同じ住居址からアワ・キビ・モロコシ・ダイズなども検出されていて、畑作が主体であったと思われる。

欣岩里遺跡は、漢江中流域の崖上で、水稲栽培は不可能な場所であり、オオムギやアワなども出土していることから、やはり畑作が中心であったことがうかがわれる。朝鮮の無文土器時代には、アワ・キビ・モロコシ・ダイズ・アズキなど、ほぼ朝鮮の全体で栽培が確認されていて、朝鮮では畑作を中心とした複合的な農耕文化が展開していたとみるべきであろう。

そうしたなかで、松菊里遺跡はきわめて特異な遺跡である。松菊里遺跡は錦江中流域に開けた論山平野のなかにあり、平野のなかに島状に点在する低丘陵上に立地している。丘陵下には海抜が10mほどの低地が展開していて、幾筋もの小川が縫うように走っている。こうした環境からは、水稲耕作が営まれていたことは間違いない。松菊里遺跡には、円形住居址や袋状土坑があり、出土する石器には磨製石剣・蛤刃石斧・扁平片刃石斧・抉入片刃石斧・石鑿・石庖丁と、弥生時代の北部九州でふつうにみられるものと、ほとんど一致している。この松菊里のある忠清南道から以南の地では、無文土器から次の原三国時代にかけての時期に炭化したイネや稲籾の圧痕のついた土器が多く出現するようになる。畑作物を中心とする複合的な農耕文化の中心も、南下するにしたがって水稲栽培の比重の高まりがうかがえる。

日本における初期農耕文化の直接の故地である朝鮮半島で、水稲耕作を含む複合的な農耕文化があったからこそ、日本各地の風土に適応したさまざまな農耕文化が展開していったのである。

今日発掘調査により知られたイネの北限は、中国では大連市大嘴子遺跡、朝鮮では平壌市南京遺跡で、北緯40度付近である。このことは日本に渡来したイネ自体、寒冷な気候をくぐり抜けてきた耐寒性を備えた品種であったことを物語る。日本では本格的な農耕が熊本平野で足踏みしたのに、イネは北は津軽平野にまで達したことの訳が知られるのである。

しかしこうした朝鮮からもたらされた農耕文化も、彼の地にあるすべての要素が日本に到来しているわけではない。日本の初期農耕文化のなかには、大陸にみられるような家畜類は存在していない。東アジアの初期農耕民の間では、ブタ・ヒツジ・ウシなどを飼育しているのに対して、日本では食料の対象とし

ての家畜はみられない。占骨などの宗教儀礼のために、一定期間の動物の飼育は考えられても、肉食のための動物飼育は近代に入るまでみることはできないのである。動物飼育の習慣がなかったために、青銅器とともに日本にもたらされたシャーマニスティックな宗教体系が、ほかの東北アジア地域にくらべて、希薄であることの一因にもなったのであろうか。

〔補説〕

中国燕の埋葬跡である琉璃河遺跡の報告書が出版され、墓の構成が明らかにされた（北京市文物研究所『琉璃河燕国墓地』文物出版社、1995）。また1193大墓の報告がなされ、初代の燕国の封建支配者は「克」であることが判明した（中国社会科学院考古研究所他「北京琉璃河1193大墓発掘簡報」『考古』1990年1期）。これに関する私の分析は「西周初期燕国の形成」『東アジアの文化構造』九州大学出版会、1997で公表した。また本文中で簡単に述べた多鈕鏡については、「多鈕鏡の再検討」『古文化談叢』第22号で詳細な検討を加えている。

引用文献

〈日本語〉
金関丈夫 1973「人類学からみた古代九州人」『古代アジアと九州』平凡社
甲元眞之 1978「弥生文化の系譜」『歴史公論』第4巻第3号
甲元眞之 1988a「シャーマンと鏡」『永井先生退官記念論文集』
甲元眞之 1988b「亜畢侯矣考」『九州上代文化論集』乙益先生古稀記念論文集刊行会
佐原真 1975「弥生文化の三要素」『古代史発掘』第2巻、講談社
下條信行 1975「北九州における弥生時代の石器生産」『考古学研究』第22巻第1号
白川静 1971『金文の世界』平凡社
白川静 1972『甲骨の世界』平凡社
白川静 1977『金文通釈』46号、白鶴美術館
白川静 1980『金文通釈』第6巻、白鶴美術館
寺沢薫・寺沢知子 1981「弥生時代植物質食料の基礎的研究」『橿原考古学研究所紀要 考古学論攷』第5冊
町田章 1981「殷周と孤竹国」『立命館文学』430、431、432号

〈朝鮮語〉
尹武炳 1966「韓国青銅短剣の型式分類」『震檀学報』29・30合併号

〈中国語〉
朱貴 1960「遼寧朝陽十二台営子青銅短剣墓」『考古学報』1期

瀋陽故宮博物館・瀋陽市文物管理弁公室 1975「瀋陽鄭家窪子両座青銅器時代墓葬」『考古学報』1期
中国科学院考古研究所 1984「1981－1983年琉璃河西周燕墓地発掘簡報」『考古』5期
中国社会科学院考古研究所東北工作隊 1981「内蒙古寧城県南山根102号墓」『考古』4期
北京市文物管理処 1976「北京地区的又有一重要考古収穫」『考古』4期
北洞村文物発掘小組他 1974「遼寧喀左北洞村出土的殷周青銅器」『考古』6期
琉璃河考古工作隊 1974「北京付近発現西周奴隷殉葬墓」『考古』5期

第2節　大陸文化と玄界灘

はじめに

　本州の西端、山口県響灘沿岸では、中国山地の末端部が低丘陵になって、幾筋もの支脈を走らせながら日本海に没している。それらの支脈の先端部は岬となって海と対峙し、岬と岬の間には、弧を描くように小さな砂丘が海を縁取りながら沿岸部を形成している。こうした沿岸部を歩くと、かならず小さな漁港があり、沿岸漁業を中心とする漁が今なお盛んであることを物語っている。また、点在するこれら砂丘上の一隅には、山口県豊浦町室津の浜にみられるように、蒙古塚があり、文永・弘安両役の死者のための慰霊碑が建てられている。塚はないものの、蒙古人の死者が多数これらの浜に打ち上げられたという伝承は容易に耳にすることができる。

　文永11年（1274）10月、朝鮮の南端、慶尚南道合浦を出発した蒙古と高麗の連合軍は、対馬・壱岐を蹂躙して、九州松浦地方から博多湾を急襲したものの、その夜の台風のため多数の犠牲者を出して逃走した。その7年後、弘安4年（1281）には、中国江南の水軍をも併せ、蒙・漢・麗の合同軍10余万人が、再度、九州玄界灘の沿岸地方を襲ったものの、ふたたび台風のために多く水中に没したと伝えられている。響灘の海岸に打ち上げられた死体は、弘安の役のおりの東路軍の一部か、あるいは文永の役のとき、いずれかの戦役によるものか知る由もないが、松浦・博多地方とこの響灘沿岸が同一の事象にまきこまれたこと、言い換えると、海側から見た場合、同じ領域に属していることを示している。

　ここで注目すべきことは、朝鮮を通して大陸と連なる道は、対馬・壱岐を経

第2節　大陸文化と玄界灘

ることは同じであっても、受け入れる側の列島の沿岸部では、西は長崎県平戸から東は山口県響灘の沿岸部と、大きな揺れの幅がみられるのであり、あたかも銀杏の葉のような広がりを見せていることである。

一般に大陸との交渉のルートとして、まず思い浮かぶのは、『魏志』東夷伝・倭人条（以下『魏志倭人伝』とする）に記載された、対馬→壱岐→松浦ときて、その後玄界灘を東走するものである。上対馬の千俵蒔山に登ると、釜山周辺を遠望でき、下対馬から壱岐が、壱岐から平戸や松浦地方が見渡せる。また、壱岐から松浦の間に、加唐島などの小さな島々が鎖のように連なっているさまをみることができる。こうしたことから、『魏志倭人伝』に示されたルートが大陸へのもっともたやすい道程であったにちがいないことがわかる。しかし、このルートに沿っての交渉が活発化するのは弥生時代のことであり、対馬や壱岐に弥生式土器や日本産青銅器がみられるのは、それを如実に物語っている。また、壱岐原ノ辻遺跡に、玄海灘縁辺部の平野と同様な甕棺の集団墓があるのも、そのことを明確に示している。

ところが、同じ弥生時代でもけっして固定的な交渉ルートばかりではなかったことを示す資料がある。

佐賀県神埼郡神埼町、三田川町の吉野ヶ里遺跡での発掘で一躍脚光を浴びた有柄式銅剣は、吉野ヶ里を含めてこれまでに4点出土している。それらは、佐賀県唐津市柏﨑貝塚、福岡県前原市三雲遺跡、山口県大津郡油谷町向津具遺跡であり、出土地点に地理的開きが認められる。また、シャーマンの持ち物と思われる多鈕精文鏡も、佐賀県唐津市宇木汲田遺跡、福岡県福岡市吉武高木遺跡、山口県下関市梶栗浜遺跡などで出土しており、このうち型式学上では梶栗浜のものがもっとも古いタイプに属している。また今日まで対馬と下関でしか発見されていない大陸系遺物もみられる。それは蓋弓帽とよばれる、馬車の日傘の先端部に取り付けた装飾品で、稗田地蔵堂から前漢の内行花文精白鏡とともに発見されている。この稗田地蔵堂が立地するあたりは低丘陵上で、眼下には狭い筋のような低地が海岸線と平行に走っているのみであり、福岡平野のような大規模な農耕生産地が控えているわけではない。これらのことは、大陸と

の交渉の過程では、玄界灘から響灘にかけての地域は、同一の領域であったことを物語るものである。

　もちろん、当時の航海術と船自体の構造の面からも、風と海流を押し切って目的地に直行できるほどの段階にあったわけではない。後の、奈良時代や平安時代の航海にみられるように、昼間、波と風が静かなおりに海に乗り出し、夜は泊りとなることが多かったであろうし、少しの風や波のために、船の航路がずれることも考えられる。第二次世界大戦前の大陸との通商にあたっていた会社では、博多に本店を置くと、かならず松江に支店もしくは駐在員を置くことが多かったと聞く。これなどは、海流の加減で船の到着地が大きくずれることがありえたことを示すものであり、先史時代・古代の交流を考える上でも重要な示唆を与えてくれるであろう。

　大陸文化の流入は、このようにけっして1本の細い道だけで行われたのではなく、時代によって大きく変化していったことが想定できる。ここでは、時代を追いながら、その道筋がどのように変化していったのかを素描してみよう。

海の民の交流

　今から約22000年前、ヴュルム氷期の最盛期には、海水面が120m～140m低下したことが想定されている。このため、朝鮮海峡は閉じて陸橋となり、人や動物の往来が可能であったとする説がある。他方、そのときでも朝鮮海峡は成立していたという考えもあり、今日なお論争の決着はみていない。しかし、たとえ海峡が形成され、人の往来ができなかったにしても、外洋水の流入はいちじるしく制限され、大陸諸河川からの水によって、日本海の表層は淡水化していたとみることができる。とすると、冬季の結氷期には陸地は繋がることとなり、動物の移動はきわめて容易であったことが推測される。今から12000年前になると、一転して地球は温暖化に向かい、6000年前頃には最温暖期となって、海水面は現在よりも3～5m上昇し、沿岸の低平な陸地はほとんど海に没して、今日みられる玄界灘の島々の状態に近くなっていったと考えられる。

　こうした落差の激しさは、けっして一挙に起こったものではなく、年間約1

cmほどの海水面の上昇でしかない。こうした緩やかな海水面の変動は、大陸と列島とに分かれて住まわざるをえなくなった人びとの求心性をますます高めたにちがいない。また、海水面の上昇によって、大陸や列島の低平な地に海水が浸入していくが、これにより形成された遠浅の海は格好の漁場となり、ナウマンゾウやオオツノジカなどの大型の狩猟動物に代わって、海産資源へと生業の比重がシフトしていったことが考えられる。

約1万年前の西北ヨーロッパでは、後氷期の海水面の上昇により狩猟場を失った人びとが、貝や魚などの海産食料への依存度を高めたことが知られているが、ヨーロッパ南部のギリシャなどでは、それより少し早く、カサガイ科の貝や小魚を食しはじめたことが明らかになっており、玄界灘の人びとも、船を操ることで、漁民への転化をなしとげ、漁民として大陸との交渉にあたっていたであろうことは、朝鮮半島と北部九州の間に共通してみられる漁具によりうかがうことができる。

長崎県北松浦郡つぐめのはな遺跡は、平戸の対岸、九州本土の西北端に位置している、平戸瀬戸をのぞむ台地の上にある縄文時代早期から中期にかけての集落址であり（正林 1973、1974）、平戸大橋の橋脚工事にさきがけて、発掘がなされている。この調査により石銛が40点ばかり発見された。この石銛についてはつぐめのはな遺跡出土品を中心にして、橘昌信により詳しい検討がなされている（橘 1979）。

橘によれば、石銛の基本形態は、三角形の尖頭部に舌状の茎をつけたもので、なかには、三角形の底部と茎の接点が不明瞭になった柳葉形のものや、茎の底部が広がって擬宝珠状になったものも少数みられるが、いずれも横剥ぎしたサヌカイトで製作されている。これらは橘の分類により説明すると次のようになる。

a1：鋭い三角形をした尖頭部とそれにつづく両側辺の基部寄りに肩を有し、さらに舌状の基部をもつもの。長さは5〜9cmに集中し、重さは12〜30g、つぐめのはな遺跡出土の典型的なもの。

a2：基本形態はa1と共通するが、全体に小型である。長さは3〜5.5

cm、重さは2.4～10.5g。
　b ：大型で、最大幅が中央ないしは先端部寄りに位置し、1側辺あるいは両側辺に肩を形成し、あまり明確でない大きな舌状の基部を有するもの。長さは9.1cm 以上、重さは40g 以上。
　c ：柳葉形を基本とするが、あまり顕著ではない肩を有するものや舌状の基部を形成するものなど多様で、大きさ、重量に幅がある。
　d1：二等辺三角形で、基部が直線をなす。大きさにくらべ扁平である。
　d2：三角形をした尖頭部から側辺部は大きく湾曲し、基部は両側に向かってひらく。
　d3：形態は d2類と同様であるが、小型である。
　e ：基部に抉りがある石鏃の大型品で、長さ・重量ともふつうの石鏃以上である。

こうした分類中、d3類や e 類は、組み合わせて石銛の尖頭部に使用されたと橘は想定している。これら石銛は、今日までのところ、九州北部から西海岸にかけて17カ所出土が知られており、所属する時期も縄文時代早期から後期に及んでいる。

この石銛ときわめて類似した分布状況を示すものに、組み合わせの銛の部品とみなされる石鋸がある。石鋸は黒曜石製の石刃に鋸状の抉りを入れたもので、山崎純男は次の4類に分類している（山崎 1989）。
　I類：側辺に鋸歯（複合鋸歯）をもつ。基部は直線状をなす。
　II類：I類の側辺部に抉りを1～2カ所入れた形状を示し、尖頭器・石鋸を組み合わせたもの。
　III類：II類と同様の形状を示すが、側辺に鋸歯状列をもたないもの。
　IV類：大型の石鏃で抉りは深い。剥片鏃に近いものと細部加工を施したものがある。

このうちIV類は、先の石銛 e 類と形態的類似が認められるが、石鋸IV類では、片側にのみ鋸歯列が認められるだけであり、組み合わせ銛として柄に埋め込むためのものと山崎は想定している。いずれにしろ、石鋸の実際上の使用状

況からして、渡辺誠が推定したように（渡辺 1985）、石銛と同じ形状になる。したがって石鋸と石銛は、形状は異なるものの、投槍のような銛として同じ機能をもっていたもの、と考えることができる。

出土する例は少ないが、石銛や石鋸と似た分布状態を示すものとして、結合式釣針がある。北・西九州でみられるものは、L字形の軸とこれにつける針先より構成されるもので、軸の先端下部に凹状の溝があり、針部と緊密に接合するような拵えとなっていて、針先の外側に逆のつく得意なものである。佐賀県唐津市菜畑遺跡で、縄文時代前期に属する針先3点と軸部1点が出土しており、石銛や石鋸と同一の年代に属することが知られるようになってきた。結合式釣針が多く見られるのは縄文時代後期で、北・西九州地方に10カ所の出土地が確認されている。

漁撈民集団のネットワーク

以上のような石銛・石鋸・結合式釣針などの漁具は、その分布域といい、所属年代といい、同一の漁撈民集団に属する人びとのものとすることができる。言い換えると、北部九州から西九州にかけて、大きな漁撈民集団のネットワークとでもいうべきものが存在していたことをうかがいうるのである。

縄文時代の北・西九州にみられる石鋸や結合式釣針と同様のものが、朝鮮慶尚南道統営郡上老大島の貝塚で発見されている。上老大島では、6点の結合式釣針の針先が発掘されているが、針先の軸部と結びつけられる部分が、平坦になるものと、尖るものとの2種類があり、後者はまさしく西北九州型とよばれている九州に多い型式のものである。この点はきわめて重要である。というのは、上老大島貝塚で出土した軸部が平坦になる型式の釣針は、釜山市東三洞貝塚や農所里遺跡出土品と同様であり、さらに江原道鰲山里遺跡までつづくものだからである。このことは、朝鮮半島の南岸部、東部沿岸部を含む朝鮮漁撈民と、九州の漁撈民とのネットワークとが上老大島で接することを意味するものであり、2つの文化圏のチェーンがつながることである。さらに朝鮮半島の南岸地域では、石鋸や石銛も発見されていて、相互の連なりはより密接であった

ことを物語っている。さらに長崎県佐賀貝塚出土の回転式銛頭なども両者の密なる関係を示すといえる。このような現象から、渡辺誠は朝鮮半島南部の漁撈技術の西北九州への伝播を説いている（渡辺 1985）。

　石銛・石鋸・回転式銛頭・結合式釣針の組み合わせにみられる漁法は、朝鮮半島中部より北にも分布をみせている。それは、朝鮮咸鏡北道とロシア領沿海州の南部地域であり、新石器時代から青銅器時代にかけての時期に所属する。この時期の沿海州南部と朝鮮東北部は、考古学的な文化内容が酷似しており、同一の文化圏に属していたと考えられる。したがって、こうした漁具の組み合わせから、朝鮮半島中部以南とはまた別の漁撈文化のまとまりがあったことがうかがわれる。また、ここで注目すべきは、咸鏡北道の虎谷洞で石鋸が出土していることである。虎谷洞は朝露国境を流れる豆満江の中流域に立地する遺跡で、これまでみてきた沿岸地域ではない。すなわち、これら朝鮮半島東北部と沿海州南部地域の漁撈文化は、沿岸漁撈だけではなく、内陸河川漁撈とも密接な関係をもって成立したことが推測されるのである。

　東北アジアの内陸河川に展開する漁撈具をみると、結合式釣針・石鋸・石銛はシベリアバイカル湖周辺に、回転式銛頭は黒竜江中流域にたどりつく。このうち、結合式釣針で時代がもっともさかのぼる例としては、バイカル湖東側のストゥジェント遺跡で、細石刃核とともに発見されていて、1万年前には確実に存在していたと考えられる。この例をはじめとして、シベリア各地では100カ所以上の遺跡から結合式釣針の出土が知られるが、その様相が明らかになるのは7000〜5000年前のことで、アンガラ河上流のウスティ・ベーラヤ遺跡には、長さ15cm、幅3cmの軸の両端に小溝を刻み、針との結合面を平坦にして緊縮しやすくした型式のものがある。また、イルクーツク市のロコモティフ・スタジアム遺跡やバイカル湖に突き出たシャーマン岬遺跡などでは、粘板岩と泥板岩を長さ15cmから16cmの断面形を蒲鉾型につくり、両端に肩を設けた結合式釣針の軸が出土している。針先部は動物の骨でつくった、内側に逆のあるものと、ないものとがあり、後者は鳥の爪やジャコウネコの牙もしくはクマやその他食肉類の爪で拵えている（甲元 1987）。

結合式釣針をその素材でみてゆくと、中石器時代から新石器時代のバイカル湖周辺地域では、軸に石を用い、青銅器時代になると動物の骨に替わる。先述した鰲山里の軸が頁岩製であり、日本のそれが鹿角製であることをみると、結合式釣針の軸が石製から鹿角製へと変化したことが知られる。また針先部も、動物の爪や牙を使用するものから、鹿角製に替わり、日本ではイノシシの牙が加わってくる。このように漁撈具の面からみると、バイカル湖周辺、黒竜江中流域、朝鮮半島東北部と沿海州南部、朝鮮半島東海岸と南部沿岸地帯、北・西九州と5つの領域に分かれていても、相互に関係をもって展開したことが想定できる。アンガラ河上流のウスティ・ベーラヤ遺跡で出土した魚骨の半数以上がチョウザメであったことや、黒竜江中流域にはチョウザメが現存することなどから、内陸河川での結合式釣針と石銛は、チョウザメやイトウといった大型の魚類を主たる捕獲対象としていたことが十分に考えられる。朝鮮半島東北部では、内陸部にも沿岸部にも石鋸がみられることは、内陸型漁撈と沿岸漁撈の両方を備えたものであり、内陸型から沿岸型への展開を示すものと思われる。

　黒竜江中流域と沿海州南部、朝鮮半島東北部とは距離的に離れているが、ウスリー河を介しての交流は可能であり、ウスリー河上流域と沿海州南部、朝鮮東北部、中国東北東部とは古くから同一の文化圏に属していた。中国東北北部や沿海州では、石鏃や刃器の素材として黒曜石が広く用いられ、今のところ、この地方では白頭山系のものが唯一の黒曜石の原産地であることから、黒曜石の供給を通しての大きな内陸のネットワークがすでに存在していた可能性が考えられる。

　石鋸や回転式銛頭を出土している朝鮮半島東北部の西浦項貝塚では、オットセイ、トド、ゴマフアザラシ、ニホンアシカなどの海獣類が狩猟動物の数にして13％あまりを占めている。そのうち半数近くをアシカが占めていた。また、アシカは東海岸一帯のほとんどの新石器時代遺跡で発見されていて、青銅器時代から鉄器時代に属する咸鏡北道の草島遺跡では、ブリ、メンタイ、クジラ、サメ、カレイなどの骨がみられる。朝鮮南端の東三洞貝塚では、アシカ、イルカ、クジラなどの海獣骨が出土している。これらの出土状況は、沿海州南部と

朝鮮半島東北地域では、内陸漁撈から沿岸漁撈に展開するさいに、海獣類へとその捕獲対象を変化させたことが考えられ、これら回遊する海獣類を媒介として、朝鮮半島南部と容易に結びつくことが可能である。

　北部九州沿岸地方と朝鮮半島南部とでは、特異な漁具の分布が重なるだけでなく、対馬佐賀貝塚でキバノロの牙やサルアワビ、ユキノカサなどの近隣では朝鮮半島にしか棲息しないものがもち込まれている。さらに佐賀県伊万里腰岳産の黒曜石が朝鮮半島の南部沿岸地域に広く分布をみせることは、この時期の漁撈民のネットワークの重要性を物語っている。

　このように、一見、遠距離にあって相互に無関係であろうと思われる地域・文化圏でも、漁撈民のネットワークを通すことで、深いつながりがあることが知られるのであり、弥生時代における交易圏の素地が、縄文時代後期の北九州地方ですでに形成されていたとみることができる。

南海産貝輪

　壱岐に向かう船が呼子の港を出ると、しばらくは島影が点々と見えてくる。そのうちのひとつに、小川島という周囲4kmの小さな島がある。この島は江戸時代の初め頃から捕鯨の島として知られ、戦後まもなく捕鯨会社が停止されるまで、この地域の重要な捕鯨基地であった。

　この島の南端にある漁港の奥に田島神社があり、この境内とその付近に、縄文時代から弥生時代にかけての貝塚がみられる。この貝塚から注目すべきゴホウラ製の貝輪が出土している。ゴホウラ貝の背面を利用してつくられたもので、円い形をしている。これと同工の貝輪は、呼子近くの大友遺跡と広島市中山貝塚の弥生時代前期に属するものがあげられるが、小川島では、縄文時代貝塚の分布範囲のなかから発見されていて、縄文時代のものである可能性が高い。

　ゴホウラは奄美以南の海に産する巻貝であり、これが縄文時代の終わり頃北部九州に登場し、引きつづき弥生時代以降にも大量にみられるようになるのは、縄文時代後期に形成された漁撈民のネットワークが存続しつづけていたこ

とを物語るものである。

　弥生時代に多くみられる貝輪の素材が南海産のゴホウラであることを突き止めたのは永井昌文であった（永井 1969）。永井の指摘を受けて橋口達也や木下尚子らによりゴホウラ製貝輪についての論及が次々になされている。今、木下の研究によってこの貝輪についてみてゆこう（木下 1980）。

　ゴホウラをどの部位で切り取るかにより、七つの類型の貝輪ができあがる。このうち広田型と称するものは、ゴホウラの背面を縦切にすることで得られ、結果的に円い型の貝輪できあがる。この型の貝輪は前述した3カ所の他に、鹿児島県高橋貝塚でもみられるが、じつは薩南諸島以南の地域で典型的に発達したもので、その地域との交流が考えられる。この点で、高橋貝塚の占めている位置は重要で、ここでは未製品を含めて10点のゴホウラ製貝輪が出土していて、南海産貝輪の中継基地として位置づけられる。高橋貝塚は、縄文時代後期に石銛を出土した市来貝塚や西之薗遺跡の近くであり、北・西九州の漁民ネットワークの最南端にあたり、南島への入口となっている。

　奄美・沖縄地方では、縄文時代後期にあたる頃から、盛んに円い型の貝輪をつくりつづけている。それらはオオツタノハやオオベッコウカサガイといった貝の自然の形状に沿って円い貝輪を作成するものから、大型のイモガイを縦切りにした円に近い貝輪まで含まれている。高橋貝塚ではオオツタノハやイモガイを縦切りにした貝輪も発見されていることから、西日本の弥生時代のこの種の貝輪は、ゴホウラと同様に、南海からもたらされたことを思わせる。

　ゴホウラの背面を利用したものや、イモガイを縦切りしたもの、また、オオツタノハを使ったものなどの円い型の貝輪は、西日本の弥生時代の沿岸地域にみられる。一方、ゴホウラの中央部近くを縦切りすると、一大結節や螺塔を組み込むことで突起をもつ貝輪ができるが、こうした型式の貝輪のほとんどは内陸の農耕生産を背景にして成立したと考えられる遺跡から出土しており、両者は好対照をなしている。このことから木下は「まる型」貝輪は縄文的伝統の深い社会に登場するものと、想定している。

　西日本の縄文時代には、ベンケイガイやアカガイ製の円に近い貝輪が使用さ

れていた。朝鮮の東三洞貝塚でも、アカガイやタマキガイの貝輪があり、朝鮮半島東北部にも貝輪がみられることから、縄文時代の少なくとも後期頃の漁撈民たちのネットワークのなかでは、貝輪を使用する習俗が存在していたことが考えられる。ところが、農耕というまったく新しい生業形態をもつ社会では、漁撈民ネットワークを通して南海産貝を入手しながらも、まったく異なった形態を生み出している。このことは、従来の縄文的世界からは直接的には出てこない現象といわねばならない。

弥生時代前期の朝鮮系遺物

　弥生時代になると、目にみえる形での大陸製の文物が多く登場するようになってくる。それらは、大きく朝鮮系遺物と中国系遺物とに分けることができ、朝鮮系遺物は弥生時代の前期から、中国系遺物は中期後半からみられるようになってくる。

　朝鮮系と考えられる遺物では、有柄式磨製石剣と磨製石鏃がある。有柄式石剣は細型銅剣を模倣して朝鮮半島南部でつくられたもので、細形銅剣を入手できなかった人びとの間で宝器とされたものである。磨製石鏃は実践用の小型ではなく、峰も茎も大きく伸びた儀器であり、朝鮮半島南部では副葬品に多いことから、有柄式の磨製石剣とともに祭器として利用されたらしい。

　有柄式石剣や磨製石鏃が登場する頃、一部に青銅器がみられることは、このさい、きわめて重要である。

　福岡県宗像郡津屋崎町の今川遺跡では、集落を巡る大きな環濠のなかから、弥生時代前期初め頃の土器とともに、1点の青銅製鏃が検出されている。長さ5.5cmと小型で、両側の部分を欠損している。また、遺跡で採集された銅製品のなかに、棒状で一端を削ぎ落としたようなものもある。後者は、朝鮮の忠清南道松菊里の箱式石棺墓で出土した銅鑿に形態が近い。この松菊里石棺墓出土の銅鑿はその下部に抉りがあり、この抉りは細形銅剣よりも1時期古い遼寧式銅剣の茎の下部分にもみられる。このことから、今川遺跡出土の棒状の銅製品や銅鏃は、じつは遼寧式銅剣の破損品を再加工したものではないかと推定さ

れる。さらに今川遺跡では、6点の碧玉製管玉と勾玉、丸玉各1点が発見されている。このうち勾玉については自然科学的な分析が試みられ、材質がアマゾナイト（天河石）であることが確認され、丸玉もそのように考えられている。アマゾナイトは日本には産出しないことから、海外からの搬入品とみられ、朝鮮では各地で多くのアマゾナイト製装身具が出土している。

　松菊里石棺墓で遼寧式銅剣、銅鑿、磨製石鏃などとともに発見された装飾品のなかに17点の碧玉製管玉と2点の曲玉があり、このうち曲玉はアマゾナイト製であった。すなわち、今川遺跡にみられる遺物内容は、松菊里のものと多くの点で一致する。また、今川遺跡ではないが、北部九州にみられる他の弥生時代前期の遺跡では、磨製石鏃や有柄式磨製石剣が出土することから、弥生時代の前期前半期には、朝鮮の遼寧式銅剣を使っていた人びととの交流があったのではないか、ということを推測させてくれる。

　忠清南道から全羅道にかけての朝鮮半島西部一帯では、特異な青銅器文化の展開がみられる。この地域には、竪穴系石槨石棺墓があり、多数の青銅製品を伴出することも有名である。忠清南道南城里遺跡もそのひとつで、1基の石棺墓中から、細形銅剣9点、防牌形銅器1点、剣把形銅器3点、銅鑿1点、銅斧1点とともに、多鈕粗文鏡2点が出土した。そしてこれらに混じって、アマゾナイト製の曲玉1点と、灰青色凝灰岩製の管玉103点が伴出している。松菊里石棺のものとくらべ、遼寧式銅剣が細形銅剣に変わるものの、曲玉、管玉は同様であり、防牌形銅器などの儀器が新たに加わってくる。このように、細形銅剣、多鈕粗文鏡に玉がともなう例は、忠清南道の槐亭洞、東西里、蓮花里などの各遺跡で見ることができる。忠清南道より南の全羅南道大谷里や草浦里においても、忠清南道での遺物と同様のものが認められる。すなわち、大谷里では細形銅剣3点、多鈕精文鏡2点、銅斧、銅鉇各1点、儀器として青銅八頭鈴具2点、青銅双頭鈴具2点があり、曲玉や管玉も出土している。また、草浦里では、細形銅剣4点、桃氏剣1点、銅戈3点、銅矛2点、銅斧、銅鉇各1点と多鈕精文鏡3点があり、儀器として銅鈴数点がみられる。このような朝鮮半島西南部にみられる青銅器群の出自をたどると、中国の東北地方南部にゆきつく。

遼寧省瀋陽市鄭家窪子遺跡では、1基の木槨木棺墓が発見されている。その副葬品として、3点の遼寧式銅剣、1点の鏡と6点の鏡形飾、銅斧、盾形飾、多数の馬具類に混じって、管玉をつなぎ合わせ、先端に半月形の宝石をつけた石製装身具が出土している。またこれとは別に、小玉46点を繋いだ前額を覆う装飾品も見つかっている。これらはいずれもアマゾナイト製であり、剣（遼寧式銅剣）、鏡（多鈕粗文鏡）、玉（額および首飾）と朝鮮半島南部にみられる有力者の墓から出土する副葬品の組み合わせと一致している。朝鮮半島南部の青銅器文化は、このように、中国遼寧地方のものと深いつながりがあることがわかる。

　今川遺跡の紹介で、従来とは異なった文化が流入した可能性を述べたが、これがいっそう明確になるのは、弥生時代前期末の頃で、山口県下関市梶栗浜遺跡でその端緒をみることができる。ここで発見された多鈕鏡は、小型で鈕を3つもち、鏡の背面には鈕座と内区（もしくは外区）の2区画で文様帯が形成され、全面が鋸歯文で飾られる精文鏡である。日本では最古の型式に属し、全羅南道草浦里出土品と型式が一致する。しかし、鏡と剣と玉がセットでひとつの墓に納められるようになるのは、中期前半の頃のことで、福岡市吉武高木遺跡の木棺墓が最初である。この段階になってはじめて、朝鮮半島南部でみられる青銅器群が完成した形でもち込まれるのであるが、青銅製儀器は日本ではみることができず、少し変容した形で朝鮮青銅器文化が受容されたことがわかる。

　弥生時代前期になって、朝鮮全羅南道地域の青銅器文化との交流が始まったことを知りうるが、このためには、全羅南多島海地域の漁撈民とのネットワークと玄界灘漁撈民のネットワークとが、朝鮮海峡を挟むどこかの地域で接触しなければならないが、今日、それを具体的に示す遺物を欠いている。

　しかし、日本に青銅器が登場する前に、北部九州の沿岸地方では水稲栽培を始めており、弥生的水稲耕作の母胎としてもっとも近いのは、忠清南道松菊里遺跡の文化要素のなかに見出せることから、将来、両地域を結びつける漁撈民の文化的関連性が指摘できるようになるであろう。

　朝鮮から青銅器を輸入する段階まで、まだ縄文時代以来の漁撈民のネットワ

ークが存続していたと考えられることは、舶載青銅器が西日本各地に比較的散らばる状態で分布することで示されよう。ところが、弥生時代中期中頃になり、青銅器の製作が日本で開始されはじめると、様相が一変する。

　福岡県今川遺跡出土勾玉や丸玉の素材であるアマゾナイトは、日本では産出しない。このため、北部九州の弥生時代前期から中期前半までの墓の副葬品として、硬玉製勾玉と碧玉製管玉という組み合わせが一般的であった。硬玉は朝鮮では産出しないために、日本産硬玉でこれに替えたのである。弥生時代中期中頃では春日市赤井手遺跡をはじめとして、勾玉をガラスで製作した痕跡が認められるが、実際に副葬品としてガラス製勾玉を伴出するものは、福岡県前原市南小路甕棺墓、春日市須玖岡本D地点甕棺墓、岡本遺跡土壙墓くらいで、出土例がきわめて少ない。ガラス製勾玉が多くなるのは、弥生時代後期後半から古墳時代にかけての頃である。これはひとつには国産ガラスの素材となったとされる中国産の璧を十分に入手することができなかったためとも想定できるが、「勾玉は硬玉にかぎる」という観念から逸脱できなかった結果であるのかもしれない。

交渉ルートの限定化

　弥生時代中期以降における大陸との交易を示すものとして、国産青銅器の鋳造がある。青銅器の主要な成分には、錫、鉛、銅があるが、このうち錫は日本では産出しないために、青銅器鋳造の原材料は大陸に仰がなければならない。山口県宇部市沖ノ山遺跡で発掘された朝鮮系無文土器のなかに、五銖銭96枚と半両銭20枚が内蔵されていたのは、この点に関して重要な示唆を与えてくれる。近藤喬一は、こうした中国製銭貨が日本産青銅器製作の素材として大いに利用されたとみている（近藤 1983）。

　国産青銅器を鋳造するに必要な中国製原料を大量に入手するには、中国文化圏との直接の取引が求められる。そのためには、漢の武帝による楽浪郡の設置をまたなければならなかった。

　弥生時代中期から後期前半にかけてみられる青銅製品を製作したとみられる

武器鋳型の分布図をみてゆくと、福岡平野から春日丘陵にかけての「奴国」の領域に集中していることが知られている。そして、その出土量の多さと技術の高さはけっして、パートタイマーで行いうるものではなく、青銅器製作の専業技術者集団の存在が予想されている。このような専業集団を維持するには、恒常的に原材料を確保することが必要であり、従来の季節的交流もしくは一時的交流ではなしえないレベルのものである。

奴国で生産した青銅器の代表的なものとして、広形銅矛があげられる。これが福岡平野と対馬に集中してみられ、朝鮮南部にも少数存在することは、青銅器製作集団を掌握するグループにより、朝鮮→対馬→壱岐→唐津→糸島→福岡という交易ルートが独占的に把握されていた可能性が高いことを示している。

紀元前100年頃には、朝鮮は完全に鉄器時代に入っており、朝鮮系青銅器を輸入することはできなくなっていた。しかし、日本国内での青銅器の受容は未だつづいており、このためには、中国産の原料をもち込んで青銅器の鋳造をする必要があった。そのため、中国が朝鮮に楽浪郡を設置（紀元前108年）した後は、直接ここと取引を行って、青銅器の原材料を入手する必要があり、朝鮮西海岸を経由してのルートの整備がなされなければならなかった。

このように、朝鮮系青銅器を輸入する段階では、北部九州沿岸部の漁撈民たちが、個別に朝鮮半島南部の集団と結んで、日本へ青銅器をもたらしていたが、輸出地である朝鮮で青銅器製作が休止すると、奴国を中核とする北部九州のクニグニは、原料を楽浪から集中的に輸入することで、国内の青銅器受容に対処し、そのために組織化された交易の体系化がなされたと思われる。すなわち『魏志倭人伝』にみられるルートがこの段階で確立したのであった。

国産青銅器の原材料として、中国製青銅器もしくはインゴット（鋳塊）を独占的に入手し、奴国を中心として集中的に青銅器を生産していた段階も、弥生時代後期頃になると、その活動はいちじるしく低下してゆく。ひとつには、青銅器製作に使用する鋳型を出土する場所が、北部九州沿岸部に分散してゆく状況をみせ、奴国による青銅器生産にかげりがみえはじめてくる。

まず、内的には日本において青銅器の受容が低下したことが考えられる。そ

れまでの国産青銅器は、九州では銅矛・銅戈、近畿では銅鐸・銅戈であったが、弥生時代後期前半まででそれらの鋳造は終わり、小型仿製鏡やガラス類といったさほど大量に原料を必要としない製品がつくられるようになってきた。さらに弥生時代中期後半から末にかけて日本産の鉄戈が出現していることからすれば、青銅器に替わって鉄器が道具の中心となってゆく趨勢を読みとることが可能である。鉄は青銅とは異なって国内にその素材を求めることができる。また鉄鋌として鉄素材が輸入されたにしろ、小鍛冶ほどの設備で鉄製道具を製作することができる。すなわち、一般の集落内部での作業場で日常生活用の製品はつくることが可能であり、青銅器鋳造の場合のように大規模な設備と高度な技術を必要としない。漢代の中国のように、鉄官をおいて、国家的レベルで統制を加えないかぎり、鉄生産の独占化はむずかしい。たとえ奴国の青銅器製作集団が鉄素材の独占的輸入にあたったにしても、刀子や鎌といった小さな製品製作までは規制できなかったと思われる。このことは奴国の社会的地位を揺るがす遠因にもなったであろう。

　外的な要因としては、奴国を経由せずに大陸との交渉が行われていたことを示す資料が出はじめている。

　対馬はその占める地勢から、日本が大陸との交流を行うには絶対的に必要な要衝の地である。弥生時代後期前半までは、この島で出土する遺物はほとんど北部九州的なもので占められていた。ところが、後半期に入ると対馬下県郡寺浦崎遺跡で発掘された二重口縁壺にみられるように、明らかに関門地方の土器が流入することにうかがわれるように、従来みられなかった現象が生じはじめている。

　関門地方、もしくは福岡県東部から対馬をめざすには、玄界灘に浮かぶ孤島の沖ノ島の近くを通る。4世紀に入ると突然この島に多くの宝物が供えられるようになってくる。

　沖ノ島は玄界灘のほぼ中央部に位置する周囲約4kmの小島で、大島村中津宮、辺津宮とともに、宗像三神が祀られていることでも有名である。

　この島の考古学的調査は、すでに明治年間にはじめられたが、昭和29・33年

に行われた調査の結果、はじめて全体像が浮き彫りにされたのであった。その後、昭和44・46年にかけて、再度発掘調査が行われ、縄文時代以来の島の歴史が明らかにされることとなった。この島が祭場として出発するのは古墳時代に入ってからで、沖津宮が鎮座する地点から、1号と命名された巨石の周囲にかけての範囲から活動が開始されたらしい。このあたりは、大きな石が幾重にも重なり合うように連続して接するところであり、そのうちのもっとも高く、かつ広いテラスをもつ岩が1号である。この島の祭祀の変遷について、佐田茂は、「まず、1号巨石の岩周囲において簡単な石組ないし石敷きをつくり、祭祀を営んだのから、やがて大岩の岩陰での祭祀へと展開し、ついで半岩陰、半露天の場所での祭祀から、露天祭祀に移行し、ついには露天での固定した祭場が形成されるように変遷した」と述べている（佐田 1988）。

　こうした祭祀場所の変遷のなかで、もっとも古いと想定されるのは、18号址で、20面の鏡と硬玉、碧玉、滑石製の玉類などがあり、鏡には山口県下松市宮ノ州古墳出土品と同笵である、三角縁二神二獣鏡などがあり、前期古墳の副葬品とくらべてもけっしてひけをとらない内容のものである。つづく17号址では、鏡21面をはじめとする500点にも及ぶ遺物が出土しており、それよりも時期が下った21号址では、鏡6面を含む多くの鉄製品、鉄器の素材である鉄鋌などが埋納されていた。このように、4世紀から5世紀にかけての頃には、前方後円墳にも比肩すべき内容の遺物群で祭祀遺物が構成されていて、この沖ノ島の祭祀を取り扱う集団のもつ社会的意義の大きさをうかがうことができる。

　この沖ノ島の祭祀活動が活発に展開し始めるのに、歩調をあわせるように、宗像周辺に前方後円墳を中心とした古墳群が盛んに築造されるようになる。この地域には、約40基の前方後円墳がみられるが、このうち、4世紀代のものは宗像市東郷高塚のみで、5世紀に入ると、津屋崎町の勝浦地区を中心として多数の前方後円墳が構築され、これが6世紀まで引き継がれる。宗像地方の古墳群の形成は、このように沖ノ島の祭祀活動の展開と軌を一にしていることがわかる。このことは沖ノ島の祭祀活動の担い手は、これら宗像の古墳群に埋葬された集団であったことをうかがわせる。『魏志倭人伝』のルートにあたる玄界

灘西部での中期古墳の衰退とは裏腹であり、近畿勢力を背景にした宗像の台頭により、沖ノ島の近くを通って対馬、朝鮮へ向かう道がはじまるとともに、奴国がもっていた独占的な交易ルートが大きな打撃を受けたであろうことは、想像に難くない。

おわりに

　大陸との交渉も、このように、北部九州沿岸部とその付近の島々に住む縄文時代以来の漁撈活動従事者たちが、日常的な生産場を介しての交流により築き上げられたネットワークとでもいうべき、情報伝達システムのなかで営まれたものである。それは縄文時代前期頃明確化し、縄文時代後期には、朝鮮半島東部・南部とのネットワークとも接し、南は南九州まで延びて、南西諸島の漁撈民との接触をもつようになった。

　弥生時代になると、南に延びるネットワークを通して南海産貝製品を北部九州に伝えたが、自分たちは縄文的な「まる型」貝輪を守りつづけた。他方、朝鮮半島南部に延びるネットワークは、稲作栽培ばかりでなく、青銅器や装飾品といった新しい文物を個別にもち込み、やがて朝鮮半島西海岸地域のネットワークを通して、青銅器の原料を入手するにおよんで、奴国による独占的ルートが形成された。

　こうした奴国による漁撈民ネットワーク支配は、青銅器生産の終わりと沖ノ島祭祀に表された、宗像—対馬交易ルートの拡大により、近畿勢力を背景とした宗像勢力の台頭により、奴国の存在基盤を喪失させていったのである。

引用文献
木下尚子 1980「弥生時代における南海産貝輪の系譜」『日本民族文化とその周辺』新日本教育図書
甲元眞之 1987「先史時代の対外交流」『岩波講座日本の社会史』第1巻、岩波書店
近藤喬一 1983「亜鉛よりみた弥生時代の青銅器の素材」『展望東アジアの考古学』平凡社
佐田茂 1988「沖ノ島祭祀の変遷」『古代を考える　沖ノ島と古代祭祀』吉川弘文館

正林護 1973「つぐめのはな遺跡」『日本考古学年報』24
正林護 1974「つぐめのはな遺跡の概要」『長崎県考古学会会報』2
橘昌信 1979「石銛―西北九州における縄文時代石器研究（二）」『史学論叢』10号
永井昌文 1969「弥生時代の巻貝製貝輪について」『日本考古学協会第35回総会発表要旨』
山崎純男 1989「西北九州漁撈文化の特性」『季刊考古学』第25号
渡辺誠 1985「西北九州の縄文時代漁撈文化」『列島の文化史』第2号

第3節　稲作農耕の伝播

はじめに

　東アジアにおける稲作栽培は、約1万年前に中国の長江（揚子江）流域で開始されたことは、考古学資料によるかぎり確定的であるといえる（厳文明 1982）。従来提唱されてきた稲作の雲南高原起源説や東南アジア起源説は、その地域で検出される最古の稲資料はきわめて新しいものであり、考古学的資料によれば、中国長江流域からの文化的刺激により、それらの地域では稲作栽培が始まったことが明確で、長江流域よりもイネの初現年代はかなり遅れることが知られている（甲元 1992）。また約7000年前の河姆渡をはじめとする遺跡で発掘されたイネは、DNA分析によると、確認されるかぎりジャポニカ・タイプであり、ジャポニカ・タイプの野生稲から栽培稲が出現した可能性が高いことがしだいに明らかになってきた（佐藤 1996）。長江流域で狩猟・採集生活を営んでいた人びとが、後期旧石器時代後半期以降の温暖化にともなう生態環境の変貌に順応しながら、狩猟対象を大型獣類からシカ科が中心となった中型獣類に置き換え、樹林がもたらす豊富な堅果類などとともに、淡水産の魚介類を始めとする水辺での生業活動に生活の比重を移すなかで、湖沼や河川縁辺部に繁茂する野生稲に着目したのが稲作栽培の始まりであり、その初期段階においては、狩猟・採集・漁撈を含めた多様な生業活動の一部にすぎなかったことが、遺跡から検出される多くの自然遺物によって具体的に示されている。

　後氷期の温暖化は野生稲の分布域を拡大させ、四季の明確化はイネの生育期間を制限することとなり、イネの胚乳の増大化を引き起こした。大型狩猟動物に替わる新しい食料資源として、丸みを帯びるようになったイネが人間の着目

するところとなり、イネに対する依存度を高める方向に日常生活を傾斜させていくなかで、イネの栽培化が始まったと推定される（甲元 2000）。東アジアでの開始期の農耕ではオリエントにみられるようなドラスティックな変化はうかがうことができず、狩猟・漁撈・採集といった多様な生業との組み合わせのもとにはじまり、徐々に稲作中心への生業に変化していったのである。したがって、イネの伝播を考察する場合には、このような複合的な生業活動にともなうさまざまな「物的証拠」をも考慮しなければならない。

一方、イネの伝播の道を想定するときには、日本列島にいつの段階で稲作栽培が開始されたのか、それは畑地で栽培されたのか、あるいは水田で生産されたのか、始まった頃の栽培穀物の組み合わせはどのようなものであったかということも、把握しておく必要がある。

日本における稲作栽培の初現時期に関して、プラント・オパールの分析により岡山県朝寝鼻貝塚では縄文時代前期（約6000年前）にすでに存在していたとの説が提唱され、世間の注目を集めた。最近ではイネのプラント・オパールの存在は鹿児島県では約12000年以上も前にさかのぼることが指摘され、これが事実ならば、中国長江流域よりは稲作栽培の開始年代が遡上することとなり、稲作栽培の伝播論を問題にすること自体が無意味なこととなる。こうした「最新の研究成果」を確かなものにするためには、栽培の対象となった植物の野生種が日本列島に存在していたのか、いなかったのかという基本的な問題も併せ考えておかなければならないことを示している。

かつて、福井県鳥浜貝塚出土のヒョウタンに関して、植物栽培の初現であると大々的に論じられたことがあったが、熊本県曾畑遺跡出土と同様な形態のヒョウタンは、対馬や朝鮮各地に自生していることが知られ、ヒョウタンは農耕の存否論と系譜論にはそぐわない対象であることがわかってきた（安ワンシク 1999）。また従来リョクトウと鑑定されてきたものは、最近の植物学の研究によると、ヤブツルアズキ *Vigna angularis* var. *nipponensis* であり、栽培アズキの祖先であることが判明した（山口・島本 2001）。これは日本列島や朝鮮・中国に自生するものであり、縄文時代や弥生時代の遺跡で検出されるアズ

キが大陸からもち込まれたものか、あるいは列島内部で栽培化された種であるのかの検証も必要になってきたのである。

縄文時代の栽培穀物

　弥生時代に先行して、縄文時代にはなんらしかの穀物栽培を行っていたという証跡が今日ではしだいに明らかにされてきている。縄文時代の栽培穀物を追究するのに、最近では自然科学のさまざまな方法が導入されてきているが、こうした分析方法では対象は的確に同定できたとしても、それ自体では資料の所属年代を明らかにすることは不可能であり、農耕論を提示するための確実な資料としては依然として、栽培穀物の種子それ自体を採取することか、土器に付着した圧痕を丹念に調べて種子を同定することでもたらされる。種子それ自体も遺跡の埋没過程で「混入する」恐れがあり、より確実には種子それ自体をC14によって年代測定を行うのがのぞましい。最近ではAMS法による年代測定がはじまり、これまでよりはいっそう正確な年代が把握できるようになったことから、所属年代が確実な資料をもとにしての栽培穀物論が展開されることも将来そう遠くないことであろう。ここでは従来縄文時代に存在したと想定されている栽培穀物の種類について、みてゆくことにする。

　縄文時代から弥生時代にかけて日本列島で検出される栽培穀物については、20年前寺沢夫妻により基礎資料の集成がなされ、体系的に論じられた（寺沢・寺沢 1981）。最近では宮本一夫により縄文時代における栽培穀物に関しての集成的検討がなされているので、これを補足しながら縄文時代の遺跡で発見された栽培穀物を検討することにしよう（宮本 2000）。

　縄文時代に属する遺跡からこれまでに検出された具体的な種子あるいは、土器に付着した穀物圧痕により知られる栽培穀物としては、イネ、オオムギ、アワ、キビそれにマメ類がある。マメ類のなかにはアズキやリョクトウが含まれているが、これらは先述したように日本列島に自生するヤブツルアズキやそれと関係する種子であることが知られたために、検討対象からは除外されよう。イネの籾が付着した土器の年代からは、岡山県南溝手遺跡や福田貝塚、それに

長崎県筏遺跡では縄文時代後期の事例がもっとも遡上するものであり、晩期には九州各地では数カ所の遺跡出土の土器に付着した例が挙げられる。またイネ自体の検出例も後期末葉から晩期にかけての時期に相当する遺構や包含層から出土していることから、弥生時代以前にすでに稲作栽培が営まれていたことは確実である。オオムギ、キビ、アワもほぼ同時期の遺跡から数カ所で発見されており、なかには熊本県上の原遺跡や青森県風張遺跡の事例のように、オオムギやアワ、キビなどを共伴するイネの出土例も知られている。こうした検出例からは縄文時代後期中頃（紀元前二千年紀後半期）以降、列島内では畑作作物とともに、稲作栽培が行われていたことが確実であるといえ、さらには縄文時代後期初頭（紀元前2000年前後）にまで遡上する可能性がある。

朝鮮半島の栽培穀物

朝鮮の初期農耕文化期はいわゆる櫛目文土器が使われた新石器時代と無文土器が使用された青銅器時代に区分することができる。青銅器時代の始まりは紀元前1000年前後の頃であり、その前期と中期がほぼ縄文時代晩期に並行する時期である。新石器時代の遺跡から検出された栽培穀物として、黄海北道智塔里遺跡、馬山里遺跡、平壌市南京里遺跡ではアワがあり、釜山市東三洞貝塚ではアワとキビがみられる。それらの穀物の推定年代は智塔里遺跡、馬山遺跡と東三洞貝塚が紀元前四千年紀後半期であり、南京里遺跡の新石器時代後期層は紀元前二千年紀に相当する。智塔里遺跡の例などからは、気候が冷温化に向かう時期に朝鮮では畑作栽培が営まれていたことをうかがうことができる。

青銅器時代前期段階では平壌市湖南里遺跡、南京里遺跡、京畿道欣岩里出土事例を最古として、イネの発見例が数多く認められる。湖南里遺跡でダイズ、南京里遺跡でキビ、アワ、モロコシ、ダイズが、欣岩里遺跡でアワ、モロコシ、オオムギがそれぞれイネと共伴していることは、縄文時代後期の日本列島と同様に、この段階では各種の穀物が混合して栽培されていた農耕であったことを示している。こうした畑作穀物に基礎をおく農耕は、イネが検出されない朝鮮半島東北部を除いては、朝鮮の青銅器時代前期・中期段階ではきわめて一

般的であった。忠清北道宮坪里遺跡ではアワ、ダイズ、ヒエと、忠清南道古南里貝塚ではオオムギ、慶尚南道大坪里遺跡ではオオムギ、コムギ、アワがそれぞれイネとともに検出されていて、朝鮮の大部分の地域では畑作栽培と結びつく可能性が高いことを示している。この考えを裏づける資料としては黄海北道石灘里遺跡ではアワとダイズが慶尚南道茶雲洞遺跡ではモロコシ、ダイズ、アズキなどのように畑作作物だけで栽培穀物が構成される事例があることが挙げられる。また南江の沖積地に立地する慶尚南道の大坪里遺跡では１km 以上にわたり畑の畝が検出されているのが発掘されているが（嶺南考古学会 1998、南江遺跡発掘調査団 1998）、この畝遺構では栽培穀物とともにカタバミ科やホモノ科に属する畑作雑草の種子がともなっている。このように河川に隣接する沖積地の遺跡においてもイネの水田栽培がなされていなかったことが明らかにされてきている。これらのことは縄文時代晩期並行期以前の朝鮮半島では、畑作栽培の一環としてイネが栽培されていたことを物語るものである。

　朝鮮の南部地域でイネが単独で遺跡から検出される事例が増加するのは青銅器時代中期以降の時期であり、朝鮮の東南部（忠清南道や全羅南北道）の沖積平野に立地する遺跡ではことにそれが顕著である。このことは、忠清南道論山郡麻田里遺跡や慶尚南道蔚山市の玉峴遺跡などの小区画水田や階段式水田遺構などの発見で示されるように、紀元前一千年紀中頃になって畑作栽培に加えて、水田経営が本格化する兆しをみせたことを強く示唆している。

環渤海湾地域と淮河下流域の栽培穀物

　渤海湾の北部周囲地域においてはきわめて古い時期からアワやキビ、コウリャンなどの畑作穀物が栽培されていたが（甲元 2001）、遼東半島先端部に位置する大連市大嘴子遺跡では紀元前二千年紀中頃の時期にコウリャンとともにイネが発掘されている。遺跡が立地する地点は内湾をのぞむ低丘陵上にあって、付近には河川もなく、水田を営む適地は皆無であり、この遺跡を営んでいた住民がイネを栽培していたとすると、ここではイネは畑作により生産された可能性がきわめて高いといわざるをえない。新石器時代の中頃以降、遼東半島

は廟島群島を介して山東半島との文化的な繋がりが強いことから（宮本1990）、かの地よりイネ栽培の技術がもたらされた可能性が高いことが推定される。ちなみに山東半島と遼東半島の中間に位置する廟島群島では、この頃の時期の長島県北荘遺跡からキビが検出されている。

　山東半島部では紀元前三千年紀以前にはアワが栽培されていることが数カ所の遺跡で確かめられているが、紀元前三千年紀末の龍山文化段階にいたってイネが登場していることは、山東半島北端近くに位置している楊家圏遺跡でのアワとイネの検出例で示される。同じ龍山文化に属する山東半島南西部でも数カ所でイネが発見されていて、山東半島部では紀元前三千年紀後半期になって、アワ作にイネが新たに加えられ、栽培されていた状況を物語っている。

　淮河下流域では北辛文化段階にアワが一部地域での出土が認められているが、総じて稲作栽培が卓越していたことは、出土する穀物が多くはイネで、しかも多量に検出されることからも容易にうかがえよう。この地域では少なくとも、紀元前四千年紀以降は基本的には水稲耕作が穀物栽培の中心となった地帯であったと想定される。

　以上、日本列島とその近接地域で縄文時代以前に遡上する時期の具体的な出土穀物の検討を行ってきた。その結果は次のようにまとめられるであろう。

①稲作栽培は縄文時代後期には確実に営まれていたし、同時期にはアワやオオムギ、キビなどの畑作作物も存在していることが知られる。アズキは存在するものの、自生のヤブツルアズキが栽培化されたものか、新たに栽培種がもたらされたものかは不明である。

②朝鮮半島では縄文時代前期末葉にあたる紀元前四千年紀後半期にはすでにアワやキビの栽培がなされていたし、紀元前2000年頃には畑作作物に混じってイネが登場する。イネに畑作作物が共伴する事例は東北部を除いて紀元前一千年紀前葉までは朝鮮では一般的なあり方であった。遺跡の立地や栽培穀物の組み合わせからみると、これらは畑作栽培により得られた可能性が高い。

③朝鮮半島では紀元前一千年紀中頃には確実に水田が登場し、水稲栽培が営まれていたことが明らかではあるが、その始まりは今のところ確かではない。

④遼東半島では紀元前二千年紀中頃、山東半島では紀元前三千年紀後半にイネが検出されているが、ここでは畑作作物と共伴していて、それら多くは畑作栽培が想定できる立地条件の遺跡から出土した事例である。

⑤淮河下流域では古くはアワが存在するものの、ほぼ同じ頃にイネも発見されている。紀元前四千年紀以降はイネの単独出土例が多く、遺跡の立地条件を考慮すると、これらは水稲栽培によりもたらされたものと想定できる。

日本列島にみられる穀物の出土状況からは、縄文時代後期のものは朝鮮の青銅器時代前期以前の、弥生時代のものは青銅器時代中期以降の様相ときわめて類似していることがうかがえる。これらのことは、朝鮮との深い関連の下に日本列島で稲作栽培がはじまったことを物語っている。そこで先史時代において朝鮮や中国との繋がりが、考古学的遺物にどのように反映されているかを次にみてゆこう。

環渤海の先史漁撈文化

今から約1万年前、長江流域で稲作栽培が開始された。長江流域に展開した農耕文化では淡水魚を対象とした河川漁撈と組み合わさるもので、管状や長江型といった独特の土錘や石錘で示されるように、水田付近の溝や小さい河川流域での刺網や投網を使用した網漁が盛んに営まれていた（甲元 2001）。河川漁撈が卓越するのは、水稲耕作がもたらす生態環境を上手に取り込んだ生業のひとつであり、動物性タンパク質を淡水魚から獲得する戦略であった。こうした類型の農耕文化の波は、紀元前三千年紀には山東半島から中国広東地域にまで広く及んでいたことが、考古学資料により確認されている。しかしこれ以降日本列島への稲作の伝播過程においては、大陸との間にいくつかの海峡を挟むため、先史時代の人びとが交流したとするには当然のことながら舟に習熟した漁撈民の介在を想定しなければならない。

当時の沿岸漁撈の実態を把握するためには、海岸近くに立地する先史時代遺跡から発掘される漁撈具の研究とともに魚介類や海獣類などの自然遺物の分析を行うことが肝要であるが、中国の東海岸地帯においては、長江や淮河、それ

に黄河がもたらす大量の土砂が厚く堆積していて、永年にわたり地形がいちじるしく変貌をとげている。このために先史時代の地勢をうかがうことはたいへん困難となっていて、臨海の遺跡の発見例がほとんどないのが実情である。紀元前三千年紀後半から二千年紀前半にかけて営まれた上海市馬橋遺跡では、カキ、ハマグリ、オキシジミなどが採集されていて、今日とは異なって遺跡形成当時には、遺跡は海岸部近くに立地していたことをうかがわせている。同様に渤海湾一帯でも現在の海岸線から50km 入った河北省大城山遺跡や、山東省尚荘遺跡のように250km 内陸に入り込んだ場所でも海産貝が検出されている。黄河下流域では河北省孟村で地下18m に堆積した海産貝の層があり、その堆積年代は7000年前と測定されている。こうした調査事例を積み重ねた結果、完新世初期の黄河下流域は東西に枝状に延びた砂州が張り巡らされていたのであり、山東半島北部では海岸線は今日よりも約20km も内陸に入り込み、黄河流域ではさらに奥まで海岸線があったことが明らかにされている（張振桂 1993、庄振林他 1987）。現在の海抜が20m 以下の場所では当時は海水の影響を受ける状況にあったことが推定されているので、淮河下流域でも先史時代遺跡の分布状況を併せ考慮すると現在の海岸線から50km ほど内陸に入ったあたりに存在する遺跡が先史時代の漁撈活動の拠点であった可能性が高いのである。したがって先史時代中国の沿岸漁撈に関する資料は、現在、厚い堆積層の下にあるために、発掘によってわれわれが情報を入手する機会は少ない。先史時代中国沿岸地域の考古学資料は、渤海湾を巡る山東半島と遼東半島に位置する遺跡から得られるものがほとんどであるといっても過言ではない。

　渤海湾一帯の先史時代漁撈具で特徴的なことは、網具以外に釣具が発達することである。単式釣針以外に、結合式釣針や逆T字形釣針も見ることができる。また回転銛を含めて、刺突具も豊富に出土し、中国内部ではもっとも幅広い範囲の漁撈技術が展開をみせている（甲元 1997）。

　逆T字形釣針は長さが6 cm から10cm ほどの棒状をなし、両端を尖らせ、体部中央部に紐で緊縮するための抉りを入れた形状のもので、遼東半島大藩家村遺跡出土品には、中央部に縄目の痕跡があるのが確認されている。逆T字形

釣針は山東半島では4カ所、遼東半島では10カ所の遺跡から発掘されていて、同一地点から多数検出されるのが特徴的である。これはこの釣具の用途を示唆するもので、中国の在来漁法やアメリカインディアンの民族例を参照すると、大きな碇石を錘として長い縄に結び、縄の中途に枝状に紐をつけ、そこにいくつもの逆T字形釣針を繋いでつくる延縄漁撈に使用されたものであることが知られる（甲元 1987、1997）。

山東半島では未だその存在は不確かであるが、遼東半島の遺跡では釣針の針部と軸部を別々に拵えて繋ぎ合わせた結合式釣針がみられる。軸と針先の結合部を面取りし、末端部に突起をつくりだして緊縮するときの利便としたもので、遼東半島に特異な拵えとなっている。またその他にも頭部と体部に逆刺をつくりだし、基部に紐を繋げるための孔や溝をもつ離頭銛や回転式離頭銛もみることができる。

紀元前三千年紀後半から二千年紀には、この地域では大型の石錘や新来の土錘が多く見られるようになってくる。これら魚網錘は外洋に面した地域で特異に発達するもので、遠浅の沿岸部においては網による追い込み漁や地引網漁に類した活動が活発に行われていたことをうかがわせている。

渤海湾一帯の遺跡で検出された魚類には、沿岸部に棲息するクロダイ、スズキ、ヒラメ、アカエイなどとともに、回遊魚であるサワラ、ヒラ、チョウザメや海獣がみられる。刺突具や結合式釣針、回転銛などは後者が捕獲の対象で、前者は逆T字形釣針による延縄漁撈や沿岸での網漁により捕獲されたことが推定できる。

朝鮮海峡の漁撈文化

朝鮮の多島海地域から南海岸一帯にかけては先史時代の漁撈文化がもっとも開花した地域で、漁撈技術の上では九州北岸から西岸地域と深い繋がりを有している。この地域では釣具、網具、刺突具などの各分野においてそれぞれヴァラエティーに富む漁法が展開している。

北部九州沿岸部で出土する釣具には、単式、結合式、逆T字形があり、単式

釣針はいずれも逆刺をもたない、長さが6cm以下の小型で占められている。小型である点において中・四国の縄文時代後期の釣針とは違いがみられ、九州出土の単式釣針は朝鮮南部との共通性が高いことがうかがえる。逆T字形釣針は朝鮮の東港里遺跡と東三洞貝塚で発掘されていて、九州では福岡県から長崎県の沿岸地帯の縄文時代後期層から多く出土している。結合式釣針は朝鮮南部と西北九州を代表する漁撈具で、朝鮮南部で12カ所、九州では16カ所の遺跡から発掘されている。これらは軸と針先の結合の仕方により、両者の端部を面取りして結合するもの（鰲山里型は軸を石でつくり、郭家型はシカ角で拵える）、上下にあわせて結ぶもの（草島型）、軸の下面に針の末端を差し込む溝をもつもの（西北九州型）がある。鰲山里型は朝鮮南部に多いものの熊本県天草にあり、草島型は沿海州南部から朝鮮南海岸に広く分布をみせる。西北九州型は九州の西岸と北岸に多い型式の釣針であるが、朝鮮南部にも分布していることから知られるように、朝鮮南部と九州とでは技術の交流があったことがうかがえる。結合式釣針は朝鮮南部と西北九州で縄文時代早期末、ほぼ紀元前五千年紀に出現し、紀元前二千年紀に盛行することが明らかにされている（山崎1988）。

　刺突具には種類が多く、組み合わせ銛、固定銛、離頭銛、回転離頭銛などがある。組み合わせ銛は、鋸状の側縁をもつ石鋸を木あるいは骨に嵌め込んで銛とするもので、東北朝鮮の遺跡でも確認されている。朝鮮東北地方の石鋸は中国との国境に聳える白頭山の黒曜石でつくられるのに対して、朝鮮南部のものは伊万里腰岳産黒曜石が使用されている。縄文前期の段階では黒曜石の原石が朝鮮に運ばれるのに、中期後半以降は製品が移出されるようになり、朝鮮海峡を挟んでの縄文時代における両岸地域の密接な関係を物語っている。これら石鋸を使用した組み合わせ銛は縄文時代前期には九州では数は少ない。これを補うものは1個の石で銛全体を拵えた石銛で、縄文時代早期から西北九州にはその存在が認められている。銛を組み合わせて拵えるか、1個でつくるかの違いだけで、両者の機能にはなんら異なるところはない。縄文時代早期から前期にかけての九州ではブレイドテクニックで石器を製作する技術がなかったため

に、朝鮮南部で展開していた組み合わせ銛に似せて1個の石で銛をつくったのに対して、縄文時代後期段階ではブレイドテクニックを使用しての各種の道具製作が盛んとなったことを意味している。回転式の離頭銛は主として海獣類の捕獲に使用された漁具で、西北九州で点々と発見されている。その分布の南限は熊本県天草諸島であり、ニホンアシカの骨の出土した遺跡の南限とほぼ分布が一致することはたいへん興味深い。

　結合式釣針や回転式離頭銛などは朝鮮東海岸から沿海洲、それに北海道から東北地方沿岸部にかけて広く分布する漁撈技術で、これと組み合わせ銛・石銛などはいわば寒流系漁具と推定される。こうした寒流系漁撈具が縄文時代早期から前期にかけての時期に南朝鮮と九州に登場し、縄文時代後期には朝鮮海峡を挟む両岸の遺跡で隆盛をみる。

　一方逆T字形釣針は渤海湾で発達した漁撈具で同じく縄文時代後期に南朝鮮と九州北岸の遺跡でもみられるようになってくる。すなわち紀元前二千年紀には寒流系の漁撈具と暖流系漁撈具の両者が南朝鮮と北部九州で共通して認められるようになってきたのである。

おわりに

　以上みてきたように、日本列島に稲作が登場するのは、縄文時代後期と弥生時代の2段階に分けることができる。最近までの考古学調査により得られた資料にもとづくと、縄文時代の後期段階においては、すでにイネを含む栽培穀物が日本列島に存在していたことが確かとなってきた。それらは遺跡の立地と他の穀物との組み合わせからみて畑作栽培によりもたらされたものと想定され、これは紀元前一千年紀前葉以前の朝鮮半島での様相ときわめて類似している。紀元前二千年紀の朝鮮南部と九州では栽培穀物以外にも、漁撈具の組み合わせ、石器製作における擦切技法の存在、管玉などの石製装身具、土器・石器などの各種の考古学的資料の面での共通性が認められ、親密な交流があったことが容易に看取されるのである。こうした関係は栽培穀物の組み合わせや漁撈具の共通性から、さらには遼東半島、山東半島でのあり方に通じるものである。

紀元前二千年紀には渤海湾、黄海それに朝鮮海峡を繋ぐ大きなネットワークが存在したことは考古学資料から明らかであり、縄文時代後期に栽培穀物が日本列島にもたらされた道はたしかに存在していたのである。

　弥生時代にみられる水田耕作による稲作栽培は、朝鮮南部では青銅器時代中期までは確実に遡上する。しかしそれ以上どこまで古くさかのぼって水稲栽培が朝鮮で営まれていたか、山東半島ではいつの段階から水田耕作が行われたかに関しては、明確な資料は未だ揃えられてはいない。弥生時代にみられる土器や石器など各種の文化遺物、松菊里型住居址や貯蔵穴、支石墓などのさまざまな遺構は、朝鮮南部での青銅器時代中期の時期の文物ときわめてよく類似していることから、弥生的稲作栽培は朝鮮南部と密接な関係のもとに誕生したことは周知の事実である。しかし、水田耕作に関しては朝鮮南部と淮河下流域との間には、時間的にも、空間的にも未だ大きな間隙が横たわっている。水稲栽培の系譜に関しては、今後の山東半島と西朝鮮での考古学的調査に待つところが大きいといえよう。

(補説)

　山崎純男は西日本出土の結合式釣針を針と軸の結合方法で再分類した（山崎「西日本の結合式釣針」『考古論集（河瀬正利先生退官記念論文集）』2004）。それによると、郭家村型と鼇山里型結合式釣針は「平坦面接着型」に分類され、針、軸ともに鹿骨で製作されたものと、軸が石で製作されたものとの材質の違いによることとなる。これが首肯されるなら、朝鮮南部に見られる鹿骨で針や軸をつくる結合式釣針は、渤海湾で成立した技法が逆 T 字形釣針とともにもたらされた可能性が高いことを示す。

引用文献
〈日本語〉
甲元眞之　1987「先史時代の対外交流」『岩波講座日本の社会史』第 1 巻、岩波書店
甲元眞之　1992「東南アジア考古学研究」金関恕編『東アジアの文明の盛衰と環境』天理大学
甲元眞之　1997「黄、渤海沿岸地域の先史漁撈文化」『先史学・考古学論究』2
甲元眞之　2000「東アジアにおける農業の起源と拡散」国立歴史民俗博物館『東アジアにおける農耕社会の成立と文明への道』

甲元眞之 2001「新石器時代の栽培植物」『中国新石器時代の生業と文化』中国書店
佐藤洋一郎 1996『DNA で語る稲作文明』NHK ブックス
寺沢薫・寺沢知子 1981「弥生時代植物質食料の基礎的研究」『橿原考古学研究所紀要　考古学論攷』第5冊
永井昌文 1969「弥生時代の巻貝製貝輪について」『日本考古学協会第35回総会発表要旨』
宮本一夫 1990「海峡を挟む二つの地域」『考古学研究』第37巻第2号
宮本一夫 2000「縄文農耕と縄文社会」『古代史の論点1、環境と食料生産』小学館
山口裕文・島本義也編 2001『栽培植物の自然史』北海道大学図書刊行会
山崎純男 1988「西北九州漁撈文化の特性」『季刊考古学』第25号

〈朝鮮語〉
安ワンシク 1999『私が守ろうとする我国の種子』サケジュル出版
南江遺跡発掘調査団 1998『南江先史遺跡』嶺南考古学会
嶺南考古学会 1998『南江ダム水没地区の発掘成果』嶺南考古学会

〈中国語〉
厳文明 1982「中国稲作農業的起源」『農業考古』1、2期
甲元眞之 1996「黄、渤海周囲地区史前時期漁撈」『環渤海考古国際学術討論会論文集』知識出版社
庄振林・洗自強・薄官成 1987「山東半島西北海岸全新世海侵時代的研究」『第四紀氷川与第四紀地質論文集』第4集
張振桂 1993「海河流域平原水系演変的歴史過程」『歴史地理』第11輯

第4節　弥生文化の系譜

はじめに

　弥生文化をもっとも特徴づけるものは、食料生産、とりわけ水稲耕作に基盤をおく生活が開始されたこと、鉄器・青銅器などを使用、製作するようになったことである。こうした弥生文化が形成されるにおいては、大陸、とりわけ朝鮮半島からの強力なインパクトがはたらいていたことは想像に難くない。ところが、弥生時代の生活は水稲栽培と金属器の使用にすべて表現されているわけではなく、ドングリなどの堅果類の採集も行われていたし、水稲耕作以外で得られた穀物も存在したことは確かである。山沢に狩りを求めて行き来したであろうし、道具に石器や木器、骨角器も利用していた。また海外からの影響は、大規模な民族移動をともなわなかったことは明らかであるから、縄文文化の伝統が新しい弥生文化のなかに深く継承されていったであろうことは、当然のことながら十分に予想されるのである。
　従来、弥生文化の系譜を論じるにあたって、こうした縄文文化の伝統や系譜に対しては、ともすると等閑視する傾向にあったことは否めない。
　佐原真は弥生文化を構成する具体的品目を、
　　大陸からもたらされたもの
　　縄文文化の伝統を受け継ぐもの
　　弥生文化固有のもの
の、3類に分類列挙した（佐原 1975）。そのなかでみると縄文文化の系譜を受け継ぐものがかなり多くあり、西から東へ日本列島を移動するにつれて縄文文化の要素が多くなってゆくことが知られる。

第4節 弥生文化の系譜

そこで、弥生文化のどの面が大陸文化の系統であり、どこに縄文文化の伝統が生き、どれが弥生文化独特のものかという点に問題をしぼり、西日本の資料を中心にして、弥生文化の系譜をみてゆくことにしよう。

男の仕事・女の仕事

弥生文化独自の産物のひとつである銅鐸には、しばしばさまざまな絵が表現されている。なかでも伝香川県出土の袈裟襷文銅鐸は、表裏面の区画された8個の空間に、人間や動物の営みを描くことで有名であり、弥生時代中期農耕社会の生活の一端をうかがうことができる。同様な場面は、兵庫県桜ヶ丘の4号銅鐸、5号銅鐸、それに谷文晁が旧蔵していた銅鐸にも表現されている。これら4つの銅鐸は、多くの共通点をもつことから同じ工人の作品であろうと推定されている（佐原 1973）。銅鐸の鋳型が出土する地域は、播磨から摂津にかけての沿岸部であることからすると、これら銅鐸の絵は、瀬戸内海東海岸地域での、ありふれた農耕民の生活を描いたものとすることができよう。

これら4個の銅鐸には合計20人の人物が表現されている（第1図）。そのうち、人物の頭は○で表現されたもの13人、△もしくは半裁円で記されるもの7人である。佐原は○頭は男性、△頭は女性を表したものと考えた（佐原 1968、1973）。人物の仕事内容からみて、この佐原の比定は間違いがなく、男性13人、女性7人の弥生時代における具体的な仕事が描かれているとみられる。

その具体的な内訳をみると、女性では竪杵をもって臼搗きをするもの2人が2組あり、カエルを喰うヘビを棒で追い立てる人物が1人、嫁と姑の対立であろうか、妻妾の争いであろうか、1人の男性を挟んで棒を振り上げる女と頭を抱え込む女がみられる。男性にはシカを弓で射る人が5人、I字形の道具をもつものが4人、ミズスマシの浮くところにしゃがみ込む人物が3人、先ほどの争いの仲介にたつ男性が1人みられる。I字形の道具をもつ人物に関しては、これを織器のカセとみて機織の動作とみる研究者が多かったが、佐原によると○頭は男性を示す点で都合が悪い。民俗伝承によっても、民族学的知見からでも、また記紀などの文献に記されたものでも、機織は女性の仕事であるから、

74 第2章 大陸との交流

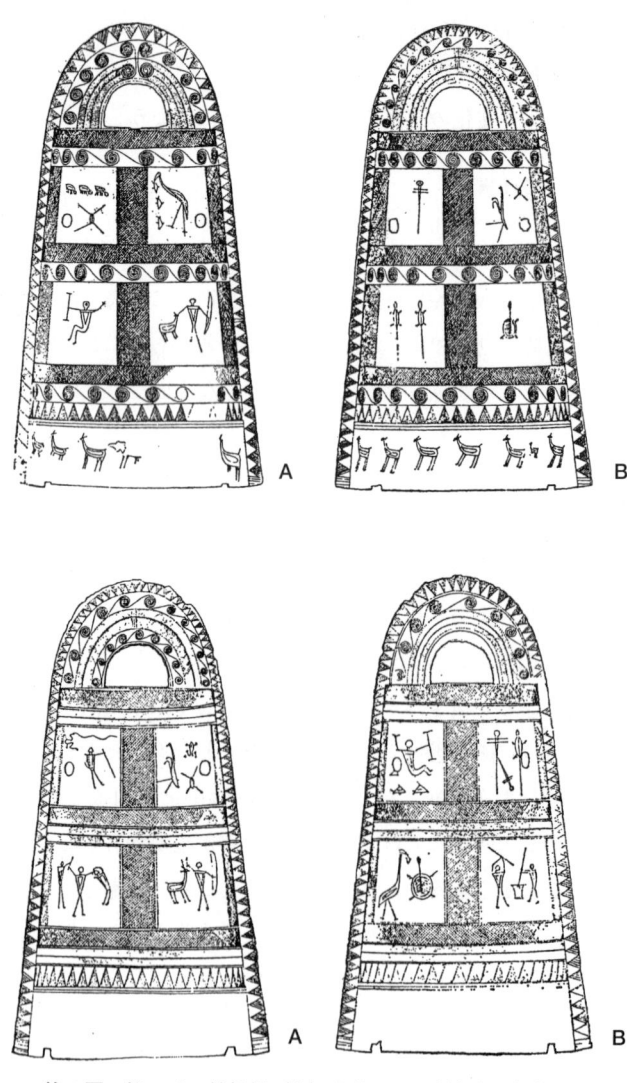

第1図 桜ヶ丘4号銅鐸（上）と桜ヶ丘5号銅鐸（下）

第4節　弥生文化の系譜

Ｉ字形道具は機織器具とすることはできない。Ｉ字形道具をもつ人物は、かならず片手を挙げていることから、これを踊りの姿とみる説もあるが、桜ヶ丘5号銅鐸では魚を描いた水辺にみられるもので、踊りにはあたらないであろう。

佐原は、この桜ヶ丘5号銅鐸では、Ｉ字形道具をもつ人物の下位に魚がいて、また型もち孔で切断されてはいるが、他に魚らしきものが人物の横に描かれていることから、Ｉ字形道具を魚釣りの道具の一種とみたてている。しかし、狩猟にしろ、脱穀にしろ、道具をもつ場合には、その人物の具体的行為がわかるようにすべて描かれているのに、Ｉ字形道具と魚が同時に記されているのは、桜ヶ丘5号銅鐸のみであり、他の3枚の絵には男1人が中腰になった姿しかみあたらないことは、魚釣り具とすることの説得性に欠けるものである。

渡辺誠はこのＩ字形道具に新しい解釈をもたらしている。渡辺は近世の農書に記載され、最近まで福井県の農村で使用されていた農具と形態が似ることから、水田をならすときの水準器とみている（渡辺 1978）。水準器を上からみると、まさしくＩ字形道具となる。桜ヶ丘5号銅鐸では、湿地での作業、他の3例は乾地での作業と考えると、先の佐原説に対する矛盾は解消される。古来より、開墾したり、耕地の維持管理は男性があたるのがその役目である。

桜ヶ丘4号銅鐸のＡ面左上にみられる3人の○頭人物像については、人間ではなく獣とみる人もいる。銅鐸にみられる動物表現をみてみると、シカ、イノシシ、イヌなどの頭はそれらしく、人間とは区別して表されており、○頭のものはトンボしかみあたらない。このことから、これら3人は人物とみなさなくてはならない。このしゃがみ込む人物は、田植えもしくは草取りの姿と説く人もある。3人の人物がアメンボが泳いでいる場所にいっしょに描かれていることからすれば、水辺もしくは水田でのある状況を表現したものである。ところが、これら人物像は○頭であって男性と見なければならない。田植えもしくは草取りは、本来女性の分担するところであるから、その説はあたらない。

八幡一郎が論じるように、西日本から中国、東南アジアにかけての水稲耕作民の間では、イネを収穫した後に水田には入り、水田で成長した魚を捕らえて、貴重なタンパク源としていた（八幡 1959、1960）。桜ヶ丘4号銅鐸に、魚

伏籠などの道具は何も見あたらないが、そうした水田での魚取りの図と考えた方がふさわしいのではないか。

銅鐸に描かれた20人の人物は、このように農耕社会における男性と女性の具体的な労働作業の役割分担の一端を語りかけてくれている。それによると、男性は、狩猟、漁撈、開墾もしくは水田の維持管理、女性は脱穀作業を担っていたことが知られる。むろん弥生時代の社会生活がこれですべて類推しうるものではないが、こうした事実をもとに、民族学的知識、民俗伝承などを活用して、弥生文化を構成する具体的品目の役割とその系譜をたどってみよう。

男の伝統・女の伝統

弥生文化を構成する要素のうち、縄文文化から受け継がれたものには、佐原によると次のようなものがある。

①技術：打製石器の技術、石鏃、打製石斧、環状石斧、ミニチュア土器、土器の蓋、土器の文様、木器、骨角器製作の基本技術、竪穴住居、編み物
②装飾：二枚貝の貝輪、骨格製釣針、銛、ヤス、ヘアピン、漆製品、漆で固めた櫛、
③習俗：抜歯、叉状研歯

日本に弥生文化が形成される頃、朝鮮や中国では打製技術は廃れ、ほとんどが磨製石器となるか、あるいは金属器にとって替わられている。したがって打製石器は縄文からの繋がりを指摘できる。ところが石鏃に関しては、打製品である点においては縄文と共通するが、弥生時代前期に九州で出現した三角形石鏃は、弥生文化の東遷とともに中部日本まで分布が拡大していることは、三角形石鏃も外来的要素として受け止められていた可能性も示していて、すぐさま縄文の伝統とは結びつき難い。また環状石斧や骨格製の釣針、銛、ヤスの類や竪穴住居などは、弥生文化形成期の朝鮮にもみることができる。すなわち、大陸にもあり、縄文文化のなかにも認められる要素は、純粋に縄文文化のなかにしかない要素とは少し意味を違えて弥生文化のなかに伝わったと考えられる。このような性格の品目は、すべて男性か男性が加担する作業に関係するもので

あることが知られる。環状石斧は闘争具、釣針・銛・ヤスは漁撈具でこれらは男性専用である。編み物は女性に関するもの、打製石斧は土掘具であって、女性が植物採取時に使用したり、男性が竪穴住居を掘削する折にも役立ったと考えられる。

　装飾品のなかで、純粋に縄文文化からの伝統がたどれるのは、ほとんどが女性に関することがらである。縄文時代の二枚貝の貝輪を装着した人骨は、渡辺誠によると37例知られている（渡辺 1974）。そのうち人骨の性別が判別しうるものをみると情勢は25例に達し、圧倒的に女性が装着した例が多い。またもっとも女性にふさわしい貝輪とされるアカガイ製やベンケイガイ製の貝輪を装着した人骨で男性とみられるのは、吉胡貝塚で出土した人骨のみで、他はすべて成年から老年の女性である。ヘアピンや櫛なども女性の装飾品と考えると都合よく説明できるであろう。土器製作も女性の役目であった。抜歯は弥生時代前期には男女ともみられ、女性に施される例がやや多いが、中期になるとわずかに老年の女性に施されたのがうかがえる程度に衰退する。抜歯は女性が行う習俗であるので、女性人骨に多く見られ、後までつづくのは当然であろう。

　このようにしてみると、縄文文化の伝統を受け継ぐ要素のなかでは、男性に関するものは同時代の朝鮮半島でもみられるものであり、純粋に縄文文化に関係するものは、すべて女性にかかわり合いをもつものだけであるといいうる。このことは逆に、縄文文化にありながら弥生文化に継承されなかった品目の多くが、男性に関わるものであったことからも類推できる。

　佐原真によると、弥生文化構成要素のなかで、大陸からもたらされたものについては次のような品目がある。

①中国系舶来品：金印、貨泉、鏡、馬鈴、ガラス製の璧、環頭大刀、環頭刀子、銅製腕輪
②朝鮮系舶来品：多鈕鏡、青銅製武器、鉄製武器、鉄製工具、銅鍑、銅、磨製石鏃、無文土器
③技術：イネなどの穀物関係、青銅器鋳造技術、太型蛤刃石斧、柱状片刃石斧、抉入片刃石斧、扁平片刃石斧、石庖丁、石鎌、紡織技術、ガラス

玉加工技術、穴倉、高床倉庫、木工、骨角器の加工技術
④習俗：各種の農耕儀礼——卜骨、刻骨、木の鳥、支石墓、厚葬、矢の副葬

　これら品目のうち、中国や朝鮮からの舶来品とみられるものは、無文土器を除いて権威の象徴としての役目を担うものであり、男女の性別を越えた特殊なものと考えられるので、ここでは考慮の外に置くことにしよう。無文土器は、西日本の弥生文化形成の中心地域にひろがっている女性に関する品目とすることができる。農耕技術やそれにともなう儀礼・習俗は男女共同の任務であり、また穴倉や高床倉庫もそれと一連のものとなしえよう。習俗に関するものも、男女の区別はなしえない。明確に男女の役目の違いからくる道具に関係するものは、男性が石製工具、女性が紡織の技術である。弥生磨製石斧類は縄文時代の磨製石斧にとって替わるものであり、縄文時代のそれとは機能分化し、より発展した姿をとどめる。縄文時代に編み物が存在したことは、編目圧痕土器やアンギン状の編み物の出土により知られる。これは弥生時代になり廃れたのではなく、機織物とともに弥生時代の女性の仕事の一部として受け継がれたものである。

弥生文化の成立

　弥生文化をその構成要素の面からみると、縄文からの伝統と大陸から伝播した要素が複雑にからみあってできたことがわかる。このうち、大陸的要素をみると、その中心的要素となる農耕文化は、朝鮮において400年以上もの長い間育まれてきたものが、日本にもたらされたことが知られるのである。その意味で弥生文化の系譜は朝鮮に求めることができる。しかし、弥生文化構成要素のうち、その出自を大陸に求められる要素の大部分は男性に関するものであり、女性独自の仕事として新たに渡来したものは機織に関する技術くらいである。女性に関する弥生文化の要素の大部分は、縄文文化からの系譜を引くものであり、とりわけ、堅果類の採集とか、発掘して資料化しにくい植物性食料の分野などといった基本的な食べものに関することがらは、前代からの伝統が活きつづけているとすることができよう。

こうした現象を換言すると、弥生文化というのは、多くの男性と少数の女性が渡来し、大多数の縄文人と混血して形成したとみることができる。弥生文化を構成する要素を男と女の仕事に還元してみると、このようないわば、平凡な結論になる。それは縄文的体質が男よりも女に強く残るという、出土人骨からの分析とも符合するものであり、弥生文化の形成に関する金関丈夫の論説が正鵠を得ていることを示している（金関 1973）。

(補説)
　近年の東アジアにおける初期農耕文化の形成に関して、新しい知見が次々に得られるようになってきた。朝鮮や沿海州南部では紀元前四千年紀にすでにアワ、キビなどの畑作栽培を開始していたことが知られ、また紀元前二千年紀には朝鮮では稲作も営んでいたことが明らかとなってきた（甲元眞之「九州出土種子の14C 年代」『先史・古代東アジア出土の植物遺存体（2）』熊本大学、2004参照）。さらに九州においては縄文時代後期段階ですでに畑作耕作にもとづく畑作栽培を行っていたことが山崎純男により、徐々に明らかにされつつある（山崎純男「西日本の縄文後・晩期の農耕再論」『朝鮮半島と日本の相互交流に関する総合学術調査』大阪市学芸員等共同研究実行委員会、2001年）。したがって畑作農耕にかぎっても、弥生文化と関連づけて説明した本文は訂正を余儀なくされる。しかし水稲耕作が開始された以降を弥生文化と定義するならば、なおその趣旨は変える必要はない。縄文晩期黒川式土器以降に極端な寒冷化が引き起こされ、夜臼Ⅰ式土器段階で、寒冷化により南下した朝鮮系の人びとの影響により水稲栽培がはじまったとみられるからである。（第1章第2節参照）

引用文献
金関丈夫 1973「人類学からみた古代九州人」『古代アジアと九州』平凡社
佐原真 1968「銅鐸の美」『日本美術工芸』第363号
佐原真 1973「銅鐸の絵物語」『国文学』第18巻第3号
佐原真 1975「弥生文化の三要素」『古代史発掘』第2巻、講談社
八幡一郎 1959「魚伏籠」『民族学研究』第23巻第1・2号
八幡一郎 1960「魚伏籠後聞」『民族学研究』第24巻第1・2号
渡辺誠 1974「縄文人の生活誌①赤貝の腕輪」『えとのす』第1号
渡辺誠 1978「水盤」『貝塚』第21号

挿図の出典
　桜ヶ丘遺跡調査会 1972より

第3章　生業とくらし

第1節　九州出土種子の炭素年代

　九州各地でこれまで測定された^{14}C 年代のほとんどは、木炭や貝殻を測定素材としたものである（坂田 1979、1982、埋蔵文化財研究会 1996）。これらを素材にした年代測定のうち、木炭の場合、その多くは決して単一時期ではなく多少時期がずれる土器との伴出関係が認められるために、測定された年代と土器との同時存在関係に微妙な問題を残している。また貝殻の場合は年代が古くでることが知られていて、かならずしも信頼のおける年代の把握とはならないことが早くに指摘されているし（Spriggs 1989）、最近では海洋リザーブ現象も取り上げられて、貝殻を使用した年代測定には否定的な意見が大勢を占めるにいたっている。したがって遺跡出土種子の年代を示す確実な資料を入手するためには、種子自体を素材として年代測定することが肝要であることを示している。ここでは種子自体が AMS 法により年代測定された九州地域の事例を集成し、植物種子の所属年代の一端を明らかにすることとする。

1．原の辻遺跡：長崎県壱岐郡芦辺町深江
　　考古学年代：弥生時代後期
　　測定素材：モモ核
　　年代数値：補正年代：2240±40BP、実年代交点：cal BC365
　　参考文献：原の辻遺跡保存協議会「原の辻遺跡」『原の辻遺跡保存等協議
　　　　　　　会報告』第2集、長崎県教育委員会、2001年。

2．中島遺跡：長崎県福江市浜郷大字大坪
　　考古学年代：縄文時代前期（轟式）

第1節　九州出土種子の炭素年代　83

　　測定素材：ヒシ種実
　　年代数値：補正年代：5820±40BP、実年代交点：cal BC4700
　　参考文献：熊本大学考古学研究室中島遺跡調査団「中島遺跡発掘調査報
　　　　　　告」甲元眞之編『環東中国海沿岸地域の先史文化』熊本大学、
　　　　　　2001年、甲元眞之・杉井健「長崎県中島遺跡の植物種子」甲元
　　　　　　眞之編『先史・古代東アジア出土の植物遺存体』（1）、熊本大
　　　　　　学、2003年。

3．中島遺跡：長崎県福江市浜郷大字大坪
　　考古学年代：弥生時代後期
　　測定素材：アズキ種実
　　年代数値：補正年代：2120±50BP、実年代交点：cal BC160
　　参考文献：熊本大学考古学研究室中島遺跡調査団「中島遺跡発掘調査報
　　　　　　告」甲元眞之編『環東中国海沿岸地域の先史文化』熊本大学、
　　　　　　2001年、甲元眞之・杉井健「長崎県中島遺跡の植物種子」甲元
　　　　　　眞之編『先史・古代東アジア出土の植物遺存体』（1）、熊本大
　　　　　　学、2003年。

4．雀居遺跡：福岡県福岡市博多区大字雀居
　　考古学年代：弥生時代前期（板付Ⅱa式）
　　測定素材：イネ種実
　　測定数値：補正年代：2660±40BP、実年代交点：cal BC815
　　参考文献：福岡市教育委員会『雀居7〜9』2003年。

5．雀居遺跡：福岡県福岡市博多区大字雀居
　　考古学年代：弥生時代前期（板付Ⅱa式）
　　測定素材：ダイズ種実
　　測定数値：補正年代：2480±40BP、実年代交点：cal BC760、680、550

参考文献：福岡市教育委員会『雀居7〜9』2003年。

6．小波戸遺跡：熊本県天草郡大矢野町上地区
　　考古学年代：縄文時代前期末
　　測定素材：マツ球果2点
　　測定数値：①補正年代：4340±40BP、実年代交点：cal BC2920
　　　　　　　②補正年代：4290±40BP、実年代交点：cal BC2900
　　参考文献：大矢野町教育委員会・小波戸遺跡調査団『大矢野町小波戸遺跡の調査概要』大矢野町史編纂委員会、2003年。

7．四日市遺跡：大分県玖珠郡玖珠町字四日市
　　考古学年代：弥生時代中期（須玖式）
　　測定素材：トチノキ子葉
　　測定数値：補正年代：2170±40BP、実年代交点：cal BC195
　　参考文献：綿貫俊一「四日市遺跡」『大分県文化財年報』12、2004年。

8．伊礼原C遺跡：沖縄県中頭郡北谷町伊礼原
　　考古学年代：縄文時代前期（曾畑式）
　　測定素材：オキナワジイ子葉
　　測定数値：補正年代：4640±40BP、実年代交点：cal BC3480、3470、3370
　　参考文献：東門研治「伊礼原C遺跡」『考古学ジャーナル』No.454、2000年。

9．伊礼原C遺跡：沖縄県中頭郡北谷町伊礼原
　　考古学年代：縄文時代中期後半
　　測定素材：オキナワウラジロガシ子葉
　　測定数値：補正年代：3850±40BP、実年代交点：cal BC2310
　　参考文献：東門研治「伊礼原C遺跡」『考古学ジャーナル』No.454、2000

年。

　上記した年代測定のうち、歴史民俗博物館が行っている AMS 年代測定数値（国立歴史民俗博物館 2003a、b）と比較すると、原の辻遺跡出土モモ核の実年代は古く出すぎているし、四日市遺跡出土トチノキは逆に新しくなりすぎている嫌いがある。また雀居遺跡出土の「同一時期に廃棄された」状態で検出されたイネとダイズの年代が大幅にずれていることは、測定素材により異なった年代数値がでている可能性も否定できない（力武 2004）。今後は多種多様な素材での年代測定を数多く行って、より確実な年代測定の資料を特定する必要があろう。

　従来九州島で検出された植物種子（甲元 2000a）と上記の測定結果により、先史時代九州島での食料の対象となった植物種子の初現期はおおよそ次のようにまとめられる。

　縄文時代草創期～早期
　　　九州南部：落葉性堅果類（コナラ、クヌギ：東黒土田遺跡）
　　　九州北部：常緑性堅果類（カヤ、カシ類：柏原 F）
　　　　　　　　落葉性堅果類（コナラ：柏原 F）
　縄文時代前期
　　　琉球列島：常緑性堅果類（オキナワジイ：伊礼原 C 遺跡）
　　　九州南部：常緑性堅果類（シイ：本城遺跡、一湊遺跡）
　　　九州北部：常緑性堅果類（イチイガシ、アラカシ、シラカシ：西岡台遺跡）
　　　　　　　　　　　　　　（ヤマモモ：中島遺跡）
　　　　　　　　落葉性堅果類（オニグルミ、トチノキ：中島遺跡、クリ：菜畑遺跡）
　　　　　　　　果実類（ウメ：伊木力遺跡）
　　　　　　　　水辺植物（ヒシ：中島遺跡）
　縄文時代中期

琉球列島：常緑性堅果類（オキナワウラジロガシ：伊礼原 C 遺跡、前
　　　　　　　原遺跡）
　　　九州南部：常緑性堅果類（イチイガシ、スダジイ、ツブラジイ：前谷遺
　　　　　　　跡）
　　　九州北部：常緑性堅果類（ツバキ：坂の下遺跡）
　　　　　　　常緑針葉樹性堅果類（マツの実：名切遺跡）
　縄文時代後期
　　　九州南部：果実類（モモ：柊原貝塚）
　　　九州北部：果実類（モモ：黒橋貝塚）
　縄文時代晩期
　　　九州北部：穀物類（イネ、オオムギ、ヤブツルアズキ：上の原遺跡）
　弥生時代早期
　　　九州北部：穀物類（アワ、アズキ：菜畑遺跡）
　弥生時代前期
　　　九州北部：穀物類（ダイズ：雀居遺跡）

　琉球列島では縄文時代の早い段階からシイなどの常緑性堅果類が採取されたのに対して、九州地域では縄文時代草創期から早期段階では、一部に常緑性堅果類がみられるものの、落葉性堅果類が主たる採集対象であったことが小畑弘己により指摘されている。縄文時代前期では九州各地の沿岸部遺跡に常緑性堅果類が多く出現するようになるが、落葉性堅果類も少なからず認められるのであり、常緑性堅果類が増加するのは縄文時代中期以降で、後期段階ではほぼ常緑性堅果類——カシ類により出土堅果類の大多数が占められるようになる。しかし縄文時代の植物関係資料の大部分は沿岸部の遺跡からもたらされたものであり、内陸部における出土例が不足しているために、落葉性堅果類がどこまで利用されていたのかは今日の段階では明らかにはできない。

　先史時代の九州において検出される堅果類は「炭化」した状況で遺構内部から出土するのが一般的である。また土器の内面に焦げ付いた状態で発掘されることも少なくない（広田 2003）。これらのことは堅果類の調理過程において

「煮沸」することで、灰汁抜きを行っていたことを示している。九州において縄文時代後期以前には明瞭な鞍型すりうすの検出が認められないことは、こうした堅果類が粉食されず、粒のままに食されていたことを示唆する。

　弥生時代において、とりわけ北部九州の遺跡で落葉性堅果類が少なからず検出されることは、農地拡大のための開墾事業にともなう二次林の形成と関係して注目される（甲元・山崎 1984）。コナラなどの落葉性堅果類は 2 年目には種子を結実させることから、経済的な面からはすこぶる効果的な産物であったことがうかがわれるのである。東日本の縄文時代に卓越するトチノキは、九州北部地域では縄文時代前期に遡上する出土例があり、九州山地では弥生時代中期まで食料として利用されていたことは、大分県四日市遺跡での大量出土により示されている。オニグルミもまた九州各地の遺跡で弥生時代後期にまで採取されていたことが出土品により明らかであり、堅果類に対する依存度は遺跡が立地する生態環境下にあっては、弥生時代においても高かったことを示している。これらのことは、より細かな地域的範囲内での出土植物遺存体の検討が必要なことを意味しており、今後は気候変動を加味しながらの地域的な食性植物の出土変差を明らかにすることの重要性を物語っているといえよう。

　栽培果実類ではウメが縄文時代前期から、モモは縄文時代後期から登場する。ことに外来種であるモモの出土が多くの遺跡で認められることは、初期農耕との関連で注目されるのである。また弥生時代以降、モモが九州の遺跡で数多く発見されるようになることは、園芸農耕としての果樹栽培が広く展開していたことをうかがわせるものであり、多様な農耕栽培のあり方を示しているといえよう。この他に、調味料として使用されたと思われるサンショウが縄文時代前期の遺跡から検出されることは、この頃の急速に増加する貝塚の形成とあいまって興味がそそられる事実である。

　栽培植物では年代が確実な資料として岡山県南溝手遺跡、福田貝塚の縄文時代後期後半の土器圧痕と青森県風張遺跡の縄文時代後期末のイネが最古例であり、熊本県上の原遺跡出土縄文時代晩期初頭の事例がこれに次ぎ、縄文時代後期後半期には九州では穀物栽培が営まれた可能性を示唆している。予測的にい

えば中国渤海湾一帯や朝鮮半島との漁撈具の共通性が認められるようになる縄文時代後期初頭の南福寺式土器段階にまで、九州では穀物栽培の始まりが遡上する蓋然性が高く（甲元 1999、山崎 2003）、先述したモモの出現時期はこのことを暗示しているものと考えられる。紀元前四千年紀終わり頃、朝鮮ではすでに各種の穀物栽培が開始されていたことは確実であり、稲作栽培も今日考えられている以上に遡上する可能性も指摘されている（後藤 2002、宮本 2003）。実際キビ、アワ栽培の畑作農耕文化の波はその頃には南部沿海州や（Kuzmin et al. 1998、小畑 2003、甲元 2003）朝鮮半島南端部にまで達していた（河仁秀 2001）ことが確かめられていて、東アジアにおける紀元前四千年紀の稲作栽培を除く初期畑作農耕文化の広がりは、いっきょにナラ林地帯の北限近くにまで及んでいたことが知られるのである。こうした現象は北ヨーロッパなど落葉樹林帯分布の限界地域（Darby 1962）への穀物栽培の波及拡大時期とほぼ同時期であり、ユーラシア大陸の東西両端地域で穀物栽培の広がりが軌を一にしていることは、世界史的にみてきわめて興味深い。

　畑作栽培の場合マメ科の穀物がともなわないかぎり生産性がきわめて低く、持続的な農耕を営むことが不可能である。このため定着農耕を前提とする穀物栽培の本格的な開始時期に関しては、マメ科穀物の出現時期が重要な目安となる。実際東北アジアでは青銅器時代になりマメ類の発見例が増加している（甲元 2000b）。従来縄文時代出土のアズキと同定されたものはヤブツルアズキの可能性が高いことが判明し（保田・山口 2001）、九州でのアズキの出現は弥生時代早期以前には確実な例は認められない。ヤブツルアズキが日本で栽培化された可能性の有無を含めて、縄文時代の畑作栽培の実態を把握するためには、今後、遺跡発掘現場での徹底した水選別による資料収集と土器圧痕の詳細な検討を経て、考古学的に把握できる資料の体系的検証が待たれるのである。

引用文献
〈日本語〉
小畑弘己 2003「ロシア沿海州地域における植物種子研究の現状」『九州・極東地域にお

ける植物物種子研究の現状と課題』九州古代種子研究会
甲元眞之 1999「環東中国の先史漁撈文化」『熊本大学文学部論叢』65号
甲元眞之 2000a『東アジア先史時代植物遺存体集成』甲元眞之編『環東中国海沿岸地域の先史文化』第3編、熊本大学
甲元眞之 2000b「朝鮮半島の初期農耕」『琉球・東アジアの人と文化』高宮広衛先生古稀記念論集刊行会
甲元眞之 2003『クロウノフカⅠ』熊本大学
甲元眞之・山崎純男 1984『弥生時代の知識』東京美術
国立歴史民俗博物館 2003a『歴史を探るサイエンス』
国立歴史民俗博物館 2003b『炭素14年代測定と考古学』
後藤直 2002「無文土器時代の農耕と聚落」『韓国農耕文化の形成』学苑文化社
坂田邦洋 1979『14C 年代からみた九州地方縄文時代の編年』別府大学考古学研究室報告第3
坂田邦洋 1982「九州縄文土器の14C 年代」『別府大学紀要』23号
広田静学 2003「熊本県上小田宮の前遺跡出土炭化堅果類付着土器について」『九州・極東地域における植物種子研究の現状と課題』九州古代種子研究会
埋蔵文化財研究会 1996『考古学と実年代』
宮本一夫 2003「朝鮮半島新石器時代の農耕文化と縄文農耕」『古代文化』55巻7号
保田謙太郎・山口裕文 2001「ヤブツルアズキ半栽培段階における生活史特性の進化」『栽培植物の自然史』北海道大学図書刊行会
力武卓治 2004「福岡県雀居遺跡」『先史・古代東アジア出土の植物依存体（2）』熊本大学
山崎純男 2003「北部九州における初期農耕について」『九州・極東における植物種子研究の現状と課題』九州古代種子研究会
〈朝鮮語〉
河仁秀 2001「東三洞1号住居址出土植物遺体」『韓国新石器研究』第2号
〈英語〉
Darby, 1962 The Clearing of the Woodland in Europe. Thomas, W. L. ed. *Man's Role in Changing the Face of the Earth*. University of Chicago Press.
Kuzmin, et. al. 1998 Early Agriculture in Primorye, Russian Far East. *Journal of Archaeological Science*. Vol. 25, No. 8.
Price, et al. 1995 The Spread of Farming into Europe North of the Alps. T. D. Price & A. B. Gebau eds. *Last Hunters First Farmers*. The Brown Foundation, Inc.
Spriggs, 1989 The Dating of the Island Southeast Asian Neolithic attempt at Chronometric Hygiene and Linguistic Correlation. *Antiquity*, Vol. 63, No. 2.

第2節　弥生農耕の展開

　1950〜60年代には、登呂遺跡に代表される弥生農耕社会が、時間的なズレをもちながらも、ほぼ全国的に斉一性をもって展開したと考えられていたが、ここ20年来の大規模開発にともなって、面的な広がりをもった発掘調査がなされるようになり、弥生文化の内容にもかなりのヴァリエーションがあることがわかってきた。穀物栽培を行いながらも、多分に縄文時代の伝統を強く残す生活様式が展開していたと想定され、自然科学分野の協力による自然遺物の分析から、生態的な適応、とりわけ当時の人間のつくりだした2次的環境に対する適応が、かなりの高度に達していたこともしだいに明らかとなってきた。

　弥生時代は稲作栽培を基本とする農耕社会の所産であっても、その初期の段階では水稲栽培だけで生計が賄われていたわけではなく、多様な食料依存の生活が展開していたことは、寺沢薫・知子両氏による弥生時代の食物の集成的研究によっても明らかである。ここでは主として、弥生時代の自然遺物の変遷を分析しながら、弥生農耕の展開をみていくことにしよう。

弥生以前の栽培植物と哺乳動物

　福岡県板付遺跡や佐賀県菜畑遺跡での発掘調査により、縄文時代最終期と考えられていた突帯紋土器段階で、すでに水稲栽培が行われていたことが明らかとなったが（以下、弥生時代早期とする）、それ以前の段階でも日本列島に自生しない穀物が発見されることで、農耕の痕跡をみることができる。熊本県上の原遺跡では、縄文時代晩期初頭の住居址から、イネとオオムギが発見されている。これに土器に付着した籾圧痕の例を加えると、北部九州では、縄文時代の終わり頃にはかなり広範囲にわたって、穀物栽培が行われていたことが推測

される。鳥取県目久美遺跡では、炭化したヒエやムギが、青木遺跡ではキビが出土しているが、これは板付遺跡や菜畑遺跡の時期以降であるとしても、同県桂見遺跡でのマメ科植物の存在は、弥生時代早期以前であり、栽培植物の存在は西日本に点在的に広がっていた可能性もある。ソバについては東日本では縄文時代前期に遡る資料もあるが、西日本では確実なのは弥生時代前期の例がある。

　福井県鳥浜遺跡で出土したヒョウタンやリョクトウについて、過大に評価する人もいるが、生態系全体や食料体系のなかでの位置づけがなされていないために、よくわからない。この点に関してオオムギ、ヒエ、アズキ、センナリヒョウタンの炭化した種子が採集された福岡県四箇遺跡を取り上げて、縄文時代の栽培植物のあり方についてみていくことにしよう。四箇遺跡は、福岡市西部の室見川上流右岸の沖積平野にある、点在する島状の微高地とその周辺に営まれた、縄文時代前期から古墳時代にかけての集落を中心とした遺跡である。栽培植物が採集されたのは三日月湖に堆積した「特殊泥炭層」のなかで、縄文後期の西平式から三万田式土器をともなって大量の石器や木製品とともに出土した。種子の分析を行った笠原安夫によると、出土植物はヤマグワや野生イチゴなどの食用植物が36％、木本植物が33％、山野草が13％、畑雑草が7％でその他5％以下となっている。種子のなかでヒメクグミやサナエタデ、ミズガヤツリなどの水稲田にも生える種類もあるが、コナギ、オモダカといった典型的な水田雑草はみられない。さらにエノコログサ、メヒシバ、野生イチゴ、イヌタデなど、焼畑耕作にともなう雑草があることから、笠原はムギ、ヒエなどは、焼畑耕作による栽培作物であったことを指摘した。この想定と符節を合わすように、縄文時代後期の層から焼けた木炭などが出土していて、火入れによる開墾を予想させるのである。

　オオムギなどと出土した石器類は、その多くが石刃技法による打製石器で、彫器、掻器や使用痕をもつ縦長剥片などがある。こうした石器類は従前の九州の縄文時代のなかにはみられず、新しい外的要素のひとつと想定でき、穀物栽培とともに縄文世界にもたらされたものとすることができる。四箇遺跡では西

平式土器〜三万田式土器以後、少し空白をおいて晩期があり、さらに時間をおいて本格的な水稲耕作がはじまっている。花粉分析でもその後一時的な植生の回復が見られ、弥生時代となり徹底的な開墾が行われたことを示している。

こうした四箇遺跡での実例を通してみると、弥生早期以前の穀物栽培は、西日本では点在的に行われていたとしても、食料のヴァリエーションを付加したにすぎないのではないかと類推される。縄文時代後半期の狩猟動物のリストをみても、特定種に対する選別的な偏りはみられず、広範囲にわたる網羅的な獲得がなされていたことが知られるのである（第1表）。

弥生時代の網羅的経済類型

弥生時代における栽培食物の一般的な傾向は、寺沢によりすでに詳細にわたり研究されている。ここでは哺乳動物につき検討を加えてみよう。

佐賀県菜畑遺跡では弥生時代早期から中期にかけての集落址が発掘され、多量の自然遺物が報告されている。出土した種子や花粉分析の結果、ここではイネ、オオムギ、ソバ、アワ、アズキなどの穀物があり、他にリョクトウ、ゴボウ、メロン、マクワウリなどの畑作物も栽培されていたことが明らかとなっている。採集された堅果類には、クルミをはじめ、落葉性、照葉性のドングリが各種みられ、またスズキ、マイワシ、カレイなど唐津湾の沿岸で捕れるほとんどの魚の骨が出土している。菜畑遺跡で鑑定された哺乳動物には、ノウサギ、ムササビ、タヌキ、テン、アナグマ、イノシシ、ニホンジカ、イルカ科、ニッポンアシカ、ジュゴンなどがあり、広範囲にわたる陸上動物の捕獲がみられる。これら哺乳動物のなかでその固体数が多いのはイノシシとシカで、その割合は弥生早期では21対7、弥生前期では25対17、弥生中期では5対3となり、全体としてイノシシは多いものの、極端な差異はみられない。縄文時代の九州においては、全体的にシカよりもイノシシが多いことから、これらの数値は九州地方の一般的なあり方を示すものといえよう。明確に穀物栽培を行っていたこの遺跡でも、自然遺物からみる傾向性は、縄文時代と同様に、多方面にわたっての網羅的な食料体系をうかがうことができる。

岡山県門田貝塚は、吉井川の自然堤防上に形成された、弥生時代前期を中心とする集落址である。ここで出土した哺乳動物には、カニ類、サメ目、エイ目、コイ、フナ、ナマズ、ボラ科、スズキ、マダイ、スッポン、ツル科、ガンカモ科、ニホンザル、ノウサギ、ムササビ、ネズミ科、イヌ、イノシシ、シカなどがあり、網羅的な食料源を示している。これらのなかで、個体数の多いものはシカとイノシシで、それぞれ25頭と42頭となる。イノシシの年齢構成をみてゆくと2.5歳以上の成獣が全体の74％を占めており、縄文時代に捕獲されたシカやイノシシの年齢構成に一致する。こうした傾向は島根県西川津遺跡群でも確認されていて、多種多様な食料源に依存するとともに、シカとイノシシの出土比率が拮抗するとともに、成獣が多いという現象がみられる。

　東海地方においては、三重県納所遺跡の例が挙げられよう。この遺跡は安濃川下流の沖積地に形成された弥生時代前期から後期にかけての28万㎡にも及ぶ大規模な集落遺跡で、本格的な農耕生活を営んでいたことがうかがえる。ここで出土する穀物にはイネの他にソバ、ヒエがあり、他にマクワウリ、ヒョウタン、スイカ、シソ、アサ、モモ、スモモなどが栽培されている。ところがシカ13頭以上、イノシシ21～22頭とその間に極端な差異がなく、また年齢構成をみると、イノシシでは成獣14～15頭、若獣5頭と縄文時代の狩猟年齢と変わらない数値をみせている。これまで述べた遺跡のように網羅的な食料源ではないにしても、若獣が少ない点にある種の特徴を見出すことができよう。

弥生時代の選別的経済類型

　大阪湾の北部、淀川の下流域は弥生時代当時には河内潟となって、その縁辺部には数多くの弥生時代集落址が発見されている。こうした集落より出土する土器の分析から、2つの異なったグループに分けられることがある。弥生時代前期の中頃において、北部九州系の土器が主体となるものと、在地の長原式土器が主体となるものが併存している。河内では長瀬川と玉串川に挟まれた地域にある瓜生堂遺跡や山賀遺跡などであり、長原式土器が主体となるのは生駒山麓の鬼虎川遺跡、馬場川遺跡、長瀬川左岸では、亀井遺跡、長原遺跡、船橋遺

表1 西日本を中心とした動物遺体一覧表

数値は個体数（イノシシ・シカの下段の数値は陸棲哺乳類のうちネズミ・モグラ・ウシ・ウマを除いた％）

遺跡名	所在地	時期	イノシシ	シカ	イヌ	タヌキ	アナグマ	ノウサギ	ニホンザル	テン	イタチ	ムササビ	カモシカ	ヨスミ・コウモリ類	オオカミ・キツネ類	ネコ・リス類	タイワン・シマウマ類	海棲哺乳類	カメ類	カエル類	サメ・メナ	サメ類	貝類	鳥類	文献（略）
楽畑 9層	佐賀県唐津市	山ノ寺式	12 / 66.7	5	1																	?	?	
〃 8下層	〃	夜臼式	9 / 81.8	2																		?	?	
〃 8層	〃	夜・板I	19 / 48.7	13	2	2		1	1													○	○	○
〃 7下層	〃	板付II式	6 / 54.5	4 / 36.4	1			1									2						○	○	○
〃 7層	〃	弥生中	5 / 45.5	3 / 27.3	1		1															○		○
宇木汲田貝塚	〃	夜・板I	10	3	○		○							○							○	○		○
夜臼1号貯蔵穴	福岡県新宮町	弥生前	○																○		○			
住吉平貝塚	長崎県豊玉町	弥生前	○		○																○			
柏崎貝塚	佐賀県唐津市	弥生前	○				○														○			○
前田山	福岡県行橋市	弥生前	◎		○		○														○			
葛川	福岡県苅田町	弥生前	○																					
鹿部東町貝塚	福岡県古賀町	弥生前	○			2																		
下神田	福岡県行橋市	弥生前	7	2?	2																			○
高橋貝塚	鹿児島県金峰町	弥生前	50 / 45.5	40 / 36.4	4	3	4	2	5					○		3?	1	○				○		○
門田貝塚	岡山県邑久町	弥生前	○																					
下郡桑苗	大分市	弥生前中	7 / 87.5		1			○									○		○		○			
綾羅木郷	山口県下関市	弥生前中	4	2														○						○

第2節　弥生農耕の展開

遺跡名	所在地	時期																						
田能	兵庫県尼崎市	弥生前中	15	○							○				○	○		○	○	○	○		○	○
タテチョウ	島根県松江市	弥生前中		○	◎											○	○					○	○		○
〃	〃	弥生中		○	○				○		○					○		○	○	○	○	○		○	○
城ノ越	福岡県遠賀町	弥生前中		◎	○													○			○	○		○	
木分貝塚	佐賀県三養基郡	弥生中	3		2																				
石丸3号貯蔵穴	福岡県宗像郡	弥生中	4		○											○									
詫田	佐賀県神崎町	弥生中	12 70.1	4 23.5	1						○	○													
西川津	島根県松江市	弥生中	6	9				○				○													
池上	大阪府和泉市	弥生中	60 75	17	5			○				○	○			○									○
恩智	大阪府八尾市	弥生中	24 68	5																					
瓜生堂	大阪府東大阪市	弥生中	○	○																					
朝日貝塚 a	愛知県清洲町	弥生中	8 72.7	2 19.7	1			○			○													
b	〃	弥生中	2 100															?							
c	〃	弥生中	10 71.4	2 14.3	2																				
d	〃	弥生中後	2 100																						
e	〃	弥生後	1 100																						
f	〃	弥生後			1																				
亀井	大阪府八尾市	弥生中後	○	◎							○	○													
鹿部東	福岡県古賀町	弥生中後	3	2																					
原の辻	長崎県壱岐郡	弥生後	○	○							○	○				○									

○は存在（◎は最多のもの）

跡などである。これら2つの類型の遺跡で出土する哺乳動物にも、若干の違いがうかがえる。上町台地の先端にある森ノ宮貝塚は近畿地方の典型的な漁村と想定されている縄文時代後期から弥生時代前期にかけての集落で、自然遺物が縄文と弥生に分けられて報告されている。両者を比較すると弥生時代になって獲得動物の種類が減少しているのを目にすることができる。こうした傾向は他の弥生時代の集落でも認められる。弥生時代になって狩猟動物が減少したなかにも、細かくみていくとイノシシとシカの出土頭数の間に、開きのあるものとそうでないものに分けられる。九州系土器が多くみられる河内潟対岸の兵庫県田能遺跡ではシカとイノシシは2対15、大阪府東奈良遺跡では6対18と差がみられ、瓜生堂遺跡では骨数で7対3となる。また美園遺跡の弥生時代前期では骨数でみて2対8でイノシシが圧倒的に多い。

　本格的な農耕を営んでいたと考えられる北部九州では、福岡県曲り田遺跡の弥生早期では、シカとイノシシは3対12、弥生前期の下稗田遺跡では2対7、弥生前期の佐賀県宇木汲田遺跡では2対10とイノシシの選別的捕獲がみられ、しかもそれらの年齢が若いという特徴を示している。こうした傾向は弥生時代初期の特色を示すものと考えられ、大阪府池上遺跡の自然遺物を通してより細かくみていこう。

　池上遺跡は信太山の西の裾が瀬戸内の沿岸に接する辺りに形成された、弥生時代を代表する大規模な集落址である。ここで出土する魚類には、サメ目、エイ目、ハモ、スズハモ、ボラ科、スズキ、マダイ、クロダイ、マフグと各種の魚がみられるが、そのうちマダイの数が圧倒的に多い。哺乳動物ではクジラ目、タヌキ、イヌ、シカ、イノシシと縄文時代とくらべてその種類が激減している。またシカとイノシシの個体数を出すと、イノシシ60頭、シカ17頭とイノシシはシカの3倍以上にも達している。それらの年齢構成をみると、幼獣が成獣よりも多いという特徴があり、九州の例と一致する。このように池上遺跡では魚はマダイ、動物はイノシシと特定のものに集中する傾向があるが、同様に採集する食べ物のなかでは、ヤマモモが圧倒的に多く、穀物のなかではイネが群を抜いて多い。これと同様な現象は奈良県唐古遺跡でも知られていて、本格

的な稲作栽培を行う集落では、このような選別的な食料体系があったことがわかる。

愛知県朝日遺跡でも哺乳動物の種類が少なく、イノシシとシカの個体数は66対22とイノシシが多く、しかも成獣よりも若獣が半数以上を占めるという現象がみられる。このように弥生時代の前半期においては、縄文的伝統を強く残す網羅的な食料体系をもつ集団と、本格的な稲作栽培を行い、選別的な食料体系をもつ集団とが併存していたことが知られるのである。

弥生農耕の発展

ドングリや他の堅果物にくらべ、穀物のもつ栄養学的な有利さは、タンパク質を豊富に内蔵していることである。ところが穀物性タンパク質はナトリウムがないと体内では分解しないために、穀物の消費が高まるにつれてどうしても塩分の摂取が必要になってくる。したがって製塩が未発達の段階では、塩にかわるものとして動物の「血」が必要となり、初期農耕民も狩猟によって動物の捕獲をしなければならないことになる。この点において初期の農耕民とその周囲にいた狩猟採集民との「共生」が可能になる。言いかえると採集経済民も容易に、補完的に穀物栽培の導入が可能なことを意味している。しかも西日本では縄文時代の後期後半以降、点在的、付加的ではあっても農耕が行われていたことは、水稲耕作の導入にあたって有利にはたらいたことは想像に難くない。

近藤義郎によると、弥生時代中期中頃には、備讃瀬戸を中心にして土器製塩が出現してくる。そして弥生時代の後期には、大阪湾南岸、紀伊水道に及び、古墳時代前期には若狭湾、能登半島、瀬戸内西部、玄海灘地域に土器製塩が開始されるという。こうした製塩の一般化は、その裏返しとしての稲作栽培の一般化をも物語るものといえよう。

北部九州においては、土器製塩が出現する以前に、集落から動物骨の出土が希薄になってくることがみられ、ナトリウムの消費に関して年代的なギャップがある。弥生時代の中期には当時の技術ではほとんど最大限に達するような、開拓のピークを迎えており、稲作が順調に発展していたことが推測されている

ことから、以前にも増して稲作への傾斜が高まったことは否めない。

　山崎純男によると福岡県比恵遺跡と板付遺跡では、弥生時代前期中頃にふつうの甕形土器を使用しての塩作りが想定されるという。それらは天然のホンダワラにつくコケムシ、ゴカイの仲間などの微小の貝が焼けて出土することなどで類推できるという。有明海沿岸では弥生時代中期になると60遺跡以上もの、マガキやスミノエガキを主体とする貝塚が出現する。これらはいずれも小規模なもので、一部に住居址をともなうものの、さほど大きな広がりをみせない。熊本県文蔵貝塚はそうした遺跡のひとつで、大量のイタボガキ科の貝に混じって微小の焼けた巻貝がブロック状にみられた。こうした有明海に出現するイタボガキ科の貝を主体とする貝塚で、塩作りが行われていたとするならば、文蔵貝塚でのイチイガシの出土や、カキの季節性から冬季に作業が行われたこと、貝塚の規模が小さく点在的な分布を示すことなどから、農耕民による季節的な塩作りが行われて、動物の希薄になったことからくるナトリウムの不足を補ったことも考えられる。このことは本格的な土器製塩がはじまる弥生時代後期までの間の、中間的な過程として位置づけることができよう。弥生時代後期になると、寺沢薫の分析にあるように、稲作のかなりの生産力があったことが知られるが、玄海灘周辺では、この時期純粋な漁村が出現することが指摘されている。生産物におけるこうした分業体制の成立は、その背後に示される稲作農耕の到達度を意味するものといえよう。

　九州北部の選別型食料体系をもつ集団では、その当初の段階から比恵遺跡や板付遺跡にみられるような塩生産が行われていた可能性もあるが、縄文的伝統の強い網羅型の食料体系の集団からみると、哺乳動物に依存していた段階、個別的に季節的な塩生産を行っていた段階、社会的分業として土器製塩を行っていた段階に区分できそうであり、それはそのまま弥生農耕の展開を表しているともいえよう。

引用文献
大阪府埋蔵文化財センター　1980『池上・四ッ池』

唐津市教育委員会 1982『菜畑』
熊本大学考古学研究室 1984『文蔵貝塚』
甲元眞之 1987「先史時代の対外交流」『岩波講座日本の社会史』第1巻、岩波書店
近藤義郎 1980「原始・古代」『日本塩業大系原始・古代・中世（稿）』日本専売公社
下條信行 1989「弥生時代の玄界灘海人の動向」『生産と流通の考古学』横山浩一先生退官記念事業会
寺沢薫・寺沢知子 1981「弥生時代植物質食料の基礎的研究」『橿原考古学研究所紀要 考古学論攷』第5冊
中西靖人 1984「前期弥生ムラの二つのタイプ」『縄文から弥生へ』帝塚山考古学研究所
難波宮顕小彰会 1979『森の宮遺跡』
福岡市教育委員会 1987『四箇遺跡』
三重県教育委員会 1980『納所遺跡』

表の出典
第1表：高橋信武 1989より

第3節　弥生時代のコメの収穫量

はじめに

　弥生文化や社会は水稲栽培を経済的基盤として成立したという認識は、今日一般に広く受け入れられているといえよう。農耕に関して現在問題にされているのは、弥生以前、縄文時代のどの時点で農耕が開始されたかという点である。

　縄文時代にさかのぼってある種の農耕がなされていたのではないかという推論は、古く戦前より提唱されていたし（大山 1926）、戦後も藤森栄一などによりさまざまな角度から主張されていた（藤森 1963、1970）。しかしこれらは打製石斧（土掘り具）の増加や石鏃（狩猟具）の減少、集落の拡大といった考古学的状況証拠の積み重ねであり、植物遺存体の直接的な証拠を基にしての論考ではなかった点に説得性を欠くきらいがあった。

　1950年代になり、登呂遺跡に示される農耕的文化・社会がどれほどの広がりをもつものかという問題関心のもとに日本考古学協会のなかに特別委員会が設けられ、各地の典型的な弥生時代の遺跡の調査がなされた。この結果を総括した杉原荘介は、列島全体にわたってほぼ斉一性をもって水稲栽培文化が展開したことを明らかにした（日本考古学協会 1961）。それに引きつづき、日本において初期農耕の波及地としてもっとも可能性が高い西北九州地区を対象とした特別委員会が設けられ、支石墓を中心とする弥生時代に先行する時期の文物を出土する遺跡の調査がなされ、新しい数々の知見が現れた。これを契機にムード的に縄文晩期の農耕存在が語られはじめた（石田・泉 1968）。しかしこの特別委員会の活動の正式報告はまとまってはなされず、全国の考古学者共通の認

識にはいたらなかった。この特別委員会のメンバーであった坪井清足らの手により東海以西の縄文晩期土器の集成的研究がなされ（日本考古学協会西北九州総合調査特別委員会 1960・61）、山内清男による東日本の縄文晩期土器との編年上の繋がりが確定して爾後の研究における「時間軸」の共有が可能になったことはきわめて有意義であった。これにより縄文時代晩期中頃の大洞 C2 段階以降、低湿地に遺跡立地が移行する現象は汎日本的な遺跡のあり方であることが確認されるなど、重要な「副産物」をもたらすことになったのである。潮見浩や春成秀爾はこうした遺跡への低湿地進出は水稲栽培と関連するものであることをいち早く指摘している。すなわち弥生時代に入って、本格的な水稲耕作が始まる前段階に補助的な「実験」が行われており、その経験の基に急速な弥生文化の列島への拡大がみられたと解釈することが妥当であると主張されはじめた（潮見 1964、春成 1969）。

一方1960年代には縄文土器に籾痕が付着している例などが報告されはじめただけでなく、熊本県上の原の縄文晩期初頭の住居内堆積層から、コメおよびオオムギの粒が検出され、また大分県大石遺跡の発掘により、ヒエと思われる炭化物の存在、大規模な集落址の出現、打製の石鍬、穂摘具、鞍形の石皿など、従来縄文的石器組成にはみられない道具の組み合わせがあることなどが明らかにされ、弥生時代の水稲栽培にさかのぼって、縄文時代後・晩期には焼畑耕作が営まれていたことが説かれるようになってきた（賀川 1966、国分 1970、佐々木 1971）。

こうした主張に対して、乙益重隆や佐原真は考古学的遺物の解釈をめぐって、縄文農耕論者の取り上げる資料について一つ一つ痛烈に批判を加え（乙益 1967、佐原 1968）、渡辺誠は縄文時代植物性食物の全国的集成を行い、縄文農耕論を説くにはあまりにも直接的資料の実態から遊離していることの警告を行ったのである（渡辺 1969）。

1960年代の後半から開始された大規模開発の波はまたたくまに全国に広がり、それにともなう発掘調査によって、弥生時代の遺跡でも地域や場所によってはきわめて異なった様相を示すことが判明した一方、縄文時代の遺跡では自

然環境を生態的に上手に取り入れていることが明らかにされ、「豊かな縄文文化」のイメージが形成されるようになっていった。この結果、かならずしも穀物栽培に依存せずに縄文人が多様性あふれる生活を営んでいた実態が徐々に明らかにされてくるとともに、縄文農耕論はしばし休息に向かっていった。

その後寺沢夫妻の縄文時代や弥生時代の植物性食物の集成的研究により、縄文時代後・晩期の遺跡で確認される資料の検討がなされ（寺沢・寺沢 1981）、さらには福岡県板付遺跡や佐賀県菜畑遺跡の調査により、水稲栽培や畑作耕作が縄文時代晩期後半にはすでに開始されたという事実が明らかとなった。こうした傾向は瀬戸内東部地域にまで共通する現象であることがしだいに把握されることとなった。これにより縄文時代晩期後半（先の潮見浩や春成秀爾が対象として扱った時期）を縄文時代の範疇から切り離して、弥生時代早期としてとらえる考え方が大勢を占めるにいたったのである（後藤 1986）。

1980年代に入り、自然科学的手法を導入して縄文時代後期・晩期にすでに稲作や畑作が行われたことを想定する研究者がではじめ、それが最近では縄文時代前期にまで遡上するという報告さえなされるようになってきた。しかし遺跡自体や分析資料の検討が未だ不十分なことから、縄文農耕の存否問題はなお不確かなままである。たとえ縄文農耕があったとしても、採集などによる植物性食料や漁撈や狩猟による動物性食料の比重が具体的にどれほどのものか検討することが課題として残されている。縄文時代における農耕の存在がどのような社会的意義を有するものかという点に関しても、未だ共通の理解が得られていないのが実状といえるであろう。今のところは水稲農耕を経済的基盤として社会が形成されるのは弥生時代を待たなければならないのである。

弥生時代米の推定収穫量

杉原荘介は静岡県登呂遺跡の水田址から得られる米の推定収穫量を算出し、大幅な余剰があったとして弥生時代を「豊かな農村社会」としてとらえた。弥生時代の米の収穫量を具体的に提示したのは杉原が最初であり、「弥生時代後期における余剰生産の備蓄→特定の権力者による収奪→階級の出現」という当

時オーソドックスに語られていた社会発展の理論に適合的な数字を提示したのである（杉原 1968）。

1965年の東名高速道路建設にともなう発掘調査で登呂遺跡の水田址の南端がほぼ確認されたことにより、弥生時代後期の水田の広がりが把握できるようになった。杉原は発掘された50枚の水田の面積を検討して、総計が約2万坪と推定し、仮に1坪で1升の収穫があったとすると、全体では2万升の収穫量が想定できるとした。登呂遺跡で確認された住居址は12軒であり、1軒の住居址に平均5人住んでいたと仮定すると登呂の人口は60人となる。未確認の住居址があったとしても総人口は90人を超えない範囲内であろうとする。これらの人びとが1日1人3合の食料を消費したとして、搗きべりなどを考慮してもそれは最大限6,000升から9,000升となり、残りは余剰米となるという。このことから登呂遺跡の住民、ひいては弥生時代後期の人びとはきわめて裕福な生活を送っていたことが推定されると主張したのである。

この杉原説に対していちいち検討を加え、論駁したのは乙益重隆であった（乙益 1978）。乙益は江戸時代の農書である『成形図説』や『耕稼春秋』などを引き合いに出して、種籾の播種量が多いこと、それに対して収穫量が少ないことなどを挙げて杉原説を否定したのである。さらに乙益は正倉院文書その他の統計資料をもとにした澤田吾一の基本数字（澤田 1926）が、大和国の条件のきわめてよい場所での史料であると注釈を加え、かならずしも全国のさまざまな条件の水田に一律に当てはめることの問題点を指摘した後に、登呂水田址から収穫できる予想量を奈良時代の標準で算出した。そして登呂の水田面積から、この水田経営を行う人口を男性20人とし、登呂遺跡の人口約50人の食料をまかなうためには田植えが行われる中田級のものであったときにはじめて可能であり、下田以下のレヴェルでは縄文時代以来の伝統的食糧に依存しなければならなかったであろうと結んだ。

弥生時代の遺跡から出土する植物性食料の集成的研究を行った寺沢夫妻は米の生産性について論及し、弥生時代各時期における米の生産高の推定量を算出している（寺沢・寺沢 1981）。寺沢は律令時期から明治初期にかけて水田の実

際の生産量を集計し、休耕田での実験的結果を加味して、弥生時代後期登呂遺跡の水田の評価を中田もしくは下田と認定した。そこで登呂遺跡の人口60人が1日3合の米を食したとして何日賄いうるかを計算して、年間の約半分しか扶養できないという結果を導き出している。同時に弥生時代前期の例として岡山県津島遺跡、中期の例として滋賀県大中ノ湖南遺跡を取り上げて同様の推定を行った。次に毎日米を食したとして1日どれくらいの米が食べられるかを試算したが、その結果は次の通りである。

　前期津島遺跡
　　　　下田の場合：総生産量508合÷365日÷10人＝0.14合
　　　　下々田の場合：総生産量254合÷365日÷10人＝0.07合
　中期大中ノ湖南遺跡
　　　　下田の場合：総生産量4,720合÷365日÷10人＝1.3合
　　　　下々田の場合：総生産量2,360合÷365日÷10人＝0.65合
　後期登呂遺跡
　　　　中田の場合：総生産量48,171合÷365日÷60人＝2.2合
　　　　下田の場合：総生産量36,146合÷365日÷60人＝1.65合

こうした数字はたとえ登呂遺跡を好意的に見積もって中田とし、「姫飯」として常食しても最低年間100日は米が不足することを示した。

柳瀬昭彦は岡山県領家遺跡の焼失家屋で発見された炭化米から、弥生時代後期の米の依存度を算出した（柳瀬 1988）。1軒の住居址から4俵半の米が検出されたが、採集時におけるロスを念頭において5俵であったと仮定して論を進める。これは種籾であったとすると、1反あたりの種籾の必要量から20反の水田が想定できる。そこで20反あたりの米で集落構成員の何日分の食事が賄えるかを計算したものである。弥生時代の集落の単位は4～5軒の住居で構成される単位集団が基本であったことから（近藤 1959）、5軒25人が構成メンバーであったとすると、

　　　　中田の場合：20反×6斗7升7合÷7升5合＝180.5日
　　　　下田の場合：20反×5斗8合÷7升5合＝135.5日

　　　　下々田の場合：20反×2斗5合4升÷7升5合＝67.7日
となり、先の寺沢の計算とほぼ合致する。

　以上3人による弥生時代食料の計算では、どれも杉原の想定したほどの生産高は期待しえず、後期の登呂遺跡を高く評価したとしても、米だけでは賄えなかったことを示している。

　これら4人による弥生時代米の生産量の推定にはいくつかの前提条件があることを考慮しなければならないであろう。稲の品種改良が進み、化学肥料を随時投入し、多量の農薬を撒き散らした結果として得られる恒常的に高い生産量を誇る現在の農業を見慣れたものにとっては、「毎年一定の水田で一定量の米が約束されることはあり得ない」という状況は理解しがたいことかもしれない。

　論者が多く引き合いに出す江戸時代の農書は、江戸の後期になって水利技術が進み、刈敷を含めて施肥の投入が始まり、農閑期に植えるレンゲなどにより水田の栄養分の補給が進んできた段階であり、さらには牛馬による深耕が可能となって水田に酸素を補給して、栄養素の分解がたやすい状態をつくり出すようになり、より稲の成育条件を高めるための努力がなされた時期の史料である。したがってこの段階以降の統計資料は牛耕や施肥の技術がなかった弥生時代の水田に当てはめるときにはあくまでもネガティヴに取り扱わなければならないのである。

　綾羅木郷台地遺跡で出土した米を分析した結果によると、未成熟粒がかなりみられたし、風や寒さの害を受けて「胴切れ、腹切れ」を起こしたものなどもあり、収穫されたすべての米が十分に食用に供されるものではなかったことを示している（下関市教育委員会　1981）。

　連作を行うと「忌地現象」が起こり、これによる収穫量の低下は水田よりも畑作が極端であることがいわれるが、水稲でも74.4％に達する（石井・桜井　1986）ことはこの際注目しなければならないであろう。先の寺沢夫妻の休耕田での実験ではこれをさらに下回る数字が報告されている。こうした連作障害のため中世初期段階においても「かたあらし」と称して1年おきに耕作し、水利

を整備してその間の休耕中に地力を回復する処置がとられていた（戸田 1967）。11世紀中頃の伊賀国興福寺・東大寺領300余町のうち1／3が耕作地であり、筑前碓井封田では43％がその年耕作されていなかったという記録もある。以上の他に風や寒さ、水害・病虫害などによる影響を考慮すると、寺沢夫妻の推定量をさらに割り引いた数字が実際の弥生時代における米の収穫量であったと仮定するのが、この際適切であろう。

中世の農民が唱えた「豊年満作」のうち、彼らにとって「満作――すべての水田に稲穂を付けさせる」がいかにむずかしい課題であったかことか。

弥生時代のその他の食料

これまでの検討により杉原荘介の唱えるような弥生時代の農村に対して「米に溢れた豊かな社会」のイメージをそこに求めることは不可能であることが知られよう。そこでこれから発掘調査により豊富な自然遺物が検出された、いくつかの集落址を分析して、弥生時代の実際の食料源についてみていこう。

弥生時代早期の食料――菜畑遺跡

弥生時代早期の突帯文土器段階で水稲栽培を行っていたことが確実な遺跡として、西は佐賀県の菜畑遺跡から東は兵庫県口酒井遺跡にまで及び、土器の表面に付着した籾痕をもつ例を数えると、玄界灘から瀬戸内沿岸部にかけての西日本各地では、かなり広範囲に稲作が営まれていたことが推定できる。この段階の遺跡で食料全体が検討できるのは今のところ菜畑遺跡の事例しかない。

菜畑遺跡は唐津湾と砂丘を隔ててその背後にある湿地帯を見下ろす小さな丘陵上に立地する、突帯文土器の古い段階から弥生時代中期に及ぶ集落址と水田址である（唐津市 1983）。この遺跡で検出された穀物にはコメ、オオムギ、ソバ、アワ、アズキがあり、その他の栽培食品としてはリョクトウ、メロン、ゴボウなどがみられる。堅果類にはクルミをはじめとして各種の落葉性・照葉性のドングリがあり、魚類にはサメ、エイ、マイワシ、ボラ、マグロ、マサバ、マアジ、ブリ、スズキ、クロダイ、マダイ、ベラ科、ハゼ科、コチ科、ヒラメ

科、カレイ科、フグ科と沿海で捕獲できるほとんどの魚が食卓にのぼっていて、多方面での生業活動をうかがわせる。

また菜畑遺跡で出土した哺乳動物には、ノウサギ、ムササビ、イヌ、タヌキ、テン、アナグマ、イノシシ、ニホンジカ、ウシ、イルカ科、ニホンアシカ、ジュゴンなどがある。このうちウシは加工痕をもつ角だけであり、何かの部品として招来されたものとして、食品からは除外できよう。これら哺乳動物のなかで量的に多いものはイノシシとニホンジカで、その割合は弥生時代早期で21対7、前期で25対17、中期で5対3となり、全体としてはイノシシが多いものの、極端な差異は示さない。このことは先に挙げた各種のヴァラエティーに富む食料とともに、網羅的な食料体系にあったことを知ることができる（甲元 1992）。ちなみに日本の先史時代人にとり重要であったイノシシとニホンジカの縄文時代遺跡出土別割合をみると、福岡県新延貝塚では中期5対6、後期3対3、広島県観音堂遺跡の中期9対8、後・晩期36対19、東大阪市日下遺跡の晩期4対3、愛知県伊川津貝塚晩期125対130、静岡県蜆塚貝塚の後・晩期6対3、磐田市西貝塚の後期で19対10であり、この数字は菜畑遺跡の出土比率と変わりがない。後に述べる大阪府池上遺跡の事例とは対照的であり、弥生時代になっても食料上では急激な変化がなかった可能性を示唆している。

弥生時代前期の食料——綾羅木郷遺跡

綾羅木郷遺跡は綾羅木川下流の響灘に面する台地上に形成された弥生時代前期から中期初頭にかけての集落址である（下関市教育委員会 1981）。夥しい数の貯蔵穴が検出され、廃棄されたそれら貯蔵穴から多くの食料残滓が発見されている。哺乳動物ではイノシシ、ニホンジカ、ニホンアシカ、タヌキ、ニホンザルなどの骨が検出されているが、どれも個体数はわずかにすぎない。魚骨は多くは出土しなかったがなかではマダイやキチヌなどのタイ類が多くみられる。穀物ではイネ、アズキ、ヒエ、キビがみられるが圧倒的多数はイネであった。堅果類ではイチイガシ、スダジイ、ヤマモモ、ウメ、モモなどがあり、そのなかではイチイガシが比較的多く検出されている。貝類のなかでは淡水産の

タニシ類やカワニナ、汽水産のヤマトシジミ、ウミニナ、ヘナタリなどが多く、海水産でも潮間帯に棲息するもののみであり、遺跡付近で採集されたものばかりであった。

　このような綾羅木郷遺跡での食料体系は稲作栽培が中心であり、その他の生業活動はさほど活発ではなかったことをうかがわせる。このことは出土文化遺物にも反映され、農耕関係の遺物がそのほとんどを占めることにも表されている。

弥生時代中期の食料——西川津遺跡

　島根県松江市西川津遺跡群は、宍道湖に注ぐ朝酌川の沖積地に展開する縄文時代後期から弥生時代中期にかけての集落址である。弥生時代の石器組成はほとんどが大陸に系譜を求めることのできる磨製石器で占められ、出土した土器も山口県響灘一帯でみられるものと共通性が多くみられる。このうち海崎地区の発掘調査では、縄文時代と弥生時代に区別して自然遺物が報告されていて、縄文時代と弥生時代の食料を対比するのに格好の資料となっている（島根県教育委員会 1987・88）。

　縄文時代の食料としてはオニグルミ、カシ、トチノキなどの堅果類があり、哺乳動物にはイヌ、アナグマ、ウサギ、ニホンジカ、イノシシなどがみられる。このうちニホンジカとイノシシの最小個体数は36と26でほぼ拮抗しているといえよう。魚類にはクロダイ、マダイ、フグ、スズキ、エイなど沿海に棲息する類は万遍なく捕獲している。一方弥生時代中期の層では、ニホンザル、アナグマ、タヌキ、イタチ、ムササビ、ニホンジカ、イノシシなどがあり、鳥類ではオオミズナギドリ、ハクチョウ、ツル、スガモ、スズメ、魚類ではクロダイ、スズキ、カンダイ、マイワシ、ハゼ科、アイナメ、フナ、ナマズ、コチ、サメ目またはエイ目などがみられ、菜畑遺跡と同様な網羅的食料の組み合わせとなっている。異なる点としてはイノシシに幼獣が多い点にすぎない。

　海崎地区の自然遺物でみるかぎり、弥生時代中期では縄文時代のそれと異なって、イノシシやニホンジカが減少するかわりに、かえって多方面への食料

第3節　弥生時代のコメの収穫量　109

開拓が進められ、特定種に対する集中がみられない。こうした傾向は隣接するタテチョウ遺跡でも報告されている。

　西川津遺跡群にみられる食料資源の多様さは決して、この地だけではない。

　岡山県門田貝塚は吉井川の自然堤防上に形成された、弥生時代前期を中心とする集落址である。ここで出土した動物遺存体には、カニ類、サメ目、エイ目、コチ、フナ、ナマズ、ボラ科、スズキ、マダイ、スッポン、ツル科、ガンカモ科、ニホンザル、ノウサギ、ムササビ、ネズミ科、イヌ、イノシシ、ニホンジカで全体として網羅的な食料体系であったことがうかがえる（林・西本1986）。これらのなかで個体数が多いのはニホンジカとイノシシで、ニホンジカ25頭、イノシシ42頭であった。イノシシの年齢構成をみると、2.5歳以上の成獣が全体の74％を占め、縄文時代の遺跡で出土する年齢の割合と異なることはない。

弥生時代中期の食料——池上遺跡

　池上遺跡は大阪府の信太山の西裾が瀬戸内海に接する辺りに形成された、弥生時代を代表する大規模な集落址であり、もっとも典型的に発達を遂げた遺跡に数えることができる。この遺跡で出土する魚類にはサメ目、エイ目、コイ科、ハモ、スズキ、クロダイ、マダイ、マフグと各種の魚類がみられるが、そのうちマダイの数がもっとも多いことは注目される。ハモなどの骨の出土があることで、骨の残存率の悪さに還元することはできず、本来的にマダイが多く捕獲されたことを物語るものである。また骨は残らないが多量に出土するイイダコ漁のための蛸壺の存在は特定種に対する選別的行為が高かったことを示している。同様なことは哺乳動物でも指摘でき、出土したクジラ目、タヌキ、イヌ、ニホンジカ、イノシシのなかでイノシシ60頭、ニホンジカ17頭と圧倒的にイノシシが多い（金子・牛沢　1980）。弥生時代にこのようにイノシシがニホンジカの3倍以上捕獲された資料があるのはこの他に、佐賀県宇木汲田遺跡、同吉野ヶ里遺跡、兵庫県田能遺跡、大阪府東奈良遺跡、同亀井遺跡、奈良県唐古遺跡、愛知県朝日遺跡などを挙げることができるが、これら遺跡はその地域の

代表的な大規模集落遺跡であり、こうした遺跡では特定種に対する選別的扱いがなされていることをうかがいうる。さらにこれら大規模遺跡では出土するイノシシの年齢構成に共通した特色を見出すことができる。それは1.5歳以下の幼獣の割合がたいへん多くみられることであり、動物層における幼獣が成獣より圧倒的に多い現象は、家畜飼育の初期段階にみられる特色であることは、古くフラナリーが指摘したところである（Flannery 1965）。選別的な食料体系はその他の食物でもみられ、採集品ではヤマモモが、栽培品ではイネが圧倒的に多い。こうした点は、弥生時代中期後半以降になって農耕が本格化し、特定種に対する偏った食料で賄えるだけの段階に達したことを示すものと想定できる。

おわりに

以上みてきたように、弥生時代の食料体系も地域的な違いが多いことが判明する。縄文的な網羅的食料体系のものと、選別的な食料体系のものとの2種である。水稲栽培が導入されたとしても実態としては縄文的生業世界に稲作が付加されたにすぎないものも多かったことが予想される。しかし縄文時代よりも平均寿命がかなり延びたことに示されるように、米が加わることで食糧事情がいちじるしく改善されたことは明白である。

弥生時代後期にもなると、遺跡によってはかなり通年的な食料源として稲作が想定できる段階に達したことを物語る現象が認められる。

穀物は人類にとって重要な栄養素であるが、生命の維持に必要な穀物に含まれるタンパク質は直接には人間の体内では消化吸収できない。栄養素として体内吸収を行うには、ナトリュームイオンが必要で、これはふつう塩に含まれている。大陸では天然に岩塩の分布地域があり、これを利用することが多いのであるが、日本では岩塩が存在しないし、ニューギニアのように塩分を多く含む植物も分布しないためにこれを海水から得るしかない。

弥生時代の中期中頃から備讃瀬戸で土器による製塩が開始され、弥生時代後期には淡路、大阪湾南部、紀伊水道など瀬戸内東部地域でも多数の製塩遺跡が

出現するようになってくるし、内陸の遺跡にまで製塩土器が搬入されることが知られている。これが古墳時代前期には若狭湾を始めとする北陸沿岸、玄界灘、伊勢湾一帯にも広がりをみせている（近藤 1980）。こうした各地における塩の専業体制の確立と普及はとりもなおさず、それを多量に必要とした弥生農民の穀物生産の高度化を示すものであり、条件に恵まれた地域と場所では水稲栽培を中核とした穀物栽培が食料の大半を占めるにいたったことを物語るものといえよう。

引用文献
〈日本語〉
大山柏 1926『神奈川県下新磯村字勝坂遺物包含地調査報告』史前研究会小報第1号
石井英也・桜井明久 1986「ヨーロッパにおけるブナ帯農耕文化の特徴」『日本のブナ帯文化』朝倉書店
石田英一郎・泉靖一 1968『日本農耕文化の起源』角川書店
乙益重隆 1967「弥生時代開始の諸問題」『考古学研究』第14巻第3号
乙益重隆 1978「弥生農業の生産力と労働力」『考古学研究』第25巻第2号
賀川光夫 1966「縄文時代の農耕」『考古学ジャーナル』11号
金子浩昌・牛沢百合子 1980「池上遺跡出土の動物遺存体」『池上・四ッ池』第6分冊
唐津市 1983『菜畑』
甲元眞之 1992「東北アジアの初期農耕文化」『日本における初期弥生文化の成立』文献出版
国分直一 1970『日本民族文化の研究』慶友社
後藤直 1986「農耕社会の成立」『岩波講座日本考古学』第6巻
近藤義郎 1959「共同体と単位集団」『考古学研究』第6巻第1号
近藤義郎 1980「原始・古代」『日本塩業大系 原始・古代・中世（稿）』日本専売公社
澤田吾一 1926『奈良朝時代民政経済の数的研究』冨山房
佐々木高明 1971『稲作以前』NHKブックス
佐原真 1968「日本農耕起源論批判」『考古学ジャーナル』8号
潮見浩 1964「中・四国縄文晩期文化をめぐる二、三の問題」『日本考古学の諸問題』考古学研究会
島根県教育委員会 1987・88『朝酌川河川改修工事に伴う西川津遺跡発掘調査』
下関市教育委員会 1981『綾羅木郷遺跡』Ⅰ
杉原荘介 1968「登呂遺跡の水田址の復元」『案山子』第2号

寺沢薫・寺沢知子 1981「弥生時代植物質食料の基礎的研究」『橿原考古学研究所紀要 考古学論攷』第5冊
戸田芳実 1967『領主制成立史の研究』岩波書店
日本考古学協会 1961『日本農耕文化の生成』東京堂
日本考古学協会西北九州総合調査特別委員会 1960・61『縄文晩期土器集成』
春成秀爾 1969「中・四国地方縄文時代晩期の歴史的位置」『考古学研究』第15巻3号
藤森栄一 1963「縄文時代農耕論とその展開」『考古学研究』第10巻第2号
藤森栄一 1970『縄文農耕』学生社
林謙作・西本豊弘 1986『縄文晩期〜弥生時代前期の狩猟と儀礼』北海道大学
柳瀬昭彦 1988「米の調理法と食べ方」『弥生文化の研究』第2巻、雄山閣出版
渡辺誠 1969「縄文時代の植物質食料採集活動について」『古代学』第15巻第2号
〈英語〉
Flannery, K. 1965 The Ecology of Early Food Production in Mesopotamia. *Science* No. 147.

第4節　播種と収穫

はじめに

　播種と収穫というもっとも重要な農作業も、あくまでもシステム化された工程のなかの一部にすぎないのであり、作業内容やそこで使用される道具については、技術的に全体的関連性をもっていることはいうまでもない。例を挙げると、鎌の導入により根刈りが行われたと想定しても、脱穀が従前のまま竪臼と竪杵でなされるならば、根刈りした後に再度穂頸落としをしなければならない。王禎の『農書』にあるように、岩に稲束をぶっつけたり、『授時通考』にみられるように、木箱に稲束を打ち付けて脱穀する方法も考えられるかもしれない。あるいは江戸時代に千歯扱が普及する以前にみられる扱き箸を利用することもあったかもしれない。扱き箸による脱穀は一名「後家殺し」と称されるほどの重労働であり、そこまでしてもなおこの方法によるのは、江戸時代の農民にとっては稲藁が貴重な資源のひとつであったからにほかならない。

　弥生時代の水稲耕作にまつわる技術的水準をどの程度に見積もるか、については明確にしにくい点があるが、すこしずつその輪郭が明らかになってきている。山崎純男によると、水稲農耕成立の当初から、北部九州の沖積地に立地する水田では、立派な灌漑設備をともなっていたことが明白にされており（山崎 1987）、弥生時代の後期には田植えをした痕跡も指摘されている。また寺沢は、後期段階で稲藁の利用が多くなったことを想定し、田植えと根刈りの可能性を説いている（寺沢・寺沢 1981）。一方、水田の生産性を高める深耕を可能にする犂は、古墳時代後期にならないと登場せず、弥生時代水稲技術を犂耕以前の高度に発達したものと位置づけされよう。

こうした発達段階にある農耕技術上の、具体的作業内容について接近する方法としては、『氾勝之書』や『四民月令』あるいは下って『斉民要術』の記載がいちおう参考になる。しかし、これらは華北一帯の農法を説いたもので、しかも役牛を導入する段階にあるなど、水準に違いがある。次に取り上げる方法としては、平安時代の『皇太神宮儀式帳』や『止由気宮儀式帳』に描かれた作業内容を勘案して、弥生時代に投影することである。これについては一部に批判があるように、あくまでも農事についての儀礼であって、どこまで実態を反映させているかという点についての検討はたいへん困難であり、完全にこれに依拠することはできない。第3の接近法としては、弥生時代の農法と技術水準がほぼ同じ程度と考えられる東南アジア諸地域の民族事例を取り上げて比較することである。ことにフィリピンの事例については、詳細なモノグラフが公刊されていて（Cole 1905, Jenks 1905）、八幡一郎によって詳しい紹介がなされている（八幡 1942）。ただしこの場合、類似は親子のそれではなく、兄弟もしくは従兄弟同士の類似である可能性もあって、これで弥生時代の農耕を推測するわけにはいかないであろう。したがってここでは、中国四川省の漢代画像磚に描かれた農事に関する資料を取り上げ、上記したもの以外に、江戸時代の農書や民俗慣行を念頭におきながら、弥生時代の技術につき瞥見してみよう。

四川の画像磚

弥生時代とほぼ時間的に並行する漢代の四川省一帯では、墳墓内に磚で装飾を施すことが流行した。とりわけ後漢代から三国時代にかけてそれは隆盛を極め、貴族の生活や当時の日常のさまざまな姿が描き出されている。これらに混じって、当時の農民たちの農事にあたる姿も見ることができる。漢代から三国時代にかけての四川では、他地域とくらべて水稲耕作がきわめて盛んであったことは、『華陽国志』に見ることができ、また左思の『蜀都賦』に、

　　溝洫脉のごとく散じ、彊里綺のごとく錯り、黍稷油々として粳稲莫莫たり。

とあるように、灌漑網が張り巡らされ、水稲がいたるところ稔り、また畑作栽

第 4 節 播種と収穫 *115*

第1図 漢代画像磚に描かれた農事

培も盛んに営まれていたことが知られる。四川省出土画像磚に農事が描かれているものは10点たらずであるが、このなかには華北や長江下流域では見られるような犂耕の絵は1点しかなく、犂耕があったとしても、当時の四川省では一般的な農法ではなかったとも想定されるので、この点においても弥生時代の農法を参照するにおいて極端に異なるとも思えない。

　岡崎敬により紹介された四川省彭県出土の2枚の画像磚には、水田と養魚場が描かれている（岡崎 1958）。1は左側に池が設けられ、魚4匹がいる（以下第1図）。この池の中央から反対方向に延びる溝があり、その上下には2枚ずつの水田があり、田中には株とおぼしきものが円孔で示されている。3匹の鯰

がいることは、水を張った状態であることを物語り、さらに株がまばらなことを勘案すると、田植えを終えた後の水田の状態を描いたものと推測される。5月頃産卵のために魚が水田のなかに入ってゆくことは、農薬を使用する以前の水田ではつねに見られた光景であった。2は一見棚田を思わせる15枚の水田と1枚の畑地があり、左上端の水田には水の取り入れ口が、右端の水田には流し口があって、何枚かの水田を通り抜ける形の水利慣行がなされていたことを示している。これら2枚の画像磚に描かれたものは、1枚が沖積地での、他は丘陵地帯での水田をそれぞれ表出したものと思われ、都出比呂志の指摘する2種類の水田に該当する（都出 1983）。

3は徳陽県出土のもので、8枚の区画された耕作地と畦には3本の木があり、なかに籠を手もつ人物2人と鎌を振り上げる人物4人が描かれている。この磚について劉志遠は収穫の図として、穂頸刈りをした後に残稈を刈り取るものと想定している（劉志遠 1979）。この図では鎌をもつ4人が前で、籠をもつ人物が後に配置される構図となっていて、前向きに進む作業では、収穫時とすれば順序が逆となる。このことから高文が想定しているように、播種とするのが妥当であろう（高文 1985）。前の4人は大鎌で古株を取り払い、後の2人は種を播く姿と考えられる。しかし、古株を取り払った後で種を播く動作が連続する点では、水を張った状況下での作業とは考えがたい。また苗代での種植としても、当時は通し苗代であった可能性が高いために、古株の処理は必要ない。あるいは、春小麦などの二毛作の状態を描くものかもしれない。

4は右側に鍬をもつ2人と左側に除草する2人が描かれている。これは田の耕起（荒越し）と除草という時間的には間をおく作業を同一の画面に構成したものである。

5は成都楊子山2号墓出土の磚の一部で、大鎌をもつ2人、手鎌で穂頸刈りする3人、刈り取った稲束を棒の両端に吊り下げて肩に担ぐ人物1人が描かれる。最初この図は、大鎌で稲を刈り、後の3人が拾い集めるものと解釈され（重慶市博物館 1957）、また藤田等は、3人は稲の穂頸を刈り、前の2人は稲以外の植物を刈り取る姿と想定した（藤田 1964）。これは稲の穂頸刈りした後

に、残稈を大鎌で刈り取る者と考えるのが、イフガオ族やボントック族の例に照らして妥当である。

弥生時代の播種と収穫

山崎純男は北部九州の初期水田に、板付遺跡のような灌漑をともなう半乾田と、佐賀県唐津市菜畑遺跡のような谷水田と2種類の類型があることを指摘した（山崎 1987）が、この他にも、摘田と称してごく最近まで直播きの行われていた排水不良の湿田が想定できる。ことに関東地方で谷戸田とするものはほとんどがこれにあたり、この地方の弥生時代水田が想定されるところでは、すべてこうした類である。谷戸田での作業は、半乾田もしくは半湿田でのそれとは大いに異なる。

湿田においては春、ヒバリが鳴き始める頃になると、オオアシで昨年の残稈を踏み込み、また地面をほぼ平坦にならし、さらに、エブリで水田面を平坦に整地した後に、種籾を直播する。種籾は播く2、3日ほど前から、発芽をよくするために水に浸しておく。その折、現行の民俗ではタネダラと称する藁で組んだ容器が使用されるが、弥生時代に存在していたか否か証証はない。しかし長崎県里田原遺跡出土の籐製の籠はこの作業に十分であるし、下関で発見されたビクを模した弥生時代前期の土製容器から竹籠の存在が類推できるので、水浸しは容易にできたであろう。

乾田もしくは半乾田においては、荒越しと称して、大鎌で残稈の処理からはじまり、八十八夜頃、打鍬や踏鋤による耕起がなされる。この後、田に水を入れて湿田での作業と同様にエジキをつくり、再度桑での打越しを行って、エブリやナラシ棒で田ならしを終え、田植えを行う。

苗代は通し苗代で、水田全面積の5～10％をこれにあて、ここでは田植えは行わない。通し苗代の場合、前年度から柴を田の一隅に積み上げて腐敗させておき、種播の前までにオオアシで踏み込んで苗代の肥料とする。苗代に種播を行ってほぼ1カ月で、田植えのためのナエヒキを行うが、この後は、山から柴を刈り取ってきて苗代全体を覆うように敷き散らし、苗代の保全に勤める。

田植えが終了した後、収穫までの間数回の除草を行うことは、画像磚でも見られることである。秋口になるとエジキの部分をさらに掘り下げて排水の利便とし、水落としを行って水田の乾燥化に努め、収穫を迎える。

　収穫時に使用される農具は、石庖丁、鉄庖丁、木庖丁などの爪鎌と手鎌がある。弥生時代の鉄鎌には、刃渡り15cm以下の小型品とそれ以上の大型品がある。大型品の出土例は小型品にくらべ少なく、一般的であったとは思われない。タッキリガマとして古株の掘り起こし、もしくは画像磚にみられるような残桿の処理に用いられたと想定される。

　滋賀県大中ノ湖南遺跡では、穂先から18cmほどのところで刈り取った稲穂が、30〜40本で一束になったものが発見されている。これは爪鎌で穂首を刈り取ったものが、片手で束ねることのできる分量である。

　石庖丁から鉄鎌への変化を、穂首刈りから根刈りへの発展ととらえる見方がかつて提示された（近藤 1960）が、今日これに対する否定的意見が多い（松井 1982）。直播の場合は、ばらばら播きのために、株が不揃いでしかも丈がまちまちのために、根刈りはかえって困難である。また田植えをした株の場合は、珪酸分が少なくて折れ難い稲株は小型の鎌では切り難い。対馬ではハダカオオムギの収穫にあたっては、刃渡り12cmばかりの刃鎌が使用されているが、収穫にあたっては、まずムギの穂首を4、5本左手に揃えるようにして束ね、右手に握った鎌を60度くらい下方に傾けて茎にあて、左手にもった束を外に開くようにしながら右手の鎌を斜めに引き上げるようにして穂首を刈り取っている（甲元 1975）。このような例を念頭におけば、小型の鎌は穂首刈りもしくは高刈り用として使われたことが予想される。爪鎌では1、2本しか収穫できないのに対し、小型の鎌の場合では田植えの一株は一度に刈り取ることが可能であり、その分だけでもたいへんなスピードアップである。

　収穫した後、種籾だけは特別に保存されるのが常で、稲種囲として庭先に小型の高倉倉庫をつくり保存する例がある（酒井 1976）。古代においても種籾は特別視されていたようで、壺に保管されていた。竹籠の目のついた壺形土器に容れられ、室内の台の上で保管されたのか、あるいは種籾を容れて家屋の棟に

吊り下げられていたのかもしれない。

引用文献
〈日本語〉
岡崎敬 1958「漢代明器泥像にあらわれた水田・水池について」『考古学雑誌』第44巻第2号
甲元眞之 1975「農耕民の技術と社会」『えとのす』第3号
近藤義郎 1960「農具のはじまり」『世界考古学大系』第2巻、平凡社
酒井和男 1976「山口県阿武川流域の稲種囲い」『民具マンスリー』9巻3号
都出比呂志 1983「古代水田の二つの型」『展望アジアの考古学』新潮社
寺沢薫・寺沢知子 1981「弥生時代植物質食料の基礎的研究」『橿原考古学研究所紀要 考古学論攷』第5冊
藤田等 1964「大陸系磨製石器—特に磨製石鎌について」『日本考古学の諸問題』考古学研究会
松井和章 1982「大陸系磨製石器類の消滅とその鉄器化をめぐって」『考古学雑誌』第68巻第2号
八幡一郎 1942「中枢民族の文化的基盤」『フィリピンの自然と民族』太平洋協会
山崎純男 1987「北部九州における初期水田」『九州文化史研究所紀要』第32号
〈中国語〉
重慶市博物館 1957『重慶市博物館蔵四川漢代画像磚選集』文物出版社
高文 1985『四川漢代画像磚』上海人民出版社
劉志遠 1979「考古材料所見漢代的四川農業」『文物』12期
〈英語〉
Cole, F. C. 1905 *The Tinguian*. Field Museum of Natural History Publication.
Jenks, A. E. 1905 *The Bontoc Igrot*. Manila Bureau of Public Printing.

挿図の出典
第1図1、2：岡崎 1958より、第1図3〜5：高文 1985より

第5節　稲作栽培と魚

はじめに

　肉類を中心とした外食産業が急速に広がりをみせて、若者たちを引き寄せるだけでなく、最近の平均的な日本人家庭の食卓でも、牛肉などを食べる機会が多くなってきている。私が生まれ育った中国地方の「山紫水明の地」では、肉といえば鯨肉であり、祭りのときなどに鶏が食卓にのぼるぐらいで、牛肉や豚肉などにお目にかかることはほとんどなかった。それに対して魚は、干物、塩物、酢の物と手を変え品を変えて、毎日のように食べていたし、時には「無塩」と称して塩のあまりかかっていない魚が刺し身にされたこともあった。正月などには決まって大きな鰤が味噌蔵に吊り下げられ、少しずつ身を削られてゆくのを目にしていた。旧正月の頃にもなると鰤は頭と骨だけになって、ついにはぶつ切りにされ昆布や大根などとともに煮込まれて、跡形もなくなっていったのをよく覚えている。

　こうした日本的な食生活に慣れたものが外国に行くと、ぎょっとする光景にしばしば出くわすことがある。肉食を主とする西欧での、日本人にとっての思いもかけぬ状況が生活の隅々にみられることは、鯖田豊之によってすでに指摘されているが（鯖田 1966）、日本との文化的な繋がりの深いお隣の韓国や中国、またフィリピンでも骨付きのまとまりの肉が売られ、時には牛や豚の頭が堂々と肉屋の店頭に飾られているし、市場の片隅では籠のなかで鶏や蛙が動き回っている。骨付きの肉を手にしたり、脚を括った鶏や蛙をぶら下げていく婦人の姿は、とうてい日本ではお目にかかれない驚異的な状況である。この点からすれば、肉食が増加したといっても、精肉しか取り扱わない日本では「生活

文化」としての肉食はまだ確立せず、伝統的な食文化の観念が持続していることを垣間見ることができよう。

こうした生活習慣の違いは日常的な感覚の違いに留まらず、大きく、農業そのものに対する考え方の違いにまで影響を及ぼしている。日本では農業といえば穀物栽培、とりわけ米を中心にして考えるのに対して、世界の多くの地域では、農業に家畜飼育と穀物栽培が含まれてイメージされるのがふつうである。今からおよそ1万年前、西アジアで小麦の栽培が開始された当初から、同時にヒツジなどの動物が飼育されていたのであり、農業が発展した段階においても、雑穀や藁が家畜動物の餌になり、動物の排泄物が穀物の肥料として使われるなど、穀物の栽培と家畜の飼育は本来的には不可分な関係にあると見ることもできる。なぜ日本の農業だけが家畜飼育を除外して、穀物栽培にのみ依存するという、世界史的に見ても特異な展開を示すようになったのか、大きな謎といわざるをえない。

東アジアでの穀物栽培がもっとも古く開始されたのは中国であり、日本の農耕文化も中国からの影響の下に形成されたことはいうまでもない。そこで世界的にみても、きわめて特異な日本的食文化がどのようにしてでき上がったかをみるために、穀物栽培が始まった9000年から4000年前までの中国の遺跡から出土する食料資源の実際をみていくことにしよう。

新石器時代の穀物栽培

中国での稲作起源については農学者や民族学者などによって、雲南地方が有力な候補地として取り上げられているが、考古学者たちの見方はこれとは異なっている（甲元 1990）。遺跡から発掘される栽培稲のもっとも遡上する事例は、今日から10000年前の長江（揚子江）中流域で発見されていて、ほどなく長江の下流域に分布が拡大していった。稲作が長江の流域を離れて黄河流域地方に達するのは7000年前頃以降であり、雲南地方や山東半島北端部に稲作の存在が認められるようになるのは、4000年前あたりである（松村 1991）。中国で確認される最古の稲作遺跡が形成された頃の雲南地方は、いわば未開の地で

あってとうてい文化としての稲作農耕の起源地とは考え難い。

栽培稲の直接の祖先である「普通野生稲」は熱帯地方に分布するもので、実際中国でも南部の広東地方に多く存在が確認されている。1978年から81年にかけて中国の南部7省で行われた野生稲の分布調査によると、分布の北限は江西省東郷県で、照葉樹林帯の北の端に位置している。ところがもっとも早い稲作の遺跡が確認されているのは、長江の流域であり、その辺りは落葉照葉混交林帯に属する植生となっている。このことから野生稲の本来の分布地域である照葉樹林帯から、植生の異なった落葉照葉混交林帯に人間の手によって分布が拡大されたことにより、栽培稲が成立した可能性を示している。確実な具体的事実から出発する考古学的な所見と、生物そのものの特性から説き起こす農学的な見解は、長江流域において稲作栽培が成立したとすることでのみ、意見の一致をみるのである（甲元 1992）。

一方稲作栽培と対比される畑作栽培についてはどうであろうか。中国においてアワの出土例のもっとも遡上するのは、裴李崗文化と磁山文化の段階、今から約7000年前であり、黄河流域を中心として中国の東北地方や韓国に分布をみせる。しかし淮河流域を越えた南には、新石器時代の出土報告はない。キビが出土した最古の事例は東北地方の新楽遺跡であり、その年代は裴李崗文化の時期とほぼ同じ頃である。キビは黄河流域にも分布を見せる。殷代には貴族の食べ物として珍重されるが、モロコシ（コウリャン）とともに、中国の東北部から韓国北部地域で多く栽培されている。

ムギに関してはわからないことが多い。今から4500年前以降、鎌形の収穫具が登場して中国北部から長江の下流地域に急激に広がっていくことから、ムギ類が栽培されていたことが想定されていた。最近陝西省趙家来遺跡で龍山文化の段階にアワとともにムギが栽培されていたことが判明した。しかし、ムギ類とりわけコムギはその粒が堅いために、石皿などの製粉具がなければ十分に調理できないために、食料上での多大な役割を担っていたとは考え難い。

畑作栽培は黄河流域を中心とする地域では、基本的な食料であったと考えられるが、新石器時代の淮河流域以南の地域では、その痕跡はたどることはでき

ない。すなわち稲作栽培が長江流域から南と北へ拡大していく傾向にあるのに対して、畑作栽培は黄河流域から北方地域にかけて展開していったことがうかがわれる。そして畑作栽培地帯においては、アワ単独で栽培されていたというよりも、アワ、キビ、モロコシなどつねに複数の穀物が栽培されていた可能性が高く、4500年前の龍山文化段階以降は、これにムギが加わって多角的な農耕が営まれていたことが知られ、稲の単作である長江流域のあり方とはいちじるしい対照をなしているのである。

長江流域の家畜動物

新石器時代の長江と黄河流域の違いは、家畜動物の面にも顕著に認めることができる。家畜動物の集成によると（甲元 1992）、ブタ、イヌ、ウシ、ヒツジは、黄河流域にもっとも密に分布していることが認められる。ヒツジを除いては長江流域の新石器時代の遺跡でも家畜は存在しているが、その出土数は少ない。これを時代的な変遷過程を通してもう少し立ち入って見ていくことにしよう。

長江下流域の河姆渡、羅家角といった7000年前のこの地方最古の稲作遺跡では、かなりの数の家畜が発見されている。河姆渡、羅家角遺跡ともに家畜動物としてイヌ、スイギュウ、ブタが挙げられるが、そのうちブタの出土数がもっとも多く、しかも半数近くは2歳以下の年齢のブタで占められていた。こうした低年齢の家畜動物が出土数の大半を占めることは、家畜飼育が開始された当初から通有のことで、西アジアやヨーロッパの初期農耕文化段階の遺跡ではふつうに見られることであり、このことから逆に河姆渡遺跡などが、農耕文化の初期の段階にあったことを表している。狩猟動物は広範囲にわたっており、24種にも達する。しかし狩猟動物のなかではシフゾウやニホンジカ、キバノロなどのシカ科の動物が大半を占めている。またアオウオ、カムルチイといった淡水魚も多く捕獲されていたらしく、羅家角遺跡では魚骨が40〜50cmの厚さに堆積していた。

河姆渡遺跡の段階から年代が少し遅れる圩墩遺跡では、発見された哺乳動物

のうち家畜はブタとスイギュウで、それらの出土量はブタ29%、スイギュウ9％であるのに対して、ニホンジカ30%、シフゾウ17%、キバノロ14%とシカ科が出土量全体の6割以上を占めている。また圩墩遺跡とほぼ同じ頃に形成された崧沢遺跡でも、家畜はイヌ1％、ブタ28%であるのに対して、ニホンジカ33%、シフゾウ23%、キバノロ14%とシカ科の動物の出土量が全体の7割を占めるにいたっている。こうした数字は西南アジアやヨーロッパの初期新石器時代の遺跡で出土する哺乳動物のほとんどが家畜動物で占められているのとは、きわめて対照的であるといえよう。さらに紀元前三千年紀の前半頃の馬橋遺跡では、出土した動物骨の比率をみるとブタ対シカ科は1対7、ブタ対ニホンジカは1対4であり、家畜動物の占める割合が減少し、かえってシカ科とりわけニホンジカを選別的に捕獲することがきわめて重要であったことを物語っている。ニホンジカだけで全体の約50%にも達するのに、ブタは出土量全体のわずか15%にも満たないことは、家畜のもつ経済的な意味がまったく違ってきたことを表している。

　長江流域の新石器時代遺跡においては、稲作栽培が発展するとともに家畜動物のもつ比重が低下していく現象が見られるのである。また狩猟動物においてもその捕獲範囲が狭まり（捕獲する動物の種類が少なくなる）、ニホンジカに対する依存度が高まっていくことがうかがえるのである。こうした傾向は長江流域の新石器時代の遺跡では一般に認められることであり、稲作栽培地帯の大きな特色のひとつとすることができよう。

黄河流域の家畜動物

　この地域で飼育された家畜動物には、ウシ、ブタ、ウマ、ネコ、ヒツジ、ヤギ、イヌ、ニワトリなどがあり、大多数の遺跡においては、出土する動物骨のなかでブタが大きな比重を占めている。黄河流域の最古の農耕段階である磁山遺跡では、18種と広範囲にわたる哺乳動物の骨が検出されて、そのうち野生動物が半数以上を占めている。家畜動物にはブタとイヌ、ニワトリがみられ、ブタの数が比較的多い。しかも幼年のブタが多く出土することは、家畜飼育の初

第5節　稲作栽培と魚

期段階にあったことを示している。

　7000年から5000年前の仰韶文化の時期には、各遺跡でブタがまんべんなく発見され、重要な食料源であったことをうかがわせる。シカ科の動物の出土も多くみられるが、個別にはブタの出土数を越えることはなかった。これが次の龍山文化段階（紀元前三千年紀後半）になると、遺跡出土の骨数の半数近くがブタの骨で占められるようになってきて、そのほかの家畜動物の数も増加してくる。山東省西呉寺遺跡の龍山文化期では、ブタ43％、イヌ8.5％、ウシ1.5％と、動物の約半数を占め、狩猟動物ではシカ科は全体の1／3にすぎない。周代になるとブタ31％、ウシ11％、イヌ18％と、家畜が占める割合が増大するとともに、家畜の種類が多角的になっていく。同様なことは同じ山東省の尹家城遺跡でもうかがわれ、龍山文化期では家畜にはブタ、イヌ、ウシ、ヒツジ、ニワトリがあり、ブタの数がもっとも多い。紀元前二千年紀の段階になると、ブタ4、ウシ1、イヌ1の割合となり、シカ科は4割を占めるようになる。すなわち農耕文化が発展していくにつれて、家畜群が形成され、長江流域でみられたようなブタ1種類に選別されることはない。狩猟動物についても同様なことが指摘でき、シカ科のなかではニホンジカ、シフゾウ、キョンが遺跡ごとにその割合に変化が見られるが、決して1種類だけがずば抜けて多く出土することはない。

　長江流域では農耕文化の進展とともに、家畜動物はブタ、狩猟動物はニホンジカに収斂されてゆくのに対して、黄河流域では家畜の種類が増加してゆくものの、特定の種類だけが多数を占めることはなく、また狩猟動物も複数の主要なシカ科を対象とするものであり、決して1種類に限定されることはない。畑作地帯においては、複数の穀物を栽培するとともに、食料対象である動物も家畜であれ、狩猟であれ、主要な「食料群」が形成されていることがうかがわれる。これを生業形態の組み合わせからすると、稲作栽培の経済類型が選別的であるのに対して、黄河流域に展開した畑作栽培の経済類型が多角的なものであると把握できる。

新石器時代の魚

　穀物栽培の初期の段階においては、動物性タンパク質を摂取するため、獣の捕獲の他に遺跡ごと漁撈活動も活発に行われていたことが知られている。中国においてもかなりの遺跡から魚の骨の出土が報告されている。魚の骨、とりわけ淡水魚の骨は哺乳類の骨にくらべて残りにくいために、かならずしも実際の食生活を反映しているとはいい難いが、これまでに報告された資料でも一定の傾向をつかむことができる。

　魚の骨の出土は黄河流域においては、新石器時代の古い段階にかなりみられるのに対して、新石器時代の後半になるとその報告が少なくなっていく。一方長江流域の新石器時代の遺跡においては新石器時代の新しい段階になっても、かなりの魚の骨の出土がみられる。湖北省中堡島遺跡では厚さ10〜30cmほどにアオウオ、ハクレンを含む魚骨層が何枚も堆積しており、遺跡全体でははかりしれない魚が食べられていたことを示している。この他に長江流域の遺跡では、魚骨層がみられたという発掘報告書の記載が多くみられ、この地域では哺乳動物の数の少なさの裏返しとして、動物性タンパク質の多くを獣類よりも魚類に依存していたことをうかがわせるのである。

　長江流域の新石器時代の遺跡から出土する魚類には、アオウオ、ハクレン、ソウギョ、チョウザメ、カムルチイ、ズナガウオ、ボウウオ、コウライハゲギギなどがみられる。このうち、アオウオ、ハクレン、ソウギョは今日でも中国の養殖淡水魚の代表的なものであり、長江中流域が生産の本場となっている。また新石器時代の長江中流域では墓のなかに魚を随葬する習慣がみられ、初期農耕民と魚との密接な関係がうかがわれるのである。

　イギリス人ジャコビは4家族20人の1日に必要とするエネルギーを、動物の種別ごとに量的に計算を行っている（第1表）（Jacobi 1978）。このうち北欧の中石器時代から新石器時代にかけて多く捕獲されたカワカマスは、1年で50.8cm、5年で76cmにも達し、最大のものでは長さ122cm、体重が23kgとなることがあるという。長江中流域の李家湖遺跡では長さが1mのアオウ

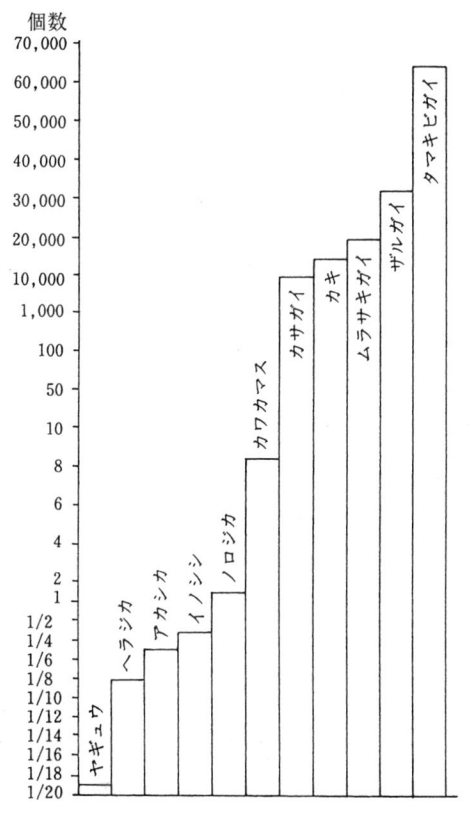

第1表　4家族20人の1日に要する食料品目

オ、1.5m のチョウザメが出土していることから、カワカマスはアオウオやソウギョとハクレンの中間ほどのエネルギーをもたらすものと想定できる。4家族の食料としてはイノシシ（ブタ）では1／2頭、コイ科の魚（アオウオ、ソウギョ、ハクレン、コクレン）では9匹となり、結局18匹の魚が1頭のイノシシ（ブタ）に相当することになる。このことから魚がいかに有効な食料源であったかが知られるのである。長江流域にはコイ科の魚が73属178種と世界最大の分布を示し、もっとも豊富に生息していることが知られている（西村1974）。しかもコイ科の魚の産卵場所の8割は、長江の宜昌から黄石までの稲作栽培が開始されたと想定される長江中流域であり、その地域の河川の浅瀬や

湖沼の水草付近が格好の産卵場所である。こうした場所は初期段階の稲作栽培の適地であり、稲作栽培が行われる場所が、魚の生育場所と一致するのである。このコイ科の幼魚を求めてコウライハゲギギ、ナマズ、カムルチイなどが侵入してくることから、生態的には稲作栽培と魚が密接に結びつくことは明らかである。長江流域の新石器時代の遺跡から魚伏籠や漁網錘などの漁具が多く出土することも、そうした生態的な環境との文化的な適応を表している。

おわりに

以上みてきたように長江流域で展開した初期農耕文化は稲作を基本として、家畜飼育をあまり行わない生業形態をしていた。狩猟もシカ科とりわけニホンジカを中心にして行う選別的な食料体系をもつものであり、動物性タンパク質はむしろ魚類に頼っているものであったと想定できる。一方黄河流域の畑作栽培地帯においては稲を含めても決して単作とはいい難く、アワを基本にして、キビ、コウリャン、コメ、そして後にはムギが加わる複合的な穀物体系をもっていた。家畜動物もブタ、イヌ、ウシ、そうして後にはヒツジやヤギが登場する多角的なものであり、狩猟もけっして1種類の動物に限定されず、広範囲に及ぶものであり、いわば多角的な食料体系をもつものであった。こうした特徴はある意味では稲作栽培の食料上の優位性を物語っているといえよう。

ローマ時代のイギリスでのコムギの収穫量は1ヘクタールあたり500kgであった。一方奈良時代のコメの収穫量は1ヘクタールあたり上田で1057.5kg、中田で846.3kg、下田で635kg、下々田で317kgであったと推定されている。イギリスの場合たいへんな密植で撒種量と収穫量は1対3であり、日本の上田1対12～13、中田1対10、下田1対8、下々田1対4とくらべると、いかに生産性が低かったかがわかる。また畑作の場合、連作を行うと連作障害が起こって、翌年の収穫量が36%に減少するのに、稲作の場合は74.7%にすぎないことが知られている（石井・桜井 1984）。

家畜動物を飼育するときのいちばんの問題点は、家畜の飼料をどのようにして調達するかである。もっとも手間のかからないブタでさえ、人間の2倍の食

料を必要とする。ホームズの統計資料によると、1ヘクタールあたりのタンパク質の産出量は肉牛で27kg、牛乳で115kg、コムギを直接畑に植えて食べると350kgになるという（Holmes 1970）。これからすると家畜飼育はいかに無駄なことかを知ることができる。すなわち畑に穀物を植えて直接食べることで、肉牛を育ててその肉からタンパク質を摂取するよりも13倍もの量が得られるのである。ムギとくらべてコメの収穫量の多さからすれば、稲作栽培のもつ食料上の優位性はおのずと明らかであろう。穀物を家畜に食べさせて霜降り牛肉を食べるなどという、餓死者をだすかもしれない行為は、新石器時代人には無縁のことであった。

こうしてみてくると家畜飼育を行わない稲作栽培は、考えられるもっとも適合的な生活形態であり、水辺での生態系をもっとも有効に取り入れたすばらしい農耕文化であったとすることができよう。

引用文献
〈日本語〉
石井英也・桜井明久 1984「ヨーロッパにおけるブナ帯農耕文化の諸特徴」市川健夫他編『日本のブナ帯文化』朝倉書店
甲元眞之 1990「中国の稲作起源」『歴博』第43号
甲元眞之 1992「長江と黄河——中国初期農耕文化の比較研究」『国立歴史民俗博物館研究報告』第37集
鯖田豊之 1966『肉食の思想』中公新書
西村三郎 1974『日本海の成立』築地書館
松村真紀子 1991「東アジア出土新石器時代穀物の年代的分布」『季刊考古学』第37号
〈英語〉
Holmes, W. 1970 Animal for Food. *Proceedings Nutrition Society*. No. 29.
Jacobi, R. M. 1978 The Early Holocene Settlement of Wales. J. A. Taylor ed. *Culture and Environment in Prehistoric Wales*. Oxford.

第6節　先史時代九州の植物利用

はじめに

　日本の「初期農耕文化」について考古学的に検討する場合、これまでの研究では集落や墓地、貯蔵や水田、灌漑施設といった遺構、あるいは石や土または木、さらには青銅や鉄といった素材でつくられた各種文化遺物を中心として論じられてきた。こうした資料は考古学的文化の枠組みやその時代の特色を把握するにはもっとも重要であることはいうまでもない。「歴史がないところ墳墓これを語る」というゲルハルトの言葉が、考古学研究における文化遺物優先を端的に示している。一方、当時の社会で生活していた人びとの具体的な営みを究明するときには、これら文化遺物だけでは十分とはいえないだろう。これら文化遺物に対して当時生活していた人びとがどのような意味を賦与していたのかが把握できないからである。生きるための第一の条件は、食料調達であったと想定できるので、人びとが生きていくためにどのような食料をどのように獲得していたか、食料を効果的に得るための共同生活はどのようなものであったか、どんな社会に人びとを組織化していたか、どのような労働のシステムを営んでいたかといった、生存のための行動という基本的な観点からの分析が必要となるからである。すなわち考古学的証跡を残した社会集団が当時どのような社会的しくみのもとに構成されていたかを考える必要がある。

　こうした研究を行うときにはふつうには目に見えにくい資料、一般には残りにくい資料がその解明のためには重要な役割を担ってくる。しかし社会組織や社会システムを直接追求するには考古学ばかりか、他の学問分野の協力がなければ解決できない側面が多くあるので、社会集団の実態に接近する前提とし

て、ここでは先史時代の遺跡から出土する自然遺物（動植物遺存体）の分析を通して、初期農耕民が具体的にどのような生活を送っていたかを検討することにする。個々の具体的事実を積み重ねて日々の営みの実際に接近しようとするわけである。ここではこうした観点から再度、文化遺物についての意義を掴もうとするやりかたをとることにする。

　遺跡で検出される動植物遺存体の多くは、人間が自然にはたらきかけた結果により遺跡内にもたらされたものであるから、どのような種類の動植物があるか、いつとられるか、それらの量はどれくらいか、どのようなあり方をしているかを分析することで、いわば日々の活動の一端を知ることができる。こうした地道な調査をつづけることで、先史時代人の通年的な生業カレンダーを類推することが可能になる。年間を通しての生業活動における彼らの営みの全体像を把握することで、より具体的に日常レベルでの先史時代像を描くことができるようになる（甲元 1987b）。自然遺物のうち、植物遺存体にかぎってみても、顕微鏡などのある種の媒体を通してはじめて検出できる花粉、プラント・オパール、DNA 分析法などがあるが、これらは特殊な装置と専門的技術が必要であるので、一部を除いて考古学者はあまり扱わない。肉眼で判別できる種子などが当面の研究対象になる。

　こうした自然遺物に対する検討がなぜ必要かというと、たとえば弥生時代の食料は米ばかりに依存していたのではないことは、以下に述べるように明らかで、稲作を中心としながらも多様な生業の活動が営まれていたことが想定されるからである（甲元 1987a）。農耕社会に入ってからも多様な生業を営んでいたのは、日本だけではない。中国においても紀元前3000年以前の段階では狩猟・漁撈・採集と多方面にわたる生業活動を行っていたことは、遺跡から出土する豊富な自然遺物によりうかがうことができるし（甲元 2001）、新石器時代から青銅器時代にかけてのヨーロッパでも同様である（Murray 1970, Bradley 1978, Gregg 1988）。さらにストラボンの『地理誌』によればローマ時代のギリシャでもドングリが食料に供されたことが知られ、当時のポルトガル中西部のリシュタニア地方では、なんと年間の食料の２／３がドングリでつくったパ

ンでまかなわれていたことが記されている（じつは乾かして砕き、粉に引いて、長く保存できるようにする）（ストラボン 1994）。このように世界中でも初期農耕文化期、場所によっては近年まで、等しく多様な生業活動を組み込みながら社会的結合がなされていたと考えられるので、生業の内容のあり方によって人びとの社会的行為に大きな変異が生じることが考えられる。

　遺跡から出土する自然遺物の分析を行うと、弥生時代初期の列島の遺跡においても大阪府の池上遺跡や福岡市板付遺跡のように水田農耕に比重を置きながら特定種類の動植物を選別して食料とする経済生活を営んでいた集団と、唐津市菜畑遺跡や島根県西川津遺跡のように農耕生産以外に、狩猟、漁撈、採集と多様で網羅的な生業活動を営んでいた集団が同時期に存在していたことが認められる（甲元 1987a）。また有明海周辺地域や伊勢湾一帯、東京湾周辺では弥生時代に大規模な貝塚を形成する集団もみられる。その違いは所与の生態的環境に起因するものもあるし、また縄文時代からの伝統による場合も考えられる。また遺跡間の社会的協業体制から生じた場合もあるだろう。これら多様な生業活動の実際を発掘によって得られた動植物の遺存体（遺体）を究明することで、個々の遺跡での生活実態を把握し、ひいては地域全体の「構造」を知ることが先史時代の歴史を語るときには肝要となる。

先史・古代の食料事情

　弥生時代の水田から収穫できる稲の推定の基準は奈良時代の収穫量を勘案することが一般的である。奈良時代における田地の反あたりの収穫量は田の等級によって、上田500束、中田400束、下田300束、下々田150束と規定されていた（澤田 1926）。「束」はどのような単位かイメージが湧きづらいのであるが、奄美地方の民俗のなかに19世紀まで「束」のことが受け継がれていた。幕末薩摩を揺るがせた「おゆらの乱」に連座して奄美に配流させられた名越左源太は、19世紀はじめ頃の奄美地方に関しての克明な民俗誌を綴っているが、それによると、「稲を刈るときに片手で稲を一握りする。それを三つあわせて一把にしたものが一タバリである。その一タバリを八つ集めてひとつにしたものが束で

ある」と記している（名越 1984）。1束は4升ほどの穀の量である。

　律令時代の諸国田地は、穀物生産量の地域的な変差に応じて、「七分法」と「三分法」に分けることが行われていた。「七分法」によった場合、農民に与えられる田地の等級の割合は上田1、中田2、下田2、下々田2であったと考えられるので（『政事要略』第五十三）、口分田1町あたりの収穫は平均301束4把3分弱となる。滝川政次郎によれば「標準房戸」の口分田の総計は1町2反240歩であるから、標準房戸では収穫総量は結局平均398束となる。しかし翌年の種籾として25束3把3分を差し引くと、食料にあてることができる総量は372束6把7分弱となる。奈良時代の正税帳には「日粮は稲4把」とあるが（澤田1926）、これには副食物も加わって計算されたもので、実際には男子平均2把4分（1升2合――現在の4合1勺2撮）、女子平均2把（1升――現在の4合4撮）ほどと想定される。標準房戸には子供を除いて男子3人、女子5人の人口があるので、標準房戸においては毎日1束7把2分の稲が必要となる。少なくとも標準房戸の人口が飢えないで暮らすためには、毎年少なくとも627束8把の食料が必要なわけであるから、奈良時代の標準房戸においても、平均して年間の食料の2／3しか賄えなかったことがうかがわれる（滝川 1951）。しかし「三分法」によった場合、給付される口分田は中田1、下田1、下々田1の割合になるので、収穫量はがたんと減り、賄う量は年間の1／2以下ほどにしかならない。全国的に見渡した場合、奈良時代の農民でも穀物だけでは食料が賄えなかったというのが実際のところである。

　弥生時代の食料に関しては寺沢夫妻が克明な検討を行っている。両氏の推定によると（寺沢・寺沢 1981）、弥生時代前期、岡山県津島遺跡では水田面積は1反で住居が2軒であるので、人口が仮に10人とすると、毎回米ばかり食していたとする場合、下田であれば年間15日、下々田であれば6日しか収穫した稲での食料は賄えない。同様にして中期の滋賀県大中ノ湖南遺跡では58日〜136日、弥生時代後期の登呂遺跡では74日から241日の食料となり、紀元後1〜2世紀になりようやく食糧が充足するようになったと想定されている。それも地域ごとに大きな変差があったことが考えられている。

しかし私はこの寺沢の推定は少し甘いと考えている。施肥を投下する以前の農業では連作をすると忌地現象が起こって収穫量が減少する。登呂と同様な立地の静岡県曲金北遺跡では田んぼの半数しか利用されていないことが明らかとなっているし（佐藤 2001）、10世紀頃の文献には田地の3割から4割ぐらいが不作田であることが知られている（11世紀、伊賀興福寺・東大寺領300余町の1／3が不耕作田、筑前碇井封田では43％が不耕作田）。これは連作障害を避けるために「かたあらし」と称して、1ないし2年、休耕することで地味の回復を図るやり方がとられていたためである（戸田 1967）。古代には「易田」についての記述もみられるので、弥生時代の水田全面積ですべて毎年播種と収穫がくり返されたことは考えがたいと思われる。中世農民の悲願は「豊年満作」であったが、これは「満作」すなわちすべての田で毎年収穫が行えることの願いが込められている。施肥を行い、畜力を投入して地味の回復を図り、灌漑技術も整備して、弥生時代よりもはるかに農耕技術が進展していたと想定できる段階にいたっても、なお「満作」は未だ達成されていなかったことを逆にこの言葉で知ることができる。

また実際の出土資料をみても、下関市綾羅木郷遺跡の弥生時代前期出土稲の分析結果では、1／3が不稔稲であったことが判明しているので（下関市教育委員会 1981）、寺沢さんの推定値の約半分くらいが実際に食することができる総量であったと推定される（甲元 1986b）。こうしたいわば悲観的な予測は岡山県で検出された消失家屋での米の出土量や稲束からも裏づけられている（柳瀬1988）。またウンカとかニカメイチュウなどの害虫のことも考えなければならないし、数多い中国の歴史書や韓国の『三国史記』をみるまでもなく、蝗の被害も十分に予想される。したがってどのようにみても、弥生時代には米が有り余っていたとの結論にはとうてい達し得ないのである。

植物性食料の調査

米が不足していると、生きるためにはその他の食料で補わなければならない。世界史的にみて農耕民は穀物栽培とともに家畜飼育を同じに行うことが通

例である。このことは英語の agriculture という言葉に「穀物栽培」と「家畜飼育」の両方の意味が含まれていることによってもうかがえる。しかし最近の研究では西アジアにおいてはヤギやヒツジの家畜化は穀物栽培よりも少し遅れることが指摘されている（藤井 2001）。また家畜飼育は肉よりもミルク獲得が主たる目的であったことも知られている（三宅 1999）。秋の終わりに屠殺されるのは雄だけであることでそれは知られる。ミルクをださない雄は一部を除いて殺しても子孫は残していけるし、常時ミルクの供給をうけることができる。また食用としての柔らかい肉が供給できるし、また莫大な量に達する越冬用の秣（Barker 1985）もそれだけ少なくてすむという利点もある。東アジアでは龍山文化期より少し前の段階からヤギやヒツジの飼育が始まるが、それらはごく限られた地域に特殊的に分布するにすぎない。基本的に東アジアではミルクがとれない動物の家畜化が行われていたが、初期農耕文化期においては肉獲得を目的とした家畜飼育は殷文化に連なる領域においてしか盛んではなかったし、それらの多くは宗教的儀礼に使用されるものであったと想定されている（岡村 2002）。紀元前三千年紀後半から二千年紀にかけての中国の長江下流域では稲作栽培が盛んになるとともに、これに反比例するかのように家畜飼育が低下することが明らかになっている（甲元 2001）。したがって、穀物栽培・狩猟・漁撈・採集といった食料獲得のために先史時代の人びとがどのような行動をしていたかを追求すること、いうならば、彼らの年間を通しての生業活動のカレンダーをつくることで、実際の日常活動のなかから、きらびやかな文化遺物が当時の人びとにとってどのような意味をもつかを問い直すことが可能となるだろう。

　最近では発掘調査においては従来にもまして自然科学の研究者に協力を得て、精密な検討がなされるようになり、微小な痕跡からでも人間の行為を把握することが可能となった。たとえば微小貝の分析から、製塩が営まれたこと（山崎 1993）、海草を食べていたことがわかる。またイノシシやシカの臼歯を解析することで、死亡季節が判定でき、どの季節に狩猟が行われたか知ることができる（熊本大学考古学研究室 2001）。そうしたなかで近年もっとも注目を

集めているのが、発掘地で採取した土壌を水選別装置にかけて、あらゆる種類の種子を検出するやりかたである。遺跡内にもちこまれた、あるいは偶然に入り込んだこれら植物種子を分析することで、生業活動だけでなく、彼らを取り巻く生態環境がどのようなものであったか、生態環境とどのようにかかわり合いをもちながら生活を営んでいたかを知ることができる。熊本大学考古学研究室では九州各地の教育委員会の協力を得て、遺跡出土の自然遺物について細々と研究をつづけている。ここではそれらの成果の一端を述べることとする。

遺跡から検出された植物種子を見ると、今日では食用としては利用されない品種のものが多数見られる。しかし、これらは今日食料事情がよくなって、食べ方が忘れ去られたものもあるのではないかと考えられる。私のような戦中派は戦後食料難のときの思い出があり、多少とも食べられる植物の判断はつくが、それだけでは先史時代の植物遺存体を分析するには十分ではない。そこで江戸時代や第二次大戦中、あるいは戦後の食料事情が悪かった時期の「非常食料」がたいへん参考になる。私が利用しているこれら非常食料に関しては、江戸時代後期の農書と第二次大戦中の書物がある。前者には東方箒の『非常食糧の研究』で、昭和17年（1942）に発行された。これは江戸時代の農書から飢饉のときに利用された植物食料の食べ方を記述したものであり、全国にわたっての食料が記載されている。九州地方に関しては『享保十七壬子大変記』（1732年）が『日本農書全集』第67巻（農文協、1998年）に収録されている。これは現在の福岡市西区元岡での当時の非常食に関して克明に記されている。他は昭和18年陸軍獣医学校研究部が編集し、毎日新聞社が出版した『食べられる野草』である。前者の場合江戸時代の植物名と今日のそれがかならずしも一致していない場合があるので、利用するときには注意が必要である。それに対して後者は植物の図入りで、解説もていねいになされているのでわかりやすくなっている。一部には調理法まで記載されているのでたいへん便利である。さらに戦前の本では服部健三・近藤信両氏による『食用植物学』があり（1915年発行）、『食べられる野草』よりも詳しく、食品としての成分分析までなされている。また最近では長沢武氏の『植物民俗』という本があり（長沢 2001）、これ

らの本によれば、たいていの植物が食料として利用できることがわかる。最近では自然回帰ブームにのってさまざまな食べられる山野草に関する本が出版されている（たとえば『食べられる山野草』主婦と生活社、1974年等）ので、それらを参照することで大概の植物性食物については知ることが可能である。残念なことにはこれら山野草などの食料に関する記述は大部分が東日本での事例であるので、西日本の照葉樹林帯での食料調達については今後さらに聞き書きなどにより検討を加えなければならない。

原の辻遺跡の植物遺存体

弥生時代の典型的な沖積地に立地する環濠集落址の代表として、原の辻遺跡を取り上げてみよう。これまでの発掘調査において長崎県原の辻遺跡で採取された植物種子としては次のような種類が認められている。

木本類：ヤマモモ、シイ属、ムクノキ、クワ属、ヒメコウゾ、ツルコウゾ、キハダ、カラスザンショウ、アカメガシワ、モチノキ、ブドウ属、ウドカズラ、サルナシ属、シマサルナシ、サカキ、ヒサカキ、クマノミズキ、エゴノキ、クサギ、ニワトコ

草本類：オモダカ科、イネ、イネ科、カヤツリグサ科、スゲ属、ミゾソバ、タデ属、ギシギシ属、アカザ属、ナデシコ科、キンポウゲ科、アオツヅラフジ、アブラナ科、カタバミ科、キイチゴ属、ノブドウ、セリ科、ナス科、ウリ科、キク科、カナムグラ、カラスウリ、ヒョウタン、トウガン、マメ類（アズキ？）

長崎県教育委員会が本格的に調査に乗り出す以前の資料としては、東亜考古学会が調査したときに、コムギが出土しているので（水野・岡崎 1954）、栽培穀物としては、イネ、コムギ、アズキがあったことは確実である。このなかでアズキがあることは重要である。弥生時代の農耕段階では施肥の手法は未だなかったと考えられるので、根粒バクテリアのはたらきにより、空中の窒素分を地中に取り入れるマメ類の存在は地味を維持するためには必要な穀物である。植物が育つ三大栄養素——チッソ、リン、カリ——のうちチッソ分が補給され

るからである。収穫した後のマメ類の茎などを地中に鋤きこむことで、さらに一層施肥したと同様の効果が得られる。穀物以外の食料としては、シイ、ヤマモモ、キイチゴ、カラスザンショウ、ノブドウ、セリ、ナス、ウリ、ヒョウタンなどがみられる。その他の植物種子も当時の人びとにとっては食物以外にも重要な用途に供されていたことが考えられる。たとえば、シイはタンニン酸が少ないためにそのまま生で食べられることはよく知られている。ついでながら九州地方の祭りに焼き栗と同様なやり方で焼いたシイを売る店が出るが、これらの店で売るシイはたいてい壱岐で採取されるそうである。ヤマモモの果実は食用で、樹皮は打撲症に薬効があり、染料として漁網を染めるのに使われる。ムクノキやクワの果実は食料となり、サルナシは果実とともにその蔓の根元に甘い樹液がある。また蔓は非常に丈夫なので、筏を組んだり、吊り橋に利用する。徳島県祖谷の吊り橋（かずら橋）はこれを組み合わせてつくられている。当然のことながら、当時の家屋を組み立てたり、籠などの道具にも使用されたことが考えられる。エゴノキの果実は食べるとエグイ味がすることから名づけられたものであるが、これを搗り潰して川に流すと魚が酔っ払って浮きあがってくる。魚を捕獲するときに利用されたのかもしれない。クサギは若葉を茹でて食べる。アブラナ科はナズナの類で有毒のものはない（セリと同様に食す）。またカナムグラ、ギシギシ、アカザなども茹でて食べられるし、キク科などとともにそれらの雑草は遺跡付近が開かれた台地状の景観であったことを表している。これら植物からは年間を通して植物性食料を当時の人びとが利用していたことを示している。このほか木本類はタラのように若芽を食べることができる。成長した葉っぱは食べられないが、若芽を食べることでしだいに免疫をつけてきたのが雑食を可能にし、人類が他の動物とは異なった進化を成し遂げることとなった。ヨモギは検出されていないが、中国東北部に現存する顎倫春族にとっては年間を通しての重要な食料となっているので、弥生時代の人びとにも欠かすことのできない採集植物であっただろう。

　この他にはスゲ類は笠などの編物に使用されるし、アカメガシワ（黄疸・胃潰瘍）、カラスウリ（しもやけ、ぜんそく）、カヤツリグサ（肝臓、健胃、むく

み)、タデ属などは漢方薬として知られている。それらの薬効をどれほど認識していたかは不明であるが、止血のために傷口にヨモギの汁を付けることくらいは知っていただろう。このようにみてくると、原の辻遺跡で検出された植物遺存体は、大部分当時の人びとの生活になんらしかかわっていた可能性が高いことがわかる。

里田原遺跡の植物遺存体

原の辻遺跡と比較するために、一般的な集落址と想定される長崎県田平町の里田原遺跡を取り上げてみよう。里田原は平戸島対岸の縄文時代晩期～弥生時代中期にかけての一般集落遺跡で、四方を小高い丘に囲まれた盆地に立地している。現在でも水田のなかにぽつんと支石墓が立っていて、平均的な九州の弥生的世界を代表する遺跡と私は考えてきた。もっとも最近では副葬品として朝鮮製の多紐細文鏡が発見されたので、従来の「一般集落」というとらえ方は考え直さなければならないかもしれない。多紐細文鏡は東北アジアで多くみられる鏡で、日本ではこれまでに10例しかない、とても貴重な青銅製品である。里田原遺跡の集落や支石墓は盆地内の微高地にあるので、当時の集落は、遺跡周囲は南北の丘陵に挟まれた低湿地のなかで浮島のような状態であったと想定される。

ここで検出された種子には次のような種類が認められる。

栽培植物：イネ、ウリ、ヒョウタン、モモ
堅果類：ブナ科、シイ
果物類：キイチゴ属、クワ科、ブドウ属、マタタビ、ニワトコ、ヤマモモ、ミズキ科
野菜類：シソ、サンショウ属、ヤマガラシ、カナムグラ、ギシギシ、タデ科
その他：センダン、サクラ、ホタルイ、エゴノキ、カラスウリ、アカメガシワ、モチノキ科、イヌガヤ、コウモリカズラ

この遺跡から検出される多くの種子は大部分が食用に供することができるものである。シソやサンショウは日本古来からの重要な調味料である。マタタ

ビ、ニワトコ、ヤマガラシなどは茹でて和え物、浸し物、酢の物にして食すことができるし、カナムグラは葉を茹でて食べることができる。またニワトコの実は食べることができる。ギシギシの葉は茹でて食べ、その種子は飯に混ぜて食べたり、種子を粉にして団子にすることが可能である。

　このように木本類では若芽を、草本類では葉っぱを茹でて食べるのが基本である。それ以外のたとえばイヌガヤは弾力があるために弓の本体に使用する例が多いことで知られているし、サクラは曲げ物に利用される。

　原の辻遺跡出土種子と里田原遺跡のそれとを比較してみると、植物種子の種類の上ではほとんど変わりがないことがうかがえる。これら植物はどれも照葉・落葉樹林帯が一部二次的な変貌を遂げた場所に生育する種が大部分であり、水稲耕作民が水田経営にあたって、「環境破壊」を行った状況を物語るものである。すなわち森林の恩恵を最大限に生かしていた縄文的世界に水稲耕作民が入り込んで新しい生態環境が形成されたことを示しているといえるだろう。すなわちもともとの照葉樹林を伐採して農地にすることで、二次的な環境をつくり、そのなかで生育した植物を利用したわけである。二次的環境として痩地には松林が生育するが、肥えた土地にはコナラなどの落葉系二次林が形成される。落葉系の二次林はドングリをたくさん産出する。こうした二次林はシカやイノシシなどの動物にとっては豊富な食料を供給することとなるので、動物にとっても好条件が生み出されたことになる。近頃その重要性が指摘されている「里山」はこの代表的な景観といえるだろう。

中島遺跡の植物遺存体

　それでは弥生時代にさかのぼる縄文時代の様相はどうだっただろうか。次に五島列島の中島遺跡を取り上げてみよう。中島遺跡は福江島の南部富江湾の最奥部、海岸砂丘背後に形成された集落址である。これまで長崎県教育委員会と福江市教育委員会の合同調査により、シイの貯蔵穴が多数検出されているが（福江市教育委員会 1987、長崎県教育委員会 1997）、1998年から3カ年にわたって、長崎県教育委員会と福江市教育委員会の協力のもとに、熊本大学考古

学研究室が小規模な発掘調査をした（熊本大学考古学研究室 2001）。ここでは発掘した土壌をすべて0.8mm のフルイにかけて、動植物遺存体を採取することを行った。この遺跡は海岸砂丘の背後に立地し、溶岩台地の下部から涌き出てくる豊富な水により、動植物の保存が良好で、4000年前の貝殻も表面の色素が未だよく残されている状況であった。3カ年の発掘の結果、縄文時代前期（紀元前六千年紀～五千年紀）の包含層と後期前半（紀元前二千年紀）の貝層から多数の植物遺存体が検出された。それらは次の通りである。

　前期初頭層
　　堅果類：オニグルミ、スダジイ、マテバシイ、アラカシ、トチノキ、マツ
　　果物類：ヤマモモ、ノブドウ、ヤマブドウ、グミ
　　蔬菜類：クサギ、サンショウ、ヤブガラシ
　　その他：ヒシ
　後期前半層
　　堅果類：オニグルミ、スダジイ、マツ
　　果物類：ヤマモモ、モモ、ムクロジ、ノブドウ、ブドウ属、グミ
　　蔬菜類：サンショウ、アカメガシワ

　中島遺跡ではシイを中心とした堅果類が前期・後期ともに量的に多数を占めていることが特徴的である。今日では山陰や東日本にしかみられないトチが出土していることは注目される。ヤマモモ、グミ、ブドウなどは縄文時代前期からすでに食料としていたことがわかる。外来のモモ、メロン、ウリなどは縄文時代後期にはすでに認められる。さらに驚くことにヒシは縄文時代前期初頭の段階で利用されていたことがわかった（炭素測定では5820±40BP、暦年代は4700BC）。クサギは木灰で茹で、よく水に浸せば食べられる。ドングリの灰汁抜きを知っていた人びとにはこうした所作は簡単なことだっただろう。この他に弓の本体に利用されることの多かったイヌガヤも多数発見された。クスの果実も多数発見されたが、これは食することはできない。しかし、クスにつく虫は先史時代人にとって重要な役割を担っていたと考えられる。クスにつく虫は、クリムシと同様に体内にテグスを産出す。このテグスは透明もしくは乳白

色をしたもので、きわめて強く、私たちは子供の頃、釣り糸に使用していた。クスノキが多く検出されることは、この虫のテグスを紐としてさまざまに使われたことを暗示させる。

最近の研究では栽培植物と想定されてきたアズキとヒョウタンについては、列島の外部からもち込まれたのではなく、日本列島に本来的に分布していたのではないかということが確認されてきたので、農耕文化に関してはますます縄文的世界との繋がりが強く意識されるようになった。弥生時代のヒョウタンは下膨れの激しいもので、これらは対馬や朝鮮半島に自生している種である（安ワンシク 1999）。またこれまでアズキと鑑定されたものは、大陸にみられるものとは異なって粒がやや小さいヤブツルアズキであり、列島に自生していることが確かめられている（山口 1994）。また従来リョクトウと鑑定されたものはこのヤブツルアズキであることがわかった（第1図参照）[1]。するとこうした日本在来の植物が栽培されたのかどうかの検討も必要となってくる。最近では、ヒエは日本原産ではないかという説も提示されるにいたっているので（坂本 1988）、問題がさらに複雑になってきた。

イネに関しては縄文時代後期後半以降（紀元前二千年紀後半）には西日本の各地だけでなく、遠く青森県（風張遺跡出土例）までその証跡が掴めるようになってきた（佐藤 2000）。すなわち、縄文時代後期後半にはイネを含むアワやオオムギなどの畑作栽培が営まれ、弥生時代早期（紀元前500年頃）に水稲栽培が開始されたという農耕二段階展開説が有力になってきた（宮本 2000、甲元 2001）。

韓半島との比較

最近では、韓国における初期農耕関係の調査研究の進展はすさまじく、各地で栽培穀物が検出されるだけでなく、水田や畑地の調査が数多く進行している。今日までの知見によると、新石器時代（日本の縄文時代後期以前とほぼ並行）にはアワやキビが栽培されていたことは智塔里遺跡（考古学及び民俗学研究所 1961）や東三洞遺跡での資料により確実で、その年代も紀元前四千年紀

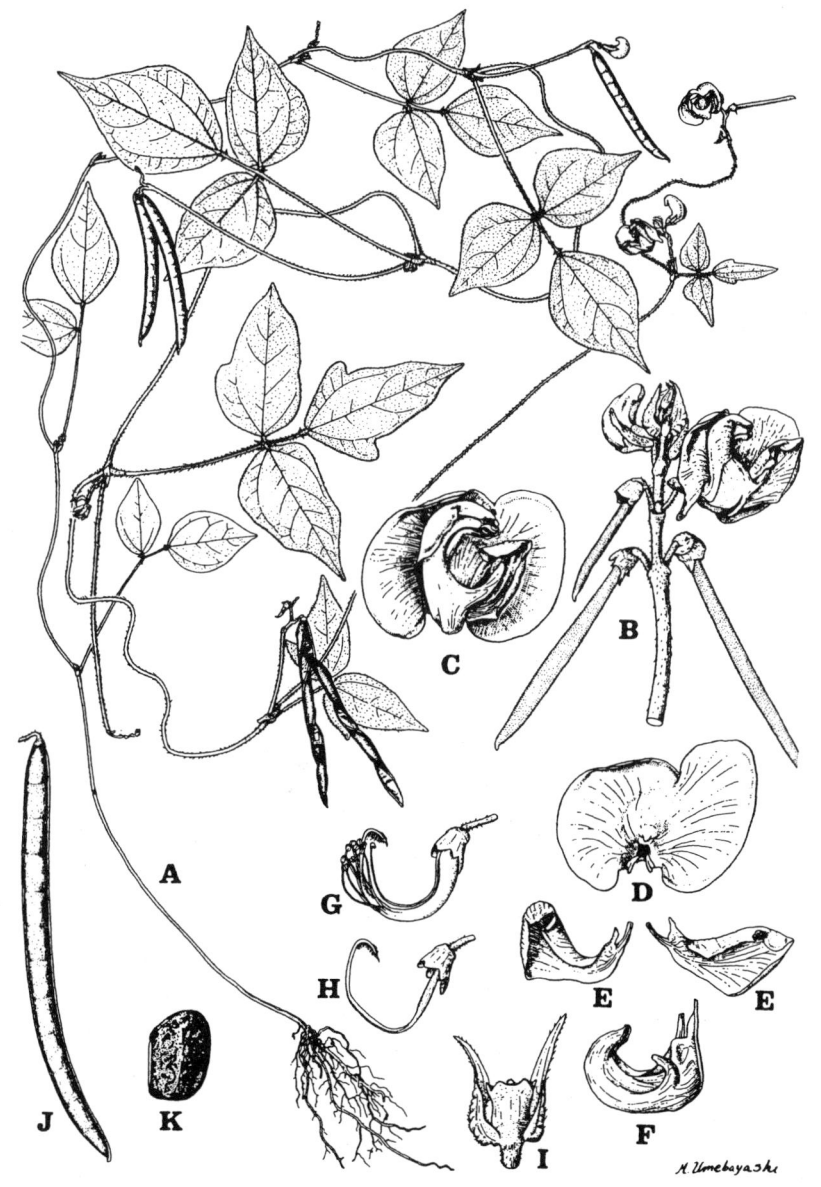

第6節 先史時代九州の植物利用 143

第1図 ヤブツルアズキの形態（Yamaguchi 1992より。図は梅林正芳）
A：全体、B：花序、C：花（正面観）、D：旗弁、E：翼弁、F：竜骨弁、G：雄しべ、H：雌しべ、
I：萼と小苞、J：豆果（果実）、K：種子

後半期まで遡上する。ところが青銅器時代（縄文時代晩期〜弥生時代中期前半＝紀元前一千年紀）になると、イネだけでなく、オオムギ、モロコシ、アズキ、ダイズ、ヒエなど各種の栽培穀物の発見例が増加し、青銅器時代の後半には韓国南部地方では稲作栽培が卓越する趨勢にあることが知られるようになった。また稲作栽培も青銅器時代前期よりも前、紀元前二千年紀の後半期にはすでに存在していたのではないかという説が有力になってきた。青銅器時代前期に属する平壌南京遺跡では、アワ、キビ、モロコシのほかにイネが発見されているし（金用玕・石光濬 1984）、南京遺跡にすぐつづく時期の京畿道欣岩里では、イネが、アワ、オオムギ、モロコシとともに検出されている（金元龍 1972〜77）。青銅器時代早期の新興洞式や石橋里式の土器は、鴨緑江下流の新岩里遺跡を介して中国遼東半島の高麗寨C3型土器に関係し（東亜考古学会 1929）、さらに渤海湾から韓国西部・南部海岸地帯、九州北部・西部にかけての地域で共通する漁撈具が卓越して出土することが知られている（甲元 1998）。したがって北部九州の人びとは紀元前二千年紀にはイネに関する情報は知り得たと考えられる。山東半島や遼東半島ではイネとともに、キビやアワが栽培されていたので、この段階でのイネは畑作作物として栽培されていた可能性が高いといえる。青銅器時代前期段階の韓国ではイネはどの遺跡でも畑作物と共伴して検出されるので、紀元前一千年紀前葉では水田耕作は営まれていなかったことが考えられる。水田が発見されている最古の事例は麻田里や玉峴遺跡のもので、青銅器時代中期にあたる。韓国南部地域でイネ資料が竹出するのもこの段階以降であり、水田と畑の両方で稲作栽培が営まれるようになった結果としての稲作栽培の量的拡大現象が生じたものと思われる。

　韓国の研究者たちはこうした趨勢を積極的に評価して、韓国南部地域では青銅器時代中期以降稲作栽培を基礎とした社会が形成されていたとする見解も披瀝されている。しかし韓国南部南江中流域の沖積平野に位置する大坪里では、1km以上にわたって畝遺構が検出されているが、ここではイネ、アワ、キビなどとともに、ホモノ科やカタバミ科の種子がみられ、水田ではなく畑であったことを示唆する（嶺南考古学会 1998）。韓国の中世段階の農業では、水の多

いときには水田とし、水が少ないときには畑として使用する農法が一般的であった（宮島 1980）。これまで発見された青銅器時代の水田も谷奥の小河川に添っての「棚田」が多く見られ、近くに畑の畝址も発見されているので、水田栽培を強調するのは不自然な気がする。

韓国の河川は一般的に傾斜角度が少ないために、流れが緩やかである。このために灌漑施設を構築するのはたいへん困難であり、平均降水量も1000mm以下と少ないために、水田を維持することは日本とくらべてむずかしかったことが考えられる。むしろ田畑共用の耕作地が一般的であったとの想定が理にかなっている。このことは文献上の記載からもうかがうことができる。朝鮮李朝時代の記録は『李朝実録』でみることができるが、李朝以前の高麗時代よりも「飢饉」や「凶作」に関する記録が飛躍的に増えている。これは李王朝による水田化政策によるところが多いと考えられる。すなわち水を貯めるダムや池を造成し、水路などの灌漑設備の整備なしに、急速な水田化を進めたために、極端な水不足になり、2年か3年に一度の飢饉が訪れる羽目になった。本来は高麗時代のように、田畑共用の耕作地が朝鮮の風土により適していたことが考えられる。

それはともかくとして、韓国では紀元前四千年紀にはアワやキビの栽培が確実に始まり、紀元前二千年紀にはイネが加わってきた。そして紀元前一千年紀中頃に一部の地域で水田が形成されてきたとするのが妥当であると考えられる。このことは想定されている日本の農耕栽培のあり方とよく一致する。縄文時代後期にはイネが畑作物として登場し、確認される水田遺構の初現は弥生時代早期段階以降である。これらのことは韓国での栽培穀物と栽培方法が時期をずらしながら日本にもたらされたことをよく物語っている。

おわりに

縄文時代後期段階の穀物栽培は決して十分に食料として供給できるほどの量はなかったことは、上でみたように、遺跡出土の多様な植物性食料の品目に示される。また弥生時代においても、イネの生産高の面では、地域的にも、経年

的にもきわめて不安定な状況であったことが想定できる。弥生時代の日本列島は決して画一的な生業活動を営んでいたわけではなかった。その地域の生態的特色にあわせて多様な営みを展開していたと考えられるので（甲元 1986a）、こうした遺跡出土の動植物遺存体の調査を積み重ねることで、ある特定の地域に住んでいた人びとの生活実相をもう少し具体的にとらえることができるようになるだろう。また原の辻遺跡とその周辺地域の集落で検出される動植物遺存体を比較検討すること、どんな種類のものが共通し、どんな種類のものが原の辻独特であるかといった分析をすることで、逆に原の辻遺跡のもつ歴史的な世界を把握することが可能となるだろう。たとえば原の辻遺跡では食料に供したイヌの骨が発見されているが、原の辻遺跡周辺では食用のイヌが認められないとしたら、イヌは特別な食料として肉食偏重の中国系外交官を含めた高位高官の人に提供されたことがうかがえるのであり、原の辻遺跡のもつ特異性を明確に物語る資料とすることができる。またモモが大量に発見されるのであれば、中国ではモモがたいへん好まれるので、これも同様に考えることができるだろう。今後こうした社会的な観点からの自然遺物の分析が待たれる。

注

(1) 本稿は原の辻大学講座（長崎県教育委員会）での発表を文章化したものであるが、当日参加された聴衆の方から、ヤブアズキといわれる同種のものが、畑などにみられることをうかがった。これにより対馬だけでなくヤブツルアズキは西北九州にも広く自生していることがわかった。

引用文献

〈日本語〉

岡村秀典 2002「中国古代における墓の動物供犠」『東方学報』74

熊本大学考古学研究室 2001「中島遺跡発掘調査報告」『環東中国海沿岸地域の先史文化』第5編、熊本大学文学部

甲元眞之 1986a「農耕集落」『岩波講座日本考古学』4、岩波書店

甲元眞之 1986b「弥生人の食料」『季刊考古学』第14号

甲元眞之 1987a「農耕経済の日本的特性」『古代の日本』第1巻、角川書店

甲元眞之 1987b「弥生と縄文」『週刊間朝日百科』39、朝日新聞社

甲元眞之 1998「東中国海の先史漁撈文化」『熊本大学文学部論叢』熊本大学文学会
甲元眞之 2001『中国新石器時代の生業と文化』中国書店
阪本寧男 1988『雑穀のきた道』日本放送出版協会
佐藤洋一郎 2000『縄文農耕の世界』PHP 新書
佐藤洋一郎 2001『稲の日本史』角川書店
澤田吾一 1926『奈良朝時代民政経済の数的研究』冨山房
下関市教育委員会 1981『綾羅木郷遺跡』Ⅰ、下関市教育委員会
ストラボン（飯尾都人訳）1994『ギリシア・ローマ世界地誌』龍渓書舎
滝川政次郎 1951『律令時代の農民生活』刀江書院
寺沢薫・寺沢知子 1981「弥生時代植物質食料の基礎的研究」『橿原考古学研究所紀要 考古学論攷』第 5 冊
東亜考古学会 1929『揚子窩』東亜考古学会甲種刊行会
戸田芳美 1967『領主制成立史の研究』岩波書店
長崎県教育委員会 1997「中島遺跡」『県内重要遺跡範囲確認調査報告』
長沢武 2001『植物民俗』法政大学出版会
名越左源太（国分直一・恵良宏校注）1984『南島雑話』Ⅰ、平凡社
福江市教育委員会 1987『中島遺跡』
藤井純夫 2001『ムギとヒツジの考古学』同成社
水野清一・岡崎敬 1954「壱岐原の辻弥生式遺蹟調査概報」『対馬の自然と文化』古今書院
三宅裕 1999「The walking Account：歩く預金講座」『食糧生産社会の考古学』朝倉書店
宮島博史 1980「朝鮮農業史上における15世紀」『朝鮮史叢』第 3 号
宮本一夫 2000「縄文農耕と縄文社会」『古代史の論点』第 1 巻、小学館
柳瀬昭彦 1988「米の調理法と食べ方」『弥生文化の研究』第 2 巻、雄山閣出版
山口裕文 1994「アズキの栽培化」『植物の自然史』北海道大学図書刊行会
山崎純男 1993『福岡市海の中道遺跡』Ⅱ、朝日新聞社

〈朝鮮語〉
安ワンシク 1999『我々が残したい我国の種子』サケジュル
金元龍 1972〜1977『欣岩里住居址』Ⅰ・Ⅱ・Ⅲ・Ⅳ、ソウル大学校
金用玕・石光濬 1984『南京遺跡に関する研究』科学百科事典出版社
考古学及び民俗学研究所 1961『智塔里原始遺跡発掘報告』朝鮮民主主義人民共和国社会科学院
嶺南考古学会 1998『南江ダム水没地区の発掘成果』嶺南考古学会

〈英語〉
Barker, G. 1985 *Prehistoric Farming in Europe*. Cambridge University Press.

Bradley, R. J. 1978 *The Prehistoric Settlement of Britain*. Routledge & Kegan Paul.
Gregg, S. A. 1988 *Foragers and Farmers*. The University of Chicago Press.
Murray, J. 1970 *The First European Agriculture*. Edinburg University Press.

挿図の出典
第1図：Yamaguchi 1992より

第7節　海と山と里の形成

はじめに

「弥生時代」は水稲耕作を基盤とする社会が形成された時代であるとしても、自然環境や生態系の違い、縄文文化からの伝統の強弱などによって、多様な生活様式が展開していたであろうことは容易に類推されるが、即物的にこれを論証するには多くの困難がともなうことはいうまでもない。そのために弥生時代における非水稲耕作民の形跡を具体的に追究して説得性のある論攷を提示できたのはさほど多くはない。長野県の伊奈谷では水稲耕作が不可能な河岸段丘上に立地する弥生時代の遺跡で、打製の石鍬と石庖丁を組み合わせた石器群が存在し、松島透によって早くから畑作物栽培を行っていた集団の遺跡であろうとの想定がなされていたが（松島 1964）、後に岡谷市の橋原遺跡での発掘調査によりイネとともにアワやマメが発見されて、そのことが実証された。寺沢薫・知子の手になる弥生時代の栽培作物の集成的な研究によっても（寺沢・寺沢 1981）、かなりの畑栽培作物の存在が明らかとなってはいるが、これまでに展開された諸論文でも、水稲栽培との関係、そのメカニズムについては多くの場合、想定の域を出ないといえるであろう。

そうしたなかで比較的多様な観点からの分析がなされているのは九州地方で、国分直一（国分 1970）や森貞次郎（森 1976）は、水田ができにくい南九州のシラス台地上にみられる打製の有肩石斧は、畑作物栽培のための耕起具であると認定して、アワなどの非水稲系の穀物栽培が行われていたことを主張し、下條信行（下條 1977）は九州の弥生時代に出土する石器群の総括的な分析を行ったなかで、方形石庖丁、無茎磨製石鏃、打製石鍬などを取り上げ、こ

れらの組み合わせは、畑作物の栽培を行い、各種の狩猟活動を行った「山岳民」の石器群であることを指摘している。この下條の提起をうけて武末純一は、弥生時代の遺物に反映されたさまざまな生活様式の違いを、農耕的開拓村、縄文的生活持続村、海村などに区別して内容をまとめているが（武末 1989）、弥生社会全体の動きのなかでのこうした「村」の出現の契機とそのメカニズムはかならずしも明らかにされたとはいい難い。すなわち、滑石製の漁具を手懸かりとして、玄海灘一帯の弥生時代後期に「漁村」が成立したことを、近接する農耕社会との関連のなかで説いた下條信行の論文（下條 1984、1989）に見られるような形での、社会的なメカニズムを考古学的に論証することは、たいへんな困難がともなうことを示している。

縄文時代後半期の九州

小林達雄は縄文時代の生業経済は、所与の生態系を最大限に活用することが基本戦略であると指摘した（小林 1985）。これにより、概念的には、植物の栽培化を中心として一部に家畜動物を飼育する弥生時代の生業経済とは明確に区別することができる。しかし、九州地方における縄文時代後期以降の状況は複雑で、非縄文的世界と縄文的世界の間を揺れ動くさまざまな試行錯誤が行われていたと想定される。まず大きな文化的な流れとして、縁帯文土器の登場と磨消縄文技法の導入に見られるような、圧倒的な東日本的縄文文化の影響を見ることができる。こうした土器群には打製石斧、抜歯、土偶などの文化要素がともない、さらに環状に住居址を配置するという社会的な構造変化まで引き起こしていることが想起されている。この東日本的な縄文文化は、山崎純男が指摘するように「植物性食物の集約化」を基本とする文化であり（山崎 1988）、かつ切目石錘に代表されるように、相対的には内陸河川漁撈に比重をおく文化類型で、東九州と中九州以南の地域にとりわけ顕著に見出すことができる。

九州地方の縄文時代後期以降に出現する非東日本的要素として特徴的な遺物に、「石刃技法」によってつくられた縦長剥片を中心とする石器群がある。この縦長剥片を利用して製作された剥片鏃がみられることから、石鏃をはじめと

する石器を製作するための素材とも考えられるが、細石刃と思われる石器や掻器や彫器があること、縦長剥片石器の長側縁や端部に二次的加工の痕跡が認められることにより、新たな石器使用の文化的な影響が登場したことを物語っている。こうした石器製作技術は縄文時代の中期には壱岐で認められ、後期以降には西北九州一帯に広がりをみせるようになる。

　この石刃技法で製作された石器のうちで特徴的なものに石鋸があり、玄海灘から西北九州それに天草にかけての沿岸部に分布を見せている。この石鋸は組み合わせ銛として利用されたものであるのに対して、その形状を一個の石でつくったものが石銛であり、大部分石鋸の分布と重なるものの、薩摩半島南端まで及んでいる。さらに石鋸と分布が重なるものに結合式釣針がある。東日本的な縄文文化の影響地域と対比されるように、このような漁業関係の道具は西北九州地域の沿岸部にことに顕著に認められ、中九州が両文化の接触地帯となっている。結合式釣針の軸は鹿角で針先は猪の牙で製作する方法や、針先の外側に逆をつける手法は、渡辺誠がすでに論じたように朝鮮の南海岸地方に認められるものであり（渡辺 1985）、これらに加えて回転式の銛の登場は新たな漁撈の大陸よりの到来を示している。こうした組み合わせ銛、石銛、回転銛、結合式釣針などは、朝鮮東北部や沿海州とつながり、さらには黒龍江水域と結ぶ文化的な要素であり、チョウザメなどを中心とした大型の魚類を対象にした漁法が、この段階に西北九州一帯に伝播したことが理解できる（甲元 1987）。

　このように九州の縄文時代後期以降は、西北九州を中心とした沿岸の漁撈文化と中九州以南の内陸河川漁撈文化が対置的に分布する状況が醸し出されていたが、腰岳産黒曜石の分布や胎土に滑石を混ぜる土器、鯨の脊椎骨の圧痕をもつ土器の存在などは、文化領域を越えた相互の密接な関係を十分にうかがわせている。さらに両方の文化の接触地帯においては、縄文時代後期後半には、ある種の植物の栽培化の痕跡が認められ、非縄文的な社会的な動きが点在的に行われていたことを物語っている。

　このような歴史的な状況下にあった九州の縄文社会を断ち切るように、玄海灘一帯の小河川流域に登場した水稲栽培文化が南に拡大してゆき、熊本県の緑

川流域までの沖積平野を占拠して、河川を通しての山と海を結ぶ縄文的ネットワークを分断することとなる（甲元 1983）。宇土半島以南の地域では、縄文的なバリアがあって水稲耕作民の南下は阻止され、わずかに点在的に薩摩半島の西端の中津台遺跡に水稲耕作民の足跡を求められるにすぎないが、宇土半島以北の地域では河川の中・下流域を占拠する水稲耕作民を仲介する以外には、海と山とを結ぶネットワークは成り立ち得ない状況が醸し出されてくるようになった。すなわち海の民、山の民ともに、それぞれが個別に農耕民と結ぶようにネットワークが再編成されることになり、農耕民との「共生」問題が新たに社会的な生存条件として顕在化してくるようになってきたことは容易に想像される。

漁撈民の生活

　山の民とは異なって、西北九州の漁民たちにとって優位であったことは、縄文時代後期段階に形成された広範囲のネットワークの存在である。それは西北九州を中心として朝鮮と密接に結び、東は響灘、南は薩摩半島に及ぶ。「倭の水人」と呼称された集団は、この縄文時代以来のネットワークに組み込まれた漁民たちであったことを理解するには、さほどの困難はない。こうした水人集団の農耕民との共生関係をつくる上での役割のひとつは、朝鮮との交易を通して得られた農耕民の欲する特産品、なかでも鉄、ガラス、青銅製品などを仲介することで、情報のネットワークから分配のネットワークへと組織を変化させたことにある。むろん分配のネットワークは縄文時代にすでに存在したことは、対馬佐賀貝塚から日本には棲息しないキバノロの牙が出土したことでも知られ、また腰岳産の黒曜石が朝鮮の南部地域で発見されることで裏づけられるが、大掛かりであったとは想定できず、あくまでも国内での物資の交流の延長線上でしかなかったとも考えられる。しかし、弥生時代においては想定されている大量の朝鮮製遺物の存在とその日本内部での拡散状態は、漁民を中核とした組織化されたネットワークの存在を予想させてくれるに十分である。

　縄文時代の漁民のネットワークは薩摩半島南部で終わるが、南九州と南西諸

島を結ぶ文化的な繋がりは、形を変えてさらに南へと展開することが知られている。トカラ列島のなかの島タチバナ遺跡は縄文時代晩期の集落址であるが、ここでは奄美・沖縄地域に独特な喜念式や宇宿上層式土器が、縄文晩期の黒川式土器とともに検出されている。この遺跡で発見された土器の具体的な器種をみると、小型の壺や甕は喜念式、大型壺は宇宿式と奄美・沖縄地域の土器が占めるのに対して、大型の甕は種子島、屋久島地域に典型的に見られる一奏式土器、浅鉢と深鉢は黒川式土器と、器種によって土器型式が異なることが明らかにされていて、文化交流の実態が如実に表されている（甲元 1982）。最近は九州南部地域と関連がある縄文晩期の土器が奄美本島にまで拡大していたことが知られるようになり、その直後の突帯文土器は沖縄でも発見されるにいたっている。少なくとも縄文時代の晩期あるいは弥生時代の初頭には、響灘から西北九州を介して沖縄にいたる一大ネットワークが存在していたことがうかがわれよう。

　こうした繋がりが実際上も機能していたことを示す例として、木下尚子のいうゴホウラ製「円形」腕飾りを取り上げてみよう。この円形の腕輪はゴホウラの最大に膨らんだ背部を取り込んで輪状にしたもので、ゴホウラの中央部を縦に切り落として立体的につくるその他の腕輪とは、きわめて対照的なつくりをなす。この円形腕輪は九州では鹿児島県高橋貝塚、佐賀県大友遺跡、同小川島遺跡から出土しており、平戸島で発見された組み合わせ式円環状腕輪を加えると4例となる。ゴホウラ製以外のオオツタノハ製の円形腕輪も九州では西北地域にかぎられてこれに類似した分布状態を示し、ゴホウラと同様の扱いを受けていたことを表している。弥生文化の中心地のひとつである甕棺墓地帯が縦形の腕輪を尊重するのに対して、これらの地域が円形腕輪をとくに求めた背景としては、西北九州における縄文時代の二枚貝製腕輪の伝統があったという山崎純男の指摘は的を得たものである。すなわち円形腕輪の素材を二枚貝からゴホウラやオオツタノハという新たにもたらされた南海産貝製品に置き換えたものであった（木下 1980、1989）。

　この素材の置き換えがいつから開始されたかという点について考察するとき

に、格好の材料となるのが佐賀県小川島遺跡出土の例である。ここでゴホウラ製貝輪が出土したj地点では、少数の轟式、曽畑式、並木式土器とともに、縄文時代後期・晩期の条痕紋土器が多く発見されており、ゴホウラ製貝輪がともなうとしたら晩期の段階であった可能性がもっとも高い。広島県中山貝塚や佐賀県大友遺跡、鹿児島県高橋遺跡などではゴホウラ製腕輪が弥生時代前期に属することからも、その蓋然性は高いといえよう。この小川島出土のゴホウラ製腕輪は縄文時代晩期には、西北九州の漁民ネットワークが鹿児島と沖縄を結ぶ交流のネットワークと結合していたことを示すものである。

縦形のゴホウラ製腕輪は、甕棺墓地帯にもっとも選好的に取り入れられた。この形の腕輪と藤尾慎一郎が作成した甕棺の分布図（藤尾 1989）を重ね合わせると、さまざまなことが浮かび上がってくる。まず糸島から福岡平野、佐賀平野を半環状に結ぶ甕棺墓の中枢地帯でゴホウラ製腕輪が卓越しているが、この地域は弥生時代においては、また舶載青銅器や国産青銅器を多量に所有することで際立っており、さらには鉄製品も占有的に保持している地帯である。ところがこの甕棺中枢地帯を取り巻く日田地域、武雄地域、唐津地域には青銅製品はあっても、ゴホウラ製腕輪はみあたらない。遠賀川上流の嘉穂地域は下條信行が指摘するように、立岩産石庖丁の供給を行うことで福岡平野地域と密接な関係があり、それを除外すると、ゴホウラ製腕輪は甕棺墓地帯でも中枢地帯にのみ分布し、青銅製品よりも分布範囲が狭いことから、より「付加価値」の高い物資であったと見なされていたことがわかる（甲元 1989）。これが甕棺墓のさらに外縁地帯、西北九州、有明海南部、薩摩半島西部に分布して、南海産貝製品の交易ルートと密接に結びつくことを示している。以上のことは、縄文後期に成立した漁民のネットワークが、弥生時代には特産品の輸送という形で農耕社会と共生していたことを物語っているにほかならない。

水稲耕作民が進出することで引き起こされた現象として、有明海周辺でのカキを主体とする貝塚の形成がある。それは弥生時代前期末に始まり後期初頭までつづけられる。熊本県文蔵貝塚はその典型的な遺跡のひとつである。10m×5〜6mと小規模の貝塚が4カ所に点在するもので、いずれも弥生時代中期

後半に形成されたもので、ブロック・サンプリングによるとイタボガキ科の貝が73.25%、スガイ20.48%と貝塚の貝の大部分を占めている。このうちスガイはブロック・サンプリングを行った地点ではブロック状に固まって発見されていて、本来的にはマガキ、スミノエガキなどのイタボガキ科の貝がほとんどを占めていたとすることができる。この文蔵貝塚では炭化したイチイガシの実が出土したことから、こうした貝の選別的な採集について、農耕民に対する漁民の共生のひとつとしての、冬季の季節的な食料獲得活動と想定したことがあった（熊本大学考古学研究室 1984）。しかし貝のなかで小型の巻貝がほとんど例外なしに焼けている点については解釈できなかった。最近山崎純男は福岡県海の中道遺跡での塩製遺跡の調査研究を通して、コケムシやゴカイなどホンダワラにつく小さな巻貝が焼けていることから、海草を利用しての塩生産の実態を明らかにした。さらに福岡平野ではそうした海草を使っての塩の生産は弥生時代前期に遡上することまでも山崎は確認している。この研究成果を念頭におくと、文蔵貝塚をはじめとする有明海周辺に弥生時代に登場する貝塚群は、内的な資源の開発を行うことで、農耕民に対する漁民の新たな共生のひとつのあり方とも考えられる。

山の民の生活

農耕民が河川流域の平野部に進出することで海との直接の交流が断たれた山の民の足跡をたどることは、具体的な証跡で示すことはむずかしい。中国南部から東南アジアの山岳地帯での民族交流を念頭におけば、農耕民によって河川を通しての交流が切断された後には、山の嶺を通しての広範囲に及ぶ交流へと交易の形態を変化させたことも考えられるが、特殊な磨製石器や青銅製品が断片的にみられるにすぎず、実証的に把握することはきわめて困難である。そこでここでは阿蘇山周辺に展開した遺跡を例に挙げて、山の民の内的な展開を素描してみよう。

阿蘇盆地とそれを取り巻く外輪山の一帯には、縄文時代遺跡がかなりの数、散在する。島津義昭が作成した遺跡分布図によれば（島津 1980、1983）、阿蘇

盆地のなかでは海抜500mの等高線に沿って縄文時代の遺跡が立地する。細かくみていくと縄文時代の遺跡は盆地内部の底平部ではなしに、盆地低地部につづく緩やかなスロープ上に遺跡が構えられることが多い。外輪部でも同様で、小さい谷や河川に区切られた台地上が排他的に選好される。ところが弥生時代を迎えると、外輪山一帯ではさほどの立地上に変化はみられないのに対して、盆地内部では、低地部の小河川にそった微高地上に遺跡が進出することが確認される。こうした微高地上に新たに展開した遺跡では石庖丁がみられることから、なんらかの穀物栽培が行われていたことをうかがわせる。

外輪山の辺りでは弥生時代後期後半になると、平坦な場所へ進出する遺跡も増加するが、それ以前の時期の遺跡では、縄文時代から継続して遺跡が営まれることが多いか、あるいは近接した場所に移動しても縄文時代とさほど変化のない遺跡立地が求められている。こうした遺跡のひとつ西原村谷頭遺跡では製作途中のものも含めて磨製石庖丁や大量の磨製石鏃が発掘されている（谷頭遺跡調査団 1978）。その出土量の多さからしてその村の消費分だけであるとは想定しがたい。この遺跡は縄文時代から引きつづいて営まれ、集落の配置は縄文時代と変わらないことから、「縄文人の弥生化」ととらえることができる。このように縄文時代とほとんど変わらぬ立地（水稲耕作がのぞみ得ない）条件での弥生時代の石器製作址としては、阿蘇外輪山周辺では谷頭遺跡以外に、高森町前畑遺跡、柿迫遺跡、男原遺跡、産山村下長尾野遺跡が挙げられる（熊本県教育委員会 1979）。阿蘇盆地内部の弥生時代遺跡では、これらの石器製作遺跡で出土する粘板岩製や凝灰岩製の石庖丁や磨製石鏃と同様の製品が発見されることから、農耕民の生産道具を供給することで山の民が農耕民との共生をはたした事例とみることができよう。弥生時代の後期になると弥生時代遺跡は付近の底平な台地や丘陵地に進出していくことが、西原村での遺跡立地の変化でみて取れる。同様の現象は大分県の大野川上流一帯で大規模に展開をみせている。この大野川上流の諸遺跡ではコメの他にアズキなどが栽培されていることが確認されていて、「山の民の農民化」を類推させる。これらの遺跡ではヤマモモやドングリ、トチが出土し、住居址には多くの場合磨石と石皿が発見され

ることからも、縄文的生活を持続させながら農耕生活を送っていたことがうかがわれる。熊本県蘇陽町にある高畑遺跡はそうした遺跡を代表する弥生時時代後期の集落址である。この遺跡は海抜が700mほどの台地上に存在し、周囲には水田を営める場所はない。この遺跡では1基の大型住居址と4基の小型住居址で集落が構成され、弥生時代に普遍的にみられる単位集団の構成をとっている（蘇陽町教育委員会 1988）。また使用の痕跡をもつ石庖丁が発見されることから、この遺跡の住民が穀物栽培を行っていたことは確かである。しかし住居址から出土する土器は甕や壺をもつが、煮炊きに使用されるのは例外なく壺であり、平野部でみられる土器の機能とは異なった点が看取される。このことは農耕民との共生段階から、山の民の農民への転化がなされたことを意味する。穀物栽培を取り入れ、社会形態も農耕民と同様の組織につくり替えていったとしても、網羅的な食料資源に依存しなければならなかったために、多様な生活様式が展開したと想像されるが（甲元 1991）、まさにそのことによって考古学的な把握が困難を来しているのも事実である。

引用文献
木下尚子 1980「弥生時代における南海産貝輪の系譜」『日本民族文化とその周辺』新日本教育図書
木下尚子 1989「南海産貝輪交易考」『生産と流通の考古学』横山先生退官記念事業会
熊本県教育委員会 1979『生産遺跡基本調査報告』1
熊本大学考古学研究室 1984『文蔵貝塚』
甲元眞之 1982「トカラ列島の文化」『縄文文化の研究』第6巻、雄山閣出版
甲元眞之 1983「海と山と里の文化」『えとのす』第22号
甲元眞之 1987「先史時代の対外交流」『岩波講座日本の社会史』第1巻、岩波書店
甲元眞之 1989「地域と中枢地帯」『考古学研究』第36巻第2号
甲元眞之 1991「東北アジアの初期農耕文化」『日本における初期弥生文化の成立』文献出版
国分直一 1970『日本民族文化の研究』慶友社
小林達雄 1985「縄文文化の終焉」『日本史の黎明』六興出版
島津義昭 1980「山の考古学」『日本民族文化とその周辺』新日本教育図書
島津義昭 1983「阿蘇の先史時代」『えとのす』第22号

下條信行 1977「九州における大陸系磨製石器の生産と展開」『史淵』第114輯
下條信行 1984「弥生・古墳時代の九州型石錘について」『九州文化史研究所紀要』第29輯
下條信行 1989「弥生時代の玄海灘海人の動向」『生産と流通の考古学』横山先生退官記念事業会
蘇陽町教育委員会 1988『高畑赤立遺跡発掘調査報告書』
武末純一 1989「山のムラ、海のムラ」『古代史復元』第4巻、講談社
谷頭遺跡調査団 1978『谷頭遺跡』
寺沢薫・寺沢知子 1981「弥生時代植物質食料の基礎的研究」『橿原考古学研究所紀要 考古学論攷』第5冊
藤尾慎一郎 1989「九州の甕棺」『国立歴史民俗博物館研究報告』第21集
松島透 1964「飯田地方における弥生時代打製石器」『日本考古学の諸問題』考古学研究会
森貞次郎 1976「弥生文化の発展と地域性」『日本の考古学』河出書房
山崎純男 1983「西日本後・晩期」『縄文文化の研究』第2巻、雄山閣出版
山崎純男 1988「西北九州漁撈文化の特性」『季刊考古学』第25号
渡辺誠 1985「西北九州の縄文時代漁撈文化」『列島の文化史』第2号

第8節　弥生時代のくらし

はじめに

　弥生時代は稲作農耕が本格的に始められてから、前方後円墳が形成されるまでのおよそ800〜900年間の時代である。この期間は社会全体が大きく変動した時期であり、最初の頃は地形や植生の違い、縄文文化の伝統の濃淡などにあわせて、地域ごとにきわめて多様な生業とくらしが展開していたと考えられる。それが水稲耕作の技術的発展や地域間の交流の活発化により、弥生時代の終わり頃には、水稲耕作を生業の中心とする集落、水稲耕作と畑作を行う集落、畑作に依存する集落、漁撈と農耕をあわせ行う集落などに類型化できる生業形態にまとまり、不安定ながらも塩や鉄製品、青銅製品など特定の産物を生産する集団も出現するようになってきた。社会全体がこうした多様性から統一性に向かう時代の生業とくらしについてみてゆくことにしよう。

縄文時代の伝統

　弥生時代に稲作農耕が本格化しはじめても、縄文時代の生活が急激に変化したわけではない。稲作農耕には水田でイネを育てる水稲とムギやアワのように、畑に植える陸稲の2種類があり、このうち陸稲は縄文時代の後期頃にはすでに栽培されていたし、約3500年前頃にはアワやキビがつくられていたと想定されるので、一部の地域の縄文人にとっては、農耕も決して無縁のものではなかった。

　弥生時代に入り水稲耕作が開始されても、初期の段階では稲の収穫量は多くはなく、弥生人の食生活のすべてがコメによって賄われていたのではない。弥

生農耕文化が典型的に開花した大阪府の池上遺跡や奈良県唐古遺跡では、ドングリが発見されており、また西日本弥生文化の中心地のひとつ、奴国の辻田遺跡では、弥生時代の終わり頃の時期に、ドングリを貯蔵した施設が大量に発掘されている。こうしたドングリを貯蔵しておく施設（貯蔵穴）の分布をみると、不思議なことに北部九州から近畿中部にかけての、瀬戸内沿岸地帯の弥生文化先進地域に集中していて、稲作とともに食事の面での植物性タンパク質への依存度が高まり、かえってドングリの需要が多くなったことをうかがわせるのである。農耕地の拡大にともなった森林伐採は、二次林としての落葉樹林の形成を促進させ、いわゆる里山景観を生み出したのであった。

シカやイノシシなどの狩猟も行われ、ハクチョウやツルなどの渡り鳥も捕獲されている。有明海沿岸地方や伊勢湾一帯では弥生時代の貝塚が形成されていて、多様な食生活の一端を示している。タイとかスズキなどの魚も弥生時代の集落跡から出土している。蔬菜類の検出例は少ないが、近世以降の文献にみられる飢饉のときに食べられた品々は、当然弥生人の食卓にものぼったであろう。このように弥生時代もその初期の段階では、縄文時代の食べ物に新たに栽培された穀物が加わったというのが実情に近いのである。

弥生人が住んでいた住居も縄文時代と同様に地下に掘り下げた家屋である。一部の低湿地に住む人びとの間では高床の住居がつくられていたが、列島の大部分の地域では竪穴式が一般的であった。また農耕技術や機織り技術以外の分野での道具の多くは、縄文時代のものとあまり変わらない。木材加工の技術は縄文時代の伝統の上に培われたのである。

弥生時代の生活

寺沢薫によれば、弥生時代の遺跡から検出される栽培植物は37種に及ぶ（寺沢 1986）。このなかで、もっとも多くの遺跡からもっとも多くの量が出土するのはイネである。しかし、弥生時代の中期前半を境として、炭化したイネの出土例が極端に少なくなる。それは脱穀する前に、芒を焼いて脱粒しやすくする方法がとられていたのが、別の方法に変わったためであると考えられる。イネ

がつくられなくなったわけではない。アワやキビなどの脱穀しやすい穀物では、穂を火にかける必要はないために、炭化する機会が少ないことを考えると、この統計数字だけではコメの絶対的優位性は語れない。畑作穀物とくらべて比較的多数ともみることができる。ところが弥生時代後期の長野県榎原遺跡では焼失した住居跡から大量の穀物が発見されているが（長野県岡谷市教育委員会 1981）、そのほとんどはイネであった。第59号住居跡では35万粒のイネに対してヒエとアワあわせて2100粒しかない。アワやヒエは撒種から収穫までは3カ月であるのに、イネはおよそ5カ月かかる。このためにコメが食べられるまでの間アワやヒエが食べられた可能性がないわけではない。しかしこの数字はコメが収穫された直後に火災に遭ったものと推定しても、はるかに大きい差である。弥生時代の後期にもなると、東国の片田舎でも、イネへの依存度はかなり高かったことがわかる。

水稲栽培は他の畑作作物にくらべ、生産性がきわめて高く、それだけ多くの人口を養うことができる。また穀物を畑で連続して栽培すると、連作障害を起こして次年度以降収穫量が極端に低下するのに対し、水稲栽培ではさほどではないという利点がある。この水稲栽培の優位性によって、弥生時代が進むにつれてイネのもつ意味が大きな比重を占めるようになってきた。

水稲栽培では水の管理やイネの育成保護のために、籾を水田に撒いてから収穫するまでの間、つねに水田の近くにいてこれを見守る必要があり、年間を通じて水田の近くに定住して管理にあたらなければならない。その管理も四季折々によって異なり、その時期をはずすと、稲作栽培自体がだめになるので、季節の移りや自然の変化に敏感になり、稲作の栽培過程が1年の暦となる。そして種籾を撒き、収穫するまでの過程が人間の誕生から逝去にいたるまでのサイクルと同じであると見なされるようになって、今日のわれわれにも通じる世界観が形成されてきたのである。

水稲栽培を始めることで土地に対する定着性が増し、灌漑その他の水田管理、豊作を願う四季の祭りを通じて共同社会の繋がりが強化され、稲作の生育に合わせた四季の移ろいが生活の基本になるなどの変化は、縄文時代とは明確

に異なった時代が展開していたことを知らせてくれる。物質的な伝統は多くは縄文時代より引き継ぐものの、社会全体のシステムはまったく異なったものであった。

弥生時代初期のくらし

佐賀県菜畑遺跡は唐津湾を見下ろす小丘陵上にある弥生時代早期の集落跡で、数枚の水田跡も発見されている（唐津市 1983）。ここでは磨製石斧や石庖丁などの石器がセットで出土し、木製農具も発見されており、出土遺物からみても農耕を営んでいたことが知られる。この遺跡で検出された穀物には、イネ、オオムギ、ソバ、アワ、アズキ、リョクトウがあり、他の栽培植物としてゴボウ、メロン、ヒョウタンなどがある。堅果類にはクルミ、アカガシ、シイ、イチイガシ、アラカシなどのドングリもあり、モモやヤマモモも見つかっている。また魚骨にはサメ、エイ、マイワシ、ボラ科、マグロ、マサバ、マアジ、ブリ、スズキ、クロダイ、マダイ、ベラ科、ハゼ科、コチ科、ヒラメ科、カレイ科、マフグ科と沿海でとれるほとんどの魚が食べられていて、他方面にわたっての網羅的な経済基盤をもっていたことがわかる。狩猟動物も同様で、ノウサギ、ムササビ、イヌ、タヌキ、テン、アナグマ、イルカ、ニホアシカ、イノシシ、ニホンジカなどあり、このうち量的にはシカとイノシシが多いものの、弥生時代早期と前期ではイノシシとシカの割合は2対1でさほどの差異はない。つまり菜畑遺跡の住民は栽培するものも、自然にとれるありとあらゆるものを食べていたことがわかる。

このように網羅的な食生活を送っていたことを示す例は島根県の宍道湖の周辺にある弥生時代の前期の遺跡でもみられ、水稲耕作を開始した初期の段階での一般的な生業のあり方を物語るものと思われる。

水稲農耕社会のくらし

大阪府の池上遺跡は水稲耕作を営んでいた弥生時代の典型的な集落跡である。ここでも豊富な自然遺物が発掘されていて、彼らのくらしの一端を垣間見

ることができる。この集落で栽培されていた植物にはイネ、モモ、マクワウリ、ヒョウタン、アズキの5種類がある。また自然に採れる食物も32種に及んでいる（大阪府文化財センター 1980）。しかしその量をみると、採集食物ではヤマモモが、水田ではコメが、畑作ではマクワウリが圧倒的に多い。アズキを水田の畦に植える慣習は、私の子供の頃日本の各地で一般に見かけられたものであり、稲作にともなう穀物である。するとこの遺跡ではコメ、マクワウリ、ヤマモモがもっとも重要視されていたことがわかる。

　魚類も多くの種類にわたって捕られている。コイ科、ハモ、スズハモ、ボラ科、マダイ、スズキ、クロダイ、ヒラメ、マフグなど主として淡水の入り交じる沿岸で多く見かける魚である。これらのなかで、量がもっとも多いのはマダイである。スズキやクロダイの骨もあるので、この量の多さは遺跡での骨の残存率の悪さによるものではないことがわかり、この遺跡の住民はマダイをとくに選んで捕らえていたことを知ることができる。

　哺乳動物ではクジラ目、タヌキ、イヌ、シカ、イノシシの骨が出土した。個体数ではイノシシ60頭、シカ17頭とイノシシが圧倒的に多く発見されている。イノシシの年齢をみると1歳〜2歳の幼獣がその半数以上を占めており、飼育したものもあるのではないかと推定されている。春の終わり頃イノシシの子供ウリボウを捕らえ、その年の秋か次の年の秋まで育てて食料にするのである。

　このように池上遺跡で出土した自然遺物をみてゆくと、コメ、マクワウリ、ヤマモモ、マダイ、イノシシと各分野でまんべんなく食料を採るのではなく、量的にみてゆくとそこに食料の上でのいちじるしい選別性がうかがわれるのである。前に述べた菜畑遺跡でみられる網羅的な食料大系とはきわめて対照的であることが知られるのである。

農耕文化の広がり

　菜畑遺跡と池上遺跡での食料を比較して、網羅的にまんべんなく食料を獲得する生業から、稲作を中心とした選別的な食料依存へと社会が動いていったことがわかる。弥生時代にみられる貝塚も、有明海沿岸や伊勢湾一帯ではそのほ

とんどはカキであり、縄文時代とは異なって貝を採るにも選別性が発揮されているのである。このような食料上の選別性は稲作がかなり安定性をもって迎えられたことを示している。しかし稲作の展開も決して平坦なものではなかった。山口県綾羅木郷遺跡で出土した前期後半のコメのうち、約3割は未熟粒であり、池上遺跡でも中期前半では25％、中期中頃では40％、中期後半では30％近くはやはり未熟粒であった（下関市教育委員会 1981）。この未熟粒のコメの出現率の高さはそれだけ収穫量が落ちることであり、複合的な農耕を営まなければならなかったことを意味している。

　稲作栽培の技術が列島各地に伝播していく過程においても、その土地、土地の自然状態にあわせて、複合的な生業形態もさまざまに変容してゆく。西日本の沖積平野で発達した水稲耕作も、濃尾平野に及んでいったん小休止する。濃尾平野の東と北には広大な火山灰台地や丘陵の開ける地形が展開していて、水稲中心の農耕から、畑作や狩猟、採集を含む多様な生業への転換が必要であった。

　こうした多様な生業のあり方、農耕生活への依存度を、石製道具の組成の面でみてゆくとおおまかな傾向を知ることができる。北部九州では菜畑遺跡→板付遺跡→辻田遺跡と、弥生時代早期から中期にかけて農耕関係石器の比重が増し、それと反対に狩猟具や調理具が少なくなってゆくことがわかり、それだけ順調に農耕への依存度が高まっていったことを示している。近畿の池上遺跡や田能遺跡では多くの部分を農耕関係石器が占めることから、水稲耕作のもつ役割が高いことをみせている。しかし大阪府東山遺跡のように高地性集落といわれている遺跡の場合には、石鏃や石皿、磨石などの石器の占める割合が大きく、農耕依存の社会とはいい難い。弥生時代のある時期の一時的な現象かもしれないが、生業形態の面での揺り戻しがあったことがわかる。愛知県朝日遺跡では農耕関係石器は2割以下と少なく、長野県橋原遺跡では大量のコメやアワ、ヒエを出土しているが、農耕関係石器の比率は1割にも満たない。ここでは大部分縄文時代と同様の石器群で占められており、東日本では弥生時代になっても縄文的生業の比重が依然として高かったことをうかがわせるのであ

る。

弥生時代の村

　水稲農耕を営んでいた人びとのまとまりは、縄文時代とは大きく異なっていたと考えられる。縄文時代の典型的な集落を、関東地方の貝塚遺跡に例をとれば、およそ次のようである。集落は海浜を臨む洪積台地の末端部か舌状の台地が選ばれ、環状に住居群が配され、その内側に貯蔵穴が、そのさらに内側に墓がつくられて、中心部は広場となる。食べ物の残りかすは住居の外側に捨てられる。大規模な遺跡では住居は10軒ていどで構成される。内陸部の小規模な集落では2～4軒ほどのまとまりである。

　弥生時代の農耕集落ではまず大きな溝によって区切られた内側が普段の生活の場である。この環濠に囲まれた内側の大きさはさまざまであるが、小さいもので1ヘクタール、大きなものでは池上遺跡は10ヘクタール、唐古遺跡は23ヘクタールにも及ぶ。縄文時代の集落で1ヘクタールを越える大きさのものはほとんどないことからも、その違いは明確である。こうした環濠で囲まれたなかには貯蔵施設を設け、時には子供の墓がつくられる。

　大きな環濠集落では長期間にわたって人が住んで、次々に家屋を建て替えるために何軒の家屋があったのかつかみにくい。大きな集落の周辺にはときどき、短期間人が住んだ村があり、大きな集落の分村と考えられている。こうした分村では一般に1軒の大きな家屋と4～5軒の標準的家屋それに1軒の高床倉庫をもっている。大きな家屋ではしばしば石器のつくりかけや屑が出土したり、信仰に使われたと思われる道具がともなうことから、その村の共同利用の場所、言い換えると若者宿のような施設と推定される。標準的な大きさの家屋では炉があり、煮炊きする土器があることから、食べ物を食べるのは各家屋であったことがわかる。ところが収穫したコメを蓄える施設は1軒であるので、村の全員が共同して作業にあたったことがうかがえる。このように消費は各家々で、生産は共同で行う20～25人よりなる社会的まとまりを近藤義郎は「単位集団」とよんだ。

関東地方でみられる弥生時代中期後半以降の時期の大規模な集落も、短期間のうちに廃絶したために住居の単位を知ることができるが、そこではこうした単位集団がいくつか集まって形成されていたことが判明している。すると池上遺跡のようなとてつもない大きさの集落も、基本的にはこの単位集団のまとまりで構成されていたと推測することができる。水稲耕作をする集団のこの社会的まとまりは、弥生時代に入ってできあがったものであり、古代社会の基本的な枠組みとなった。

弥生時代のくらし

弥生時代の水稲農耕は基本的には20〜25人のまとまりでなされたのであり、生態的条件のよいところ（稲作の適地）では、より大きな集団が形成されていたとみられる。こうした社会では水稲栽培が中心となるために、稲の生育にあわせてあらゆる営みが展開された。瀬戸内東部の沿岸地域に立地する弥生時代の集落を念頭において、弥生人の生活暦を推測するとおよそ次のようになる。

そのモデル村は、海抜が500mほどの山から南に長く尾を引く丘陵の末端部に20軒ほどの家屋と5軒の高床倉庫があり、周囲は幅3mほどの大きさの溝で囲まれている。溝の北側には点々と畑があるが、草がぼうぼうと生えてつくられなくなったものもある。丘陵の東側から南に蛇行する川があり、川の両側には幾重にもつづく水田があって、水路があちこちと縫うように連なっている。川の東側には小さな丘があり、点在する畑の間に数基の墓がたてられている。隣の大きな村までは東の丘を越えて2km、川の上流にはこの村の分村5軒がある。海岸まではアシの群れを縫いながら歩いて3km。

春、ヒバリのさえずりが始まりだすと、村は急に忙しくなる。女性は畑を耕してアズキやダイズを植え、別の畑ではオカボ（陸稲）・アワ・キビなどの種まきも始まる。男性は苗代や水田での作業にあたる。2日から3日ほど水に浸した種籾を苗代に播き、鍬や鋤で水田をくり返し耕し、水路や畦の補修を行う。やがて苗代の稲が5〜6cmも伸びた頃、村総出の田植えが行われる。田植えが終わると水田の水の取り入れ口にお供えをして「水口祭り」が行われ、

図 弥生人の生業暦

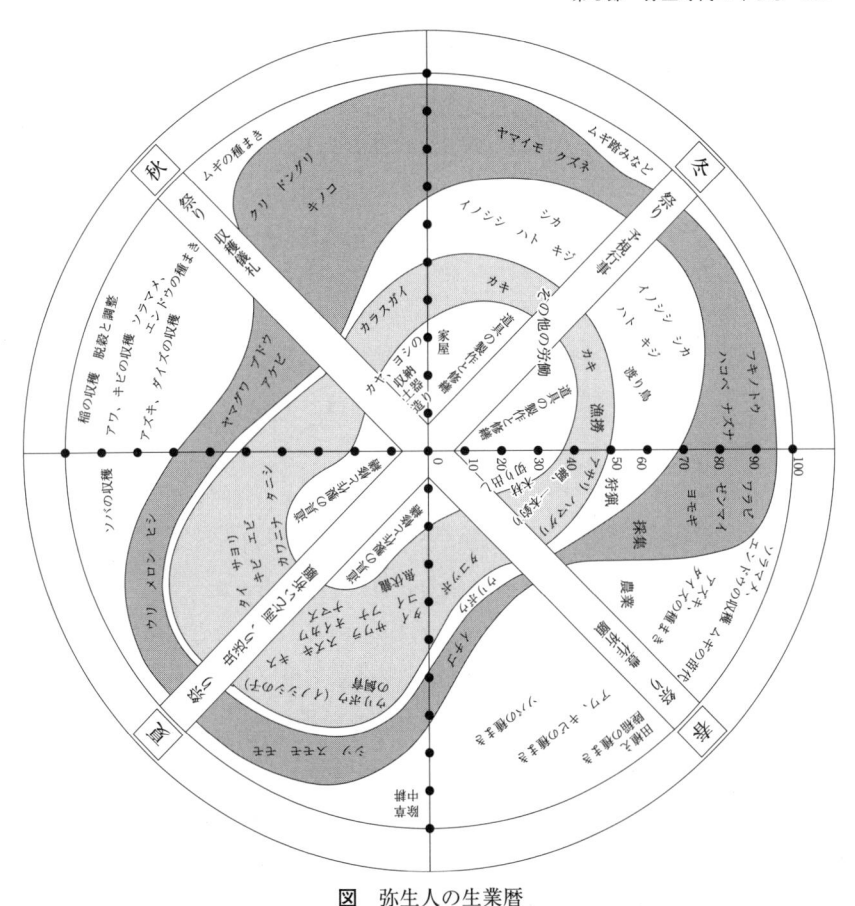

数字は、労働量の総本を100%とした場合における各生業の労働量の割合（推定）を示している。

水不足にならないようにとの願いがかけられる。この田植えの終わった後に近くの村の人びとも集まって盛大な「御田植え祭り」が催され、男女の神に擬せられた若者によって模擬結婚式がとり行われ、豊作を祈願する。

田植えの後しばらくはいつも水田に水が満たされるように気をつけることと、くり返しの草取りが重要な仕事であった。水田の畔にアズキやダイズを植えて食料の足しにすることもあった。農作業が一段落すると、男たちは川に簗

を仕掛けてアユを捕ったり、海でタイ、スズキ、キスなどを釣るのもこの頃で、それらは貴重なタンパク源となった。女性や子供は砂浜でハマグリやアサリなどを取ったり、山や丘でイチゴなどを摘んだりした。時には男は山でイノシシを捕らえ、ウリボウはそのままペットとして飼育することもあった。

　ウンカ、ニカメイチュウといったイネを食い荒らす虫を退治することが必要である。イナゴは丹念に手で捕ってゆくことができるが、その他の害虫にはなすすべもなく、ただ神に祈るしかなかった。竹竿をかざして水田の間を巡りながら呪いを行い、竹竿を川に流して害虫を避けようとするのがせめてもの祈りであった。後に「七夕祭り」としての年中行事は、こうした虫よけの祈願がそのはじまりであった。

　夏も盛りを過ぎると、アワ、キビ、ダイズ、アズキの収穫が始まる。久しぶりに穀物を食べることができる季節になった。食べ物が不足するときには、イネの早刈りを行って焼き米にし、急場をしのぐこともあった。

　秋口は水田の水落としから始まる。ナマズ、コイ、フナなど水田で産卵をして大きくなった魚を魚伏籠などで捕まえるのもこの頃である。魚は彼らにとって重要な動物性タンパク源であった。また畦のアズキや畑のアワ、キビなどは収穫の時期を迎える。ちょうどこの頃は台風の季節でもあり、イネが倒れて収穫が減ったり、洪水で水田が流されたりすることが、いちばんの心配でもある。

　イネの収穫は村の住民が総出であたった。イネを刈り取るのは女性で、刈り取ったイネを田船で村まで運ぶのは男性の役目である。穂首刈りされた稲穂は、しばらくの間天日で干されて、高床倉庫にたいせつに保管される。来年の種籾は、風通しのよい場所に特別に収納された。イネ取り入れが終わると山に出かけてドングリやキノコの採集にあたることも必要であった。ドングリをコメに混ぜて量を増やし、不足気味のコメを補ったのである。こうした農作業が終わると、1年の収穫を感謝し、来年こそは豊作でありますようにと神に祈りを捧げる「収穫祭り」も重要な行事であった。これまで育ててきたウリボウも大きくなり、マツリのお供えとして使われる。頭の部分は棚に並べて神にささ

げた後に、残りの肉は村人全員で共食にあずかる。

　この祭りには、新たに開拓地に行った川上の親戚のほか、近くの村々からも大勢人が集まってくる。こうした収穫祭は近くの村々で少しずつ日をずらしながら行われ、大人たちはその地域全体のことを相談し、年頃の若者は夜通し踊り、そして木陰で語り合う。収穫が終わった水田からは、稲藁を根刈りして取ってきて村のなかで縄やむしろなどさまざまな品物をつくり、残りの稲株は火をつけて灰にし、肥料の代わりとした。畑ではソラマメ、エンドウマメなどの種が播かれ、ムギも植えられた。川下のぬかるみに生い茂るアシを刈り取ってきて家屋の修理を行い、道具の修理保全製作にあたるのも、農作業が一段落した秋から冬にかけての仕事である。女性が土器づくりを行うのもこの頃で、村の広場では母親から娘に親代々伝えられた土器のつくり方が教えられる。

　冬の間は、来るべき春を待つ準備期間である。渡り鳥が訪れる頃になると、上流の村々と共同して水路のつくり直しや、新しい水田を開く作業がある。男たちは三々五々別れて山に入り、シカやイノシシを追い、女性は池や水路で大きくなったカラスガイを採ったり、海辺でカキを採集して食卓に彩りを添える。子供たちは親の傍らで、この村の昔のこと、生きてゆくための智恵を耳にしながら大きくなってゆく。冬の日がいちばん短くなる頃、村人総出で神を広場に迎え、種播きから収穫までの仕事を演じて、来年の豊作を願う祈りが厳粛に執り行われる。

　北風がやや収まる頃になると、畑の隅々にフキノトウが顔をだし、春の訪れの近いことを知らせてくれる。やがて水辺近くにセリやナズナが生えだし、冬の間不足していた野菜をようやく口にすることができるようになり、秋に種を播いていたソラマメやエンドウマメもそろそろ収穫できはじめる。男たちは農具をつくったり、家屋をつくり替えるための木を切り出しに山に行き、籠をつくるために竹や蔓を集めてくる。こうして水がぬるむ頃になると、また1年の農作業が始まるのである。

引用文献

大阪府文化財センター 1980『池上・四ッ池遺跡』第6分冊
唐津市 1983『菜畑』
下関市教育委員会 1981『綾羅木郷遺跡』Ⅰ
寺沢薫 1986「畑作物」『季刊考古学』第14号、雄山閣出版
長野県岡谷市教育委員会 1981『橋原遺跡』

第4章　集団と社会

第1節　弥生時代の社会

はじめに

　社会という、漠然としてしかも、手にすることも、目にすることもできないまとまりの実態を明らかにしようとするとき、ある社会のなかで実際に生活を営んでいる人びと自身が、その社会に対して抱いているイメージと、第三者としてのわれわれが考古学的・民族学的方法でとらえる社会像とは、大いに異なっているかもしれない。とりわけ、二千年もの時の溝に隔てられた弥生時代を主題とする場合には、まったく途方もない姿を描くことになるかもしれないのである。このことはあらかじめ考えておかなければならない。

　古代社会を究明するには2つの方法がある。ひとつの方法は、族長・首長・共同体・父権などの用語に明確な概念を与え、それらを用いて古代社会をとらえるやりかたである。もうひとつの方法は、究明の対象とする民族・文化と同じ系統の民族・文化や、同一水準の生活条件にある民族を分析した民族学・民俗学・社会学などの研究成果を、考古学的に明らかにした事実と結びつけて、往時の社会を復元するものである。

　第1の方法には、さまざまな社会の状況を一般化・等質化してみつ傾向があり、また第2の方法は、性格の異なる学問分野の研究成果を一致させるときの方法論が明確でない弱みがある。ところがここ十数年来、後者の立場に立って、生態学的条件を採用しながら極北地域の先史時代社会を把握したイェッシング（Gjessing 1954, 1955, 1963）や、民族誌と考古学の調査結果を結びつけて、北アメリカのアリカラ族の失われた社会構造の変遷をみごとに綴ったディーツ（Deetz 1965）などの研究をはじめとして、さまざまな試みが成果をお

さめるようになり、可能性の限界を一歩一歩せばめてゆくことができるようになってきた。ここではそうした観点から弥生時代の社会を概観してゆこう。

弥生文化4つの地帯

水稲耕作を中心とする農耕文化を形成していた弥生時代の社会は、狩猟・漁撈・植物採集といった自然依存の生活を送っていた縄文時代の社会とは、様相やしくみをずいぶん異にしていたであろうことは容易に想像できよう。しかしながら、弥生時代を迎えても、日本列島のすべての地域で水稲栽培が開始されたわけではない。弥生文化の領域に入ってはいても、旧来の縄文的伝統を非常に強く受け継いだ地域も多かったことは、さまざまの考古学的資料を通して推測される。すなわち、弥生文化の領域のなかでも、地域によって生活様式や社会のしくみが異なっていたことが十分に考えられる。

そこで、ここでは弥生社会の具体的な担い手である弥生人を、出土人骨の人類学的研究成果（金関 1955、1966、1973）にしたがって、その分布と考古学的事実とを組み合わせて、日本列島の地域的まとまりを設定しておこう。

第1地帯：佐賀県呼子町以西の海岸地帯、および長崎県の沿岸地帯から東中国海沿いに九州南部にのびる地帯。この地帯の弥生人は身長が低く、額面頭蓋の径が小さい。そして骨格はきゃしゃで骨の厚みが薄い。

第2地帯：佐賀県唐津湾から福岡県博多湾・山口県響灘に及ぶ沿岸を中心として、日本海沿いに東へ、福井県あたりにまでのびる地帯。この地帯の弥生人の身長は高く、頭骨の長さが比較的大きいのに対して幅が狭い。

第3地帯：瀬戸内海東部から近畿、一部は濃尾平野にかけての地帯。この地帯の弥生人は身長は高く、頭骨の長さが小さいのに対し幅が大きい。

第4地帯：愛知県東部と福井県東部とを結ぶ線以東、東北地方南半部までを含む地帯。この地帯の弥生人は、身長が低く縄文人とほとんど変わらない体格である。

南西諸島と東北北部以北は、弥生時代には稲作栽培が営まれていなかったことから、縄文社会の伝統が継続していたと考えられる。

上にあげた4地帯のうち、第2地帯は弥生文化発祥の地を占めており、第3地帯とともに典型的な弥生人社会を形成している。この2つの地帯に対して、第1地帯と第4地帯の弥生人は、形質人類学的には縄文人と変わるところはない。とりわけ第4地帯では、縄文人が漸進的に弥生文化を受容していったことが、考古学的資料からうかがうことができる。

第2地帯の埋葬址

まず第2地帯をとりあげ、出土人骨資料が多い響灘沿岸地方を重点的にみてゆきたい。

響灘沿岸地方は、大小の山塊が海に張り出して岬となった間に、狭い海岸砂丘が多く発達しており、この砂丘上には土井ヶ浜・中の浜・吉母浜・梶栗浜などの弥生時代の墓地が営まれている。このうち梶栗浜を除く3遺跡では、砂に含まれている貝粉がもつ石灰分により骨が保護され残りがよく、埋葬遺構と人骨との関係を把握するのに格好の資料を提供してくれている。

土井ヶ浜遺跡は、4200m^2の調査範囲から207体もの人骨を出した弥生時代前期末の墓地であり、墓地は全体としてひとつのまとまりをなしている。吉母浜遺跡は約20体の人骨を出土し、約400m^2の墓域のなかに、配石墓を主体にした弥生時代前期から中期の墓が、全体としてひとつのまとまりをもって構成されたものであり、土井ヶ浜遺跡のそれと性格が同じであるとみることができる。中の浜遺跡は数十体の人骨を出土しており、墓地中央のやや高まりをみせる場所にひとつの墓群があり、それを取り囲むようにして少なくとも3つの墓群から成り立っている。今これを中央群、周辺群とよび分けておく。このような墓地の構成は、弥生時代前期初頭から中期初めの頃、墓地が終わりをつげる時期まで継続して形成されている。

舶載の多鈕精文鏡や細形銅剣4本を出土した梶栗浜遺跡は、砂丘上の100m^2ほどの狭い場所に箱式石棺墓を主体とした弥生時代前期末の墓が十数基あるにすぎず、この墓群の近辺には同時期の墓はみられない。

以上4遺跡の墓を、構成がもっともよくわかる中の浜の墓地を媒介にしてみ

てゆくと、土井ヶ浜遺跡と吉母浜遺跡の墓地は、周辺墓群のひとつが単独で大きな墓地を構成しているものであり、梶栗浜遺跡の墓地は中央墓群のみが単独でひとつの小さな墓域を形成しているとみなすことができる。土井ヶ浜遺跡・吉母浜遺跡と中の浜遺跡との違いは、社会集団の大きさの違いに還元しうるものである。

　響灘沿岸地方では、上にあげた前期の墓地につづく中期の墓地として、稗田地蔵堂の箱式石棺墓がある。この墓は独立丘陵上に1基だけ営まれていて、内行花文精白鏡や蓋弓帽の出土により異彩を放っている。梶栗浜のような中央墓群に埋葬されるべき人びとのなかから、さらに1人が選ばれて、独立した墓地に埋められたものとみなすことが可能である。この地蔵堂の墓が築かれた中期中頃以降になると、響灘沿岸地方では遺跡のありかたに大きな変化が生じてくる。綾羅木郷台地の集落を始めとする沿岸地帯の大規模な集落が廃絶し、その後の集落遺跡は綾羅木川をさかのぼった、より奥まった地域に分散的に営まれるようになる。この頃になると、北部九州や瀬戸内系の土器が多くみられるようになり、なんらかの外からの圧力が加えられたことを暗示させている。この変化の内実がいったいどのようなものだったのか、もうすこし立ち入ってみることにする。

土井ヶ浜と中の浜の墓地構成

　土井ヶ浜遺跡で出土した人骨総数207体のうち、5回にわたる発掘調査によって得られた175体については、金関恕の紹介と分析があり（金関他 1961、金関 1969)、それを追ってみると次のようになる。

　土井ヶ浜遺跡の墓地は、ひとつの墓群から成り立っているが、細かくみると東区、北区の2つのまとまりに収斂できる。

　東区・北区とも人骨の所属時期に差異はない。しかし、男女の比率、そして幼児のともない方は明らかに異なっている。東区では122人が葬られており、男性69人と女性28人、それに幼児が25人の構成であるのに対して、北区では24人が葬られ、男性11人、女性12人と男女が相半ばし、幼児は1人にすぎない。

また1人分の骨が揃っているものの他に、何人分かの骨を集めて収納したものや、一部しか骨が残っていないものがあり、これらは東区に多い。

　東区と北区の差異はそればかりではない。装身具をつけた人骨は東区に多い。また抜歯について比較すると、東区では男性42人中の32人と女性28人のすべてに抜歯が認められるのに対して、北区では男性6人中3人、女性11人中6人となっていて、抜歯をもつものともたないものが相半ばする。このような違いは、東区・北区の被葬者の間になんらかの社会的な差があったことを示すものと、金関恕は指摘している（金関 1969）。

　ひとつの墓群がさらに2つのまとまりに分かれることは、中の浜遺跡の墓地でもみることができる。中の浜遺跡で発掘されたひとつの墓群には、墓壙の長軸を東西に長くおくものと、南北に長くとるものとが4対1の比率で存在し、前者のみに小児用墓がともなっている。この現象は中の浜遺跡の箱式石棺墓・土壙墓・立石をともなう墓、もしくは配石墓に共通して指摘することができる。

　土井ヶ浜墓地の北区は成人人骨から成り立っており、例外的に幼児骨が1体あった。中の浜墓地で主軸を南北方向にとる墓に葬られているのは、すべて成人骨である。このように、土井ヶ浜・中の浜両墓地に認められる、墓地のなかでの二つの小さなまとまりは、ムラを構成する人びとの間に何んらかの社会的な差異があったことを示すものであり、民族学などの事例に照らして、「出自」による差異に起因するものと解しうる。つまり、葬られている人びとの絶対数が多く、そして小児骨をともなうほうの集団がそのムラの出身者であり、小児骨をともなわないほうの集団は他のムラからきた人の墓となろう。

　土井ヶ浜の場合、北区の人骨すなわちよそのムラからきた人にも抜歯が認められる。成人した後に新たにムラにくることは、婚姻を通してしか想定できない。さきに土井ヶ浜遺跡の北区に例外的に幼児骨があることを述べた。これは1人の女性骨といっしょに葬られており、この婦人の連れ子であろう。

　婚姻によりよそのムラからきたと想定される人びとの性別をみると、男女ほぼ相半ばしている。このことは男にしろ女にしろ一方の性の系統のみにより親

族が規定される「単系出自」ではなく、「双系的な出自」による社会を構成していたことを示している。

　土井ヶ浜墓地の埋葬施設には、（1）組み合わせ式箱式石棺墓、（2）石で遺体を囲む石囲み墓、（3）石を周辺におくもの、（4）何の埋葬施設ももたないもの（本来木棺だった可能性もある）の4種類がある。このうち箱式石棺墓は5基あって、東区に3基、北区に2基分布する。東区の3基には、熟年から老年にかけての男性が5人、老年の男女1人ずつ、熟年の男性と幼児がそれぞれ納められていた。北区の2基には、熟年の女性、熟年〜老年の女性がそれぞれ1人ずつ埋葬してあった。また、石囲み墓は3例あり、すべて1人ずつ葬っており、それぞれの被葬者は熟年の男性、老年の女性、壮年の女性であった。

　石を周辺におくなどの簡単な施設しかもたぬ墓や、埋葬施設を何ももたない墓には老人から若者まで葬られているのにくらべ、箱式石棺墓や石囲み墓などの特別な構造をもつ8基には、すべて年寄りしか容れられていない。この差異は、年齢階梯、すなわち年齢を基礎として社会のしくみができていたことを物語っている。特別な施設を設けていない墓に葬られている人がいることを思い合わせると、特別に手厚く埋葬されていた彼らは、そのムラの長老たちであったにちがいない。

　第2地帯に属する響灘沿岸地方で前期の文化を担った人びとの社会は、こうした双系的な出自関係と年齢階梯制を基礎として営まれたものであることが知られるのである。このことは、響灘沿岸地方に限られたことではなく、同じく第2地帯に属する福岡平野においても同様であった。酒井仁夫の分析があるように（酒井他 1971）、福岡県寺尾遺跡第2地点の前期の墓を実例にあげよう。ここでは50基の墓が見出されており、やはり墓壙の長軸方向を異にする2つのまとまりの分かれていて、土井ヶ浜・中の浜の場合と同一に考えることができる。このようにみてくると、こうした社会のしくみは、前期から中期初頭の第2地帯においては一般的であったことがわかる。土井ヶ浜や中の浜などの、響灘沿岸地方の前期弥生人たちは、郷台地遺跡の豊富な遺物からも知られるように、半農半漁の民であった。近世までの西南日本の海浜地帯にみられたよう

に、半農半漁民にとっては双系的・年齢階梯的社会がもっとも適合しているのである。

フィリピンの双系制社会

日本農耕文化の由来の地、中国長江流域にかつて居住していた非漢民族系の水田耕作民の社会形態も、今みてきた第2地帯の弥生人のそれと一致している。フィリピンでは、弥生時代と同じ頃、同じく中国長江流域の文化的影響下に水田農耕を開始したが、現代のティンギィアン族（八幡 1942）、ボントック族（Jenks 1905、棚瀬 1941）などのマライ系諸民族の社会形態もまた第2地帯の弥生人のそれと変わらない。

ボントック族はフィリピンのルソン島ボントック州に住み、すぐれた階段式水田耕作を行う農耕民として知られている。彼らの主要作物はコメであり、他に甘藷・マメ・ムギなどを栽培している。耕作にはスイギュウを用いず、イネは穂首刈りをして高床倉庫に蓄え、必要に応じて竪杵で脱穀するなど、日本の弥生時代の生活状況とさほどの変わりはない。社会構造としては、ムラを統べる強力な首長がいるわけでもなく、ムラ自体がひとつの自治体となっているわけでもない。ムラをさらに細分したアトが政治的な単位となり、すべて老人からなる長老会議が自治を行っている。

ムラには4種類の建物がある。第1は「アト」の会議をする老人の集会場所、第2は男子の家で、3、4歳以上の男子および妻を失った男が夜ごと寝る場所で、ここには女性は入ることはできない。第3は結婚適齢期の少女の寝床となるところで、第4は夫婦ならびに幼児の寝場所であり、家族全体が食事をするところでもある。婚姻制は一夫一婦制が厳然として守られ、不貞は死をもって報復されるが、未婚の男女は女子の寝所を中心として自由な交渉が許される。

家系は父方・母方どちらの筋をたどってもよく、相続は長子相続を多少加味した均等配分である。男性には、成年に達する頃、刺青、割礼が行われる。男女同権であるが男女の仕事は分かれており、男性は狩猟や階段水田の構築など

の重労働にあたり、女性は機織やふつうの農作業を分担している。

　ボントック周辺の諸民族においては、宗教的職能者には中年過ぎの女性があたっているのがほとんどであるが、ボントック族においては、長老よりなるパタイとよばれる祭祀階層がみられる。犯罪は姦通や窃盗がおもなものであるが、この摘発には盟神探湯なども行われていた。

　弥生時代の双系的社会について、われわれはこうしたイメージをもってあたることができよう。

第1地帯の双系的社会

　第1地帯についてみると、この地方の住民は、縄文時代の後・晩期には他の地方と違って、初期的な陸田耕作も補助的であったにしろ行われ、支石墓という大陸の墓制も受け入れて、特異な生活を営んでいた。しかし、弥生時代の生活で水稲農耕が生活の暦となったのとは違って、採集や漁撈に生活の力点がおかれていた。なお、この地方で検出される弥生人の骨格は、きゃしゃなつくりでしかも骨の厚みが薄く、現代西南九州に居住する沿岸漁民のそれと非常に近いと永井昌文は語っている。当時の姿は、19世紀までの南西諸島に一般的であった半農・半漁の生活様式、すなわち男性はトビウオなどの漁に従事し、女性はアワなどの栽培にあたっていた状況を思い起こさせるものであり、彼らの社会もまた双系的な構造をもっていたと考えられる。こうした双系的社会は、とりわけ鹿児島以南の海域で典型的に発達したのであって、縄文時代後期以降の考古学的資料も、そのような社会に相応しいものが多いことが指摘されている（国分 1970）。

双系的社会の激変

　第2地帯の響灘沿岸地方では、中期中頃を境として、集落の様態が一変することは前にも述べた。こうした変化について考えられることは、農耕を行いながらも漁撈や交易に重点をおいた双系制と年齢階梯制を基調とした社会が、九州や瀬戸内の飾られた土器の搬入に示されるように、よそからの影響の下にそ

の生活基盤を喪失していったこと、換言すれば、それまでの定住的な漁撈を営むことによりもたらされた社会集団が解体したことを物語っている。そして小集団へと分散し、内陸の小河川流域に移動して、谷水田などの経営にあたる小規模の農耕社会へと変化していったものであった。

同じ第2地帯に属していても、北部九州ではそうした変化はやや遅れて到来する。中期中頃までの段階は、宇木汲田・金隈・伯玄社のように墓地全体がいくつかの小墓群に分かれ、さきに中の浜でみたような構成をとる。福岡県宝台遺跡では、尾根で区画された3つの住居群があり、全体でひとつの墓地を共有している（高倉編 1970）。そしてこの墓は3つの小墓群に細別でき、3つの住居群に対応したありかたを示している。

この地域では、弥生時代の当初から墓に副葬品を納める習慣があった。初期には研磨した小壺や磨製石鏃などを副葬品に用いたが、前期末になると朝鮮系の舶載銅利器（細形銅剣・銅戈・銅矛）を副葬しはじめ、その後、須玖岡本や立岩の墓地で示されるように、中国製の鏡鑑類と青銅利器とを組み合わせて埋めるようになる。中期末、後漢代の青銅器を副葬する時期を境として、以後、青銅器を副葬することはほとんどなくなってくる。そしてこれに応じるように武器形祭器（広形銅矛や広形銅戈）を墓以外の場所に一括して埋納するようになってくる。青銅器に、宝器から祭器へという大きな変化が看取されるのである。

民族例によると、双系的社会では不動産を除いて個人が生前獲得したものは個人にすべて所有される。そしてこうした獲得物のために社会的階層は変化することはない。中の浜遺跡で細形銅剣を副葬していた人物は、中央墓群ではなく、周辺群の、しかもそれを細別した少数のまとまりのなかに葬られていた。つまり、婚姻により他のムラからやってきた男性であることを示しており、この事実から、民族例における原理が弥生時代にもあてはまることがわかる。

第2地帯の社会にあっては、前期から中期末にいたるまで大陸製文物がもたらされ、年代順のまま、古い文物は古い墓に、新しい文物は新しい時期の墓に副葬されている。この事実は副葬品が個人的所有物であり、保有することの意

味も、個人の死とともに一代限りで終わる性格のものであったことを物語っている。すなわち、そうした宝器の伝世によって表現される社会的地位の継承はなかったことを示している。これは墓地の営まれる期間が短いことからみてもいえることであり、前期から中期末にかけてつづけて地域的に重要な地位を占める墓地はほとんど確認されていない。

すなわち前期末から中期前半にかけて大きな役割を果たした佐賀県宇木汲田遺跡の墓地などは、その時期限りでその後の歴史の前面には現れてはこなくなる。また福岡県前原市の三雲や鑓溝遺跡のような双方近接した遺跡でも、前者は中期中頃、後者は中期末と、その展開の場は時間の隙間によって限られているのである。中期前半から末にかけて、舶載青銅器その他の副葬品からみて、被葬者の社会的地位が何代か継承されたことがわかる「墓地の連続性」がみられるのは、「奴国」の盟主とされる須玖一帯ののみであって、他にこうした条件を満たすものは今日まで発見されていない。

この北部九州の社会では、呪術に従事する特殊な人間を除いては、系譜や系統を通して縦の関係が重要視されることはなかった。したがって、世俗的な権威もその社会的地位も、本来的にはその関係によって継承されることは少なく、社会的に固定された階層関係は生じえなかった。

前期には、開拓された田畑はすべてそれを開いた集団に帰属していたし、しかも可耕地は無限に広がっていた。しかし、中期になると、当時の技術をもってして開拓できる場所はことごとく田畑化してしまい、もはや可耕地や領域を拡大することは不可能になった。限定された量のものを多数で所有することの不均衡や、交易、とりわけ朝鮮の楽浪との通商や、立岩遺跡の石庖丁にみられるような、道具の独占的製作とその配分を通して、富が一部に集中する傾向を見せはじめるようになってきた。これはちょうど、ニューギニアで母系制の社会が土地所有その他を媒介にして崩壊しはじめ、父系制の社会へと移行してゆく状況と同様な過程をうかがうことができよう（石川 1970）。

舶載青銅器を副葬する風習が、中期末をもって廃れはじめることが指摘されているが（近藤 1969）、それと歩をあわせて福岡県小倉新池で発見された27本

の銅戈のように、国産青銅器の一括埋納が始まったことは、今までのようにそれらを個人的所有に帰属させることに意味を見出していた社会に、重大な変化が生じたことを物語る。ちょうどこうした変換期にひとつの激動が起こった。『後漢書』東夷伝に、

　　桓帝、霊帝の間（146〜189）、倭国大いに乱れ、更相攻伐し、歴年主なし。

と記された状況は、社会的転換の契機ともなった。

　さきに、響灘沿岸地方で中期中頃を境に大きな社会的変化があったこと、その前後に外からの圧力を思わせる地域外の遺物が出土するようになることを記した。いま北部九州でも、中期末にいたって同様の変化を見出すことができる。青銅器のありかたという面に限っても、近畿地方のそれとまったく同じ歩みをたどるようになってくる。近藤喬一は、この減少をとらえて、「銅鐸祭祀の影響を受けて、北九州に銅矛などを埋納する風習が生じた」と説いている（近藤 1969）。弥生時代も中期末になると、確実に東からの波が押し寄せてきたのである。

第3地帯の社会階層化

　典型的な弥生文化が開花したのは、第2地帯と第3地帯であった。そのなかでも、弥生時代の全期間を通じて中心的役割を担ったのは、北部九州と近畿中央部であった。北部九州は、これまでみてきたように、中期末になって近畿中央部の影響を被るようになってきたのである。

　瀬戸内東部から近畿中央部にかけての地域は、北部九州からさほど遅れない時期に弥生文化が成立し、しかも北部九州と違ってその当初から広大な耕地をもち、農耕生活に必要な大きな社会的基盤をもっていた。北部九州にみられる舶載青銅器に目を奪われて、近畿中央部に対して北部九州の優位性を説く人が多かったが、小林行雄は、近畿中央部を中心として分布する銅鐸と中国製鏡鑑類のあり方から、近畿中央部のもつ独自性を想定し、古墳時代へと結びつく発展性を論証している（小林 1959、1961）。近畿中央部のこうした性格は、むし

ろ北部九州などとは異なった社会のしくみに起因するものではないか、と考えられる。

社会を知る有力な手懸りとしての墓制には、近畿中央部には方形周溝墓と土壙墓がある。方形周溝墓は、方形の溝で区画したなかに埋葬施設をもつもので、大阪府池上・安満両遺跡では前期新段階に属するものがあり、中期以降、全国に拡大されていったことが知られる。土壙墓は、現在、墓穴だけが残っているものであるが、なかには木棺が据えられたものもある。近畿中央部の方形周溝墓は群をなして存在し、しかも土壙墓群をともなうのが常である。大阪府宮の前遺跡では、中期初めから中頃にかけての時期に、方形周溝墓20基と100基に近い土壙墓が検出されている。

方形周溝墓と土壙墓との関係を如実に示しているのは、大阪府瓜生堂遺跡の場合である（中央南幹線内西岩田瓜生堂遺跡調査会 1971、瓜生堂遺跡調査会 1973）。ここでは、マウンドをもった方形周溝墓二十数基の存在が確かめられており、発掘された第2号方形周溝墓からは、木棺墓6基、土壙墓1基、甕棺5基、壺棺1基が発見された。一方、その方形周溝墓と1条の溝をもって画された西側には、二十数基の土壙墓群が発見されている。全体として、かなり大きな規模の社会集団を想定しなければならない。

方形周溝墓は、周溝とマウンドをもつことでふつうの土壙墓とは区別されるうえ、なおかつ周溝によって隔てられた土壙墓群と併存するのである。このありかたは、社会階層の分化を想定するのには十分である（都出 1970）。こうした社会階層の分化が進む原因は、弥生文化が近畿中央部に成立した当初から内包されていた可能性が強い。そのことを、青銅器を通してみてゆこう。

近畿中央部に居住する人びとが、北部九州と同様に、きわめて早い段階に青銅器に接していたことは確実である。奈良県唐古遺跡や大阪府安満遺跡などでは、青銅製の短剣を模倣した木製の剣が出土しており、さらに近畿北部を中心に、細形銅剣を模造した有樋式の磨製石剣が分布している。しかも、木剣はいずれも前期段階に捨てられた状況で発見されていて、第2地帯の住民たちとは異なった意味を青銅器に付与していたことを物語っている。北部九州の人びと

には、青銅器をはじめとする宝器を保有することに意味があり、近畿中央部の人びとは祭ることに意義を見出したのである。

近畿中央部で発見される青銅器のほとんどすべてが、埋納品として日常場所からかけ離れた地点で見出され、それと対になるように、木剣・有樋式石剣などという模造品が、日常の居住地近くにあることは、青銅器が個人の所有物ではなく、共同体の儀器として伝世され、他方、青銅器を模造した製品が、くり返される祭りの後に、そのもつ意味を失って廃棄されたことを示している。第3地帯の人びとは、このように、当時もっとも重要であったと思われる青銅器についても、第2地帯の人びととはまったく取り扱い方が異なっていたことが知れよう。

以上のような近畿中央部社会のもつ特異性は、第2地帯でのありかたと対比して考えるとき、その成立当初から、富の蓄積と継承が可能な父系的な出自関係にもとづく社会を形成していて、農耕生産を基盤としながらそれを展開させていったところにある、と考えられる。そして、一方では、青銅器を農耕儀礼の共同祭器として、ムラ共通の農耕祭祀を営みながら集団を結集し、農耕生産の高まりのなかで、水系を中心としてその領域を拡大していった。そうしたなかで、父系出自の強調による社会の階層化をおしすすめてゆき、方形周溝墓と土壙墓の対比に表現されるような社会を生み出していったのである。

同じ第3地帯に属する岡山県の瀬戸内地方でも、中期中葉より末にかけての頃から、愛宕山遺跡や四辻遺跡に代表されるような階層化された社会をみることができる。四辻遺跡では、多数の土壙墓が14m余の方形台状墓を挟んで、尾根づたいに配置されている（山陽団地埋蔵文化財発掘調査団 1973）。台状墓の北には17基の土壙墓と2基の甕棺、南には31基の土壙墓があり、方形台状墓のなかには、23基の土壙墓がみられる。南側の土壙墓のなかには、いくぶんかは後出の時期のものも含まれているが、大勢は動かしがたい。このような構成をもつ墓群は、山陽地方では宮山・便木山遺跡と、古墳時代当初にいたるまでひきつがれてゆく。

一方、これら方形台状墓が出現している時期に、芋岡山遺跡のように、土壙

墓間にさほど差がない墓群も存在しており、ムラのなかにおける階層差とともに、ムラ相互の差が顕著になったことをつかみ取ることができる。

　青銅器を取り入れ、一部ではそれらを模造することも行った、第3地帯の農耕祭祀を中心とする勢力は、国産青銅器を鋳造する段階にいたって、その影響を外部に及ぼしはじめた。それは土器を回転台に乗せてつくり、櫛描施文を行う技法が波及したこと、近畿中央部で製作したことが確実な青銅器の分布とそれを埋納するという取り扱いの広がりによって示される。

　中期初めもしくは前期の終わり頃には、銅鐸が鋳造され、ほどなく銅利器の鋳造も開始された。淡路島古津路、香川県瓦谷、広島県大峰山、大分県浜の各遺跡から埋納品として検出された銅剣は、兵庫県田能遺跡出土の鋳型を媒介にして結びつくものである。また、近藤喬一により狭鋒銅矛 d 類と分類されたものが、広島県大峰山と香川県瓦谷では前記の銅剣とともに埋納されており、熊本県今古閑では銅矛4本が埋納された状態で発見されている。これに対して福岡県立岩では同一型式の銅矛が甕棺の副葬品として納められている。この2つの現象を考えあわせてみるとき、中期中葉の段階ではすでに北部九州周辺、とりわけ瀬戸内海沿岸部は、近畿中央部の影響下に組み込まれていたことがわかる。

　北部九州では、立岩のように、特定の人びとのための墓群が単独で存在するというあり方をするものは、それ以後しばらくは出現しない。弥生時代終末期にいたって、福岡県日佐原の墓地では、箱式石棺墓や土壙墓それに甕棺墓など53基が6個の群に分かれて分布し、そのうちの1群が副葬品をもつなど他とは異なるあり方を示している。またこれと同じ頃の福岡県宮の前墓地では、小規模ながら墳丘をもち、その中央部におかれた1基の箱式石棺を取り囲むように、墳丘裾部に3基の箱式石棺がめぐらされており、階層化された社会の形成をみることができる。こうした社会が形成されたのは、立岩遺跡の年代とは大きくずれた後のことであり（高倉 1973）、近畿中央部の影響下にそれまでの社会体制が一度は崩壊し、再度新しい力点のもとに構成されたことがうかがわれる。

このように、中期中葉から末葉にかけて、漸次北部九州にまで影響を及ぼすようになった近畿中央部も、後期に入るといちじるしい変貌を遂げてくる。中期の段階では、青銅器を中心とした祭器があり、それを模造したものが意味をもっていた。しかし、大阪府池上遺跡や四ツ池遺跡では有樋式の磨製石剣が、奈良県鴨都波遺跡では畿内式の石戈が中期末には廃棄されていて、それ以降は製作されていない。このことは、近畿中央部では模造品に意味を賦与していた背後の青銅祭器に、大きな変化があったことを物語っている。これに歩をあわせるように、銅鐸も聞くことにひとつの祭儀的な意味のあった性格が失われていった。すなわち、魏晋鏡に裏づけられた新たな政治的社会が形成されはじめ、中国の冊封体制に組み込まれてゆき、それとのかかわり合いのなかに歴史が展開するようになってくるのである。

周辺地域の変貌

最後に、周辺地帯へ目を転じよう。

第4地帯は、いうまでもなく縄文時代の伝統が永らくつづき、本来の弥生文化を取り入れるのは、弥生時代中期後半から後期の段階になってからである。第3地帯に接する愛知県東部の土器が東北地方南部にまで搬入されていることは、とりもなおさず、広大なこれら地域が共通する社会のあり方をしていたことを物語っている。

中期末頃から、この地方も近畿中央部で出現した方形周溝墓という墓制を受け入れるが、周溝で区画された内には墓壙は1基しかないのがふつうで、方形周溝墓そのものの数も少なく、それにともなう土壙墓の存在も明らかではない。

後期の住居址の全体をみると、神奈川県二ツ池遺跡（杉原他 1968）や東京都鞍骨山遺跡（東京都八王子市谷野遺跡調査会 1971）などをはじめとして、多くの遺跡が5、6軒の一般住居と1軒の大型住居とで構成されている。この大型住居は、その住居群のなかの集会場とか若者宿とかの役割を果たすものであって、これに対応する形で方形周溝墓が存在する。方形周溝墓が出現した近畿中央部では、土壙墓をともなって階層差を表現するものであったのが、東国

ではムラの共同祭祀の場へと意味がすりかえられた。すなわち、この地では、農耕生産の段階に入ったとしても、階層関係が生じるほどの社会的変化は生まれなかったこと、換言すれば、縄文時代以来の小規模集団による、等質的な社会構成が一般的であったと考えられる。

　第1地帯については、第2地帯が近畿を始めとする東瀬戸内地域の影響を受けはじめて以降、徐々にその翼下に入ってゆく。ここに方形周溝墓が登場するのは古墳時代に入ってからであり、しかもそれらも、従来の地域社会を切り崩して新しい社会の体系をもち込んだのではなく、東国と同様の現象をきたしたとみることができる。方形周溝墓の波も、櫛描文の手法も及ばず、のちに古墳をつくることもしなかった南西諸島は、縄文時代以来、弥生・古墳時代の流れをくぐりぬけてすこしずつ変質してゆきながらも、双系制と年齢階梯制を基礎とした平等社会が、その後永らくつづくのである。

　金関丈夫はかつて、新しい弥生人は形質をいささか異にしながら、北部九州と近畿地方に別々に渡来し、銅剣・銅矛文化圏と銅鐸文化圏をそれぞれ担ったものである、と注目すべき発言を行ったことがある（金関 1966）。第2地帯と第3地帯の違いは、それを担う人間集団の構成方法の違い、すなわち、一方は双系的な社会であり、他方は父系的な社会であるという社会構造の違いにも還元することができる。

　第2地帯は農耕生産への依存度が高まり、一方では近畿中央部からの影響下に、その社会を変質させていったが、近畿中央部は当初から富の蓄積を可能にするからくりを備えていた。銅鐸や銅利器の鋳造、それらを一括して埋納するという風習をはじめとして、徐々にその勢力を拡張し、やがて特定個人のために巨大な前方後円墳をつくる社会へと転換したのに対して、東国や第1地帯が永らく保持しつづけた平等社会を変質させるのは、律令体制の成立を待たなければならなかった。

（補註）
　本文で使用した弥生時代の時期区分は畿内編年によった。

引用文献

〈日本語〉

石川栄吉 1970『原始共同体』日本評論社
瓜生堂遺跡調査会 1973『瓜生堂遺跡』II
金関恕 1969「弥生時代の社会」『大地と呪術』学習研究社
金関丈夫 1955「人種の問題」『日本考古学講座』第4巻
金関丈夫 1966「弥生時代人」『日本の考古学』第3巻
金関丈夫 1973「人類学からみた古代九州人」『古代アジアと九州』平凡社
金関丈夫・坪井清足・金関恕 1961「山口県土井ヶ浜遺跡」『日本農耕文化の生成』東京堂
国分直一 1970『日本民族文化の研究』慶友社
小林行雄 1959『古墳の話』岩波書店
小林行雄 1961『古墳時代の研究』青木書店
近藤喬一 1969「朝鮮・日本における初期金属器文化の系譜と展開」『史林』第52巻第1号
酒井仁夫他 1971『中・寺尾遺跡』
山陽団地埋蔵文化財発掘調査団 1973『四辻土壙墓遺跡・四辻古墳群』
杉原荘介・小林三郎・井上裕弘 1968「神奈川県二ツ池遺跡における弥生時代後期の集落」『考古学集刊』第4巻第2号
東京都八王子市谷野遺跡調査会 1971『鞍骨山遺跡』
高倉洋彰 1973「墳墓を通してみた弥生時代社会の発展過程」『考古学研究』第87号
高倉洋彰編 1970『宝台遺跡』
棚瀬襄爾 1941『比律賓の民族』太平洋協会
中央南幹線内西岩田瓜生堂遺跡調査会 1971『瓜生堂遺跡』
都出比呂志 1970「農業共同体と首長権」『講座日本史 古代国家』東京大学出版会
八幡一郎 1942「中枢民族の文化的基礎」『フィリピンの自然と民族』太平洋協会

〈英語〉

Deetz, J. 1965 *The Dynamic of Stylistic Change in Arikara Ceramic*. The University of Illinois Press.
Gjessing, G. 1954 The Circum Polar Stone Age. *Antiquity*. Vol. 27, No. 2.
Gjessing, G. 1955 Prehistoric Social Groups in North Norway. *Proceedings of Prehistoric Society*. No. 10.
Gjessing, G. 1963 Socio-Archaeology. *Folk*. No. 5.
Jenks, A. E. 1905 *The Bontoc Igorot*. Manila Bureau of Public Printing.

第2節　地域と中枢地帯

はじめに

「地域」という言葉に関しては、定義としてたいへんむずかしい問題を含んでいる。それは、具体的分析にあたって、「地域性」なのか「地域差」なのか、あるいはそれよりも漠然とした「地域色」なのか、明らかにすることに困難がともなう。考古学に隣接する学問でも社会学とか地理学では定義が異なるし、同じ地理学でも人文地理と自然地理とでは、同じ学問かと思われるほどの違いがある。未発見の資料の存在をつねに念頭に置かなければならないために、「地域」を考古学的に把握することは一層困難となる。そこで、ここでは自然地形により画されたまとまりを括弧付きの地域とし、その地域の文化内容がどのように変動するか、あるいは変動するものは何かを考える形で、「地域性」という問題に接近してゆくこととする。

地域設定の指標

考古学者が地域を考察する場合に、ある一定の土器型式の分布状況をふまえて地域を設定するのが一般的である。また土器の文様装飾の地域的な差が通婚圏を示すものとした考え方も提示されている（都出 1989）。土器のセット関係を例にとると、弥生時代中期の近畿地方では壺と甕の比率が2対1で壺が多く、福岡平野では甕がやや多いのに対して、中九州の山間部では圧倒的多数が甕で壺は少ないことが知られている。こうした土器の器形の割合という面からすれば、地域性が把握しやすいといえる。しかし、仔細にみると、中九州山間部の弥生時代の壺には、ほとんど煤が付着していて、口唇あたりにまで及ぶも

のもみられ、胴下半分はつよく火を受けた痕跡が認められる（蘇陽町教育委員会 1988）。このことは、弥生時代の土器の基本的な機能——壺＝貯蔵用、甕＝煮沸用、高坏＝供献用——が、日常生活上ではあてはまらない地域が存在することを示している。このように、機能面を考慮すると壺と甕の比率や壺の一部の分布を把握しても、生活実相とはかけ離れた面が生じている。

　朝鮮の東北地方は、新石器時代から青銅器時代にかけての頃は、キビを中心として、アワ、アズキ、ダイズを栽培する農耕文化が展開している。その代表的な遺跡として虎谷洞と五洞がある。両者とも河川流域の河岸段丘上に立地し、出土する土器・石器も類似していて、時期的にもあまり違いがない。ところが、それら遺跡から検出される動物骨をみると、生業内容に差があることがうかがえる（金信奎 1970）。虎谷洞遺跡ではブタを飼育しているが、その割合は全出土骨数に占める割合は、40％に達するのに対して、五洞遺跡ではイヌとブタをあわせても7％以下にすぎない。類似した農耕類型を営みながら、五洞の場合はマンシュウアカシカを中心とした狩猟の比重が生業のなかで占める割合が高いが、虎谷洞ではブタ飼育が卓越することがうかがわれる。文化遺物を分析すると同一の地域で同一の文化類型に属すると認定されるが、動物骨を考慮すると、大きな違いを指摘することができる。こうした経済類型に違いが認められることは、生活全般に関してはまったく異なった対応がなされていたと想定できる。このように、地域を考察するときには、何をもって指針とするかが重要な鍵となることがわかる。

北部九州の特色

　弥生時代の北部九州を例にとって地域を検討するときには、まず、甕棺を分析の対象とすることが可能であろう。甕棺は、東アジア全体に広く分布が認められる墓制であるが、北部九州以外ではほとんどが小児用であり、大人用の棺が集団墓を形成することでは、北部九州が独自であるといえる。したがって弥生時代の北部九州における地域的特徴を考察する場合、甕棺を指標として取り上げることは妥当である。

次に北部九州の甕棺墓には、舶載の青銅器類が副葬されていることが特徴として挙げられる。最近では近畿地方でも細形銅剣の存在が報告され、青銅武器を模倣した石製品や木製品が出土することから、近畿地方の住民が青銅器の存在を知りえたことは確かであるが、具体的な出土量の多さは比較にならない。また青銅器を副葬する甕棺墓で出土する人骨は、縄文人とは形質を異にしていることは、金関丈夫が指摘して以来（金関 1955、1973）、その例を格段と増加させている。縄文人が弥生人化したのとは違って、新生の弥生人は縄文人とくらべると背が高く、顔が長いことが特徴として挙げられる。顔が高いというのは、鼻根から上顎までの上顔高の絶対的な長さで表現される。この新生弥生人ではそれが7cm 以上ある。縄文人が弥生人化した例では、上顔高は 6～7cm 以下で、顔が寸詰まりの形状を示すのに対して、新生弥生人、すなわち大陸からの渡来人と縄文人の混血人では面長になる傾向にある。

 北部九州の弥生時代を特徴づけるこうした3点、甕棺埋葬、青銅製品の副葬、新生弥生人などは、縄文世界とも、他の弥生世界とも異なる重要な要素とすることができる。そのほかにも鉄器の問題があるが、保存状況がからむために、前期段階では具体的に示すことはむずかしい。菜畑遺跡では弥生早期段階に木製農具として「えぶり」があることから、それを加工した鉄器が存在していたことは確かである。弥生時代後期になると、全国の鉄製品の6割を福岡県・熊本県の出土数が占めることから（村上 1992）、それに先立つ時期にもこの地域では多く使用されたことが十分に想定できる。甕棺に副葬された鉄製武器は、やはり北部九州が多いことが明らかであるが、保存状況に左右されるために、今回は省くこととする。

 甕棺の編年は森貞次郎などによりなされてきたが、現在は橋口達也の作成したものがもっとも利用されている（橋口 1979）。土器を棺として使用するのは、弥生時代前期に小児用の壺棺からはじまり、前期終わり頃から大型甕棺が登場して、甕棺だけで共同墓地を形成するようになる。そして中期段階の盛行期をすぎて後期中頃（九州編年）になると、共同墓地内に1遺跡2～3基の甕棺がみられるにすぎなくなり、後期末には北部九州では箱式石棺墓か土壙墓

(木棺墓)に変化してゆくこととなる(甲元 1979)。甕棺の最終段階は福岡県飯氏馬場遺跡でみることができ、それは西新タイプとよばれている甕棺で、内行花文鏡を副葬している(宮井 1990)。また久留米市祇園山では古墳墳丘の裾部の甕棺から画文帯神獣鏡を副葬していることから(石山他 1979)、最終末期はあるいは前方後円墳が形成されていた時期とも考えられる。

北部九州の領域

　甕棺の分布は橋口編年Ⅰ期、Ⅱ期を含めると、南九州を除く九州各地にみることができるが、細かくみてゆくといくつかの違いが指摘できる。それは共同墓地の構成において、福岡平野にみられる甕棺(以下福岡平野型とする)だけで墓地が構成されるもの、福岡平野型甕棺と在地型甕棺で構成されるもの、在地型甕棺だけで構成されるものの3分類が可能である。福岡平野型甕棺分布の西端は佐賀県唐津市一帯、北は壱岐原の辻遺跡を挙げることができる。有明海周辺では、島原の景華園に福岡型甕棺の集団墓地があり、鉄剣や青銅矛などを多数副葬しているのが発見されている(古田 1963)。ところが大村湾側では大村市富の原遺跡のように、鉄戈を副葬するのは須玖式甕棺であり、その周囲は副葬品をともなわない在地の黒髪式甕棺で構成されていることから(長崎県大村市教育委員会 1983)、ここあたりが福岡平野型甕棺の分布の端とすることができる。一方南側では、福岡平野型甕棺の分布は、菊池川流域の早馬塚遺跡や天神免遺跡でみることができる(緒方 1978)が、白川流域になると甕棺の共同墓地であっても、神水遺跡のように(熊本市教育委員会 1986)須玖式甕棺は客体的で、在地の黒髪式が圧倒的に多いことが知られている。したがって福岡型甕棺の分布の南限は菊池川流域と考えることができる。

　東側の境界はどこかあまりはっきりとはしないが、日田市吹上遺跡では在地型甕棺と福岡平野型甕棺で共同墓地が構成されていることから、福岡平野型甕棺だけで集団墓地が形成されるのは、筑後川中流域までとすることができようか。問題なのは福岡平野に隣接する地域で、福岡平野のすぐ東側にある月隈丘陵の西スロープに金隈遺跡があり、もうひとつ東側、立花山塊の麓に位置する

鹿部に皇石遺跡がある。これらが甕棺で集団墓地を構成するはずれとなっている（福岡市教育委員会 1971）。弥生時代中期の代表的な甕棺墓地として有名な立岩堀田遺跡とその周囲には6カ所の甕棺墓地があるが、遠賀川流域ではこれらは飛び地状に分布しているにすぎず、形成時期も限定されていることから、甕棺分布域の範囲外として例外的に扱うことができる。

　舶載の青銅武器類を副葬する甕棺墓は、西側では唐津市一帯と武雄市釈迦堂が挙げられ、釈迦堂遺跡では細形銅剣と銅矛が発見されている（武雄市教育委員会 1990）。前記島原市景華園遺跡では青銅武器類は出土しているものの、日本製と想定できるため、武雄市周辺が舶載青銅器分布の境界となる。南側では菊池川流域で細形銅剣が発見されていることから、この地域がその南限と認められる。

　ところが、舶載青銅器の東のはずれは、甕棺地帯を大きく逸脱した響灘沿岸地域である。山口県西部では稗田地蔵堂、梶栗浜、中の浜遺跡と舶載青銅器をもつ甕棺以外の墓制が展開する。同様に甕棺墓地と無関係に舶載青銅器を出土する例として、大分県の別府湾一帯が挙げられる。すなわち大分市岩屋遺跡、細遺跡で細形銅戈が、杵築市新宮遺跡で細形銅剣の発見がある（伊東 1931）。このように舶載青銅武器と甕棺の分布は一致しない。

　甕棺と舶載青銅武器に対して新生弥生人の分布はどうであろうか。背の高い弥生人が分布する西端は宇木汲田遺跡で、呼子町大友遺跡では甕棺はあるもののその量は少なく、出土する人骨は縄文人系弥生人の特徴を具備している（呼子町郷土史研究会 1981）。したがって甕棺の集団墓地と新生弥生人と舶載青銅武器の分布西端は一致する。同様なことは福岡平野型甕棺の南限である菊池川流域でもいえる。玉名市立願寺遺跡での甕棺中に埋葬されていた人骨は背の高い人であった。さらに南下した白川流域では新生弥生人の系譜を引くものと縄文人系弥生人が混在している。宇土半島基部以南の地域では、ほとんどが背の低い弥生人で集団が構成されるようになる。

　響灘沿岸では、弥生時代墓地から検出される人骨はほとんど典型的な新生弥生人であり、ここでは墓制は甕棺ではなく、箱式石棺墓や土壙墓、それに木棺

墓であり、箱式石棺に舶載青銅武器がともなっている。ところが、この地域で検出される新生弥生人には、かなりの頻度で縄文人の伝統である抜歯習俗がみられる。抜歯習俗が認められるのは先述した金隈遺跡出土人骨にもみられるが、響灘沿岸地域では男女をとわず、全出土人骨の4割に抜歯が認められるので、かなり強い縄文的伝統が存在していたとみなければならない。

　以上の結果から、甕棺で集団墓地を構成する、舶載青銅武器を副葬する、背の高い新生弥生人であるという要素の分布が重なり合うのは、唐津から福岡平野にかけての地域、筑後平野から佐賀平野、それに菊池川流域にかぎられることとなる。

　例外的であるとした立岩堀田、景華園などはどのように考えればいいであろうか。立岩遺跡の形成に関しては下條信行がユニークな説を提示している（下條 1977）。立岩遺跡で特徴的なことは、この周辺一帯が輝緑凝灰岩製石庖丁の製作地であり、ここで製作された石庖丁が福岡県北部地域にかなり搬入されている。その量的拡大時期が中期後半で立岩遺跡の甕棺墓地の形成と一致し、後期になり石庖丁生産の衰微とともに、立岩遺跡の墓地が終焉を迎える。このことから、輝緑凝灰岩製石庖丁製作集団の掌握者達の墓地であると想定している。弥生時代後期になり鉄器が普及するとともに、その経済基盤を喪失してきたという下條の想定がよければ、例外的な甕棺集団墓地の解釈も成立する。

　一方、宇土半島以南の地に例外的に点在する甕棺に関しても、高橋貝塚や島原景華園遺跡にみられるゴホウラ製腕輪の存在によりある程度の類推は可能である。高橋貝塚では須玖型の甕棺が検出されているが、ここでは南海産ゴホウラの製品と未製品があり、北部九州で珍重された南海産貝類の中継集積地とみることが可能である。

甕棺集団墓地の変質

　以上のようにみてくると、甕棺による集団墓地を形成する地帯でも、福岡平野型のものの分布は明確に限定されてくる。こうした甕棺集団墓地域をさらに意味づけを行うとすると、国産青銅器の製作を挙げることができる。青銅器鋳

造の鋳型は砂岩製が多いために、砥石に転用されることがあり、不明な点も少なくないが、現在まで知られた鋳型は興味ある分布状況を示す。細形銅剣のなかにも刃部が薄く、脆いものもあり、国産青銅器の可能性もあるが、これを除外すると、中細形青銅武器の鋳型の出土は、福岡平野と佐賀平野東部にかぎられる。福岡平野型甕棺墓地、青銅武器、新生弥生人の3要素の広がりが弥生中期段階まで重なり合うのは、この福岡平野と佐賀平野東部であり、結局のところこの両地域がいわゆる弥生時代甕棺墓地の中核地帯とすることが可能となる。なかでも福岡平野南部春日丘陵一帯が国産青銅器鋳造の一大センターであることが鋳型の集中的出土からうかがわれる。

ところが、中広形青銅武器の段階（九州編年後期初め）になると、この型式の鋳型は分散する傾向にあり、福岡平野以外の地域でも出土するようになり、さらに広形青銅武器製作段階では、福岡県西部地域に製作地の重点が移行する傾向をみせている。こうした推移は、北部九州において甕棺による集団墓地が形成されはじめる段階から、大規模な甕棺による集団墓地形成が衰退してゆく段階とほぼ時期が重なり合うことが注目される。

おわりに

北部九州を代表する甕棺墓地に象徴される社会は、舶載青銅器類の輸入を独占的に把握し、ついで国産青銅器をある程度独占的に生産し、各地に供給することで、その歴史的地位を保っていたものが、国産青銅器生産を具体的に示す石製鋳型の分散傾向に反映されるように、独占化がなくなることで、甕棺共同社会が解体したことを暗に物語るものではないであろうか。

こうしたさまざまな要素のうち、その地域を典型的に表す指標を取り上げて分布を重ね、時期的な変遷を加味することで、歴史的な中核地帯と周辺地帯の析出が可能になるというのが、「地域」把握に関するひとつの答えである。

引用文献
〈日本語〉

石川栄吉 1970『原始共同体』日本評論社
石山勲他 1979「祇園山古墳の調査」『九州縦貫自動車道関係埋蔵文化財調査報告』XXⅦ
伊東東 1931「豊後国における青銅器関係の新資料」『考古学』第2巻第1号
緒方勉 1978「中九州における弥生墓制について」『熊本史学』第51号
金関丈夫 1955「人種の問題」『日本考古学講座』第4巻、河出書房
金関丈夫 1973「人類学から見た古代九州人」『古代アジアと九州』平凡社
熊本市教育委員会 1986『神水遺跡発掘調査報告』
甲元眞之 1979「弥生時代の墓制」『日本考古学を学ぶ』(3)、有斐閣
下條信行 1977「石器」『立岩』河出書房新社
蘇陽町教育委員会 1988『高畑赤立遺跡発掘調査報告書』
武雄市教育委員会 1990『釈迦堂遺跡』
都出比呂志 1989『日本農耕社会の成立過程』岩波書店
長崎県大村市教育委員会 1983『富の原遺跡群確認調査概報』
橋口達也 1979「甕棺の編年的研究」『九州縦貫自動車道関係埋蔵文化財調査報告書』XXXI
福岡市教育委員会 1971『金隈遺跡第2次調査概報』
古田正隆 1963『三会中野景華園遺跡』島原市教育委員会
宮井善朗 1990「飯氏馬場遺跡の調査」『日本考古学協会1990年度大会発表要旨』
村上恭通 1992「中九州における弥生時代鉄器の地域性」『考古学雑誌』第77巻第3号
呼子町郷土史研究会 1981『大友遺跡』
〈朝鮮語〉
金信奎 1970「我国原始遺跡にみられる哺乳動物相」『考古民俗論文集』2

第3節　農耕集落の変遷

はじめに

　弥生時代以降の日本列島において、水稲栽培を基盤とする複合的な農耕文化が展開していったことは、諸氏により夙に論じられてきており、また最近、寺沢薫・知子は縄文時代晩期から弥生時代の遺跡から出土した食物資料を集成してその実態を描き出している（寺沢・寺沢 1981）。縄文時代の後期後半以後、西日本の一部の地域では穀物の存在が認められているものの（賀川 1959、1960、1966、1967a、1967b、1967c、1968、潮見 1964、春成 1969、Kotani 1979）、福岡県四箇遺跡にみられるように、縄文時代後期後半期の一過性の現象であり、それ以降においての集落継承の連続性がみられないこと、花粉分析の面でも森林の回復が認められることなどから、農耕存在の持続性を欠く面も指摘しうる。このことから当時の生業活動全体のなかで農耕の占める位置は過大に評価することはできず、今日の生活様式の母胎ともなった弥生時代以降の農耕のあり方とは、大きな違いをもっていたことが想定できる。とりわけ水稲耕作を基盤とする社会においては、期間の長短を問わず、通念的に定住を余儀なくされるために、当然のことながら人間集団の組織化の問題、社会のしくみのあり方に前代とは異なった様相が生じてくる（都出 1970a、近藤 1983）。農耕文化を創出した地域は別にして、農耕文化が波及する形で新しい生産経済に繰り込まれた地域、たとえばヨーロッパ各地では、生産経済を営んでいる集団と、時期的に併存する自然依存の生業活動を行っている集団とでは、集落址などに関して明確な差異が認められている（Tringham 1968）。ブリテン諸島においては、中石器時代の集団が夏と冬では異なった生態系への季節的移動を行って、

集団の規模内容を変容させながら活動をつづけたのに対し (Mellars1976)、新石器時代に入った住民たちは広い範囲（直径200-400m）を断続する溝を土手で取り囲んだ施設 (causewayed enclosure) に生活の基盤をおきながら集団の組織化を行っていた (Megaw & Simpson 1979)。中石器時代にあって定住的集落を形成し、集団墓地を営んでいた唯一の例は、デンマークのマグレモーゼ文化のもので (Rowley-Conwy 1983)、これなどは豊富な海産資源に恵まれた場所での例外的な現象であり、生活の基盤は自然依存の経済に求めながらも、新石器人との交流を通して、土器製作の技法やヒツジの飼育を学んでいるのである。

　水稲耕作を基盤とする複合的な農耕文化が北部九州に成立し、それが日本列島の東や南に波及する過程においては、在来の縄文人との共生のしかた、生態系への適応の問題、地形などを含めた自然条件の制約などにより、かならずしも一律の社会を形成したとは考え難いことはいうまでもない。地中海地方においても、イタリア中部高原に進出した初期農耕民は、やがて豊かな生態系への適応を深めて農耕を放棄し、自然依存の経済へ後戻りをしたことが想定されており (Barker 1981)、フランスからスペインの沿岸地方へ進む農耕民の流れは、海産資源や陸生貝類への依存度を高めていったことも指摘されている (Jarman et al. 1982)。東ヨーロッパでも初期農耕民は家畜飼育を放棄して、豊かな生態系のなかで狩猟経済に後戻りしたことが報告されている (Dolukhanov 1979)。九州においても弥生文化が波及する際、中・南部では集落は点状占拠にとどまり、生業を異にする縄文系の集団と棲み分けを行っていたことが知られており（下條 1977、甲元 1983)、人骨の形質の面でも北部九州では新たに渡来した人びとが在来の縄文人と混血して弥生人となったのに対して西北九州や菊池川以南の九州では、縄文人が弥生人となるにいたったことも論じられている（北条 1985)。また東日本各地においても縄文的生活様式の持続が想定されていて、北部九州で成立した農耕社会が画一的に全国に波及したのではなく、地方ごとにかなりの変貌をとげながら受容されていったこともさまざまに論じられている。

西日本に初期農耕文化が成立した頃の日本列島は、縄文時代後期以降の冷温化にともなって落葉樹林帯の進出、照葉樹林帯の南下現象がみられた。また花粉分析の結果から推測されるスギやコウヤマキの増加は、当時は降雨量が多かったことを考えさせる（安田 1980）。海退によってできた広大な低湿地や砂丘の形成にともなってその背後にできた湿地帯は、多量の降雨のもたらす洪水によって埋められ、長年のうちに脱塩されてやがてヨシの生じるところとなり、ついには落葉樹や照葉樹の混淆林へと姿を変えていったが、こうして新しく形成された環境のなかに入り込んで大規模な開拓を行ったのが初期農耕民たちであった。縄文人と異なって樹林伐採の道具として、太型蛤刃石斧、板状鉄斧、袋状鉄斧を彼らが所持していたことは、その開拓に拍車をかけるものであった。低湿地やそれに近接する洪積台地上を開拓して水田や畑地、それに居住地や墓地を形成することで、彼らは結果として広範な二次的環境をつくりだしたが、この二次的環境下で生育する植物性食物を高度に利用していったことは、右の寺沢による研究で明らかにされており、縄文人以上に自然に生育する食糧への依存度が高かったともいえるのである。福岡県辻田遺跡は、那珂川の上流右岸の低位段丘上と、それにつづく浅い谷状の地形の上に形成された集落址であるが、弥生時代の後期（Ｖ期）末になっても野生食物の種子が広範囲にわたって採集されたことを示しており、大量のイチイガシを納めた貯蔵穴が11カ所も発見されている（福岡県教育委員会 1978）。また福岡県板付遺跡の石器にくらべて石鏃や石槍などの狩猟具の石器が占める割合が高いことは、農耕生産物以外の食糧への依存度もかなりの部分を占めていたことが推測されるのである。こうした状況は決して辻田遺跡特有の現象ではなく、弥生文化が典型的に発展した福岡・山口両県の遺跡で、縄文時代の遺跡におけるよりもはるかに多くのドングリの貯蔵穴が発見されることでも首肯できよう（寺沢・寺沢 1981）。少なくとも西日本の初期農耕民たちは、自らがつくりだした二次的環境をも含めて、縄文時代以上に生態系を有効に活用していたことがうかがえるのである。

　このように西日本の一角に成立した初期農耕文化はイネばかりではなく、ム

ギやヒエ、キビ、アズキなどの畑作物、それに各種の堅果類やイチゴなどの野生食物をも含めて、可変的な食糧体系を保持していたのであり、この可変性が各地の歴史的自然的状況下にあわせて特殊な地域的社会を構成する基となったであろうことは想像に難くない。

　大正の末年から昭和の初年にかけての頃、八幡一郎や宮坂光次によって千葉県姥山貝塚において竪穴住居址が発掘され、北アジアの諸民族の間にみられる半地下式の住居と同様のものであることが確認されて、集落研究の手懸りが与えられた（松村他 1932）。この後関東を中心とする地域では弥生時代や古墳時代の住居址群が調査されるにいたって、これらいくつかの住居址群を"シュウ落"としてとらえることが和島誠一によって提唱された（和島 1948）。和島は東京都志村遺跡で発掘された31基の竪穴住居群の「どれかが同時に散在して農村の一部をなし」ていたとの前提のもとに、奈良時代の戸籍の分析にもとづく執筆当時の古代家族論を念頭におきながら、家族がひとつの竪穴住居に住んでいたのではなく、数軒の家に分居して1集落でひとつの大家族を構成していたものとみなした。その後和島は、田中義昭と弥生時代の集落につき（和島・田中 1966）、また金井塚良一と古墳時代の集落に対して論じ（和島・金井塚 1966）、その分析を深めていった。とりわけ古墳時代の集落論では、集落が小規模化と分散化をたどる類型と、集中して大規模となる類型に分けて、それぞれ美濃半布里の籍帳と、下総大島郷の計帳から類推される家族形態の反映であることを示したのである。こうした和島らの研究、その視点は爾後の集落址研究に多大な影響を与えたが、多分に、文献史家によって展開された古代家族論という理論で、考古学的現象を包み込むという傾向を内在させていたのであり、かならずしも実証的とはいい難い側面をもつゆえに、視点を強調するにとどまった。

　和島の最初の論考が上梓されてから10年余の後、近藤義郎（近藤 1959）は鏡山猛（鏡山 1956・57）や小野忠凞（小野 1953）らによって研究されていた環濠集落や自ら発掘した岡山県沼遺跡の集落址の検討を踏まえて、共同体の実体にアプローチしたのである。

第3節　農耕集落の変遷

　すなわち、沼遺跡にみられる溝で区画された5軒の竪穴住居址と1つないし2つの高床倉庫とからなる集落は、他から相対的に自立した集団であり、水田経営のひとつのまとまりであると認定し、さらに近隣にみられる同時期の集落址とともに、水利施設の共同管理や農耕祭祀を共有する大きな共同体の1集団としての位置づけを行ったのである。この3年の後に近藤は旭川水系での事例を踏まえて、さらに構造的に明確に把握した（近藤 1962）。すなわち、5軒前後の住居と倉庫からなる小経営体である単位集団、水利や祭祀を軸として個別の単位集団に規制を加えるより大きな生産集団、水系や地形に規制された各生産集団を相互に統括結合する地域的統一集団である農業共同体の3つの次元のまとまりととらえたのである。この近藤の提示した単位集団論は構造的であり、しかもより具体性をもつゆえに考古学的な追証を可能にし、錯綜した集落址の分析にすこぶる有効性をもち、また他方では古代家族論や共同体論に対しても再検討をせまるものであった。弥生時代にとどまらず、古墳時代の集落研究においても、今日なお、近藤の提示した視点が有効性をもつことからも、その斬新さがうかがい知れよう。

　今からおよそ20年前から始まった「大規模開発」にともなう発掘調査によって、多くの集落址の全貌が明らかになり、全国的な規模での集落址の比較検討が可能になって、これ以降各時代ごとの集落論が活発に展開されてくるようになる。高倉洋彰は弥生時代の集落の全般的な構成を論じ（高倉 1981）、横山浩一（横山 1974）や原口正三（原口 1977）は、井戸や倉庫、母屋といった組み合わせにみられる生活体の変遷を論じ、広瀬和雄は倉の存在のしかたによって集落を類型的に把えて村落構造の一端を明らかにした（広瀬 1978）。また今日では鬼頭清明（鬼頭 1976）や高橋一夫（高橋 1979）らによって「権力」との関連での集落の存在が論じられるまでになった。

　こうした多様な集落論も、2、3の特徴をとらえて類型化したり、あるいは典型としての1集落を概念化して積み上げるという、いわば静態的な把握であるのに対し、集落分析に「時間」の観念をもち込んで新しい局面を切り開いたのは佐原真であった（佐原 1975）。佐原は弥生時代の集落を、長期にわたって

営みつづけられる「継続型」、とびとびになる「断続型」、一定の時期だけの「廃絶型」の3つに分け、継続型集落を母体とし、他を分村ととらえて一定地域内での遺跡の動態的な関連性を論じたのである。この佐原の見解は、弥生時代の集落にあっては田中義昭（田中 1976）や都出比呂志（都出 1984）によってさらに深化されていったが、古墳時代の集落論においてはほとんど考慮されることがなかった。この「時間」の観念の欠如、すなわち遺跡の持続性についてあまり考慮しない分析方法が、結局のところ集落論を典型的なシェーマのくり返しに終わらせ、ダイナミックな歴史的変遷過程をとらえられずにいるのである。本論文では近藤によってなされた単位集団の把握に、遺跡の持続性を加味して弥生時代から平安時代にいたる集落の検討を行ってみたい。その際、地域性という点にも重点をおく必要がある。弥生時代以降の日本の社会は決して画一的ではなく、異なった社会組織のもとに集団が編成されていたと考えられている。

またさきにも述べたように、その背景にあるものは可変的な複合農耕文化であって、自然や生態的環境および新来の人種と在来の人種との関係などから、画一的ではなく多様な文化が展開していたと想定されているのである。

環濠集落の形成

縄文時代の集落の一般的な型を関東の貝塚遺跡に例をとれば、およそ次のようなものである。集落の立地する地形としては海浜を臨む洪積台地の末端部に近い舌状の台地が選ばれ、馬蹄形もしくは環状に竪穴住居群が配される。食物の残滓は廃棄された住居址の上か、その外側背後に捨てられ貝塚を形成する。住居群の内側には袋状の竪穴土壙、さらに内側には埋葬のための土壙墓群が一定の規格で並び、中心地は広場としての空間となっている（千葉県高根木戸遺跡の場合）。袋状竪穴土壙を欠く場合には、住居群の内側に少し離れて土壙墓群をもつものが通有であり（千葉県貝の花遺跡の場合）、こうした集落の構成は、西日本の縄文時代後・晩期の貝塚をともなわない集落址においても認められている（熊本県新南部遺跡の場合）。一方内陸部における集落は一部の地方

を除いて2、3軒程度のまとまりをもった散在的なものであるが、領域的にみた場合、石棒などの特殊な遺跡をもつ集落を核とした集落構造が指摘されている（小林 1980）。

こうした前代の縄文時代の集落と初期農耕期の集落構成と明瞭な違いをみせる点は、同一遺跡において住居と貯蔵施設と墓地が分布上分離することである（都出 1970a）。その実際を、福岡県板付遺跡を例にとってみてゆこう（山崎 1982）。

板付遺跡は福岡平野のほぼ中央にあり、御笠川左岸にある標高10mあまりの南北に長い台地上と、この台地の東西両側に近接する沖積地に遺構が検出されている。1951年以降日本考古学協会、福岡県教育委員会、福岡市教育委員会などによっての数十回にわたる発掘調査の結果ほぼその全貌が明らかにされてきた。台地のほぼ中央部を中心とした場所に断面がV字形の溝を不整円形（径80〜110m）にめぐらしている。この環濠の内側に竪穴住居址群があり、袋状貯蔵穴は環濠のうちばかりではなく外部にも及んでいる。この時期の埋葬施設としては土壙墓があり、環濠の北西部に分離独立する形でみられる。以上の状態は板付Ⅰ式土器と夜臼式土器の共存する段階であるが、弥生前期（Ⅰ期）後半の板付Ⅱ式土器の段階では、台地の南端に集落全体が移動しても、住居、貯蔵穴と墓地とは近接しながらも分布域を異にしているのである。1977〜78年の調査では台地の西側低湿地帯で板付Ⅰ式土器に先行する突帯文土器段階での水田址が検出され、台地上でも同期の集落の概要が明らかにされてきた。これにより、従来考えられていた段階よりも一足早く水稲耕作が開始されたということが実証され、また集落構造の面でも竪穴住居地と貯蔵施設、それに墓地がそれぞれ分離した姿が明確化したのである（第1図）。このように生活の場と埋葬の場を別々につくることが突帯文土器の段階にまでさかのぼることは、日本で水稲耕作を中心とした農耕文化が成立して以来のあり方であることが認められよう。

板付遺跡でみられた板付Ⅰ式に先行する段階の突帯文土器は、佐賀県菜畑遺跡、宇木汲田遺跡、福岡県の曲り田遺跡・十郎川遺跡・有田遺跡などでもみる

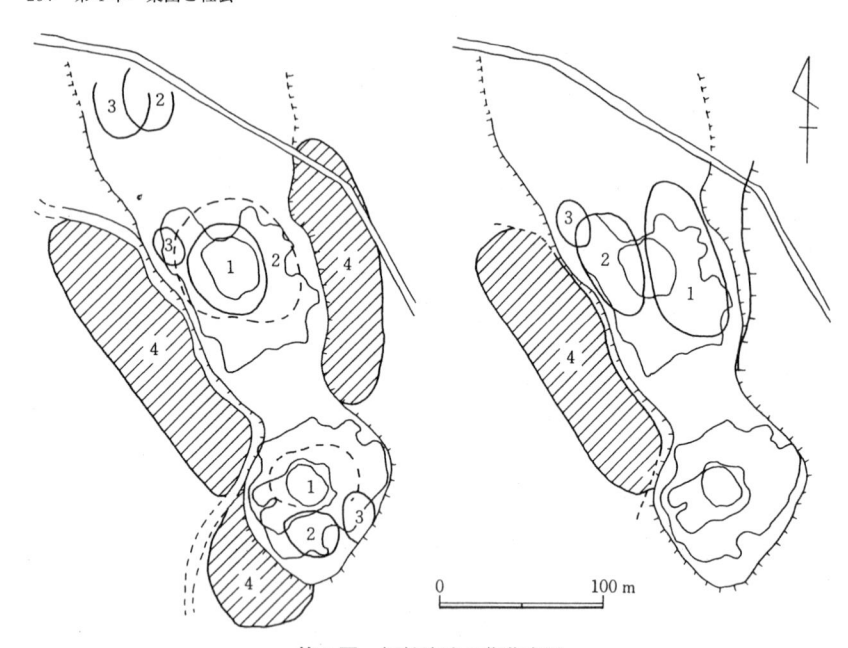

第1図　板付遺跡の集落変遷
右は突帯文土器期、左は板付Ⅰ-Ⅱ期　1：住所　2：貯蔵庫　3：墓地　4：水田

ことができ、玄界灘南縁の小河川下流域に形成された沖積地には、かなりの面的拡がりをもって板付Ⅰ式土器に先行する時期に初期農耕民が存在していたことが知られる。菜畑遺跡では居住地と水田が検出されたが（唐津市 1983）、調査範囲が狭いために居住区の状態は明確ではない。この段階での集落の実態が明らかにされている唯一の例としては曲り田遺跡があげられるが（福岡県教育委員会 1983・84）、発掘区の全体にわたって竪穴住居址が分布しており、その拡がりの大きさは把握できないのである。

　板付遺跡にみられるような環濠をもって居住区を区画し、墓地を環濠外に分離する集落のあり方は、弥生時代前期（Ⅰ期）の段階では福岡平野の有田遺跡、今川遺跡でも確認されている。南方への拡がりについてみると、熊本県中道貝塚・宇土城址・上六嘉遺跡でもみられることから、ほぼ熊本平野の南部にまで足跡をたどることができる。本州に波及した弥生文化は、綾羅木郷遺跡を

基点として山陽と山陰側に分布を拡大してゆく。綾羅木郷遺跡では弥生時代の前期から中期（Ⅱ期）前半にかけての1000余件の袋状貯蔵穴が、壕に囲まれた内側で発見されている（下関市教育委員会 1981）。しかも前期から前期末にかけて袋状の量が増加し、分布が拡大するとそれらを包み込むようにして環濠が拡大していくことが知られており、環濠と貯蔵施設が密接な関連性をもっていたことがうかがえるのである。山陰側では鳥取県倉吉市内で弥生時代中期の環濠集落（後中尾遺跡）が発掘されているが、前期の状況は不明である。しかし、京都府の扇谷遺跡や途中ケ丘遺跡で大規模な環濠集落が存在しており、土器やその他の出土遺物にみられる綾羅木郷遺跡との共通性からみて、山陰地方における弥生時代前期の環濠集落の存在は十分に推測されるのである。山陽地方では山口県の下東遺跡（山口県教育委員会 1975）や宮原遺跡でも弥生前期の環濠集落が知られているが、瀬戸内両岸では不明なところが多い。近畿地方では大阪府の安満・四ッ池両遺跡、奈良県唐古遺跡、滋賀県大中ノ湖南遺跡など拠点的集落と思われる遺跡ではすべて環濠がめぐっており、東海地方では高蔵貝塚、見晴台遺跡でも環濠が発見されている。

　弥生時代前期における環濠集落のこうした分布の拡がりは、北部九州で形成された本来的な農耕文化の外延性を示すものであり、新たに出現した弥生人の分布とほぼ一致しており、弥生文化形成における核地帯であることも示している。またこれら初期の環濠集落の濠はその規模も、囲廻する面積も大きく、防禦的性格を顕著にみせるものである。

　弥生時代中期にみられる環濠集落には2つの類型が認められる。ひとつは神奈川県大塚遺跡、朝光寺原遺跡、埼玉県池守・池上遺跡（埼玉県教育委員会1984）にみられるように、弥生文化が新しい地域へ進出した場合に出現するものであり、他のひとつは福岡県比恵遺跡や岡山県沼遺跡、貝殻山遺跡の例のように、前期（Ⅰ期）にはすでに弥生文化の領域にくみ込まれた地域内の、未開発地に足跡が及ぶ場合である。前者の類型の場合には、概して大規模な集落を形成するのに対し、後者の類型では次節でとりあげる近藤義郎のいう単位集団ひとつずつのまとまりである場合が多い。すなわち領域の拡大へと向かう集落

では大規模な集団構成をとるのに対し、領域内での開発においては小規模単位での開墾が行われたことを示している。

　弥生時代のⅣ期に入るとふたたび環濠集落が西日本一帯に形成されるようになってくる。この段階での環濠集落の存在は、未開発地域への農耕民の進出とはみなすことはできない。佐賀県千塔山遺跡に例をとってその実態をみてゆこう。千塔山遺跡は佐賀県の東部、福岡県との県境に近い筑後平野の最深部にあり（佐賀県教育委員会　1978）、基肄城のある基山から東方にのびるスロープがいったん途切れて平野に浮かぶような、独立丘陵上にある。この遺跡が占地されはじめたのは弥生時代中期（Ⅱ期）の初め頃で、台地の周囲を縁どるようにして14軒の住居群が馬蹄形に配置され、その中央部には16件の袋状貯蔵穴と5件の土器溜状土壙がみられる。住居址の形状には方形と円形の2種類があって、あるいは2時期に小区分されるかもしれないが、環状に住居を配し、中央部に貯蔵施設をもつ構成は変わらないのであり、これらを残した住民は初期農耕民であったことは疑いえない。ふたたびこの丘陵に集落が営まれるのはしばらくの時間をおいて、九州編年での弥生時代後期後半から終末期であり、丘陵の中央部から南側にかけての場所に、Ｕ字形をした溝（上の幅2.6〜3ｍ、下の幅1.7〜2.4ｍ、深さ0.6〜0.8ｍ）が走り、北西側に排水のための溝がのびて台地の下に通じている。この溝で囲まれた内部の広さは約5000㎡、内側に15軒プラスαの住居址と高倉が存在する。この後期の溝は早く埋没したようで、次の後期末の段階になると再度Ｖ字型をした溝が掘られ、南側と西側では従前のＵ字溝と重複するものの、北側では15ｍほど外側にのびて、溝で囲まれた内部の広さも3600㎡に拡大している（第2図）。このように千塔山遺跡では弥生時代後期後半から終末期にかけて継続的に居住されているものの、2度にわたり溝を開削して周囲から区画することがなされている。ところが、この溝内から出土する土器と住居址から出土する土器をくらべてみても、両者の間には型式上の差はない。このことは、溝は早くに埋没したことを示すものであり、区画することの実際的意味は大きくなかったと考えられ、前期にみられる大形の環濠集落の溝とは性格を異にすることがわかる。環濠の外部にも近

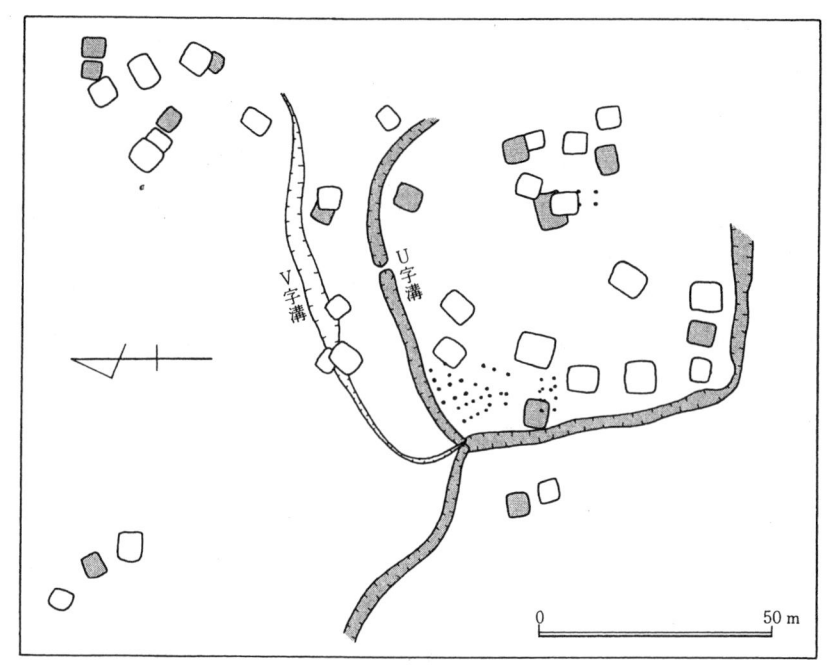

第2図　千塔山環濠集落
網点部分は後期後半、他は後期末

接して同時期の住居群が発見されていることは、それを裏づける一助となろう。

　福岡県や佐賀県東部それに熊本県北部と大分県北部地域にみられる弥生時代後期（畿内編年でⅣ・Ⅴ期）の環濠集落は、この千塔山遺跡にみられる様相とほとんど変わるところがない。すなわち前期や中期の集落と同様の立地条件をもち、集落の周囲には可耕地である低湿地を臨むこと、しかし環濠が掘られてもその規模は小さく、使用期間がきわめて短いこと、溝外部にも住居群が存在することなどである。

　畿内およびその周辺地方においても弥生後期（Ⅳ期）の段階に入って、このような環濠集落が形成されているのを認めることができる。兵庫県大中遺跡は、平坦な台地上（海抜14m）にあって、南と西には低湿地が控えている（播

磨町教育委員会 1965)。この台地上に2条のU字型をした溝が走り、その南北両側に弥生時代の住居址をみることができる。この溝がどのようにめぐるのか、住居址との関係は不明であるが、住居址群の区画であることは想定に難くない。この条溝（幅0.7m、深さ0.3m）は、区画する意味はありえても防禦その他の遺構としてはとうてい考えることのできぬしろものである。高地性集落の例としてしばしば引用される大阪府観音寺山遺跡では（森・鈴木 1968)、南北2つの丘陵上のそれぞれにV字溝をめぐらした内側に、79軒と24軒の住居址があったことが確認されているが、都出比呂志が指摘するように(都出 1970 b)、通常の生活を営みうる場所であり、その相対的比高差は千塔山遺跡をはじめとする北部九州一帯の後期環濠集落にみられる様態と変わるところはない。

　弥生時代後期（畿内編年ではⅣ期）にみられるこうした環濠をともなう集落の出現は、畿内では少し早い時期にその端緒を見出すことができる。大阪府四ッ池遺跡では弥生Ⅲ期に、溝（幅3m）を一辺100m以上の不整方形に配したものが発見されているが（大阪府教育委員会 1970a)、周濠内には土砂とともに多量の土器や木器が堆積していて、実質的な機能をはたしていないことがうかがえるのである。

　畿内およびその周辺地方ではⅢ期にはじまり、西日本ではⅣ期に普及する環濠集落は、西日本の前期や東日本の中期に展開する環濠集落とは、溝の規模と様態において決して同一視することはできない。綾羅木郷遺跡や京都府扇谷遺跡、それに神奈川県大塚遺跡などのような大規模な周溝をもつ遺跡、とりわけ大塚遺跡での大規模な周溝（幅4m、深さ3m）は（港北ニュータウン埋蔵文化財調査団 1976)、物理的にも精神的にも内部を外部から遮断する防禦的色彩が濃いのに対し、Ⅲ期以降のそれは名目的な区画を設けるにすぎない。こうしたいわば第二次環濠集落を高地性集落との関係で「倭国の大乱」と結びつける考え方が提示されているが、高地性集落と環濠集落の出現はかならずしも時期的に一致せずズレの生じること（森 1973)、環濠集落の形成時期は一時期に限定されないこと、また先に述べたように溝が小さくその存続期間が短いこと、

溝の外部にまで住居群の及ぶことなどは「大乱」状況下での現象とはみなしえない。一方、高地性集落といわれる遺跡でも、大阪府東山遺跡や兵庫県会下山遺跡の石器組成にみられる磨石や叩石などの縄文的色彩の復活は、弥生＝水稲耕作の一系列だけでは論じられないことを示すものであり、「大乱」以外の別の角度からの分析を必要としよう。

こうしたⅢ期以降展開する環濠集落の性格を象徴的に物語るものとしては、東日本の当該期の環濠集落があげられる。静岡県目黒身遺跡は愛鷹山南麓に展開する低平な緩斜面の末端部（海抜7.5m）の地にある（沼津考古学研究所 1970）。付近の丘陵末端部で沖積地に隣接する場所には、いずれも弥生中期から後期にかけての時期の集落址が知られており、目黒身遺跡が当地域の最初の農耕民の集落でないことは一見して明らかである。この目黒身遺跡では遺跡の中央部を東西に走る溝（上幅1.6m、底幅0.9m）が約100mつづき、この溝の南北両側にはそれぞれ1基の方形周溝墓をもつ住居址群が存在する。これは溝が住居群を相互に区分する意味ももちあわせていることと考えられる。このことをさらに明確に示すものは、神奈川県そとごう遺跡の例で（鈴木 1972）、ここではほぼ長方形（南北95m、東西65m）にⅤ字型をした周溝がめぐり、この内部に住居址群と方形周溝墓が共存している。西日本に成立した環濠集落は、そもそも現実の生活場所（この世）と埋葬場所（あの世）を明確に区別することから出発したのに対し、ここでは墓をも組み込んだ形での他集団との区別という意識がうかがえるのである。このことを念頭においてみると、先述した大中遺跡や千塔山遺跡、それに弥生時代中期以降はじまる環濠集落の溝は、一集落内における複数の集団の意識的区別に意味があったことが推定されるのであり、前期に開始された環濠集落とはその意味が異なるものであったことがうかがえるのである。

弥生時代集落の構成

近藤義郎は、岡山県沼遺跡の弥生時代集落址の分析を通して、5軒の家屋と1ないし2棟の倉庫をもつ自立した集団を摘出して「単位集団」と名づけ、水

210 第4章 集団と社会

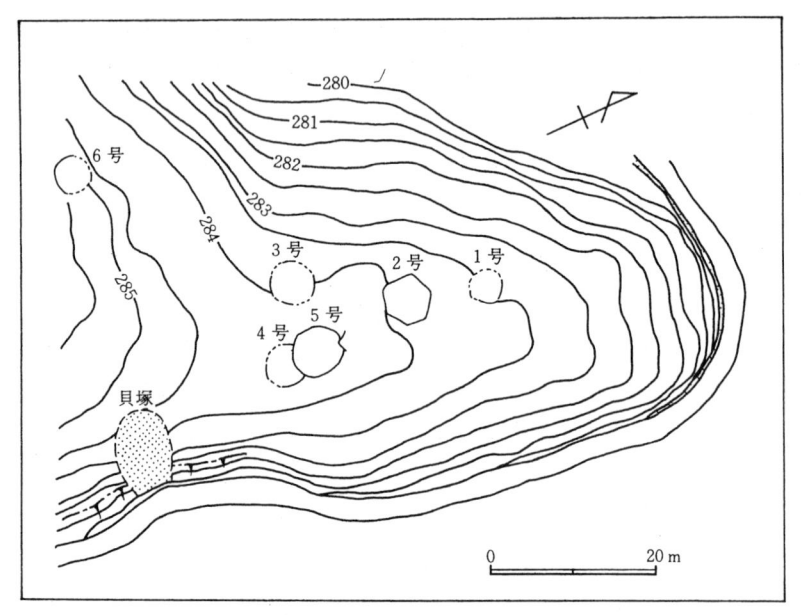

第3図 貝殻山遺跡

田経営の基礎単位であることを想定した(近藤 1959)。さらにその後いくつかの事例の検討を通して、基本的にはこうした単位集団が普遍的に存在していたことも論証したのである(近藤 1962)。この単位集団を構成する個々の住居址についてみてゆくと他の住居址にくらべ1軒だけ特異な構造をもち、特殊な遺物を集中して出土する住居が存在する。沼遺跡での大型住居址がそれであり、貝殻山遺跡での2号址がこれにあたる(近藤・小野 1979)。貝殻山遺跡では6軒の住居址が調査されているが、そのうち5軒は円形に近い平面形をとるのに対し、2号址は不整六角形を呈し、床面積は他のすべての住居址よりも大きい(第3図)。しかもこの2号址では土器や石器の出土量が他とくらべてとびぬけて多く、特殊な遺物として分銅形土製品も出土している。この種の大型住居は首長もしくは家長のものであり(都出 1984)、世帯を統率するリーダーの居住家屋としての位置づけがなされている(田中 1983)。その評価はともかくとして、単位集団のなかには特殊な性格を帯びた住居址が1軒存在していることは

第3節 農耕集落の変遷 211

確かである。すなわち単位集団の実態は4～5軒の住居、1軒の大型住居、それに貯蔵施設でなりたっているのである。では次にこうした単位集団の時間的拡がりについて検討してみよう。

福岡県曲り田遺跡は今日知られている最古の農耕集落遺跡であり（佐原1975）、30軒の竪穴住居址の存在が確認されている。ここでは住居址の重複が多く、完全な形で発掘されたものはほとんどないが、ほぼ一辺5ｍ前後の方形をなすのが一般的である。ところがこうした平均的な規模の住居址にまじって、一辺が7～8ｍにも及ぶ大型の隅丸方形をした住居址が存在している。このような特異なものは他に3軒あり、数的には5～6軒に1軒の割合で大形住居址がみられることになる。

弥生時代中期（畿内編年のⅢ期）集落址の代表的な例とされる福岡県宝台遺跡の場合をみてゆこう。宝台遺跡では丘陵の小尾根上の3カ所に分かれて弥生時代中期の住居址群がみられる（高倉編 1970）。この3カ所に分かれて存在する住居址群はその出土土器から、ほぼ同時期の所産と考えられ、各尾根に独立して集落が営まれていたと想定されている。このうちB地区では6軒の竪穴住居址が確認されているが、3号と4号は重複しているために5軒が同時期で一単位をなしている。この5軒の竪穴住居のうち、北方の端に離れてみられる2号址だけは、とびぬけて大きい（直径が約8ｍ）ことが注目される。大型住居址が認められるのはC・D地区でも同様であり、3つの単位集団がそれぞれ独立的に存在していたことが知られる。宝台遺跡の場合は中期中葉（Ⅲ期）における単一時期の集落であるが、福岡県下稗田遺跡や大南遺跡のように、各小丘陵上に分岐して長期間集落が継続するときでも、各丘陵上に継続的に単位集団が存在したことが指摘できるのであり、単位集団の持続性が強いことが考えられる。

佐賀県千塔山遺跡のV字溝で囲まれた弥生Ⅴ期の時期には、6軒の方形住居址と3軒の高床倉庫群が存在したとみられるが（佐賀県教育委員会 1978）、このうち24号址は他のものよりも一まわり大きく（床面積39.1m²）、しかも住居址内部南側にはベッド状遺構をもつことで特異であり、また他の同時期の住居

址にみられるような炉がないという特徴があり、出土遺物ももっとも多く認めることができる。大型の特別住居址と一般の住居址それに貯蔵施設から基本的な集団が形成されるという状況は、弥生時代のⅤ期の北部九州でも認めることができる。

　大分県の阿蘇東麓に拡がる台地は、大野川の上流によって開析された比高差70～100mにも及ぶ河谷がいくつも形成され、多くの独立状の台地を呈していて、こうした台地上には弥生時代の中期末（畿内編年のⅣ期）から古墳時代前期（前Ⅰ・Ⅱ期）にかけて大規模な集落遺跡が出現している。それらのうち代表的なものとしては久保台地の内河野の遺跡、菅生台地の小園、石井入口、ネギノ、平井遺跡、蒲原台地の恵良原、谷尻原遺跡、柏原台地の北原、中山遺跡（清水・玉永 1983）などがあり、数十軒から数百件のまとまりで集落が構成されている。しかもこうした大規模な集落址は相互に、直線距離にして1kmも離れておらず、こうした大規模集落の中間にはさらに少数の住居址群からなる集落も存在するのであり、遺構の密集度からすれば当時では全国一とも考えられるほどである。大野町二本木遺跡もそうした大規模集落のひとつで（大野町教育委員会 1980）、調査がなされた40mに60mの範囲内に100軒以上にも及ぶ住居址群が、複雑に重複した状態で検出されている。

　発掘調査がなされた場所以外にも、北や東、西側にも遺構が拡がることが確認されており、全面調査されたのは遺跡全体の約1／10にあたる。これら100軒以上の住居址のうち、もっともその密度が高いのは弥生時代後期（Ⅴ期）前半から終末の時期にかけて、すなわちⅢ～Ⅴ期で、Ⅲ期では18軒、Ⅳ期では15軒、Ⅴ期では11軒がみられる。これら各期の住居址群の大部分は床面積が30m^{2}前後のものであるが、面積が40～50m^{2}の大型のものがあり、時には71m^{2}にも及ぶものもみられる。これら大形住居址は内部に9件の柱穴をもつなど特異なものであり、他の住居址にくらべ鉄鏃の出土率が高い。こうした大型の住居址の中・小型住居址に対する比率は、Ⅲ期では15対3、Ⅳ期では12対3、Ⅴ期では9対2で、ほぼ大型1軒と中・小型5軒で構成されていたことが知られている。このことは大規模集落においても基本的な単位集団のあり方は変わるもの

ではなく、大規模集落の実態は、単位集団の集合体が長期間持続することでなりたっていることを示すものである。これらと同様のことは、大分県大野川上流地域の弥生時代後期（Ⅳ期）から古墳時代前期（前Ⅲ期）にかけての全時期を通して指摘することができるし、阿蘇山西麓の台地上に展開した同時期の遺跡、たとえば熊本県石原亀ノ甲遺跡などでもみることができる。

　南九州の地域でも広範囲に発掘されたところでは1軒の大型住居と4、5軒の中・小型住居とから構成される集落をみることができる（宮崎県教育委員会 1985、鹿児島県教育委員会 1985）。多くは単一の時期のものであるが、土器型式が2～3期に及ぶものは、二本木遺跡のように重複密集することなく、分布域を拡げて散在するあり方を示す。

　以上のように九州の弥生時代集落をみてゆくと、宝台遺跡のような単一の時期の小集落も、大南遺跡のような継続的な小集落も、二本木遺跡のような継続的な大集落でも、いずれも複数の単位集団を基本とするものであり、南九州にみられる時期ごとに移動をくり返す形で散在する小集団においても、原則的にはそれが認められるのである。山陽地方では一単位集団だけで小集落が構成される沼遺跡や貝殻山遺跡の他に、一定期間の持続性をもつ大規模な集落においても、単位集団の摘出が可能である。

　岡山県用木山遺跡は、岡山市の東部、東高月丘陵群のほぼ中央にあって、海抜が90mあまりの用木山の南に拡がる傾斜地と東にのびる丘陵の尾根上に位置する弥生時代中期中葉から後期前半にかけての集落址である（山陽団地埋蔵文化財調査事務所 1977）。この遺跡については神原英朗による分析がなされていて（神原 1977）、それによると用木山遺跡は全体が13支群に分離でき、各住居址群には大型住居址（径が6m以上）1軒と、小型住居址（径が4m級）3～5軒が認められるという。各住居址群にみられる大型住居址は遺物の出土面でも特異であり、石器製作にかかわる剥片と打製石器の未製品、それに折損品などが多く検出され、また分銅型土製品も数個発見されている。このことからこれら大型住居址では石器の製作にかかわる共同作業と共同祭祀がとり行われたと推定されている。山陽地方では低湿地の水田耕作地に近接した地域での

集落分析はなされてないが、長期間にわたって持続された大規模な集落址においても、基本的には単位集団の集合により全体が構成されていたことが、大型住居址の存在によって推測することができる。この他山陽地方にみられる集落の多くは、住居址の重複関係や同一地点だけでの建て替え、拡張などが頻繁に行われ、たとえ十分に余白地があったとしても、従前の場所から離れないという特徴をもち、土器に表された以上の継続性を考えねばならない。

　近畿地方の弥生時代集落は佐原真のいう継続型の集落が多く、具体的な単位集団を指摘することはたいへん困難である。大阪府東山遺跡のいわゆる高地性集落址においても大型住居址があることや（大阪府文化財センター 1980）、兵庫県大中遺跡にみられる大型の特異な形をした住居が存在すること、和歌山県吉田遺跡のように、炉のない大型住居（直径が12.5m）内では、多量の石鏃やその未完成品、石屑が多く出土する例のあることから（和歌山県 1983、小賀 1979）、大規模な継続型集落も単位集団の集合体が継起的にくり返されたものとみることができよう。

　東海地方では弥生時代の後期（V期）以降、大規模な集落が各地に出現してくる。多くの場合、面的にかなりの拡がりをもつものの分布には粗密があって、空地に取り囲まれるようにして15軒内外の住居址が重なり合うように集中することが多い。静岡県中平遺跡はその代表的なもののひとつで、約1500m^{2}の範囲内に弥生後期から古墳時代前期（前I・II期）にかけて165軒の竪穴住居址と掘立柱建物4棟が発掘されている（浜松市教育委員会 1982）。この遺跡では住居址は報告者によって16群に分けられ、各群は10〜12軒よりなりたっている。住居址の床面積の一般的大きさは20m^{2}であるのに対し、大型のものは40m^{2}以上もあり、なかには80m^{2}にも及ぶものもみられる。こうした大形の住居址は各群にかならず1軒以上あり、中・小型の住居址4、5軒と組み合ってひとつのグループを構成している。すなわち単位集団が同一地点において継続的に存在し、それらの集合体でこの遺跡ができあがっていることが想定されるのである。こうした例は東海地方では他に欠山遺跡や高橋遺跡などでみることができる（豊田市教育委員会 1969・71）。

中部山岳地方の集落址のあり方は東海地方と様相を異にする。この地域の大規模な集落址でみても住居址の分布密度は疎であって、住居址が重複する例がなく、その継続期間も短い。長野県高松原遺跡は天竜川西岸の河岸段丘上に形成された弥生時代後期の遺跡であり（長野県史刊行会 1983）、約6400m^{2}内に後期前半の住居址31軒と後期末の住居址4軒が検出されている。ここでも一般にみられる住居址の大きさは20m^{2}前後であるのに対し、床面積が40m^{2}前後のものが4軒あり、これに準ずるものが2軒他にみられる。住居址の空間分布をみるといずれもこうした大型の住居址を中核として4軒の小型住居址が組となってまとまりをみせている。またこれらに付属する高床倉庫6棟が2棟ずつ対になる形で存在しており、沼遺跡のように倉庫と単位集団が密接な関係があるとすれば、2つの単位集団が2つの倉庫を共有する姿が3時期あるのか、3つの単位集団が3つの倉庫を共有する状態が2時期あったのかのいずれかであろう。東海地方の集落址にくらべ、この単位集団の集合体が小さなことが何に起因するかを考える場合にすこぶる暗示的なことは、こうした河岸段丘上に位置する住居址から出土する石器の多くは打製の石鏃や石庖丁であり、またコメの他にムギやアワなどの畑作物が共存することである。高松原遺跡でみられた様態は決してここ独自のものではなく、岡谷市橋原遺跡でも同様である。この橋原遺跡では35軒の弥生時代後期の住居址から2斗6升のコメ、アワとヒエが2100粒、マメ130粒が出土し、他にムギ、ソバ、エゴマなどの栽培植物や、クリ、ドングリなどの出土も確認されている（長野県史刊行会 1983）。すなわち東海地方の場合とは異なって、畑作物を含めた複合的な農耕を営んでいた人びとの居住地であったことが想定できるのである（松島 1964）。

　南関東では弥生時代に属する集落址の調査が多く行われ、田中義昭をはじめとする多くの人びとによって分析がなされている（田中 1976、都出 1970b）。それらの研究によるとこの地方では、神奈川県三殿台遺跡（和島他 1968）や朝光寺原遺跡（岡本 1968）、大塚遺跡（港北ニュータウン埋蔵文化財調査団 1976）のような大規模な継続型集落と、二ツ池遺跡のような小単位の集落からなり、前者の拠点的集落を中心として後者のような周辺的小集落2、3個が一

体となって集合体を形成することが考えられている（都出 1970b）。単位集団のあり方からみると周辺的集落は大型住居址1軒を中核として5、6軒の小型住居址が自己完結的な単位となっており、拠点的集落はこうした単位集団が2、3個で構成されるものである。

東北・北陸地方の集落の様相は不明であるが、このようにみてくると弥生時代の集落は、大型住居1軒を中核として、3～5軒の中・小型住居で構成される単位が基本であり、大集落といえどもこうした単位集団が量的に拡大したにすぎないことが指摘できるのである。

こうした単位集団は福岡県曲り田遺跡の例を介して初期農耕の当初から存在していたことがうかがえるが、単位集団内に大型住居のあることは如何なる来歴によるものであろうか。縄文時代における長大家屋の例は、富山県不動堂遺跡（藤田 1983）をはじめとして、裏日本の縄文後期以降各集落には1軒ずつ存在していたことが知られている。こうした長大家屋は豪雪地帯に多くみられるもので、冬期の共同作業小屋であったことが渡辺誠によって論証されている（渡辺 1982）。一方、表日本の降雪の少ない場所にあっても、千葉県加曾利貝塚で発掘されたように楕円形の巨大な竪穴住居址（長軸が19m、短軸が16m）をみることができる（後藤・熊野 1984）。これらのことからすれば縄文時代においても共同家屋が存在したことになるし、縄文後期以降九州の縄文文化は、東日本からの大きな文化的影響を受けていたことを考慮すれば、弥生時代の大形住居が縄文文化に出自をもつ可能性がないわけではない。

一方、大陸に眼を向けると、朝鮮半島では無文土器中期に長軸が15m にも及ぶ巨大家屋が存在するが、他の住居址との関係はわからない。櫛目文土器の初期の段階でも東北朝鮮でこの種の大型住居址は存在する（社会科学院考古研究所 1972）。中国においては半坡類型の初期農耕村落に、弥生集落と同様の構成をとるものがみられる。陝西省姜寨遺跡がそれで、環濠に囲まれた内部に円形に住居址群と倉庫群が並び、その内側に家畜囲場があって、もっとも内側が広場となっている。環濠の東外側は成人のための埋葬地となっており、家畜囲場を除外すると日本の初期環濠集落の構成に等しい。環濠内の住居群について

は町田章の分析があり、それによると姜寨の住居群は5グループに分解でき、各グループにはかならず大型住居が1軒あって、中・小型住居との組をなしている（町田 1984）。姜寨遺跡の例が中国のすべての他の遺跡にあてはまるか否かはわからないが、少なくとも初期農耕期の集落では、大型住居址を核としてグループのまとまりがみられることは指摘できよう。

単位集団内の大型家屋についてはこれまで首長の住居とか、世帯共同体のリーダーの居住地として考えられることが多かった。ところが初期農耕の当初からこの種の大型住居址がみられること、石器などの製作場でもあったこと、炉のない場合があることなどから決して首長層の居宅とは考え難い。首長層は物資の収奪と管理、その分配を役目とするからには倉庫と同様の家形埴輪にみられるような高床式住居の居住者がふさわしいことはいうまでもない。民族事例にてらしてみても、若者宿などの大形共同家屋が作業場となったり、共同祭祀の場に使われたり、宝物の保管場所でもあったりする。このようにみてくると、単位集団内の大型家屋は他の4、5軒の住居址居住者を社会的有機的に結びつける共同家屋であったとみなすのが妥当であろう。

弥生時代の集落をこのようにみてくると、単位集団を基本とする集落であることには共通性がみられるが、持続性をこれにからませると、単位集団だけで集落が構成される小集団でも、単位集団の集合体である大集団でも、北部九州から東北地方にかけての地域では継続型集落を営むことが多いのに対し、南九州や中部山岳地方それに関東地方では、単一の時間帯に納まるものが多い。また大集落で継続型とされるものでも各時期ごとの住居数の変動が多く、同一場所での重複、建て替えなどが皆無のために、つねに単位集団が空間的に拡がりをみせる形式の集落となっている。こうした地域的相違を明確にとらえるために、古墳時代以降は2地域に分けてその変遷を検討してゆくことにしよう。

西日本の古代集落

古墳時代以降の集落は、形態的には竪穴住居から掘立柱式建物の住居へ、景観的には住居を区画する溝や柵のあり方、質的には共同家屋の消失と階層性を

示す宅の出現などを軸として展開する。掘立柱式の建物は大阪府山賀遺跡では（大阪府文化財センター 1980—84)、すでに弥生時代の前期より出現している。第一様式中段階の古い時期にすでに2棟がみられ、中段階の新しい時期には19棟もの建物があって、うち1棟は長辺に柱5本、短辺に柱3本をもつ間取り（建築史では4間×2間と表現する）をとることから、これらは倉庫ばかりとは考え難く、居住のためのものも存在したことが推測できる。今のところ弥生時代前期で掘立柱の建物がみられるのは河内低湿地帯に立地する遺跡のみであり、乾燥台地上を主たる居住区とする多くの地帯では掘立柱の建物が盛行しはじめるのは古墳時代中期以降であり、しかも地域的な落差がかなり大きい。
この時期の集落研究で特筆すべきは、広瀬和雄（広瀬 1978）と原口正三（原口 1977）の業績がある。広瀬は集落内の単位集団を基軸として、倉庫の有無で集落の社会的位置づけを想定し、均質的な集落構成をとるものから、住居群内に不均等な格差が顕著にみられる段階へと構造的に変遷をとらえたのである。ところが倉庫のない集落についてみると、その遺跡の近在に大規模な貯蔵施設をもつ類の集落はかならずしも存在しないのであり、倉庫のないことは一面では生産業の低さと貯蔵法の違いにも還元できるのである。また倉庫をもつ集落 aⅠ類についてみても、この類型の集落は弥生時代中期にはすでに出現していることはみてきた通りであり、倉庫をもたぬ、後の大規模集落との質的差を論ずるのはあまりにも類型論に片よりすぎるきらいがあるといえよう。

　掘立柱の建物が多くなる段階以前では、基本的には弥生時代中期後半以降の状態とほとんど変わりはない。奈良県寺山遺跡（中井 1985）では和邇・森本遺跡の東方洪積台地上にある古墳時代中期（前Ⅳ期）の住居址群が発見されている。6軒の住居址のうち5軒は床面積が20m^{2}にもみたぬもので、いずれも柱を4本もつもので床の中央に炉と東側壁近くに貯蔵穴をもつのに対し、E号とされた住居址は床面積が37.8m^{2}と他よりずば抜けて大きい。また明確な炉をもたず、床面中央部以外にも数カ所の火をたいた痕跡があるなど他とは異なった特徴を具備している。単位集団の廃絶型の好例であり、三重県西ヶ広遺跡などもこれに類する。

和歌山県吉田遺跡は2つの単位集団が持続的に展開する例のひとつである（辻林 1979）。ここでは弥生時代中期から5世紀後半まで、近接する2つの集団が併存している。古墳時代の中核となる大型住居址ではいずれも床面積が30m²に及び、ベッド状遺構をともなう。この大型住居址に3、4軒の小型住居址が組み合わさって高倉1棟を共有するものである。兵庫県長越遺跡の例もこうした段階のものであろう（松下他 1975）。

　北部九州において継続型もしくは断続型の集落としては福岡県御床松原遺跡をあげることができる（志摩町教育委員会 1983）。この遺跡は糸島半島の西側引津湾に面した海抜5～6mの海岸砂丘上にあって、弥生時代中期から5世紀にかけて営まれた大集落址である。出土遺物のなかに多量の漁具がみられ、また魚介類等の自然遺物も多く、立地条件とあわせて半農半漁民の集落址と想定されている。発掘した面積は約4500m²で、御床松原遺跡全体からみればほんのわずかな面積にすぎないが、100軒以上の竪穴住居址が密集して検出されている。弥生時代中期後半（畿内編年のⅢ期）に調査区の北側と南側に中心をもつ2つの単位集団が形成され、いったんは放棄されるものの後期末から5世紀段階まで、前代の2地点の上に持続して住居がつくられている。集落が廃絶されるまで大型住居が存在しているのは重要である。近畿地方において御床松原遺跡に比肩しうる遺跡の発掘例はあまりない。大阪府の陵南遺跡はそうした大規模集落の一部であろうか（大阪府教育委員会 1975）。

　中九州地域では弥生時代Ⅳ期から古墳時代前期（前Ⅰ・Ⅱ期）にかけての時期に、一時的に大規模集落が爆発的に増加したのであるが、5世紀以降になると廃絶型の集落がほとんどを占めるようになる。また継続型もしくは断続型集落においても単位集団の数の減少がみられ、後に述べる東日本でのあり方に類似するようになってくる。熊本県沈目遺跡は熊本平野の南部、緑川の中流域の台地上に形成された古墳時代中期（前Ⅲ・Ⅳ期）の集落址である（熊本県教育委員会 1974）。ここでは6つの単位集団が、おのおの1軒のベッド状遺構をともなう大型住居址を中心としてまとまりをもって存在している（第4図）。遺構の分布はきわめて粗であって6つのグループが同時併存したのか、同一集団

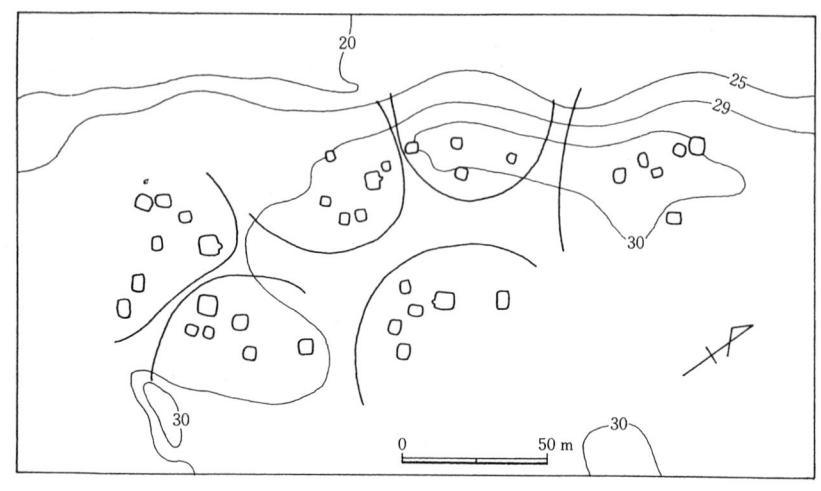

第 4 図　沈目遺跡

が継起的に移動したのか、あるいは異集団が継起的に移住したのか確証はない。さきにみたように弥生時代中期以降、単位集団が併存する場合は溝をもって相互を区分する傾向があり、こうした区画溝がないことは、同時併存を意味しないことが考えられる。

　この時期の注目すべきことは、岡山県谷尻原遺跡にみられるように周溝をもった大型の竪穴住居が出現することである（岡山県教育委員会 1976）。ここでは柱を4本もつ方形竪穴（一辺が約12m）から巴形銅器を出土しており、広瀬によって「支配的共同体の首長の住居」と考えられた。埼玉県北貝戸遺跡でははぼ半円形に並ぶ五領Ⅱ期の7軒の竪穴住居群のうち、中央に位置する7号址のみ三方を溝で画す例がみられる（埼玉県 1982）。谷尻遺跡の場合でも本来的には北貝戸遺跡のように単位集団のまとまりのうちに共存するものであるなら、首長の居宅と断定するのは困難であろう。むしろ共同体の規制が強まったことを示すものであろう。このように5世紀までの集落は、廃絶型と継続型が入りまじった状況がみられるが、基本的には弥生時代中期後半以降のあり方と軌を一にしているといえる。5世紀の段階で掘り方、すなわち柱をたてるための穴を方形に大きく（一辺1m強）掘った巨大な建物群の存在が、最近しだ

第3節　農耕集落の変遷　221

いに明らかにされるようになった。和歌山県鳴滝遺跡（和歌山県 1983、小賀 1979）や福岡県有田遺跡（福岡市教育委員会 1983）でも見出されていて、屯倉、あるいはそれに類するものと想定されるものである。ひとつの古墳から見出された数軒の埴輪家全体から推定されている豪族の居宅の構造は、遺跡の上では具体的には明らかにされていない。しかし豪族層のものとはいえないまでも、畿内地方では5世紀の末以降、集落址のなかに明確な階層差が見出しうるようになってくる。

　大園遺跡は大阪府の南部、信太山丘陵から北西にのびた低位段丘上とその辺縁部に拡がる5世紀後半から6世紀末にいたる遺跡である（大阪府教育委員会 1974-81）。遺跡は1km四方に及ぶ広大な範囲で十数回にわたる調査によって、138棟の掘立柱建物が検出されている。5世紀後半には3カ所の集落がみられ、このうち1カ所では4間×5間の傑出した大規模な家屋を中心として、他に住宅もしくは納屋3棟、高倉1棟、それに井戸と一定の大きさの広場というまとまりが、溝による方形区画の内側にあり、溝の北外側には規模の小さな家屋および納屋4棟に高倉1棟と井戸1件でまとまる群と対峙している。方形区画の内側にみられる建物群は、母屋の規模および広場や個別の井戸を有することで、溝の北側の建物群よりも優位であり、そこに居住する住民よりも社会的に上位にあることは十分予想できよう。弥生時代中期以降にみられた、同時併存する単位集団を区分する意味で配された溝が、この段階では階層差を表現するために、他の建物群より分離するための区画施設として機能しているのであり、集落内においての有力農民の存在を認めることができよう。大阪府宮之前遺跡でみるように、6世紀後半代でも竪穴住居からなる単位集団が存在することを念頭におくと、そこにいちじるしい階層差を認めることができる（大阪府教育委員会 1970b）。大阪府陵南遺跡の家屋と高床倉庫をともなうまとまりは、大園と同一の階層のものであろう（広瀬 1978）。こうしたものよりもさらに階層差を明確に示すものとして、大阪府伽山遺跡（大阪府教育委員会 1981）や兵庫県松野遺跡（神戸市教育委員会 1981、小笠原 1984）の例をあげることができよう。松野遺跡では塀によって方形に区画された内部はさらに他

の塀によって内郭と外郭に分けられ、内郭には3棟の高床建造物があって、外郭には倉庫を備えている。大園遺跡にすぐつづく時期に、一般集落より独立した特定個人集団のための居宅が形成されているのである。

　7世紀に入ると畿内では集落間の格差が増大する一方、掘立柱建築の地方への分布の拡大がみられる。大阪府平尾遺跡は、120mに80mを周溝で区画し、さらにその内側のほぼ中央部を柵で区切って内郭とし、内郭の内側には建物に張出しをつけたいわゆる廂付きの建物を中心として一定の企画の下に大小の建物が配置され、外郭の東西北三方にも建物を配するものが発見されている（横山 1974）。前代の松野遺跡のタイプがより大型化したものである。むろんこうした家族型住居が全国に拡大していくのは、決して一律ではないことはいうまでもない。

　山口県秋根遺跡は現在の新下関駅周辺地域、綾羅木川上流の台地上に展開する平安時代にかけての大集落址である（下関市教育委員会 1977）。平安時代以前では4世紀と6世紀の小規模な竪穴住居があるだけの寒村であったが、9世紀に入ると建物の三方に張出しをつけて居住空間を拡げたいわゆる三面廂をもつ建物を中心とした掘立柱建物群が2条の溝に挟まれた中央に出現し、以後2回の建て替えを経て平安時代末まで持続されている。建物の構造と配置、それに出土遺跡の分析を通して、豊浦郡の郡衙でしかも豪族居宅型のものと推定されている。これでみるように、大規模な掘立柱建築の開始は地方によっては200〜300年の落差があり、しかもその出現（地方への波及）に関しては、なんらかの形で国家権力との結びつきが考えられるのである。

　この時期の畿内先進地域における農民層の集落を考える資料として、大阪府宮之前遺跡があげられよう。ここでは8世紀代の掘立柱建物が14棟検出されているが、それらのなかに2棟の住居と1棟の高倉のまとまりが4組摘出できる。この住居2棟と高倉1棟という組み合わせは、従来の大型住居1軒と4、5軒の小形住居それに高倉1棟という単位集団にとって代わる単位であり、三重県貝野遺跡においてもその変換の状況を読みとることができる。

　宮之前遺跡より少し大きな集団においては、3棟の住宅に1棟の高倉それに

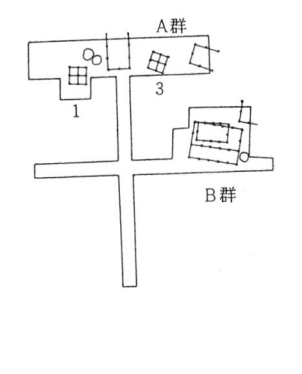

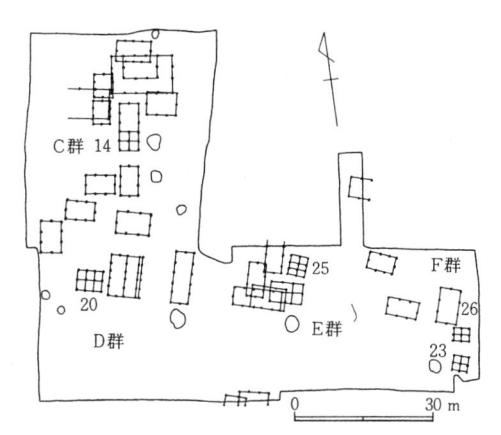

第5図 郡家今城東遺跡建物群
○は井戸、数字は高倉、その他は住居

　一定の広場と井戸というまとまりのあることが、大阪府今城東遺跡で認められ（第5図）、この型は中世名主層の居宅と通じる点のあることは、原口正三の指摘するところである（原口 1977）。

　兵庫県山垣遺跡（兵庫県教育委員会 1984）はその出土した木簡から、「符ス春部」の里長の居宅と想定されている。この遺跡では溝（幅3m、深さ0.6m）によって区画された内側に、5間×4間の母屋とそれにともなう納屋とがあり、母屋と納屋の間は築垣塀によって画されている。この建物の西側は未発掘のために全体の構造をとらえることはできないが、在地指導者層の居宅を垣間みることはできよう（第6図）。

東日本の古代集落

　関東地方に弥生時代の環濠集落が形成されるのは弥生時代Ⅳ期の須和田式の段階である。

　埼玉県池守・池上遺跡がその最初の例に属する（埼玉県 1982）。花粉分析の結果、遺跡の周囲はヨシのはえる沼沢地であり、炭化米の出土もあってその住民たちが水稲耕作を行っていたことが十分に考えられる。しかしそこでみられ

224　第4章　集団と社会

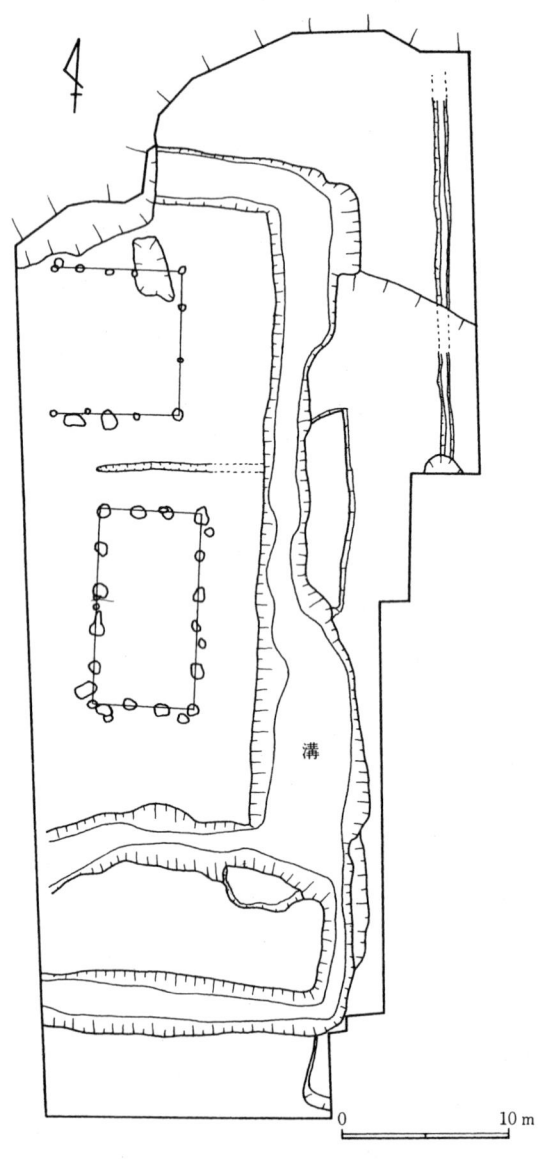

溝

0　　　　10 m

第6図　山垣遺跡の遺構平面図

る石器のなかには、西日本の台地上や高地地帯に通有の打製石鏃が多量に出土することからも、水稲だけでなく畑作物の栽培も行っていたことがうかがえよう。

関東地方に環濠集落が広範に出現するのは次の時期の宮の台期（Ⅳ期）で、ほとんど例外なく大規模集落として登場する。この頃の集落址については田中義昭の詳細にわたる研究がある（田中 1983）。それによると関東の弥生時代集落は「複数の単位集団（世帯共同体）からなる大規模な環濠集落を中心にして、周辺に小規模な単位集団の集落があたかも衛星のように分布して、ひとつの集落群を形成している」のである。具体的には4型式以上の時期にまたがる集落＝中間型とし長期継続型、単一の時期のみの集落＝短期廃絶型、2型式ないし3型式にまたがる時期の集落＝中間型とし河川の流域ごとの分析を行っている。ところが田中が集成した遺跡の数を長期継続型対短期廃絶型の比でみてゆくと、宮の台期では1対2、久ヶ原期（V期）と弥生町期（V期）では1対4になるのに、前野町期（V期）では3対1、五領期では4対1と逆に継続型が多くなるという矛盾が指摘できる。さきにもみたように大規模な環濠集落といえども、大型住居1軒を中核として4、5軒の中・小型住居址からなる単位集団の集合体であることが知られているからである。このことは関東で長期継続型と称されている遺跡が、西日本のそれとは性格を異にするものであることを暗示しているのである。これを明確にするために、2、3の大集落の再検討を行ってみよう。

大塚遺跡は神奈川県鶴見川の支流である早淵川中流の左岸にある洪積台地上に位置する環濠集落で（港北ニュータウン埋蔵文化財調査団 1976）、宮の台期の住居址90軒、朝光寺原期（Ⅳ期）の住居址6軒が発掘されている。この大塚遺跡の集落につき武井則道は3ブロックに分け、この各ブロックは3つの小時期に区分しうることから、1小期25〜30軒で集落が構成されていたとみている。この遺跡には床面積が約80m²にも達する、とびぬけて大きな住居址が3軒存在し、床面積が50m²のものが12軒みられる（第7図）。これら大型および中型の住居址からは他にみられぬ遺物が出土することから、中型住居址も集落

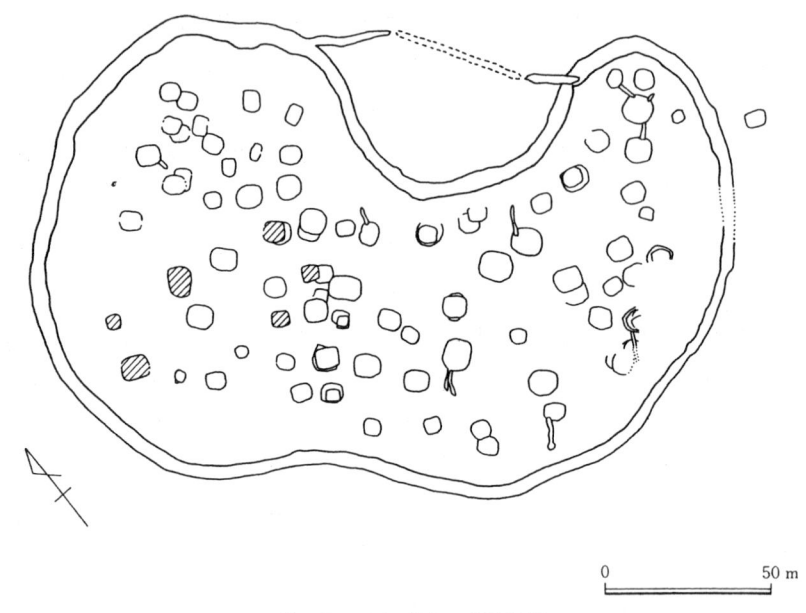

第7図 大塚遺跡の環濠集落
斜線は朝光寺原、他はすべて宮の台期住居址

の中核的存在と考えると、共同住居1軒に一般住居5軒という単位集団の指摘が可能である。この数字はこの集落の最後の段階である朝光寺原期の住居群が、やはり大型住居1軒に一般住居5軒でなりたっているのとうまく相応するし、宮の台期の集落が3つの小期に区分できるとすると、大塚遺跡の住民の墓地と考えられている歳勝土遺跡の方形周溝墓のあり方とも一致してくるのである（都出 1970b）。

　このように拠点的集落と考えられている遺跡も、それが意味をもつのは初期の段階であり、長期間にわたって拠点が維持されたわけではない。また大塚遺跡の住民たちの墓地である歳勝土遺跡（横浜市埋蔵文化財調査委員会 1975）では大塚遺跡が形成される段階では日常生活址と明確に区分された墓地であったのに、大塚遺跡廃絶の直後の久ヶ原期には大形住居1軒を中核として他に4軒の住居をともなう日常生活の場となっており、生活場所と墓地を切り離すという弥生本来の原則から離れるものであり、宮の台と久ヶ原期の集団の同一

性も問題になってこよう。

　関東における大規模集落の第2のタイプとして考えられるのは、神奈川県三殿台遺跡である（和島他 1968）。この遺跡は大岡川の右岸の丘陵上に営まれた弥生時代から古墳時代にかけての拠点的集落で、150軒の住居址が複雑に重なり合う状態で発見されている。集落の変遷については田中義昭の分析があり（田中 1983）、これによると、集落は宮の台期40軒、久ヶ原期40軒、弥生町期50軒、前野町・五領期を2小期に細分できるので、各小遺跡10軒前後となり、いずれも大型住居を中核としたやや大きめの単位集団が継起的に展開したことが知られるのである。重複関係が複雑で仔細な検討はできないが、最終段階である前野町・五領期には大型住居址が3軒あることから、単位集団数はさらに少なくなる可能性がある。それはともかくとして、関東地方でも三殿台遺跡のように密集して複雑に重複をくり返す単位集落においては、集落が継起的に維持されていたことが知られる。

　拠点的集落のもうひとつのタイプは、神奈川県朝光寺原遺跡のように長期間にわたる集落址ではあるが、各時期ごとの住居の数はすこぶる変動が多いのが特徴である。田中義昭によると、宮の台期55軒、久ヶ原期5軒、弥生町期22軒、前野町・五領期15軒であり、久ヶ原期で住居数がいちじるしく減少するのである。近隣での拠点的集落においては、久ヶ原期は2ないし3時期に小区分けされるので、朝光寺原遺跡では久ヶ原期に一時廃絶されたことが想定されるのである。したがって、このタイプは最初の段階では大塚遺跡のようなあり方をし、廃絶後は二ツ池遺跡のような周辺的集落の形に変化するものである。

　以上3つのタイプの拠点的集落と称されているものは、環濠集落が形成される当初の段階では大規模な集団構成をとることのみが共通するのであり、開拓時以降については三殿台遺跡のように一定の大きさの集団で長期間継続するものと、大塚遺跡や朝光寺原遺跡のように単位集団をきたすものとに分けることができる。後者の場合は集落址内において住居址相互に重複関係がほとんどないのであり、弥生時代の南九州や古墳時代の中九州にみられるように、廃絶型集落の場合、すなわち単位集団がそのまま形で存在しているのであって、過去

に対する継承性がみられない。このことは非同一集団による占拠もしくは時間的に空白をおいての同一集団による再占拠であることを示し、いずれにしろ集団の絶えざる移動が想定されるのである。したがって、大塚遺跡や朝光寺原遺跡は拠点的集落とは考えにくいのであり、西日本でみられるような拠点集落—集落周辺という、母村—分村関係は成立しない。また三殿台遺跡が少数の単一集団のみで長期間営まれたものであるなら、自立性が強く周辺遺跡との関係は稀薄であって拠点的集落とはなりえない。三殿台遺跡を除いて多くの場合、広域にわたっての単位集団の短期間の移動のくり返しが、結果としてこのような廃絶型集落の集合という遺跡のあり方に反映されたとみるのが妥当であろう。

　東京都神谷原遺跡は、多摩川の支流湯殿川が開析した小河谷に面する（八王子椚田遺跡調査会 1981）。低湿地との比高差30m ほどの台地上に営まれた弥生時代末（Ⅴ期）から古墳時代前期（前Ⅰ・Ⅱ期）にかけての集落址であり、70000m^{2}の範囲内に163軒の住居址と34基の周溝墓が発見されている。この集落に農耕民が最初に足跡をとどめるのは前野町期で、規模の卓越した1軒の大型住居と5軒の一般住居よりなる単位集団である。次の五領期に入ると、住居址は96軒と飛躍的に増大し、これらは8群にまとまって分布する。各群ではE2を除いて大型住居址1軒と10軒内外の住居址群で構成されている。単位集団にしてはいささか多すぎるきらいはあるが、各群には床面積が10m^{2}あまりの極小住居址が2、3軒ともなうことから、岩崎卓也のように機能別住居を想定すれば（岩崎 1983）、実質的軒数は前代のものと近いものとなる。五領期の新しい段階のものでは、群のまとまりは3つに縮小し、うち一群は周溝墓の分布域内に共存している。この段階での住居群は、大型住居1軒を含むものの小形のものが多く、1群は10軒以上で構成されている。

　このように大規模集落を、時期的変遷を通してみてゆくと、数の上でいちじるしい跛行性があり、決して継起的な集落とは考えることができない。湯殿川流域には神谷原遺跡とほぼ同時期の集落址として7カ所あげられるが、これらではいずれも墓地は検出されていない。このことからこの時期神谷原はこの流域の共同墓地として利用されていたことを仮に考えるとすると、居住集団が一

定地域を移動するというまとまりとしても解釈が可能であろう。

　埼玉県五領遺跡は古式土師器の五領式土器の標識遺跡として著名であり、小範囲内に住居址が密集して分布する（和島・金井塚 1966）。B 地区の東側では弥生後期の住居址4軒があり、五領の古い時期では大型の13号址を中核として4軒の単位集団で構成されている。五領新式の時期には高倉を中央に置いてほぼ二重の環状に16軒の住居址が分布するが、その内側の住居址に重複する部分があり、住居址相互が接近しすぎることから内環2時期、外環1時期の3小期に分けられる可能性が高く、それに相応するように3軒の大型住居址が存在する。この後100年ぐらいの空白期間をおいて鬼高期では1軒の大型住居址と5軒の一般住居址のまとまりがふたたびみられるようになってくる（第8図）。この五領遺跡では廃絶型集落の後、一時期五領期の段階で継起的集落となったが、空白期間の後また廃絶型集落となったことが知られる。これ以外、五領期や和泉期の集落は大多数が単純期遺跡、すなわち、ひとつの単位集団だけで廃絶型集落を形成するものである。したがって関東地方での4～5世紀の集落は、ひとつの単位集団が一定地域を移動することで形成されたものが基本で、1地点に持続的に住居が営まれた例は少ない、寒村の状態であったことがうかがえよう。

　ちなみに関東地方での古墳時代から古代末までは、集落から出土する土器によって五領期（4～5世紀）、和泉期（5世紀前半～6世紀初）、鬼高期（6世紀前半～7世紀）、真間期（8世紀）、国分期（9～11世紀）と編年されている。

　5世紀も末になると集落のなかに階層性を示すものが一部の地域で出現してくる。群馬県荒砥荒子遺跡は標高100mばかりの低位丘陵上に位置する和泉期の住居址である（鹿田他 1984）。ここでは溝（長さ2.5m、深さ0.4m）が東西60m以上、南北43mあまりの方形にめぐり、その溝にそって内側にはさらに棚列が配されている遺構が発見されている。この溝と柵で区画された内部には4軒の住居址がみられる他は何の施設もみられないが、群馬県三ツ寺遺跡の例を念頭におくと（下城 1982）、空白地は広場のみではなく、相応の建物群の存

230 第4章 集団と社会

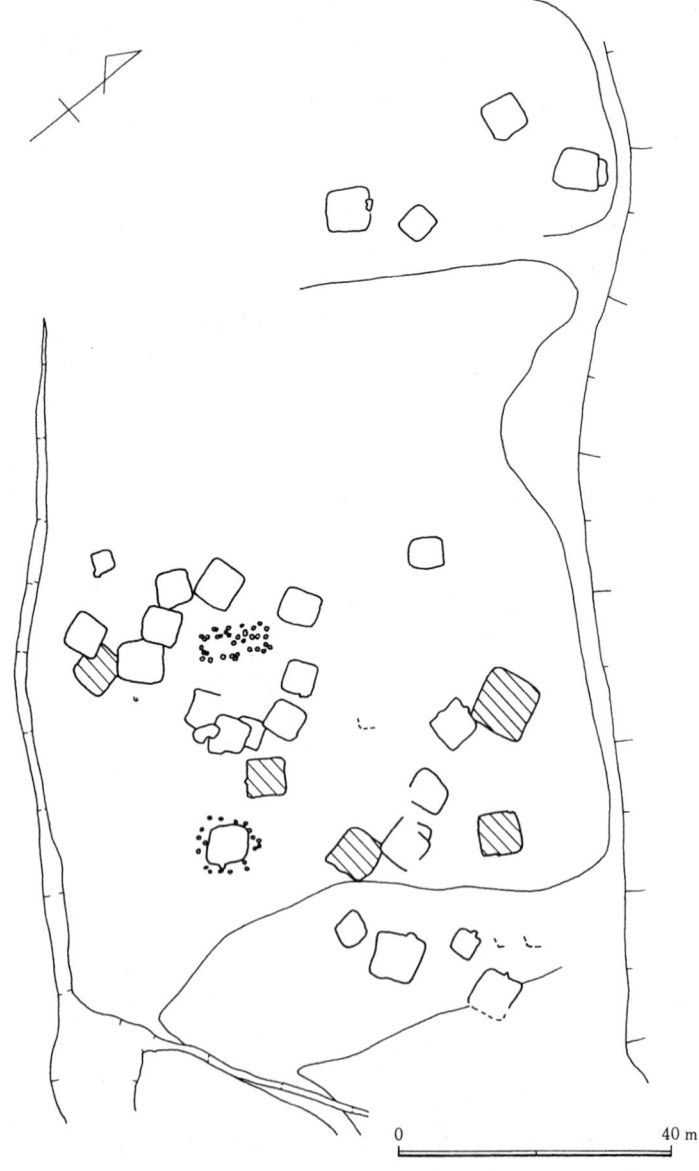

第8図 五領 B 地区古墳時代中期集落
斜線は五領古期住居址、他は五領新期

在が予想されるのである。少なくともこの段階での一般の集落から区別された施設をともなった居住地の出現をみることができる。しかし、この方形区画の遺構は短期間で放棄されたらしく、ほどなく大型住居をともなうひとつの単位集団の住居址群がみられるようになってくる。鬼高期の集落址については東京都の中田遺跡の分析がよく論じられてきた（服部 1978）。この遺跡は多摩川上流、浅川と川口川に挟まれた微高地上に形成された古墳時代後期から平安時代にかけての集落址である（八王子市中田遺跡調査会 1966-68）。住居址は東西に長くのびる微高地にそって細長く配されているが、遺構の分布には疎密がある。もっとも多く住居址が集中するのは中央部（E 地区と D 地区の東半部）で、鬼高 I 期には大型住居址 1、中型住居址 5、小型住居址 5 よりなる。鬼高 II 期になると分布の中心はやや西に移り、中型の D-17を中心として 5 軒の小型住居址がそれを取り囲むように配され、E 地区南側に他の 1 群も存在するようである。鬼高 III 期では 3 軒か 4 軒かの小型住居址が散在するようになる。このような状況は中央部分の西側地区でも東側地区でもみられる。中田遺跡は 6 世紀には 3 ないし 4 の単位集団により形成された集落がしだいに縮小拡散していった姿をたどることもできるが、同時期の集落としては区画のための溝がないことや、住居址の重複がほとんどないことは、ひとつの単位集団のくり返しの居住とも考えられる。

　鬼高期の集落を特徴づけることは、短期間のうちに面的な拡がりを示す大規模集落の出現である。その代表的な例として千葉県上の台遺跡と日秀西遺跡をあげることができる。

　上の台遺跡は東京湾を臨む標高17m の台地上にあり、鬼高期に属する竪穴住居址が216軒検出されている（駒澤大学考古学研究室 1981）。この遺跡は出土した遺物と立地条件から半農半漁の集落址と考えられている。住居址は台地の縁辺部にそって密集し、数多く重複関係が認められている。複雑に重なり合うために単位集団の数は推定できないが、大型住居址が10軒あまり存在することから、いくつかの単位集団が集合して継起的に集落が営まれていたことが想定できる。

日秀西遺跡は利根川と手賀沼に挟まれた標高が20m ほどの東西に細長い平坦な台地上にあって、鬼高期に属する180軒の住居址が発見されている（千葉県文化財センター 1980）。住居址の分布状態からみれば、遺構は東や南にさらにのびる可能性が大であり、したがって住居もかなりの数にのぼると思われる。この遺跡の特徴はとびぬけて大きな住居址がなく、他の遺跡とくらべると、大型と中型の等質的な集落からなりたっていることである。これら2つの集落は上の台遺跡が単位集団の継続により形成されているのに対して、他方は単位集団が把握できない集合体であるという違いがみられるが、いずれにしろ鬼高期だけの短期間に突如として出現し、急速に消失したという特異なものである。

この時期に荒子遺跡に類する豪族の居宅と考えられるものは、群馬県三ツ寺遺跡や原之城遺跡であり、東日本においても階層差がますます歴然としてくるようになる。

8世紀における東日本の集落については、鬼頭清明（鬼頭 1976）と高橋一夫（高橋 1979）による興味深い分析がある。鬼頭は東国における集落址を鬼高期から真間期まで継続するもの A 型と、真間期になって出現する B 型に分け、B 型はさらに掘立柱建物の竪穴住居に対する割合が10％以下の BⅠ型と10％以上の BⅡ型に細分した。そして A 型が東国本来の集落、BⅠ型はその子村で8世紀以降に新たに開発された集落としたのである。BⅡ型については畿内の影響下に成立したものとして、静岡県東平遺跡をその例にあげている。

東平遺跡は富士山の裾野の末端部、海抜が20〜30m に及ぶところにある（富士市教育委員会 1983）。数回の調査が行われて7世紀末から9世紀初めの時期の竪穴住居址と掘立建物が数多く検出されている。これらは報告者により7期に細分され、各時期の遺構の推移がとらえられている。それによると、第Ⅰ期では4、5軒の小型住居址群が1棟の高倉を共有する状態にあり、第Ⅱ期でも同様に考えられる。しかし、第Ⅱ期では4軒の小型住居址に1棟の高倉という組み合わせに1棟の大型住居址がともなう例がみられる。このことからす

ると、第Ⅰ・Ⅱ期の高倉をもつ集団にも本来的には大型住居址がともなっていたものと考えられる。ところが第Ⅲ期になると大型住居址は消失し、8～10軒の住居址に高倉が2棟ともなう群を南北に配置し、中央部には住居と考えられる3間×4間の建物2棟に4棟の高床倉庫をもつまとまりが出現し、Ⅳ期になると高倉をもたない3、4軒ずつの竪穴住居址が調査区北側にかたまり、中央部には3棟の建物と6棟の建物が整然と配されるようになってくる。Ⅴ期とⅥ期になると6～8軒の竪穴住居址が2棟の高倉を共有するものへと変化し、最終のⅦ期では3軒ほどが1棟の高倉を共有する形をとる。このような集落の推移はⅠ期・Ⅱ期の3つから4つの単位集団による集落の形成された時期、Ⅲ期・Ⅳ期の集落再編成が行われた時期、その再編された集落が解体した時期の3段階に区分しうる。もしも外的な力が加わったとするならば、それは第2段階であり、この時期遠江系の土器が主体を占めるようになる状況とよく呼応するのである。第1段階での単位集団が高倉を共有する事例としては、この地方では目黒身遺跡で古墳時代初頭に出現していることから、いちがいに畿内の影響下に形成されたとはいい難いのであり、水田耕作が不可能な火山灰台地を開拓した集団のなかから、特定有力者が出現し、没落した過程ともみることができる。

　高橋一夫は8世紀段階の東日本では、一定時期に突如として大規模な集落遺跡が出現し、一定期間を経て突如消失する集落について論じ、これらは「公権力」により計画的に形成された村落であることを主張している。高橋の取り扱った資料の多くは、鬼頭のいうBⅡ型集落であり、両説は多くの部分で重なり合っている。計画村落もしくはBⅡ型集落とされるものは、千葉県山田水呑遺跡、村上遺跡、神奈川県鳶尾遺跡などである。

　村上込の内遺跡はこの時期の住居址155軒が検出されている（千葉県都市公社 1975）。これらはいくつかの分布上の空白地帯をもって、台地北半にある第1群と台地南半に密集する第2～第4の4グループに分けられている。

　本格的にこの集落で居住が始まるのは5期小区分の第Ⅱ段階で、第2群で9軒のまとまりをもつものが最初である。第Ⅲ段階になると第1群23軒、第2群

14軒、第3群19軒、第4群5軒とこの集落で住居の数がもっとも多くなる時期であり、第Ⅳ段階では第1群と第3群で19軒と11軒で住居址は多少多めであるが、第2群と第4群はひとつの単位集団に戻り、第Ⅴ段階では、各群ひとつの単位集団だけで集落が構成されるようになる。この展開で知られるように、村上遺跡は基本的にはいくつかの単位集団により構成された集落であり、掘立柱建物群や墨書土器が集中する第3群も、第Ⅲ期段階での他のグループより相対的に地位が高いにすぎない。ましてや東平遺跡のように住居としての掘立柱建物も存在しないことからも、その優位性の実体もうかがえよう。このようにみてくると、村上遺跡は決して一定の企画のもとに創設された集落とはいい難く、単位集団の集合体で構成される短期継続型村落とみることができ、栃木県井頭遺跡もこれと同様である（栃木県教育委員会 1974）。

　一方山田水呑遺跡の場合はどうであろうか（山田遺跡調査会 1977）。この遺跡は房総半島のほぼ中央部、下総台地の西南端あたりの平坦な台地上にある。奈良時代から平安時代前期までの竪穴住居址143軒と掘立柱建物52棟よりなりたつ集落址である。この遺跡についても詳しい報告があり、何人かの研究者による再検討がなされている（鬼頭 1985）。

　第Ⅰ前半期は遺跡のほぼ中央部に環状になるように10軒の竪穴住居と2棟の高床倉庫が並び、1軒の竪穴住居址が環の内側に入る構成をとる。第Ⅰ期後半では初期の環状集落が分解して4グループに再編され、各グループには倉庫が1棟付設される。第Ⅱ期になると遺跡中央部近くの竪穴住居7軒からなるグループでは、大型住居を取り囲むようにして倉庫と納屋がつくられ、他の3グループより優位にたつものである。第Ⅲ期は竪穴数が26棟とこの集落最大規模になる段階であり、中央グループでは前代につづき納屋と倉庫を囲むように竪穴住居址が配されるのに対して、西側では竪穴数が減じて廂付きの建物と納屋および倉庫が出現する。第Ⅳ期には竪穴数が全体的に減少し、西側グループに高床住居と倉庫、納屋などが集中するようになる。第Ⅴ期では竪穴19軒で西側グループに8軒の竪穴住居がまとまる以外は散在した状態となる。

　掘立柱建物の時期区分に不明確さを残すが、以上のような変遷、すなわち開

拓村として出現し、4グループに核分裂を行った次には、中央区に有力集団ができ、さらに西区で集団から独立した建物群が成立し、やがて全体として衰退に向かうというプロセスが妥当なものとするならば、この山田水呑遺跡のなかに、有力農民層の創出過程をみることができよう。

以上のように計画村落と呼称されてきた遺跡の再検討を通して、実態としては弥生時代以来の単位集団の推移として説明しうるものであることが判明した。

東日本における弥生時代から古代にいたる集落の変遷をみると、大規模な集落が形成される時期と小さな単位集団で移動をくり返す時期がみられることがわかる。大規模な集落が形成されるのはまず環濠集落の成立にみられるように、当地に初めて農耕集落がつくられる時期、それに6世紀と8世紀である。これら大規模集落が形成される中間の期間は、いずれも1カ所に定着することなく移動をつづけるのである。

関東地方においてこうした初期農耕民の生産基盤が、遺跡が立地する台地上の眼下に展開する谷戸田であったことはしばしば論じられてきた。この谷戸田はかなりの湿田であり、最近まで直播でイネの収穫量の少ないものであった。この谷戸田が本格的に再開発されるのは近世後期になってからであり、台地から湧き出る冷水を排除するために台地の降った縁にそって、排水溝をつくり湿田を半湿田に変えることによってはじめて可能であったのである。

平安時代には「かたあらし」と称して、連作による収穫量の低下を防ぐために、一定期間休耕するのが慣わしであった（戸田 1967）。こうした休耕田は文献記録によるとかなりの面積を占めている。11世紀中頃の伊賀国興福寺・東大寺所領300余町のうち1／3が不耕作田であり、筑前碓井封田では本田の43％が耕作されていなかったという記録がある。水稲栽培を連作した場合には74.7％の収穫量の減少になり（市川他編 1984）今日、移植されたイネを1年放置すると、収穫量は1／4に低下することが寺沢の観察により明らかにされている（寺沢・寺沢 1981）。谷戸水田は律令の規定の下田もしくは下々田にあたると想定されるので、連作による収穫量の減少ははかりしれないものであっ

たであろう。もっとも東国の農民は水稲栽培にのみ依存していたのではないことは、長野県の河岸段丘上に形成された住居址出土品を通して十分に予想できるが、畑地では水田以上に忌地現象が起こりやすく、麦類の連作の場合は収穫量が1/3に減じることが指摘されている（市川他編 1984）。畑地の場合にはつねに異なった種類の穀物を輪作しなければならないのであり、犁などによる深耕と施肥が導入される以前の段階では、焼畑耕作地と同様に数年して畑地の移動を行わなければならなかったであろう。こうした耕地の不安定さ、またそれをもたらす農耕技術の未発達は、定住的な同一場所での集落を長期間形成することを不可能にするものであり、短期廃絶型集落が東日本での一般的状況であるのは、こうしたことも重要な要素であったことが考えられる。

　東日本に大規模な集落が形成される時期は、いずれも開拓がすすむ時期とほぼ一致する。弥生時代の環濠集落が形成されるのは、東日本への農耕民の進出時期であり、在来の狩猟採集民との集団の区別のために西日本より一層大きな環濠をつくりあげる。6世紀段階は高麗人の関東への入植にみられるように開拓の時代であり、事実この頃、群馬県日高遺跡をはじめとする水田や畑地の造成が各所に見出されてくるようになる。こうした水田や畑地開発に従事し、直接的に耕作にあたっていた集団の居住地の発見はまだであるが、日秀西遺跡のようなものがそうした開拓にあたっていた可能性もある。この日秀西遺跡では、単位集団で構成される従来の集落遺跡とは異なって、わりあいと均質的な住居群で継続的な集落が構成されていることから、その開拓にあたっては各地よりの移住を含めた集団の再編成でなされたものと推測できるであろう。こうした再編成の力は移動農耕民の内部から出てくるとは考え難いし、これまでの間に社会の成熟性を示す集落も未発見である。毛野の地において大規模な農地造成が始められる頃、古墳に東海系の要素が多くみられるという指摘（梅沢 1985）は、外部からの支配者層の進入により開拓がなされ、支配者層は三ツ寺遺跡などの大きな居宅に居住したことは十分に想定できる。このように水田経営に参画させることで一面では農耕民を定住させて支配する試みも、基盤とする農耕技術の低さから長期間は維持しえなくて、やがて鬼高期の大規模集落は

消失してゆくこととなる。

　8世紀にみられる大規模集落は、東日本では山田水呑遺跡が立地が示すように畑地の開拓を目指したものであり、そのなかから有力な農民層を生み出してくる。

　この真間期に形成された集落が解体される頃、一方では3、4軒単位の廃絶型集落が出現し、他方では一般集落より独立して濠に囲まれた居宅もみられるようになる（千葉県荻生遺跡）。これは真間期の開発集落のなかで創出された有力農民が開発領主として一般集落より離脱することでその外延性を示したものと解されよう。

おわりに

　これまでみてきた集落の変遷過程をまとめると、大略次のようになる。

　環濠集落の形成をもって農耕社会の成立をうかがうことができるが、北部九州ではその当初から環濠集落が存在し、弥生前期段階で中部日本まで分布が及ぶ。この段階での環濠はその規模と囲繞する面積が大きいことで、非農耕民集落との対峙を表現する多分に防御的なものであった。弥生時代中期（Ⅱ期）の段階では環濠集落の東日本への平面的拡大がある一方で、西日本では環濠集落と母村—分村などの有機的な関係をもった小単位集団による、領域内での分布の垂直的拡大がみられる。弥生時代中期後半（Ⅲ期）になるとふたたび環濠集落が西日本に登場するが、この段階での環濠はその規模が小さいこと、すぐ埋没していること、環濠外に近接して同時期の住居群がみられることなどの点から、集落内における集団の区別としての区画であったと考えられ、古墳時代前期までこうした状況は引き継がれてゆく。

　5世紀末になると大阪府大園遺跡でみるように、同一集落のなかで溝などにより区画された内側に、特定有力農民の住居が出現してくる。しかし、兵庫県松野遺跡のような溝と柵で方形に区画し、さらには柵内に別の柵列を設けて内部をつくる「舘」ともいうべき構造のものが、畿内地方に普遍的にみられるものならば、大園タイプの集落の出現はもう少しさかのぼる可能性は大きい。

7世紀に入ると階層差の存在を顕著に示す、集落構成上での変差が多くみられるようになってくるのであり、奈良時代には里長クラスの住居でも環濠で区画された内部に居を構えるようになってくる。
　集落を形成するときの基本的まとまりは、近藤義郎のいう単位集団であり、1軒の大型共同家屋と4、5軒の一般住居、それに1棟の高床倉庫からなる。高倉の存在は不明な地域もあるが、大型家屋を共有する単位集団は農耕開始期の当初より存在し、畿内では6世紀後半頃まで存続する。この従来の単位集団に代わる形態のものは、2棟の掘立柱建物が1棟の高倉を共有するものである。その交換期は論理的には結びつけることはできないが、現象的には掘立柱建物の普及期にあたる。畿内では6世紀後半、東日本では8世紀までつづく単位集団の持続性とあり方の多様性は、消費単位としての各個別住居とより大きな生産集団との中間に位置する経営体としての意味だけでなく、あらゆる古代的社会生産の、分解不可能な基礎単位であった可能性が高く、いわゆる世帯共同体の実態に近いものである。
　西日本の本格的な農耕社会においては、多少の時間的差異はあっても原則として畿内と同じ歩みをたどるのに対して、本格的な農耕文化の形成が遅れる南九州、中部山岳地帯、東日本などでは別の歩みをたどってゆく。
　三殿台遺跡のような2、3の例を例外として、多くの集落は単位集団の集合体である環濠集落の形成から出発したがそれが解体した後には、1単位集団による移動をくり返しながら廃絶型集落を次々につくる段階が5世紀頃までつづく。6世紀に入ってもこうした移動集団による廃絶型集落が存続一方で、一部の地域では開発にともなって一時期大規模な集落が形成されるが短期間で終末を迎える。
　8世紀になると単位集団を基礎とする新たな開発の試みがみられ、有力農民層を生み出すにいたるが、平安時代初期にこうした集落も解体分解し、一方は少数の集団に分散し、他方は開発領主として一般集落より居住地を離脱してゆく。
　東日本においては大規模な集落でしかも継続型のものは、千葉県国府台遺跡

に代表されるような、国府とか国分寺あるいはこれらに類する官衙的遺構の周辺にのみ出現するのであって、その他のものは廃絶型であり、その中心も多くのものは単位集団による移動集落である。

集落の構成におけるこのような西と東の違いは、生態系を含めたそれが依存する生産基盤の違いに原因の一端を求めることができよう。8世紀の大規模集落が解体分散してできた国分期の小規模集団が、施肥の導入や犂耕作による地力の向上を果たすことで、文字通り定着的集落を構成するようになったときこそ、東日本の中世的世界のはじまりとすることができる。西日本では畿内での事例にみるように、階層分化はそれ以前から始まっていたのである。

引用文献
〈日本語〉
市川健夫他編 1984『日本のブナ帯文化』朝倉書店
岩崎卓也 1983「古墳時代集落研究序説」『古墳文化の新視角』雄山閣
梅沢重昭 1985「毛野政権の背景」『Museum Kyushu』16号
大阪府教育委員会 1970a『四ツ池・池上遺跡発掘調査概要』
大阪府教育委員会 1970b『宮之前遺跡発掘調査概要』
大阪府教育委員会 1974-81『大園遺跡発掘調査概要』
大阪府教育委員会 1975『百舌鳥陵南遺跡発掘調査概要』
大阪府教育委員会 1981『伽山遺跡発掘調査概要』
大阪府文化財センター 1980『東山遺跡』
大阪府文化財センター 1980-84『山賀』
大野町教育委員会 1980『大野原遺跡』
小笠原好彦 1984「古代豪族の居宅の類型」『帝塚山考古学』4
岡本勇 1968「朝光原 A 地区遺跡第1次発掘調査略報」『昭和43年度横浜市域北部埋蔵文化財調査報告書』
岡山県教育委員会 1976『谷尻遺跡』
小野忠凞 1953『島田川』山口大学
鏡山猛 1956・57「環溝住居阯小論」『史淵』67・68・71号
賀川光夫 1959「縄文時代後・晩期の大陸文化の影響」『歴史教育』第7巻第3号
賀川光夫 1960「中国先史土器の影響」『古代学研究』第25号
賀川光夫 1966「縄文時代の農耕」『考古学ジャーナル』第2号
賀川光夫 1967a「縄文晩期農耕の一問題－石刃技法」『考古学雑誌』第52巻第4号

賀川光夫 1967b「縄文晩期農耕の一問題-いわゆる扁平石器の用途」『考古学研究』第13巻第4号
賀川光夫 1967c「縄文後期・晩期の一問題-石鍬などについての分類と技法」『史叢』第11号
賀川光夫 1968「日本石器時代の農耕問題—剥片石器 Side blade」『歴史教育』第16巻第4号
鹿児島県教育委員会 1985『王子遺跡』
春日市教育委員会 1976『大南遺跡調査概報』
唐津市 1983『菜畑』
鬼頭清明 1976「8世紀における社会構成史的特質」『日本史研究』172号
鬼頭清明 1985『古代の村』岩波書店
熊本県教育委員会 1974『沈目』
神原英朗 1977「岡山県山陽町の弥生時代集落の構成」『考古学研究』92号
神戸市教育委員会 1981『松野遺跡現地説明会資料』
港北ニュータウン埋蔵文化財調査団 1976『調査研究集録』1
甲元眞之 1983「海と山と里の文化」『えとのす』第22号
小賀直樹 1979「弥生時代概説」『和歌山県の研究』
後藤和民・熊野正也 1984『日本の古代遺跡・千葉県』保育社
小林達雄 1980「縄文時代の集落」『国史学』101、102号
駒澤大学考古学研究室 1981『千葉・上の台遺跡』I
近藤義郎 1959「共同体と単位集団」『考古学研究』21号
近藤義郎 1962「弥生文化論」『岩波講座日本歴史1』岩波書店
近藤義郎 1983『前方後円墳の時代』岩波書店
近藤義郎・小野昭 1979「岡山県貝殻山遺跡」『高地性集落の研究』学生社
埼玉県 1982『埼玉県史・資料編2』
埼玉県教育委員会 1984『池守・池上』
佐賀県教育委員会 1978『千塔山』
佐原真 1975「農業の開始と階級社会の形成」『岩波講座日本歴史1』岩波書店
山陽団地埋蔵文化財調査事務所 1977『用木山遺跡』
潮見浩 1964「中・四国縄文晩期文化をめぐる二、三の問題」『日本考古学の諸問題』考古学研究会
鹿田雄三他 1984「荒砥荒子遺跡の方形区画遺構」『研究紀要』1、群馬県教育委員会
志摩町教育委員会 1983『御床松原遺跡』
清水宗昭・玉永光洋 1983「大野川上流の古代文化」『えとのす』第22号
下條信行 1977「九州における大陸系磨製石器の生成と展開」『史淵』第114号
下城正也 1982「群馬県三ツ寺I遺跡調査概要」『考古学雑誌』第67巻第4号

下関市教育委員会　1977『秋根遺跡』
下関市教育委員会　1981『綾羅木郷遺跡』Ⅰ
鈴木敏弘編　1972『そとごう遺跡』
高倉洋彰　1981『弥生時代社会の研究』寧楽社
高倉洋彰編　1970『宝台』
高橋一夫　1979「計画村落について」『古代を考える』20号
田中義昭　1976「南関東における農耕社会の成立をめぐる若干の問題」『考古学研究』87号
田中義昭　1983「初期農耕集落の展開過程」『島根大学法文学部紀要』5の1
千葉県都市公社　1975『八千代市村上遺跡群』
千葉県文化財センター　1980『千葉県我孫子市日秀西遺跡発掘調査報告』
辻林浩　1979「吉田遺跡における古墳時代の集落」『和歌山の研究』1
都出比呂志　1970a「農業共同体と首長権」『講座日本史1』東京大学出版会
都出比呂志　1970b「古墳出現前夜の集団関係」『考古学研究』81号
都出比呂志　1984「農耕社会の形成」『日本歴史1』東京大学出版会
寺沢薫・寺沢知子　1981「弥生時代植物質食料の基礎的研究」『橿原考古学研究所紀要　考古学論攷』第5冊
戸田芳実　1967『日本領主制成立史の研究』岩波書店
栃木県教育委員会　1974『井頭』
豊田市教育委員会　1969・71『高橋遺跡』
中井一夫　1985『天理市森本町寺山遺跡発掘調査概報』
長野県史刊行会　1983『長野県史・考古資料編』
沼津考古学研究所　1970『目黒身』
八王子市椚田遺跡調査会　1981『神谷原』1
八王子市中田遺跡調査会　1966-68『八王子中田遺跡』Ⅰ—Ⅲ
服部敬史　1978「関東地方における古墳時代後期の集落構成」『考古学研究』97号
浜松市教育委員会　1982『西鴨江中平遺跡』
原口正三　1977「古代・中世の集落」『考古学研究』92号
播磨町教育委員会　1965『播磨大中』
春成秀爾　1969「中国・四国」『考古学講座　3 先史文化』雄山閣
兵庫県教育委員会　1984『氷上郡春日町山垣遺跡』
広瀬和雄　1978「古墳時代の集落類型」『考古学研究』97号
福岡県教育委員会　1978『山陽新幹線関係埋蔵文化財調査報告』第7集
福岡県教育委員会　1983・84『石崎曲り田』1・2
福岡市教育委員会　1983『有田・小田部』4
富士市教育委員会　1983『東平』

藤田富士夫 1983『日本の古代遺跡・富山県』保育社
北條暉幸 1985「中部九州の弥生人」『肥後考古学会発表要旨』肥後考古学会
町田章 1984「中国新石器時代の集落」『季刊考古学』第7号
松下勝他 1975『播磨・長越遺跡』
松島透 1964「飯田地方における弥生時代打製石器」『日本考古学の諸問題』考古学研究会
松村瞭・八幡一郎・小金井良精 1932「下総姥山に於ける石器時代遺跡」『東京帝国大学理学部人類学研究室報告』5
宮崎県教育委員会 1985『宮崎学園都市遺跡発掘調査報告書』2
森浩一 1973『古墳』保育社
森浩一・鈴木博司 1968『観音山遺跡調査概報』
安田喜憲 1980『環境考古学事始』日本放送出版協会
山口県教育委員会 1975『下東遺跡萩峠遺跡』
山崎純男 1982「福岡市板付遺跡の成立と展開」『歴史公論』74号
山田遺跡調査会 1977『山田水呑田遺跡』
行橋市教育委員会 1980-84『下稗田遺跡調査概報』
横浜市埋蔵文化財調査委員会 1975『歳勝土遺跡』
横山浩一 1974「まちのくらし、むらのくらし」『古代史発掘』第10巻、講談社
和歌山県 1983『和歌山県史・考古資料編』
和島誠一 1948「原始聚落の構成」『日本歴史学講座』
和島誠一他 1968『三殿台』
和島誠一・田中義昭 1966「住居と集落」『日本の考古学 弥生時代』河出書房新社
和島誠一・金井塚良一 1966「集落と共同体」『日本の考古学 古墳時代・下』河出書房新社
渡辺誠 1982『縄文時代の知識』東京美術
〈朝鮮語〉
社会科学院考古研究所 1972『西浦項原始遺跡発掘報告』
〈英語〉
Barker, G. 1981 *Landscape and Society*.
Dolukhanov, P. 1979 Ecology and Economy in Neolithic Eastern Europe. Jarman, M. R. et al. eds., *Early European Agriculture*. Duckworth.
Jarman et al eds. 1982 *Early European Agriculture*.
Kotani, Y. 1979 Evidence of Plant Cultivation in Jomon Japan. Kotani, Y. & Thomas, D. H. eds., *Affluent Foragers*. Senri Ethnological Studies No. 9
Megaw, J. V. S. & Simpson, D. D. A. 1979 *Introduction to British Archaeology*.
Mellars, P. 1976 Settlement Pattern and Industrial Variability in the British Meso-

lithic. Sieveking, G. *et al*. eds., *Problems in Economic and Social Archaeology*.
Rowley-Conwy, P. 1983 Sedentary hunters. Bailey, G. ed. *Hunter-gatherer Economy in Prehistory*.
Tringham, R. 1968 A Preliminary Study of the Early Neolithic and later Mesolithic Blade Industries in Southeast and Central Europe. *Studies in Ancient Europe*.

挿図の出典
第1図:山崎 1982より、第2図:佐賀県教育委員会 1987より、第3図:近藤・小野 1979より、第4図:熊本県教育委員会 1974より、第5図:原口 1977より、第6図:兵庫県教育委員会 1984より、第7図:港北ニュータウン埋蔵文化財調査団 1976より、第8図:和島・金井塚 1966より。

第5章　祭祀と呪術

第1節　考古遺物と祭祀活動

はじめに

　考古学者が発掘にあたって理解不可能な遺構や遺物を掘り当てると、えてして「祭祀遺構」であるとか、「宗教もしくは祭祀遺物」としてそれ以上の判断を停止する場合が多い。これは考古学者が取り扱う「もの」と宗教活動が表す「こころ」とが人間の生活の面では両極端にあるために、一方では「もの」から離れることを嫌う伝統的な考古学の考えがあり、他方にはその背景にある宗教の体系を知らないと個々の「もの」の判別がつけがたいことによる。このように考古学の資料を基にして宗教という、高度に精神的な人間活動を復元することはたいへん困難がともない、時には不可能であるとさえいわれている。つまり宗教活動の場、それに使用された設備や道具は発掘できても、その教義や意味は発掘できないからである。ところがある宗教（こころ）には一定の宗教的行為があり、その行為には一定の物質（もの）がともなうとしたら、その「もの」を把握することで、その宗教的行為に接近する道が開かれる。具体的には、対象とする文化と同一系統の民族資料や文献に記載された内容を分析して、「もの」と「こころ」の間の隙間を類推することで、1対1の実証はできないまでも、大きな枠組みはとらえることが可能となる。

　「こころ」と「もの」の乖離を埋めてゆくときに、分析するための資料が多ければ多いほど的から離れずにすむので、弥生時代の祭祀を復元するにおいても、自然遺物が豊富に残されている遺跡が重要な鍵を握ることになる。ここでは、遺跡出土の動物骨のありかたから、その宗教活動の一端に接近してみよう。

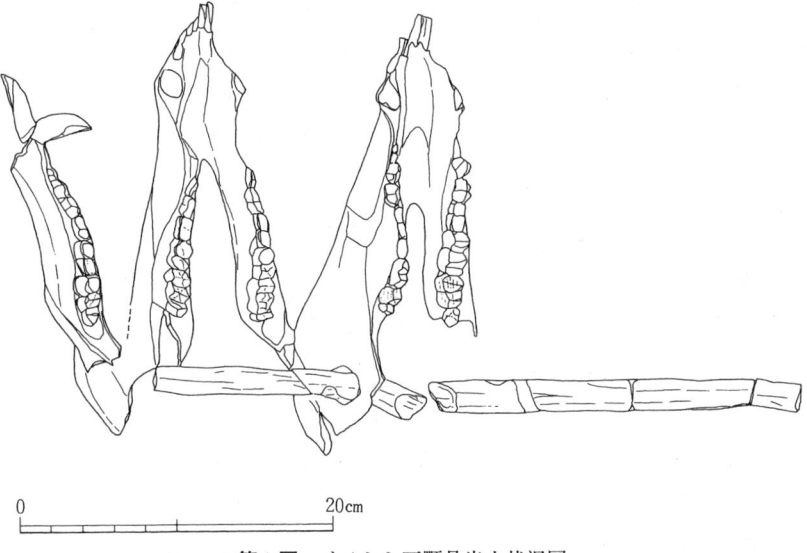

第1図　イノシシ下顎骨出土状況図

動物をめぐる祭祀

　佐賀県唐津市菜畑遺跡の発掘調査においては、紀元前一千年紀前半期に遡上する水田耕作の痕跡を明らかにしたことはよく知られたことであるが、この遺跡にはまた豊富な自然遺物が含まれていて、ふつうには残りにくく、捕らえ難い考古学資料を提供してくれたことでも、たいへん重要な発見であった（唐津市 1982）。

　そうした貴重な考古学資料のひとつに、イノシシの下顎骨に小さな穴を空けて木の棒を通し、あたかも齧して見せたような取り扱いをしたものがある（第1図）。奈良県唐古遺跡でも同様な例が確認されていて、弥生時代の遺跡で出土するイノシシの下顎骨に穴を空けたものは、多くは菜畑遺跡のような取り扱いを受けていたのではないかと考えられてきた。その後、大分県下郷桑苗遺跡で発見された事例では、空けられた穴が少し小さく、穴の周囲が摩滅しているため、紐を通して吊り下げる形での扱いを受けたものもあることが判明した。

イノシシの下顎骨にこのような穴を空けた類例は、西日本を中心としてこれまでに15カ所で発見されていて、弥生時代を代表する祭りのひとつとして、多くの学者の関心を集めてきた。それはこのようにイノシシやブタの下顎骨に穴を空けた類例が、中国や朝鮮の初期農耕文化期の遺跡から少なからず発見されたことから、弥生時代に入り、水稲耕作をはじめた人びとの豊作祈願のための新たに導入された祭祀と想定できるからである。ところが岩手県貝鳥貝塚ではオオカミの下顎に穴を空けたものが発見されていて、さらに宮城県西ノ浜貝塚ではイノシシの下顎骨が25個まとめて廃棄された状態で発掘され、イノシシの下顎骨を巡る習俗は縄文的伝統のなかから出現したとも考えられる結果となった。このような習俗がいったい農耕民によってもたらされた豊作祈願なのか、あるいは本来的には狩猟採集民による儀礼が、農耕民に取り入れられて変質したものか問題を残すことになった。
　岡山県南溝手遺跡で縄文時代後期に属する土器片に籾圧痕があるのが発見され、渡部忠世によってジャポニカ種であることが確認され注目を浴びたが、さらに青森県風張遺跡では縄文時代後期の住居址内でイネとアワ、ヒエの実物が発掘され、今から約3000年前頃には本州の北端近くまで農耕栽培を行っていたことがはっきりと示され、驚きをもってニュースが駆け巡ったことは記憶に新しいことである。この新しい事実に対して従来の観点からは、弥生水稲耕作導入に先立って、狩猟・採集・漁撈などで得られる食料を補完するために、小規模ながらも縄文人は畑作栽培を行っていたと、これまで用いられていた縄文パラダイム（考え方の大枠）を少し変更するだけで解釈しうる余地も残されている。しかし生業形態の研究の面ではそうであっても縄文時代観や縄文時代論になるとそれだけではすまされない問題が積み残されてくるのである。縄文時代後期に農耕を行っていたことが明らかになると、その時期以降に想定される各種の儀礼は、農耕文化にともなうさまざまな儀礼の影響を受けて改変されたものであり、縄文時代草創期以来の縄文的伝統のなかで「純粋に」つくられたものではない可能性が充分に予想されるからである。
　東日本の縄文時代晩期後半にあたる時期には、西日本各地ではすでに水稲栽

培を行っていて、新しい時代をつくりつつあった。この水稲栽培はやがて東日本へと拡大していくが、不思議なことにその地域に水稲栽培が開始される直前に、土偶や石棒といったいわば縄文的な呪術的道具が、大量に出土するという現象を一般的に見出すことができる。これについて国学院大学の小林達雄は「縄文人の再編成」と唱えた（小林 1985）。新たな生産経済を営む人びととの邂逅により、従来の生活様式を持続させようと試みた人びとによる、それこそ「縄文的イデオロギーの再編成」であったにほかならない。一方では大陸から新たにもたらされた弥生的管玉を模倣し、蛇紋岩や滑石でつくる管玉をもっていることは、接触変容の結果であったことを強く暗示させてくれる（甲元 1991）。この考えを推し進めていくと、縄文時代後期にみられる土偶の多様化、土面などの出現は、じつは穀物栽培の導入によって引き起こされた縄文的イデオロギーの変化の結果とみることができよう。するとオオカミの下顎骨に穴を空けて吊すことなどは、イノシシの下顎骨でつくるものを模倣した習俗、農耕文化の受容にともなう変質であるともすることができる。実際今から3500年以上前の朝鮮の農圃遺跡では、菜畑出土品と同様の類例が発見されているのである。

動物とシャーマン

動物の牙や牙のついた下顎骨を祭祀に使用する例は、今から約6000年前の中国の東海岸一帯に認められ、それ以降2000年にわたって山東省や江蘇省にふつうにみられる習俗であった。そしてやや時期が下って中国の東北地方や朝鮮に点々と出土が伝えられている。

もっとも中国の場合には、墓の副葬品として動物の牙もしくは下顎骨が使用されるものであり、菜畑遺跡の例とは少し趣を異にしている。こうした習俗は中国の先史時代においては最初、キバノロの牙を手に握らせたり、あるいは牙を反対方向に向けて棒に括り付けたりしたのが始まりで、後にブタの下顎骨が使われるようになる。その意味は人間の身体のなかで唯一再生が可能な歯牙を念頭において、「死者の復活」を願うイデオロギーから出発したのであった。

ところが朝鮮では墓のなかに動物の骨を容れる習慣はなく、日本と同様に集落の一部や住居址のなかで発見され、中国とのあり方に違いがうかがわれるのである。

一方東南アジアでは、イノシシの下顎骨に穴を空けて紐を通し、軒下に吊す例もみられる。これなどはその家の狩人が、いかに狩猟が上手であり、そのためにいかに金持ちであるかを誇示する意味に受け止められていて、弥生時代の事例とはいささか異なるものである。

祭祀を行うにあたって、動物がなんらしか関与する例は、世界中に広く見出せるが、古代の日本に影響を与えたと想定される近隣地域では、東北アジアの儀礼がもっとも代表的なものである。今日でもアイヌのコタンを訪れると、集落の一隅には木の棒に翳したクマの頭蓋骨がいくつも並べられている情景を目にすることができる。この状態が埋没すると、菜畑遺跡での集落と水田の境辺りに串刺しにされたイノシシの下顎骨が放置されていた状態ときわめて近似するものであったと考えられる。しかし弥生時代のイノシシを巡る儀礼は、基本的には農耕文化とともに招来されたのであり、単なる狩猟儀礼の一部としてのみ解釈するのは妥当ではない。

すると、農耕文化とともに始まったイノシシ祭祀は、死者の再生でも、金持ちの誇示でも、また狩猟儀礼でもない第4の解釈が必要になってくる。

弥生時代の動物を使用しての祭祀を考えるとき、格好の暗示を与えてくれるのがオロチョン族の祭りである。オロチョン（顎倫春）族は、今日は興安嶺北部に逼塞しているが、エヴェンキ（顎温克）族、満（州）族、朝鮮族などと同系の民族であり、かつては中国東北部に広く割拠した南ツングース系統民族の文化要素を、色濃く残していることで知られている。

オロチョン族の祭祀においては柳の枝で囲った祭場のなかに祭壇を設け、オオシカ、シカ、イノシシなどを紐で吊すかあるいは祭壇に供え、さらにヒリュウチョウやヒシクイなどの鳥類も飾る。その前でシャーマンが神踊りをしながら念仏を唱え、やがてそれが昂じると神と一体になって恍惚状態に陥り、神になりかわって神のお告げを口にして、村人がそれに従うことで安寧と豊かな食

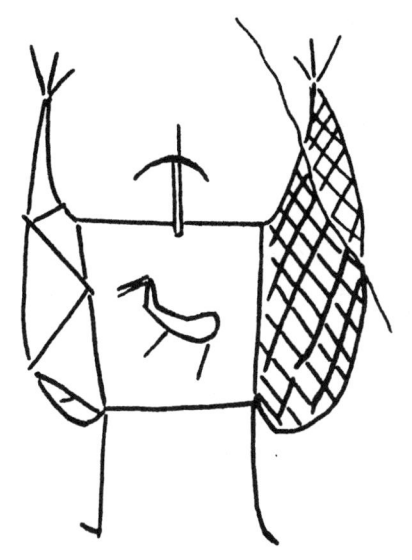

第2図　清水風遺跡出土土器絵画

料を約束するのである。このとき飾られた鳥類は神に対するお供えではなく、神が地上に降りてくるときの使者、道案内の役目をはたす。

　弥生時代の日本にシャーマンが存在したであろうことは、弥生土器に描かれた絵画資料によって知られる。もっとも有名なのは奈良県清水風遺跡出土の土器絵画で、前面に鹿の絵を描き、袋状の袖を着て、両手を高く掲げた姿をみることができる（第2図）。顔や手の表現から何かに変身した姿を描いていることは明らかであるが、この絵では残念ながらそれ以上はわからない。シャーマンがどんな姿であったかを知るよい資料は、熊本県神水遺跡の土器絵画にうかがわれる。もう20年近く前の出土品であるが、顔に嘴状のものが付き、両足の先端も枝状に分かれている。広げた両手には条線で羽がつけられた状況を表している。これは「鳥に変身したシャーマン」であり、祭祀を執り行うシャーマンが、天から下ってくる神もしくは祖霊になりかわった姿を彷彿させるのである。すなわちシャーマンが鳥になることで神と一体になった状況が描かれていると想定されるのである。

南西諸島にみられるアカマタ・クロマタはクバの葉で身を包み、仮面を被って天から下ってきた祖霊を象徴するが、弥生時代に考えられる祭祀も動物を神に供え、シャーマンを媒介にすることで神・祖霊の指示を仰ぎ、それに服することで安寧と豊かな実りを願う儀礼の存在を推測することができよう。

しかし、中国の先史時代の例ではあくまでも特定個人に副葬された死者復活の儀礼であり、ここにみられる共同体の集団祭祀とはかなりの隔たりがある。この両者を結びつけるには、何かその中間に別の考えが加わる必要がある。

シャーマンと鏡

オロチョン（顎倫春）族やエヴェンキ（顎温克）族をはじめとする東北アジアやシベリアのツングース系シャーマンは、祭りを司るときには鳥装するだけでなく、さまざまな装飾品を身につけた出立ちをしている。顔は仮面を被るか、あるいは鳥や動物を描いた冠や帽子を被って、五色の短冊状の布切れで顔を隠すのが一般的で、これはシャーマンがこうした服装を身につけることで異郷からきた特別な存在であることを祭祀の参加者に悟らせるのである。

オロチョン族シャーマンの服装は、帽子、神衣、肩掛け、神裙からなり、帽子や肩掛けあるいは神衣に鏡や鈴をつけているが、これは太鼓を打ち鳴らしながら踊るとき、鈴が揺れて特有の金属音を発するとともに、光を反射した鏡によって異様な情景を醸し出すための道具立てである。このさい光りに反射して閃光を発する鏡がとりわけ重要な意味をもっていると考えられている。それはかれらの間で鏡は太陽と月を象徴しているのであり、これを身につけることは天地の創造者になりかわることを示す（甲元 1986）。

こうした鏡に対する特別な観念は日本の古代にもあったことは、『日本書紀』に鏡から大日霊尊や月弓尊が生まれたとか、『古事記』天孫降臨の条に、

此れの鏡はもっぱら我が御魂として、吾が前を拝くがごとくいつき奉れ。

とあることなどによってもうかがい知ることができよう。このことから鳥装は天上と地上とを行き来できる存在であることを意味し、鏡をもつことは宇宙の創造者、神になりかわってそのお告げを伝える役目を担っている徴を物語って

写真1 小郡若山2号鏡

いる。東北アジアのシャーマンは村人の意を受けて、動物を神にお供えし、祭りを行うことで神の魂を招き、その意志を確認して、村人にお告げとして伝えるのである。このように東北アジアのシャーマンにとって祭祀を行うときには、供える動物と変身のための服装とりわけ鏡が重要な役割を示していたことが明らかである。

　一般にシャーマンが使用する鏡は凹面鏡であり、われわれがふつう日常に使う「姿見のための鏡」ではない。弥生時代の西日本では中国鏡の導入に先立って、シャーマンが使うのと同様な凹面鏡が出土している。最近福岡県小郡市若山遺跡で発見された多鈕精文鏡がそれにあたる（写真1）。写真にみるように、鏡の背面に紐を通すための鈕を2個設け、背面一杯に細かな線で鋸紋や三角紋を描くものである。これまで日本では1個ずつ9カ所の遺跡で出土している。そのうち九州と山口の7カ所では墓の副葬品としてあつかわれたのに対して、奈良や大阪の鏡はあたかも秘匿されたかのような状態で、集落から離れた

場所に埋納されていた。今回の若山遺跡では集落内部の一隅に、弥生時代中期の浅い平底の鉢を被された状態で検出されたのである。この遺跡では動物の骨が検出されていないために詳しくはわからないが、集落内部で墓以外の施設から発見されたことは、これまでとは違った扱いを受けていた可能性を物語るのである。

多鈕精文鏡は朝鮮半島全体に分布し、多くは細形銅剣と結びついて墓の副葬品として発掘され、北九州でのありかたときわめて類似している。また精文鏡の祖形と考えられる多鈕粗文鏡は中国東北南部から朝鮮北部にかけて主として遼寧式銅剣関係の遺跡で発見されていることから、遼寧式銅剣＋多鈕粗文鏡→細形銅剣＋多鈕精文鏡という変遷が想定できる。さらにこの多鈕粗文鏡は華北から遼寧西部にかけて分布する単鈕鏡に出自を求めることができる。この鏡の型式の最古のものは河南省安陽の殷後期の婦好墓出土品で、鏡背の中央部に鈕をひとつつけ、背面全体を単沈線文で埋めて、粗文鏡や精文鏡との文様の類似を示している（甲元 1988）。

さてこの墓の主の婦好であるが、甲骨文によれば殷の王の武丁の奥さんで、シャーマンであったことが知られている（白川 1971）。殷の祭祀集団を率いて天帝となった祖霊の意志をうかがい、それを武丁に伝える役割をはたしていた。そうした役目をになう人物のもち物として、特有な鏡が存在することは、シャーマンと鏡の強い繋がりを示唆するものである。甲骨文から推測されるシャーマンの行為は、オロチョン族など、東北アジアにみられるシャーマンと似た状況が展開したと想定されていて、両者の強い結びつきがうかがえるのである。

このようにみてくると、動物の身体の一部を使って再生を願う行為が、殷のシャーマニズムと邂逅することで、祖霊神や創造神信仰と結びついた可能性があり、農耕を行わないか、あるいは農耕が生活のなかではさして重要な地位を占めない社会では、狩猟祭祀となり、農耕が重要な生活手段となった社会では、祖霊神の意志を汲んで豊饒を祈る儀礼に転化したことが考えられる。弥生時代にうかがわれる下顎骨を使用しての祭祀は、このようにシャーマンを媒介

にした農耕儀礼の一環であった可能性が高いのである。

「汝の好物」として中国の文献に記載された鏡は、こうした東北アジア共通にみられるシャーマニズムと結びついた習俗の、必須の道具として好まれたものであり、中国以外では、際立って鏡を多く出土する日本の弥生時代以降の特色をいい当てているといえよう。卑彌呼はシャーマンであったと想定されているが、文献より類推できる卑彌呼の司る祭祀は組織だったもので、かならずしもオロチョン族などにうかがわれるものとはイメージが一致しない。弥生時代後期に土器の表面に竜を描くことが始まり、このころ竜に対する信仰が導入されたことをほのめかしている。すると卑彌呼は、東北アジア的なシャーマニズムに新たに竜信仰を加え、宗教的な再編成を行ったものであるとも考えられる。この点大林太良が「卑彌呼は新興宗教の教祖であった」と表現したものにあたるだろう（大林 1977）。ただしその実態は狂信的な信仰集団ではなく、山を背景に森に囲まれた小宇宙で、数多くの各地の豪族の子女から選抜された巫女に導かれながら、未来への予知・予祝をおもな任務としていた姿こそが、もっともふさわしい。こうした組織化された祭祀集団を維持発展させるためにも御神体になりうる鏡が必要とされたのであろう。

（補説）
ブタに下顎骨について春成秀爾は、「もっぱら住居内または集落内に進入する死霊や悪霊を撃退する辟邪の役割をはたしていた」と豊富な事例をひきながら論じている（「豚の下顎懸架」『国立歴史民俗博物館研究報告』第50集、1993）。

引用文献
大林太良 1977『邪馬台国』中公新書
唐津市 1982『菜畑』
甲元眞之 1986「鏡の呪術性」『韓国文化』第 8 巻第 3 号
甲元眞之 1988「シャーマンと鏡」『日本民族・文化の生成』
甲元眞之 1991「弥生時代の石製装身具」『歴博』No.45
小林達雄 1985「縄文文化の終焉」『日本史の黎明』六興出版
白川静 1971『金文の研究』東洋文庫

挿図の出典
第1図：唐津市 1982より、第2図：春成 1991より、写真1：小郡市埋蔵文化財センター 1995より。

第2節　シャーマンと鏡

はじめに

　弥生時代にみられる鏡には、多鈕鏡と戦国鏡を含む中国鏡、それに小型仿製鏡がある。このうち多鈕精文鏡は今日まで西日本を中心として10面以上発見されている。それらは長崎県里田原、佐賀県宇木汲田、増田、本村籠、福岡県吉武高木、若山（2面）、山口県梶栗浜、大阪府大県、奈良県長柄の各遺跡から出土している。その他にも、長崎県原の辻、長野県社宮司のものは多鈕鏡の可能性があるが、型式が判然としない。多鈕鏡は中国中原地域の単鈕素文鏡を基にして、中国東北南部地域で多鈕粗文鏡が出現し、これを基にして朝鮮で多鈕精文鏡に発展したものである。弥生時代前期末に日本にもたらされ、中期前半期まで使用されたことが知られている。中国鏡は戦国鏡と前漢鏡が中期中頃から後半、後漢鏡が中期末から後期中頃まで流入し、小型仿製鏡は後期末から古墳時代初期までの時期、存在したと考えられている。
　また次の時期に注目をあびる画文帯神獣鏡や魏晋鏡は、弥生時代後期後半にはすでに日本に登場していた可能性があるが、ここでは取り上げない。小型仿製鏡は高倉洋彰が説くように、中国前漢鏡にその出自が求められることから（高倉 1981）、漢式鏡とほぼ同じ使われ方、言い換えれば漢式鏡と同様に受け止められていたと想定できる。したがって鏡が当時の倭人にどのような意味を賦与されていたかを検討するにおいては、さしあたり、多鈕鏡と漢式鏡が問題となってくる。

鏡のもつ意味

 古代中国において、鏡に対する考え方は時代的にかなり変遷があることは、福永光司（福永 1973）、小南一郎（小南 1978）、張金儀（張金儀 1982）などにより、詳しく論じられている。福永によれば、中国儒教の経典においては、その儀礼に鏡が用いられているという記述は皆無で、またその祭祀行為においても、鏡はなんら関係することはなかったとされる。これに対して道家の『荘子』などにおいては、「明鏡の機能が精なる神をもつ聖人帝王の心のはたらきに比擬され、鏡を天地万物の支配者、聖人帝王のシンボル」とみる考え方が提示されていて、『淮南子』や『列子』などの道家的な書籍にこうした思想が継承されている。これが前漢の末期から活発化してゆく「神仙思想」のなかで、鏡を「この世界の政治的支配者、帝王権力の象徴として神秘化、神霊化させ」、ついには魏晋代以降、「あらゆる悪鬼邪魅の妖惑を避けて、その正体を写し出すという鏡の呪術的な神霊力」の強調へと進んでいったことが詳細に論じられている（福永 1973）。

 このように中国では、後漢代以後、神仙思想の展開とあいまって、鏡が実用品としての役割だけでなく、その神秘性・呪術性がとりわけ主張されてゆく状況にあったことが看取されるのである。日本の古典のなかに記載された鏡に対する受け止め方をみてゆくと、神器であったり、霊の形代であったり、あるいは神霊そのものであったりすることが多く、中国後漢代以降の神仙思想と深い繋がりがあったことを推測させるものである。

 多鈕鏡がおおく分布する東北アジアと日本は、宗教上、シャマニズムを媒介として多くの連なる要素があり、ことにその儀礼のなかで鏡が重要な役割を演じていることは夙に鳥居龍蔵が指摘するところであり（鳥居 1925）、大林太良も鏡が宗教儀礼のなかで重要な位置を占める習俗をもつ民族として、モンゴル族、ナナイ族、朝鮮族そして日本を挙げている（大林 1978）。このことからすれば、弥生時代の鏡が当時の日本人にどのように受け止められたかという問題を解く鍵のひとつは、東北アジア諸民族の宗教儀礼のなかでの、鏡のありかた

を分析することにあり、今、鳥居、大林の論攷に導かれながら、東北アジア諸民族の間のシャーマンの道具としての鏡が、どのように考えられているかを検討することで、弥生時代の鏡のもつ性格の一端を把握することにする。

東北アジア諸民族の信仰と鏡

1. 朝鮮族

　朝鮮にはムーダンとよばれるシャーマンの一種が、古く三国・新羅時代より存在していて、攘災、祈福、占卜、娯楽などの各方面にわたり、民衆生活のなかに深く根をおろしている（村山 1947）。朝鮮巫覡を全土にわたってくまなく調査した秋葉隆は、巫人にとって重要な役割を果たす鏡について、2種類あることを指摘している（秋葉 1950）。それは巫人が舞を舞うときに、鈴とともに左手にもってうち振りながら音を響かせる、いわば鳴金としてのものであり、「その音によって悪精は退き、神は招かれるものと考えられ、それはまた神の声である」と称されているものと、これとは別に、神堂の内側には神鏡があって、鏡面には日月七星が描かれていることが多いので、明図（Myong-tu）とよばれているものとの2種である。秋葉が報告した14個の鏡についてみてゆくと、直径が12～13cmから35cmにも及ぶ凹面鏡で、その内側には大円が2つ、小円が7つ描かれ、大円は日月を象徴し、小円は北斗七星の配置に一致するありかたをしている。またこれら日月七星をさらに大きな円で囲い込んで、天空を意味することと解されるものもある。こうした鏡については、「神の顔」とりわけ「母神の顔」と考えられたりしており、時には「明図阿只の顔」ともいわれている。

　このように朝鮮の巫俗においては、明神の神体もしくは女神の顔として奉納する鏡と、巫人が手にもって鈴とともに鳴金として、その音と光で悪霊を祓い、神を招くための小型の鏡の2種が存在することが知られる。いずれにしろ巫人にとって、鏡は必要欠くべからざる用具である。これを求めるには、神懸かり状態で山中に分け入り、土中から掘り出すといい（秋葉 1950）、時には1週間も10日間も山中を捜しまわらなければならないといわれるほどの貴重で

(鳥居 1976)、しかもきわめて神秘的なものであり、それゆえにますます呪術性の高いものと考えられている。

2．中国東北地方

中国東北地方には、ツングース系の満族、朝鮮族、赫哲族（ゴルド、ナナイ）、顎温克族（エヴェンキ）、顎倫春族（オロチョン）とモンゴル系の蒙古族、達幹爾族（ダフール）が居住していて、いずれも薩満教（シャーマニズム）を深く信仰している（呂光天 1981、中国少数民族編写組 1981）。また彼らのうちではヒツジやシカの肩胛骨を使っての卜占を行うことでも知られている。

17世紀に清を建国した民族の母胎である満州族の間では、ラマ教系の仏教を取り入れて、その内容にいささかの変容が認められるものの、なお、シャーマニズムを色濃く留めている。満州族のシャーマンは祈祷するとき、先の尖った帽巾を被り、五色の色紙で拵えた垂れ飾りを下げて顔緒を覆い、その外側に小鏡を懸け、長い神衣をまとって腰には銅鈴を付け、鼓を叩きながら舞を舞い、口に念仏を唱えるという（中国少数民族編写組 1981）。これは後に述べるエヴェンキ族やオロチョン族のシャーマンの状況と同じであり、鏡は個々では鳴金というよりも、光に反射させて幻想を誘うことに意味がある。この満州族が女真とよばれていた12世紀頃、宋の使者が訪れてその祭典の模様が報告されている。これによると、5、6人の子女が丹粉を塗り、おのおの両鏡をもち、舞い狂いつつその手を上下させて鏡光が閃爍して、観衆に投映する様が記されている（ルネ・グレッセ 1944）。

黒竜江省の松花江下流、黒竜江、それに烏蘇里江が集まる三江平原と完達山一帯には、赫哲族（ホゼン、ゴルド）が居住していて、黒竜江の対岸ロシア領にはこれと同一の民族ナナイ族が棲息している。彼らは川沿いでの漁撈をおもな生業とする採集民で、凌純声による詳しい民族誌が綴られている（凌純声 1934）。

赫哲族のシャーマンの服装は、神帽と神衣、神裙よりなり、手には手袋をは

第2節 シャーマンと鏡 261

シャーマンのコスチューム　1：赫哲族　2・3：顎倫春族　4：顎温克族

め、魚皮で拵えた靴を履く。腰には円錐形をした鉄管46個を3個1組にまとめて吊るし、左手に鼓を、右手に棒をもつ。このシャーマンがもつ鏡には、大中小の3種類があり、ひとつは直径が約4cm ほどの小型鏡で護頭鏡とよばれ、神帽につり下げられた多くある鈴のなかの中央部に置かれる。直径が約12cmと中位の鏡は、護心鏡とよばれ、胸の位置に3個吊され（写真1）、背後には護背鏡ともいうべき直径が約30cm ばかりのものが、9～15個かけられている。この鏡については何を意味するものかの説明はないが、シャーマンが巫舞するときに、腰の銅鈴と和して音を響かせ、また光を反射することで、僻邪招神を果たすことは、先にみた朝鮮の事例からして想像に難くない。

顎温克族（エヴェンキ）は大興安嶺やそれに連なる支脈の、山中に居住する狩猟採集民で、訓鹿の民として有名である。「森の中に住む人」という自称から、こう名辞されてきた。かつては、ソロン、ヤクートあるいはツングースと称せられることもあったが、いずれも古来よりシャーマニズムを深く信仰している（中国少数民族編写組 1981）。シャーマンは予言者もしくは占者としての役割を果たしており、卜骨も行っている。彼らは豊猟を祈り、邪鬼・邪霊を祓うことで社会的に非常に高い地位を占めていて、厳密な系譜をたどるシャーマンがいる反面、神のことばの表現者として、族長や酋長の地位を兼ねるものもいる（秋浦 1962）。シャーマンの服装は先述した赫哲族や後述する顎倫春族のものと類似している（写真4）。顎温克族でとりわけ注目すべきは、その祭壇の様相で、代々のシャーマンがその地位につくときに、おおよそ次のような拵えがなされる。

　　シカあるいはヘラジカをシャーマンの主神である舎臥刻（祖先神）に捧げるには、仙人柱（顎温克族の家屋）の内側、炉の北側に落葉松と白樺を神樹として建て、両者を皮紐で結んで、シカあるいはヘラジカの心臓、食道、肺、肝臓などをこれに懸ける。神樹の前に、同様に小さな松と白樺を建て、奉納したシカあるいはヘラジカの血をこの小神樹の上に注ぐ。また家屋の西辺に木で拵えた月と太陽をかけ、それに木製のヒシクイ2羽とカッコウ2羽を付ける。さらに家屋東西に両辺にも1羽ずつ吊るし祭場を

つくる。

　これによると、シャーマンが跳神（神踊り）して招神するときには、服装とともに、光を象徴する日月や鳥が一定の役割を果たしていることが注目される。

　顎倫春族（オロチョン）のシャーマンの服装は、神帽、神衣、神肩掛、神裙より構成され、尖頭の帽子の正面中央に小型の鏡を据え、五色の綴りで顔面を覆い隠す（写真2・3）。肩掛けの背側に向かう端には、十数条の光芒状の文様を縫いだし、前面胸あたりに下がる部分の両端には2面の鏡を付け、他の面にはガラスや子安貝を縫い込んで飾りとする。神衣の前面と背面には、鏡を6～7面つけ、裾の部分は3段にわたって鋲状になった鈴を留めている。神裙のヨークの部分には、2本の木と太鼓を叩くシャーマン2人、そして動物2匹を縫い込んであり、それより下には十数条の鰭が付けられている。

　　シャーマンが跳神を行うのは家屋外の空き地であり、柳の枝を一巡り挿して祭場をつくり、そこに頭と心臓、腎臓あるいは四肢の繋がったオオシカ、シカ、ヤケン、イノシシなどの獣やヒリュウチョウ、ヒシクイなどの鳥を供える。彼らは偶像の口に獣の血を塗る習慣があって、それにより神霊が供物を食べたことを示す。この時、シャーマンは特別に作った神衣と神帽をまとって、特別席に着き、間断なく鼓を叩いて神霊の下降の準備をする。焚き火の中に一種特別な香木を入れて燃やし、順々に神霊の降臨を請いはじめる。シャーマンはうなるように暗い調子で歌い、その場にいる者は、シャーマンを取り囲んで声をあわせて歌う。（中略）神霊がその身体につくたびにシャーマンは歯をカチカチ鳴らし、両目を閉じて身体を震わせる。シャーマンは恍惚として歌いながら舞い、それは舞うほどに激しくなる。シャーマンに神衣に付けた銅鏡と珠は相互に打ち合って、それにより低いテンポのリズムをはさむ。精神は緊張してエクスタシーに達し、きわめて神秘的になる。このとき、シャーマンは神刀を手にして火にかざし、巫術や魔法を行って全力をあげ、凶神を追い込んでついにはこれにうち勝ち、その後で神霊をあの世に送り返す。シャーマンは大汗を滴り落と

し、あえぎながらも平常の状態へと回復してゆき、集まった人びととともに、供物である肉類を食べる。

　顎倫春族のシャーマンについては、清の康熙年間に何秋濤が居住地を訪れて、シャーマンの様子を『朔方備乗』に記録している。

　　降神の巫を薩麻といい、帽子は兜のようでその縁に五色の吊をたれ下げ、その襞の長さは顔を覆っている。吊の外側に2個の小鏡を懸け、それは両目のようである。赤い布の裙を着る。鼓の声は盛んでリズムにあわせて舞う。（中略）鏡でよく病を治すことができる。身体に沿って鏡をすりつけ、病の場所にあうと肉がおちて抜くことができない。一振りして鏡をゆらすと骨節がボキボキと鳴って病が治る。

ここに描かれたシャーマンの服装は、今日の顎倫春族のそれと同じであり、鏡で直接病気を治療することがあったことが知られる。

　中国の東北地方および東蒙古地方に居住する達幹爾族（ダフール）や蒙古族でもシャーマンの間では鏡が重要な役割を担っており、シャーマンの服装の一部として、腰に鈴や鏡をつけることが鳥居きみ子により報告されている（鳥居 1927）。また達幹爾族の今日みられるシャーマンも、顎倫春族や顎温克族のそれとほぼ同じであることは（呂光天 1981）、鏡のもつ意味もそれと同様のものと考えられよう。一方、西蒙古一帯やアルタイに居住する蒙古族のシャーマンでは、鏡は用いるもののラマ教の影響により、かなりの変貌を遂げている。

3．シベリア

　シベリアの諸民族の間でも、シャーマンの服装に鏡をつける例はかなり広範囲にわたって認めることができる。しかし、とりわけ鏡が重要な意味をもち、鏡が多用されるのはシベリアの東部地方であると指摘できそうである。

　鏡を使用するシャーマンの事例としては、シベリア西部のエネツ族（東サモエード）から、東へブリヤート・モンゴル族、ヤクート族、エニセイ河下流に住むガナサン族、アムールのエヴェンキ族、ナナイ族などのツングース系諸民族である。ナナイ族のシャーマンはトリ（toli）とよばれる、円形の銅板に紐

を通して胸に吊るしているが、このトリには、人間のあらゆる行為が映るので、これによりシャーマンは事実を知ることができるといわれている（大林1978）。円形の銅板は、赫哲族シャーマンが背中に吊るす大型鏡の代用であろう。

　シャーマンの衣装のなかで、シベリアのエヴェンキ族のものはとりわけ中国の同系の顎温克族や顎倫春族のものと類似している。尖頭の神帽と顔を隠すように垂れ下がった五色の綴り、肩掛け、前面と背面に多くのトリとよばれる銅円板を吊るした神衣などがそれである。また神衣には裾から上3段にわたって十数個の鈴が付けてある。ただし、同じエヴェンキ族の間でも、より西方のザ・バイカル地方に居住する集団には神衣のほかに前掛けがあり、中央には一組の円盤が取り付けられていて、この円盤と肩との間には、肋骨を表現するように9双の鳥の刺繍がみられる。ここではシャーマンの衣装が守護霊を象徴するものとなっていて、この衣装をまとうや否や、精霊の力がまとう人に及んで、超自然的な属性が乗り移り、これによりシャーマンは自由に天や地下世界に移動できるようになる（フィンダイゼン 1977）。エヴェンキ族のこうした服装はソヨート族やテレンギット族などのアルタイから西シベリア地方に通有のものであり、アムール地方のものとは精霊およびシャーマンの魂の存在のありかたからも違いが指摘しうるので、同族であっても、一応別個のものとしたほうがよさそうである。

4．太陽と月と鏡

　エリアーデがシロコゴロフの調査結果をまとめたものによれば（Eliade 1964）、ツングース系諸民族の間では、シャーマンが憑依するときに、鏡はきわめて重要な役割を担っている。それは鏡の機能には、シャーマンが世の中をみるのを手助けするため（つまり鏡のなかに世界が凝縮されていると考える）、精霊が宿るところ、人間の要求を反映するものなどがあると信じられているからである。また満州語で鏡を意味する panaptu は、魂の影の意味であって、シャーマンは鏡によって死者の魂をもみることができるのである。な

ぜ、鏡にこのような霊力があるのかを考えるときに、ウノ・ホルンベルグがアルタイの人びとの間に伝わる話として紹介した、次のような記述はきわめて示唆に富む（Holmberg 1964）。

　　太陽も月もなかった昔、人間は自由に空を飛び、自ら光を発し、暖めることができた。ところが1人が病気になったので、神は人を助けるために精霊をさしむけた。その精霊は1万尋の長さの棒で原始の海を引っ掻き回すと、突然2人の女神が現れ、また2個の金属鏡（トリ）がでてきた。そこで精霊はこの2個の鏡を天に置いたので、地球はあかるくなった。

この伝説は、「地上のあらゆるできごとは、太陽と月とを通して預言者の鏡のなかに現れる」（ウノ・ハルバ 1971）という、シベリア一帯に多くみられる思想と連なるものである。すなわち、鏡が太陽や月の化身であるという思想は、鏡が光を発する（反射させる）ことで、夜でも昼でも世界に生起するあらゆるものを見透かすことができるので、それゆえこれを身につけるシャーマンに絶対的な霊力が賦与されるのである。

シャーマンの使う鏡は太陽や月と関係することは、顎温克族の間でも知られるところであり、シロコゴロフもそのことを指摘している（シロコゴロフ 1931）。また朝鮮においても明図のなかに、太陽や月を表現することで、同様の考え方が存在していたことをうかがわせる。鳥居龍蔵や大林太良が説くように、古代の日本においても、鏡と月や太陽を結びつける思想はあった。『日本書紀』巻1に、

　　伊奘諾尊曰はく、「吾れ、御宙すべき珍の子を生まむと欲ふ」とのりたまひて、乃ち左の手を以って白銅鏡を持ちたまふときに、則ち化り出づる神有す。是を大日霊尊と謂す。右の手に白銅鏡を持ちたまふときに、則ち化り出づる神有す。是を月弓尊と謂す。

また同様なことは、『古事記』に、

　　是において左御目を洗いたまいし時に、なりませる神の名は天照御神、次に右御目を洗いし時になりませる神の名は月読命

とあり、目と鏡は同一であると考えられるので、いずれにしろ古代日本でも、

鏡が月日と関係すると考えられていたことは確かである。

　シベリア中部以西のシャーマンにおいては、鏡は太陽や月としての象徴的なものであっても、シャーマンの行為においてはとりわけ重要な役割を担うとはいい難い。この地方では、鏡よりも鳥などの動物が強調されるのであり（フィンダイゼン 1977）、ブリヤート族の間で語られる、鷲とブリヤートの女の間にできたのが最初のシャーマンであったという伝説は（呂光天 1981）、これを端的に物語るものであるといえよう。これらシャーマンは、鳥形の衣装を身につけることで、それ自体が守護霊になり、エクスタシー・ジャーニーを行うのであり（Eliade 1964）、魂の運び手もしくは案内人として魂を上昇させる役割を担っている。一方東北アジアのシャーマンの場合、顎温克族の儀礼にみるように、火と煙を目印として、鼓の音や鏡と鈴の響きによって導かれ、鳥により先導され降下した精霊がシャーマンに乗り移り、エクスタシーに達してその力を発揮するという過程をたどる。その折、胸に付けた鏡は光を反射させることで、太陽や月に変身するのである。このように顎温克族の世界では、シャーマンと祭壇、そしてそのなかで演じられるシャーマンの所作は、ひとつのコスモロジーをなしているのであり、このうちトリという神を象徴する鏡だけを取り出して御神体もしくは神の顔としたものが、朝鮮の明図であり、日本の御霊や御神体であるとすることができる。

おわりに

　弥生時代にみられる宗教的遺物――鳥形木製品、卜骨、シカやイノシシの下顎骨を棒差しにするなどの行為は、いずれも中国の顎温克族をはじめとするツングース系諸民族の間で、断片的に認めることができる。しかしそれらは本来相互に有機的構造的に結びついて営まれるものであり、鏡もそうしたシャーマンを中核とする宗教的行為のなかに深く根をおろしていたと考えられる。弥生人が鏡に対していだいていた観念も、それに近いものであったとみなすことができよう。

　中国北方諸民族のシャーマンがもつ鏡は円形であり、それは中国の鏡から出

自したものであることは容易に理解される。殷代のシャーマンであった婦好の墓から、その祖形と思われる青銅鏡が出土していることは、シャーマンの儀礼が殷代にまで遡上することは確かであろう。殷的青銅器の北方への展開により伝えられたものが、現在のこれら諸民族に伝統として保持されてきたのであり、ツングース系のシャーマニズムは弥生のそれと通底しているのである。

引用文献
〈日本語〉
秋葉隆 1950『朝鮮巫俗の現地研究』養徳社
ウノ・ハルバ、田中克彦訳 1971『シャマニズム』三省堂
大林太良 1978「東アジア・北アジアの鏡と宗教」『鏡』社会思想社
甲元眞之 1974「弥生時代の社会」『古代史発掘』第 2 巻、講談社
小南一郎 1978「鏡をめぐる伝承」『鏡』社会思想社
シロコゴロフ、川久保悌郎・田中克己訳 1931『北方ツングースの社会構成』岩波書店
高倉洋彰 1981『弥生時代社会の研究』寧楽出版
鳥居きみ子 1927『土俗学より観たる蒙古』大鐙閣
鳥居龍蔵 1925『有史以前の日本』磯部甲陽堂
鳥居龍蔵 1976『鳥居龍蔵全集』第 7 巻、朝日新聞社
フィンダイゼン、和田完訳 1977『霊媒とシャマン』
福永光司 1973「道教における鏡と剣」『東方学報』45 号
村山智順 1947『朝鮮の巫覡』朝鮮総督府
ルネ・グレッセ、後藤十三雄訳 1944『アジア遊牧民族誌』山一書房
〈中国語〉
蔡家麒 1982「顎倫春人的原始信仰与崇拝」『民族学報』2
秋浦 1962『顎温克人的原始社会形態』中華書局出版
秋浦編 1984『顎倫春族』文物出版社
中国少数民族編写組 1981『顎倫春族』内蒙古人民出版社
張金儀 1982『漢鏡反映的神話伝説与神仙思想』台北
凌純声 1934『松花江下游的赫哲族』南京
呂光天 1981『北方民族原始社会形態研究』寧夏人民出版社
〈英語〉
Eliade, M. 1964 Shamanism. Princeton University Press.
Holmberg, U. 1964 Finno-Urgic, Siberian. Arnott, C. J.,ed. The Mythology of All Races. Cooper Square.

写真の出典

1:赫哲族のシャーマン、『松花江下游的赫哲族』1934年より、 2:顎倫春族のシャーマン、『顎倫春族』1984年より、 3:顎倫春族のシャーマン、『顎倫春族薩満教調査』1998年より、 4:顎温克族のシャーマン、『中国北方民族薩満教』2000年より

第3節　鳥装のシャーマン

はじめに

　金関恕が指摘するように、考古学資料に拠りながら呪術とか宗教とかといったメタフィジカルな世界を復元把握することはきわめて困難である（金関 1986）。しかし、社会組織など普段は目にすることのできない対象であっても、行為の結果に一定の約束があれば、それを手掛かりにして類推は可能である（甲元 1993）。春成秀爾の抜歯の様式にもとづく親族組織の復元などはこの例に挙げられる（春成 1979）。同様に呪術や宗教の面でも、ある種の遺構や遺物にみられる約束事が貫徹しているとみなされると、たとえ「可能性」のレベルであっても、一定の見通しをえることが可能であるし、呪術に使用された動植物の分析が進むと、それを「蓋然性」の段階にまで高めることも不可能ではない。国分直一はレナ河流域に分布する数多い岸壁画のなかから、シャーマンの行列を読み取り、その意義について言及している（国分 1976）。こうした絵画資料は古代人の具体的行為を目にすることが可能なという点において、この種の問題を考察するときには、はるかに重要な検討対象となる。
　弥生時代の絵画資料も近畿地方を中心として、前期から後期にかけてみることができるが、そのうち、「異貌の人」を表したものはさほど多くはない（春成 1993）。これら特異な絵画資料は、弥生時代の呪術の一側面を表現しているとみることができるので、その他の考古資料よりもたやすく弥生人の内面に接近できることが予想される。

第3節　鳥装のシャーマン　271

神水出土の絵画資料

　熊本市神水遺跡から1点の絵画資料の出土が報告されている（熊本市教育委員会 1986）。小型の鉢形土器の外面に「口縁直下より胴部にかけて、刃物状の工具を用いたような細い線により、直線と鋸歯状文を組み合わせた文様を描き、さらにその下に鳥あるいは人物様を描いた絵画がみられる」と報告されている。報文がきわめて簡単なこと、展開図が掲載されていないことなどから、その全容が明らかにされたとはいいがたいので、ここであらためて紹介することとする。

　問題の土器は、口径が7.8cm、高さ8.2cmで口縁がやや内傾し、尖り底をもつ小型の鉢で、褐色を呈し、内外面ともにていねいなヘラ磨きが施されている。口縁から約1cm下がったあたりから胴部下部にかけて、斜線文、上向きの充填鋸歯文、下向きの充填鋸歯文、鋸歯文、上向きの充填鋸歯文が順次帯状に配されている。異形人物像と思われるのは、胴最下部に描かれ、長い嘴をもつ頭部、踏ん張るように広げた両足、両手を左右に伸ばし左手には充填された方形のかたまりをもち、右手には筋状のものが垂れ下がった姿となっている（第1図）。さらにこの像の左には、右手に掴んだと同様なものが4枚散らばって表現されている。

　この土器は熊本では類例に乏しいものであり、これが発見された溝状遺構からは、弥生時代から奈良時代にかけての土器が出土していて、この土器の所属年代をこの遺跡では明らかにすることはできないが、土器の胎土と調整法から弥生時代後期から古墳時代初頭にかけての頃と推測されている。熊本での唯一の類例は、山鹿市方保田東原遺跡の第二次調査で発見されている（山鹿市教育委員会 1984）。東原遺跡出土の鉢には人物像は描かれていないが、下向きと上向きの充填鋸歯文を交互に4帯ほど胴部に巡らせている。形と鋸歯文の描き方は同一とみていい。この土器が検出された方保田東原遺跡の第12号住居址は、弥生時代後期末の比較的単純な土器の組み合わせがみられるが、あくまでも2例にすぎないために、この種の土器は、弥生時代後期から古墳時代初頭と所属

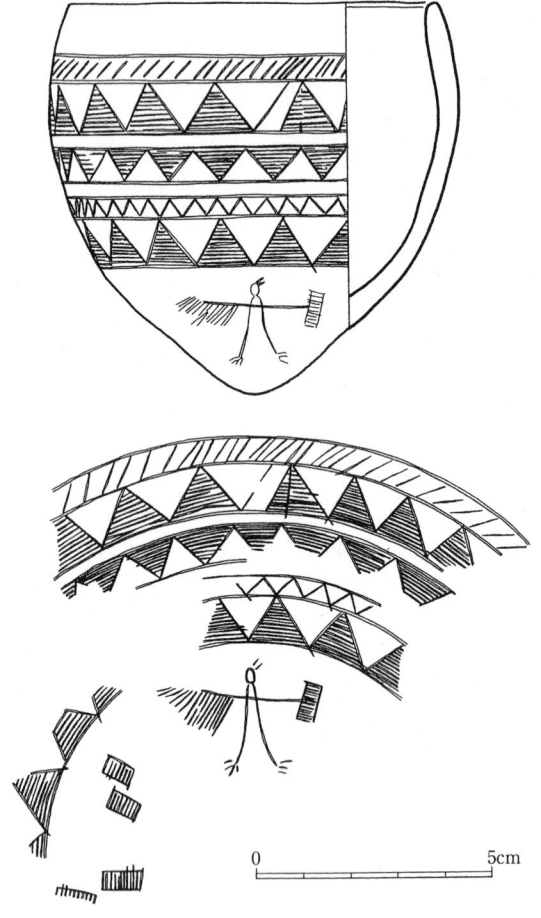

第1図 神水遺跡出土土器に描かれた絵画

時期に幅をもたせておいたほうがいいのかもしれない。

異貌の人を描いた像

春成秀爾によれば、弥生時代の絵画像は具体的なものから出発して、弥生時代後期になると、ほとんどが記号化してゆくという（春成 1993）。しかし、特殊な人物を描いたと推定できるもの、たとえば愛知県亀塚遺跡や岡山県一倉遺

跡などの土器に描かれた顔、また香川県の箱式石棺墓の蓋石にみられる人面像など、場所によっては、弥生時代後期になっても具体的な様相をもちつづけていて、それらは記号化できない特殊な意味を付与されていたことを示している。そのいくつかをここでみてゆこう。

奈良県清水風遺跡出土の弥生時代中期末の土器に描かれたものは、両袖を高く掲げ、胸に鹿の絵を描いた両足を踏ん張る人物像である。三日月形の顔と尖る頭頂部、3本の指などは、その左側に描かれた2人の人物とくらべて、異貌の人であり、あたかも仮面を被る姿が表現されているとみられる（奈良県立橿原考古学研究所付属博物館 1986）。これと同様の人物像の下半分が表現されたものは、奈良県唐古鍵遺跡にあり、この他にも唐古遺跡では3本指をもつ両腕を頭上に掲げたものがあり、顔に描かれた太くて長い鼻は、それが仮面を着けたことを表している（藤田 1986）。また、沈線で充填された袖部を頭上に掲げる奈良県坪井遺跡出土中期末の土器絵画も（斉藤 1986）、連続する太い眉などは仮面を被り、鳥装を意識した人物像と考えられる。このようにみてくると、神水遺跡出土の絵画は鳥形の仮面を被ったシャーマンを描き出した可能性が高いことがわかる。

一方同じく仮面を被った人物像でも、様相を異にして描かれたものが佐賀県川寄吉原遺跡で発見されている（第2図）（高島 1980）。土鐸の片方の面に刻み込まれた像で、右手に戈、左手に楯と思われる器物をもち、仮面を被った頭の左側に尖った線が延びている。この線は清水風出土品と同様に、頭の頂部に付けられた羽状のものと同類で、おそらく頭の後ろに延びたものを透視法で描いたものであろう。この絵画について中村友博は「模擬戦」を表現したものと解釈したが（中村 1987）、はたして妥当な説であるか。

弥生時代に描かれた仮面を被るシャーマンの像には、武器を手にとるものと、何ももたず、鳥を強調するものの2種がみられる。山口県宮ヶ久保遺跡では、弥生時代中期中頃の木製品が多く出土しているが（中村 1977）、ここでは木製の小型戈とともに、鳥類をはじめとする動物像も発見されていることから、これらが本来、別々の目的で使用されたのではなく、一体となった宗教的

第 2 図　川寄吉原遺跡出土土鐸に描かれた絵画

儀礼品であったことを物語っている。

東アジアの鳥装の事例

　シャーマン自体が鳥に仮装されたり、あるいは鳥がシャーマンの行う儀礼に重要な役割を果たす事例は、東北アジアからシベリアにかけてのツングース系やモンゴル系諸民族のなかに広範囲に認められるが（ハルバ 1971、フィンダイゼン 1977、グレッセ 1944、呂光天 1981、凌純声 1934、Eliade 1964、Holmberg 1964）、その痕跡は中国南部から東南アジアでもうかがうことができる。直接のつながりの有無はべつにして、神水遺跡出土の人物像のいでたちにもっとも類似する絵画としては、中国雲南省石寨山遺跡第12号墓で発見された銅貯貝器に描かれた羽人像が挙げられる（第3図）。ここでは頭に羽を付けた冠を被り、上半身裸で腰には羽で飾った蓑を付けた裸足の人物像がみられる。うち8人は右手に、14人は左手に羽飾りをもち、中間には剣を腰に吊るしたリーダーが描かれている。こうした人物像について、王大道などは、後代の文献

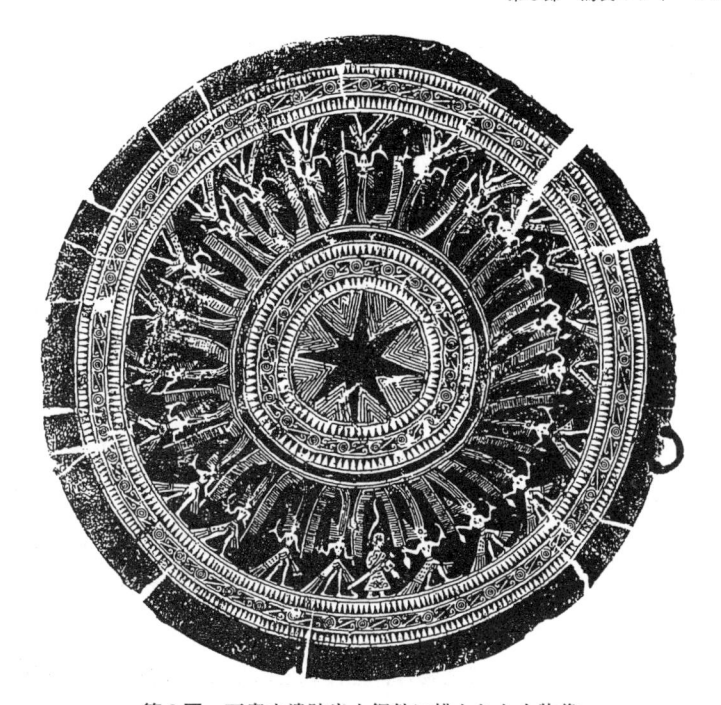

第3図　石寨山遺跡出土銅鼓に描かれた人物像

にみられるこの地方の独特の羽飾り習俗として取り上げたが（雲南省博物館編 1981）、馮漢驥は中国古代の廟前で行われた「舞」と比較して論じている（馮漢驥 1974）。

　古代中国では廟前の踊りは、「万舞」と称され、戈や鉞をもって踊る「武舞」と羽や楽器をもって踊る「文舞」に分かれる。古代では文と武という2つの異なったスタイルの人物たちにより、祭祀が営まれたことを知りうる。石寨山遺跡でも川寄吉原遺跡出土の土鐸に描かれたように、楯と戈をもつ人物像もみることができる。すると弥生時代の西日本では本来的に、川寄吉原遺跡の事例のような「武舞」と神水遺跡の鉢に描かれた「文舞」とが並存していた可能性があることを示唆するものとみることができる。それが地域により、どちらか一方が強調されて絵画として表現されたものとみることもできる。神水の事例に即していえば、『日本書紀』「神功皇后摂政紀」に、

> 熊襲国……羽白熊鷲というものあり。そのため人強く健し。亦身に翼ありて、能く飛び高く翔る。

とあるのは、より強調された鳥装のシャーマンを髣髴させるし、元代の『雲南誌略』に南蒲蛮についての、

> 首挿雉尾、馳突如飛。

の表現は、そうした事例が東アジアに案外と広く共通してみられた習俗であることを物語るものであろう。

おわりに

　熊本県神水遺跡と佐賀県川寄吉原遺跡から出土した絵画は、石寨山遺跡の銅鼓に描かれた様相から、両者が並存するもので、廟前での祭祀に関係することも想定できるとしてきた。近畿地域の弥生時代、鳥形木製品とともに武器形木製品や石戈などが集落址から発見されることは、それを支持するものであろう。

　雲南省石寨山遺跡の各種の遺物は、稲作栽培にともなう古い習俗を保存していると考えられているタイ系の民族の存在ともあいまって、日本の弥生文化を考察する場合に多くこれまで取り上げられてきた。白鳥芳郎が指摘するように、この石寨山遺跡の文化要素は明らかにスキタイ系要素も混在するのであり、かならずしも稲作文化独自のものばかりではない（白鳥 1976）。そのためこの資料を援用するときには、十分な資料批判が必要ではあるが、宗教的種族に関しては、中国を中にして北方と南方で類似した行為がなされていたことは、今後中国古代のそうした研究の必要性を物語るものであり、シャマニズムといわれる世界もその例外ではない。

（補説）
　『逸周書』「世俘解」には、周の武王が殷を倒したときに営まれた儀礼が記されている。それによると殷の俘虜100人を生け贄として、廟の前で、手に黄鉞と戈をもっての儀礼が行われた。「武舞」の起源を彷彿させるものである。

引用文献

〈日本語〉
岩波古典文学大系 1967『日本書紀』上、岩波書店
金関恕 1986「呪術と祭」『岩波講座日本考古学』第4巻、岩波書店
熊本市教育委員会 1986『神水遺跡発掘調査報告書』
グレッセ、後藤十三雄訳 1944『アジア遊牧民族史』山一書房
甲元眞之 1993「考古学と民族誌」『古代の日本』第10巻、角川書店
国分直一 1976「スルクタク・ハヤの先史岸壁画」『環東シナ海民族文化考』慶友社
斉藤明彦 1986「坪井遺跡出土の絵画土器について」『考古学雑誌』第72巻第2号
白鳥芳郎 1976「石寨山文化の担い手」『どるめん』第10号
高島忠平 1980「佐賀県川寄吉原遺跡出土の鐸形土製品」『考古学雑誌』第66巻第1号
奈良県立橿原考古学研究所付属博物館 1986『絵画と記号』
中村徹也 1977「宮ヶ久保遺跡出土の木製武器形祭器」『考古学雑誌』第63巻第1号
中村友博 1987「武器形祭器」『弥生文化の研究』第8巻、雄山閣出版
春成秀爾 1979「縄文晩期の婚後の居住規定」『岡山大学法文学部学術紀要』第40集
春成秀爾 1993「絵画から記号へ」『国立歴史民俗博物館研究報告』第35集
藤田三郎 1986『昭和58年度唐古鍵遺跡22次、24次、25次発掘調査概報』
ハルバ、田中克彦訳 1971『シャマニズム』三省堂
フィンダイゼン、和田完訳 1977『霊媒とシャマン』冬樹社
山鹿市教育委員会 1984『方保田東原遺跡（Ⅱ）』
〈中国語〉
雲南省博物館編 1981『雲南青銅器』文献出版社
馮漢驥 1974「雲南晋寧出土銅鼓研究」『文物』1期
凌純声 1934『松花江下游的赫哲族』南京
呂光天 1981『北方民族原始社会形態』銀川
〈英語〉
Eliade, M. 1964 *Shamanism.* New York.
Holmberg, U. 1964 Fino-Urgic, Siberian. Arnott ed. *The Mythology of All Races.* New York.

挿図の出典

第1図：岩崎（山下）志保原図、第2図：高島 1980より、第3図：馮 1974より。

第4節　弥生時代の動物随葬墓

はじめに

　人間の死体から遊離した魂が、永遠の安息所に移る過程において、死者の身近にいた動物が重要な役割を果たすことは、しばしばみうけられる。『三国志魏書』の「弁辰伝」には、

　　大きな鳥の羽を用いて死者に送るが、それは死者を飛揚させるためである。

との記事があり、鳥が魂を運ぶのに一定の任務についていたことが知られる。実際、弁辰の対岸にあたる、山口県土井ヶ浜遺跡では、弥生時代前期の時期に属するウミウを抱いた女性人骨が発見されていて（金関他 1961）、日本の一部でもそうした観念が伝わっていたことがうかがえる。このほかには埋葬址に鳥を随葬する例は知られていないが、シャーマンが脱魂して他界に赴くとき、鳥に替わったり、鳥に乗ったり、あるいは鳥に先導される事例は北アジアの民族世界に広く認められ、この地域では魂と鳥とが結びつきやすいことを知ることができる。

　弥生時代とほぼ同じ頃、東北アジアに居住していた烏丸では、次のような興味深い習俗があることが『後漢書』のなかに記載されている。

　　養い飼して肥えさせた犬に、色鮮やかな縄を懸け、死者を乗せた馬とともに引き立てて、歌ったり踊ったりしながら、肉を与える。そして二人の呪者が呪文を口にして、死者たちが険阻な道を越え、悪鬼にさえぎられることなく、赤山に向かうことを命じ、犬と馬を殺す。

　この記事では、死者の魂は馬に乗り、犬に先導されながら永遠の地である赤

山に達することが述べられていて、魂の移動に犬と馬が登場している。殷代の中国でも墓底に腰坑を設け、しばしば犬や馬を随葬していて、『詩経』や『尚書』にみられる殷人の儀礼とあわせて、殷代の中国にも烏丸と同様の埋葬儀礼があったことをうかがい知ることができる。

　ヨーロッパでは、旧石器時代後期以来、絶えず獣類と親密な関係をもちながら人びとは生活してきた。氷河の後退とともにマンモスやバイソンといった大型獣類はいなくなり、生態環境の変化にあわせて、シカなどの中型獣類に捕獲対象を変換させたが、つねにそうした獣類にエネルギー源の多くを求めてきた。

　新石器時代になっても、ハダカオオムギやコムギの栽培とともに、ウシ、ブタ、ヒツジ、ヤギなどの家畜を飼育していた。こうした世界では、死者の埋葬時に、死者とともに獣類を随葬することもふつうにみられる。ストン・サークルの内部には、人骨と同様にウシ、ヒツジを埋葬したのが発見されていて、それも獣類の頭部をおもに随葬していたことが知られる。

　哺乳動物の身体の一部、とりわけ頭骨をおもに随葬する事例は、中央アジアから東南アジアにかけての地域で多くみることができる。これら動物随葬では、頭部や牙床が多く発見され、身体全体のものはきわめて少ないために、墓に埋葬された死者の食物としては考え難いことであり、古代中国人の死後の世界への観念が反映されていると推定できる（甲元 1980）。

先史時代人と動物

　旧大陸においては、このように死者と哺乳動物との関係はきわめて強いものであった。死者に動物を随葬する例のほかに、祭祀活動において犠牲にするウシやブタの事例をも挙げるならば、動物を抜きにしては儀式が成り立たなかったというのが実情であろう。ところが日本では、こうした動物との共生関係を示す例は古典にもほとんど登場せず、民話の世界にも少ない。かえって、シカ、イノシシは人間に害を及ぼすものとして描かれている。

　日本列島に農耕文化を最初に開花させた弥生人は、家畜動物をともなってい

なかった。このことが日本人のものの考え方に大きな影響を及ぼしたことが指摘されている（佐原 1979）。弥生人がなぜ家畜動物をともなわなかったのかについては、弥生文化が系譜をひく南朝鮮の農耕文化に家畜飼育が行われなかったこと、弥生文化の母胎である縄文文化は採集経済が卓越していて、動物への依存度が少なかったことが想定されている。たしかに、縄文時代においては植物性食料、とりわけシイやドングリなどの堅果類に多く依存する生活を送っていたことは、出土資料の示すところであり（渡辺 1975）、また海産物に親しむ傾向は強かったといえるであろう。

　ところが縄文時代においては、動物に慣れ親しみ、動物の体のすみずみまでよく把握していたことを示す痕跡もみることができる。それは X レイ・スタイルとよばれる絵画表現のひとつで、動物を表現するときに、動物の内部器官をあたかも X 線で透視したかのように描くものであり、さらに抽象化されてくると、内部器官のうちもっとも重要な、心臓と口とを結ぶ線（生命線＝ライフ・ライン）を表現することに変わってゆく（Lommel 1966）。こうした絵画においての表現は、作者が動物の体のなかのヴァイタルな部分に関して、熟知していたことがうかがえる。

　国分直一も指摘するように、亀ヶ岡遺跡出土の、力士を思わせる土偶のなかに、X レイ・スタイルでとらえたとも思われるものがある。腹部の中央に渦巻文を描き、その左右両側の直線部分と結びつけたもので、腸の部分がレントゲンで透視したかのように表されている。このほかイノシシをかたどった土偶にも、内臓をよくとらえたものもある（国分 1969）。

　ロンメルによると、この X レイ・スタイルの手法は、ヨーロッパ後期旧石器時代マグダレーヌ期に出現し、中央アジア、北アジアそしてアメリカ、オセアニアと、いずれも狩猟民の間で広く用いられている手法である。このことからすれば、縄文人にとって獣類は、量的には食料としての価値は低くても、きわめて高い関心をそれらに注いでいたことを思わせる。オーストラリアのティウィ族などは、日常食する食べ物の大部分は、女性による採集活動に依存しながらも、捕らえることができるか否か、不確かな狩りのために、ほとんどの時

間を費やすことがある（Hart & Pilling 1960）。こうした意味においても、縄文人たちは弥生人以上に動物に関心を寄せていたことは十分に想定できる。

加藤晋平は縄文人の動物との関係について注目すべき発言を行っている（加藤 1980）。加藤は南関東の縄文時代中期に、動物供犠が行われた痕跡があること、イノシシの自然分布を越えてイノシシの遺体が発見されること（北海道や伊豆諸島）、イノシシ土偶が製作されることなどを挙げ、植生が今日的な状況になった「縄文時代前期に関して、半飼育（Semi-domestication）がはじまり、縄文時代後期には交配、去勢技術をふくめたあるていどの飼育段階に達した」と考えている。そしてブタと思われる土製品は、沿海州、中国東北部、朝鮮東北部に分布することから、紀元前一千年紀のアワ・ソバなどの雑穀農耕をもったアジアの文化複合体が、日本海を介して日本へ影響をあたえた結果として、東日本にこのような現象が生じたものと想定したのであった。

しかし、このことはけっして、イノシシの飼育が一般的であったことを示すのではなく、あくまでも動物供犠もしくはそれに類した祭祀的性格のものとして、特別に考えることも可能である。

弥生時代人と動物

弥生人が家畜をもたなかったという点については、もはや疑うべくもない。穀物生産を行うようになり、それへの比重が高くなったことは、歯の咬耗度にも現れてくる。しかし、穀物のみに依存していたわけではなく、狩猟や漁撈、それに前代につづいて、採集経済にも大きく寄りかかった生活を営んでいたことは、弥生時代の貝塚から出土する獣類の遺体、堅果類により示されるし、銅鐸の絵によってもうかがわれる。

縄文人と同様に、弥生人も動物の遺体の一部を取り扱った事例もみることができる。唐古鍵遺跡では、13個のイノシシ下顎骨が棒に懸けられて吊るされた状態で出土している。これと同様な事例は、長崎県原の辻遺跡、佐賀県菜畑遺跡、福岡県石丸遺跡でもみることができる。こうした下顎はシカやイノシシにかぎられている。唐古遺跡や菜畑遺跡の例でみると、両端に棒を立ててイノシ

シの下顎を何個も吊り下げた横棒をそれに渡し懸ける状況が復元でき、アイヌ部落や北アジアのエヴェンキ族の祭壇でみかける状況を連想させる。こうした棒に吊り下げたのではなく、下顎骨がピットのなかにまとめて放置されることもある。したがって弥生人にとっては、シカやイノシシの下顎が特別な意味をもっていたことを知ることができる。

　下顎が特別な扱いを受けた例としては、埋葬址に副葬される場合を挙げることができる。長崎県有川町の浜郷遺跡は、中通島の海岸に形成された砂丘遺跡で、弥生時代の前期後半から中期中頃にかけての時期に営まれた埋葬址である。1969年に行われた調査では、土壙墓、箱式石棺墓、甕棺墓が発見されていて、それぞれに多くの副葬品が供えられていた。そのなかに、イノシシの下顎骨を随葬したものが6例ある。すなわち1号人骨では2個、2号人骨では5個、4号人骨では1個、6・7号人骨では8個、2号箱式石棺墓からは5個出土し、乳幼児を容れた壺棺にも1個検出されている（小田 1970）。下顎に、ある特別な意味を付与するものであり、中国東海岸の先史文化と一脈通じるものと考えられる（甲元 1980）。五島では福江島大浜遺跡でイノシシの尺骨を随葬した例や、ウシの歯を副葬した例も認められる。このようにイノシシの下顎骨が墓のなかに死者とともに埋葬されるということは、イノシシがつねに身近な存在であったことを物語っている。

　ここで注目されることは、先述した唐古遺跡でのイノシシについての金子浩昌の見解である。金子によると、5個並んでいた下顎骨のうち、中央部の3個は第3大臼歯が出たばかりの若いものであることが指摘されている。同様のことは大阪府池上遺跡でも知られていて、ここでは第3大臼歯が出芽していないものも多くあり、2歳以下の個体が70％以上を占めていることを挙げ、家畜の初期段階でのありかたと一致することを指摘している（金子 1980）。すなわち、イノシシの一定期間の飼育を想定できるのである。浜郷遺跡でイノシシの下顎骨を随葬した墓のうち、人骨の性別が判定できるのは6例中5例あり、1例の乳幼児をのぞいてはすべて成人〜老人の女性であった。仮にイノシシが野生のものであれば、狩猟した男性にともなうのがふつうであるのに、確認でき

るかぎり女性の墓のみに下顎骨がともなうことは、女性とイノシシが親密な関係をもっていたことを示す。この関係とは一定期間の飼育（keeping）を通してできあがったものに他ならない。

　五島においても、縄文時代にイノシシ土偶を製作しており、こうした伝統は九州においても縄文時代後期にまでさかのぼりうるのであり、また下っては古墳時代においてもイノシシやウマの頭骨を随葬する例があることから、長い間蓄積された伝統を思わせるのである。

　今日弥生時代の卜骨を出土する遺跡は十数カ所にも及んでいるが、イノシシやシカの肩甲骨を出す遺跡だけでも14カ所、60点以上の件数にものぼっている。原の辻遺跡だけでもシカ8件、イノシシ2件の卜骨が採集されているが（木村 1979）、このように集中してみられることは、つねに身近にこうした動物をキープしていたことを示すものではあるまいか。アメリカ・インディアンは多数捕獲したカリブーを大きな柵のなかで一定期間放し飼いにしている（Oswald 1976）。さきにみたイノシシの一定期間の飼育であったとすれば、当然シカに関しても同様なことは十分に想定できよう。

おわりに

　イノシシとブタの形態学的区別に関して、とりわけその家畜化の過程では、たいへんむずかしい。朝鮮先史遺跡出土のブタでも、頭骨の後方の部分では大きな変化はみられないが、顔部のなかで前方部が短くなっていく傾向がみられるといわれている。しかし、一方頭骨の上面がまっすぐなことから、相当長い間野外で飼育したことも指摘されている。こうした点から、朝鮮無文土器時代の移行的なブタは、新石器時代以来イノシシの子供をとらえて飼育した結果として出現したものと金信奎は述べている（金信奎 1970）。

　『斉民要術』によれば、春夏のブタは放し飼いにして草や水藻を食べさせ、窮冬春初には糟糖で飼育するという。イノシシの飼育でもっとも困難をきたすのは、冬の飼料であり、人間の食料と競合する。こういう状態で動物供犠を行うためには、子連れのイノシシやシカを捕らえて、親は食べ、子を秋まで飼育

して秋の祭りに供するのが、もっとも一般に考えられることである。またこうしたことを可能にする諸条件を満たすのは、山間部よりも海浜地帯であり（海浜では貝や魚を食わせられる）、この点海浜部の住民の間にこうした習慣が持続するのであろう。

　弥生時代には家畜は存在しなかった。しかし、これまでみてきたように、祭祀活動に供するために、一定期間シカやイノシシの飼育は行われた可能性が大きい。ただし、あまりにも祭祀活動に限定されたこと、また家畜動物を飼うだけの経済的裏づけのなかったこと、こうした点において、特殊日本的農耕文化となったのではないかと思われる。

引用文献
〈日本語〉
小田富士雄 1970「五島列島の弥生文化」『人類学考古学研究報告』第2号
加藤晋平 1980「縄文人の動物飼育」『歴史公論』第6巻第5号
金関丈夫・坪井清足・金関恕 1961「山口県土井ヶ浜遺跡」『日本農耕文化の生成』東京堂
金子浩昌 1980「弥生時代の貝塚と動物遺存体」『3世紀の考古学』学生社
木村幾多郎 1979「長崎県壱岐島出土の卜骨」『考古学雑誌』第64巻第4号
甲元眞之 1980「古代中国動物随葬墓考」『日本民族とその周辺』新日本教育図書
国分直一 1969「呪術」『大地と呪術』学習研究社
佐原真 1979「弥生時代論」『日本考古学を学ぶ』(2)、有斐閣
渡辺誠 1975『縄文時代の植物食』雄山閣出版
〈朝鮮語〉
金信奎 1970「我が国原始遺跡出土の哺乳動物相」『考古民俗論文集』第2集
〈英語〉
Hart, C. W. M. & Pilling, A. R. 1960 *The Tiwi of North Australia*. Holt-Rinehart & Winston.
Lommel, 1966 *The Prehistoric and Primitive Man*.
Oswald, W. H. 1976 *An Anthropological Analysis of Food-Getting Technology*. John Wiley & Sons, Inc.

第6章　南の世界

第1節　トカラ列島の先史文化

はじめに

　花綵列島の美称で知られる南西諸島の中核をなす、種子島、屋久島それに奄美大島の西側に、あたかも真珠の首飾りを垂らしたように粟粒状の島々が、ほぼ南北に連なって存在する。北は三島村竹島から南は横当島まで点在するこれら島々は、トカラ列島と汎称されている。また狭義には、口之島から宝島までの十島村の島々にかぎって呼称されることもある。トカラ列島は、霧島火山帯に属する火山活動により形成されたもので、硫黄島、口之永良部島、中之島、諏訪瀬島と今なお噴煙を高く舞い上げる活火山がある。このため島々は起伏に富み、海岸は急激に海中に没して、平地は少なく、古来ほんのかぎられた場所にしか集落は営まれていない。一方トカラ列島のなかでも、宝島、小宝島だけは隆起珊瑚礁の島で地形は平坦であり、その他のトカラの島々とは自然の趣をまったく異にしている（横山 1970）。

　東中国海を北上する黒潮は、奄美大島の西側にくると大きく右旋回し、トカラ列島を横断しながら太平洋に流入する。このため、もっとも寒い1月でも平均気温9.8℃を下らず、年平均気温はほぼ20℃と年間を通して暖かく、亜熱帯性気候帯に属する。またこの地方は、台風がよく通過する場所であることでも知られ、年間の降雨量が2800mm前後にも達する夏雨型の温雨図を示している（田原 1971）。

　今日のトカラ列島は、リュウキュウチクの繁茂する植生が優勢で、部分的にクロマツがみられるだけの単純な植生をなしている。これは粟作を主体とした焼畑耕作と過度の木炭製造がもたらした二次的環境であり、本来的な植生であ

第1節　トカラ列島の先史文化　287

るシイやマテバシイの群落は、中之島北端にわずかにその面影をとどめるにすぎない。この他、海岸部にはイソマツ、ハマヒルガオ、ヒルガオなどの群生がみられ、やや内側に入ると、アダン、ビロー、シャリンバイ、ヤブツバキなどの群落を眼にすることができる。人家のあたりでは、ハイビスカス、ブーゲンビリアがクワズイモと対象的に彩りを添えている。食性植物の伝承はないものの、集落近くや、かつて集落が存在していた場所には、かならずといっていいほどこのクワズイモを認めることができる。

　以上のように、トカラ列島は南九州にみられる暖温帯気候と、奄美以南の亜熱帯気候が交差するところであり、先史時代以来、九州文化圏、種子・屋久文化圏と南島文化圏の混淆する場所でもあった。1450年に臥蛇島に漂流した朝鮮人4人が、2人は薩摩へ、2人は琉球へ引き渡されたという李朝実録の記録は、こうしたトカラ列島をめぐる自然・歴史的環境を如実に物語るものといえよう。

宝島の遺跡

　トカラ列島の考古学的調査は緒についたばかりと考えていい。発掘調査が行われたのは、中之島タチバナ遺跡と宝島浜坂貝塚、大池遺跡の3カ所にすぎない。このためトカラ列島の考古学的知見は断片的にならざるをえないのである（第1図）。

　宝島浜坂貝塚の発掘は、1962年8月、三友国五郎と河口貞徳により行われた（三友・河口 1962）。遺跡は宝島にみられる5段ある海岸段丘の第3段、海抜が10〜15mのところに位置している。発掘調査の結果、6層にわたり分層され、そのうち表層の撹乱層を除いて、第2、第3層が上層文化、第4層（混土貝層）が中層文化、第5、6層が下層文化としてまとめられている。上層文化層からは、宇宿上層式土器と赤褐色磨研した黒川式土器および、口縁部に刻目突帯を設けた土器と須玖系の土器が出土している。また外耳土器もみられる。中層からは、X字状文土器の底部、赤塗の沈線を施した平底の土器、それに突帯文土器が検出され、それらにともなって夜光貝製のスプーン、イノシシ牙垂

288 第6章 南の世界

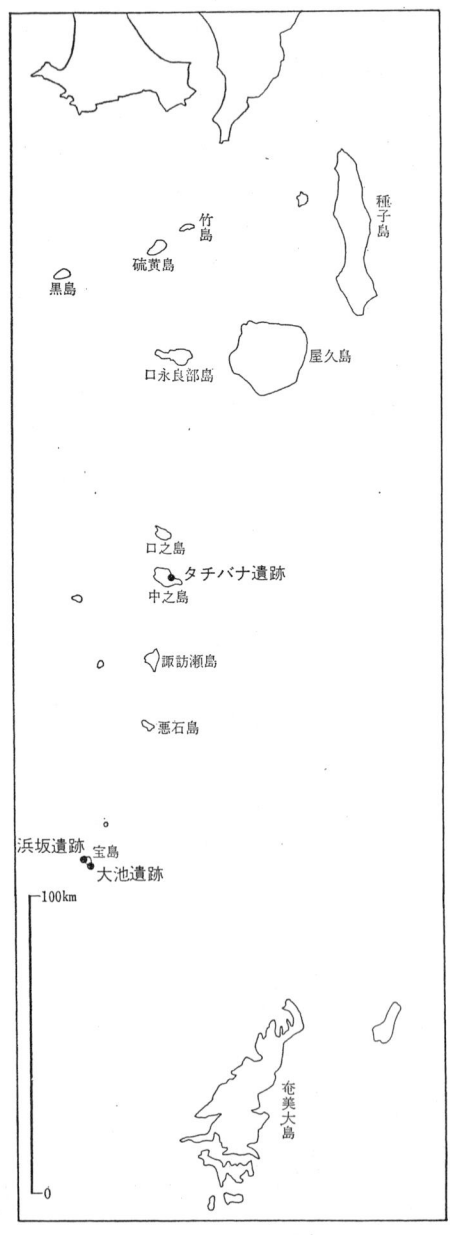

第1図 トカラ列島

飾、貝製の簪などが伴出する。下層文化層では、口縁部が肥厚した無文土器に太い凹線を施したもの、器壁が薄く頸部の細長い土器に細線または、ミミズ腫れ状の突帯を組み合わせたものなどの出土をみる。これらの様子から、喜念式土器から宇宿上層式土器の流れのなかに、黒川式土器や須玖系土器といった九州系土器が新たに加わってゆく姿を読み取ることが可能である。遺構としては、最下層に、珊瑚礁で囲んだ炉址があり、その炉址を囲むようにしてピット群が検出されている。これらは全体の位置関係から、石囲いの炉をもつ住居址があったことが推測されている。

宝島の東南部、風成砂丘の南端が隆起珊瑚礁と接するあたりに、大池、小池が形成されている。このうち、大池に向かって南側に傾斜する砂丘上に大池遺跡がある。大池遺跡は1964年8月、牛島盛光により発見され、試掘調査の結果、縄文時代でも遅い段階の遺跡であることが確

認された（牛島 1964）。牛島によると、2層に分けることができ、上層では突帯のある無文土器、下層に沈線文、爪形文、刺突文を有する土器が発見されたとする。ほぼ宇宿下層式土器から上層式土器へと変遷をたどることができる。

大池遺跡の2回目の発掘は、1973年国分直一を中心とした熊本大学考古学研究室により行われた。大池遺跡に南面する砂丘の末端傾斜部に2本のトレンチを設定してなされたもので、文化層3枚が検出されている。最下層では小円礫を円形に配したなかに、焼けた砂、多量の灰、焼いた石をともなうストン・ボイリングの址ともみなされる遺構が発見されている。この発掘については未報告であるので、詳しくは言及できないが、最下層では土器の内外面を貝殻の腹縁で調整した条痕文系土器、巻貝の頂部を使って刺突を加えた連点文土器等がみられ、九州の轟式土器と強い関連をもった土器群であることは注目される。なおアイソトープ協会による ^{14}C 年代は次のように報告されている（未補正）。

　　上層：3450±70BP
　　中層：4490±70BP
　　下層：4820±95BP

1979年には、島津義昭らにより大池遺跡で箱式石棺墓が発見されているが、詳細は不明である。

タチバナ遺跡

タチバナ遺跡は、1977年から3カ年にわたり熊本大学考古学研究室による調査がなされた（熊本大学考古学研究室 1979、1980）。タチバナ遺跡のある中之島はトカラ列島最大の島で、休火山よりなる島の南半部と現在なお活発な火山活動をつづける腰岳を中心とする北半部に分かれる。両者の接する島の中央部は、海抜が200mあまりの平坦地をなしている他は、南半部に緩やかな傾斜地が数カ所みられるだけの峻険な島である。タチバナ遺跡はこの島の東南部、七つ浜を見下ろす傾斜地にある。七つ浜は急峻な崖に囲まれた三日月形の海岸で、幅100mに近い珊瑚礁が南北3.5kmにわたって広がり、クロダイやブダイなどの格好の漁場となっている。遺跡はこの海岸から約500m離れた、海抜

165m 前後の、休火山の南スロープ上にあり、湧水点を囲んで馬蹄形をなす稜線の東側に位置している。この地点は、大きく南側に切り込んだ谷に直面していないために、台風の被害を蒙りにくい場所となっている。

　3カ年に及ぶ調査面積は約300m²に達し、集落址のほぼ1／4ほどを明らかにすることができた。調査により検出された遺構には、竪穴住居址30基、土壙14基、炉址14基があり、炉址としたものは、後世の削平により住居の壁がなくなったものと考えられ、結局50基近い住居があったと想定できる。またこの集落址から西に20m 離れた地点には、自然湧水点があり、両岸を大きな石で縁取りを行った流路の間からは、集落址と同一の時期の土器や石器が採集されている。

　30基の竪穴住居址は遺跡の西南から東北にかけて稜線に沿うようにして、重複と切り合いをくり返しながら分布している（第2図）。住居址の大きさは平均して径が4m で、円形を呈するものが一般的で、小さいものは径3m、大きいものは径5m に及ぶ。住居址は中央に大型の炉址をもち、壁の周囲に不規則に並んだ小さな柱穴を有するものがふつうで、傾斜に沿って北側は深く、南側は浅い壁を形成している。全体の構造が明らかな第13号住居址を例にとると、径は5m、北壁の深さ0.5m、南側壁の深さは0.2m の円形竪穴で、中央には5個のピットをもつ浅い皿状の炉址が付設してある。この中央に設けられた大型の炉址は、1m 内外の方形もしくは菱形をなし、四隅と真ん中にピットを有している。各ピットには拳大の角礫もしくは磨石を5～6個入れ、角礫の一部には焼けた痕跡をもつものも認められている。また、切り合いによって、住居址の壁面が崩され、中央のピットをもつ大型の炉址のみ検出されるものが10基に達している。

　この遺跡で土壙と仮称したものは、径が3m 以下の竪穴で、内部に炉址などの施設を何も備えない類である。その形状も変化に富み、壁面の立ち上がりも高低もまちまちである。土壙のうち、形状が比較的はっきりしているものは第5号土壙で、一辺2.5m の隅丸方形をなし、内部には土器とともに大量の焼土が埋設されていた。この焼土は自然に堆積したものではなく、一時に投棄さ

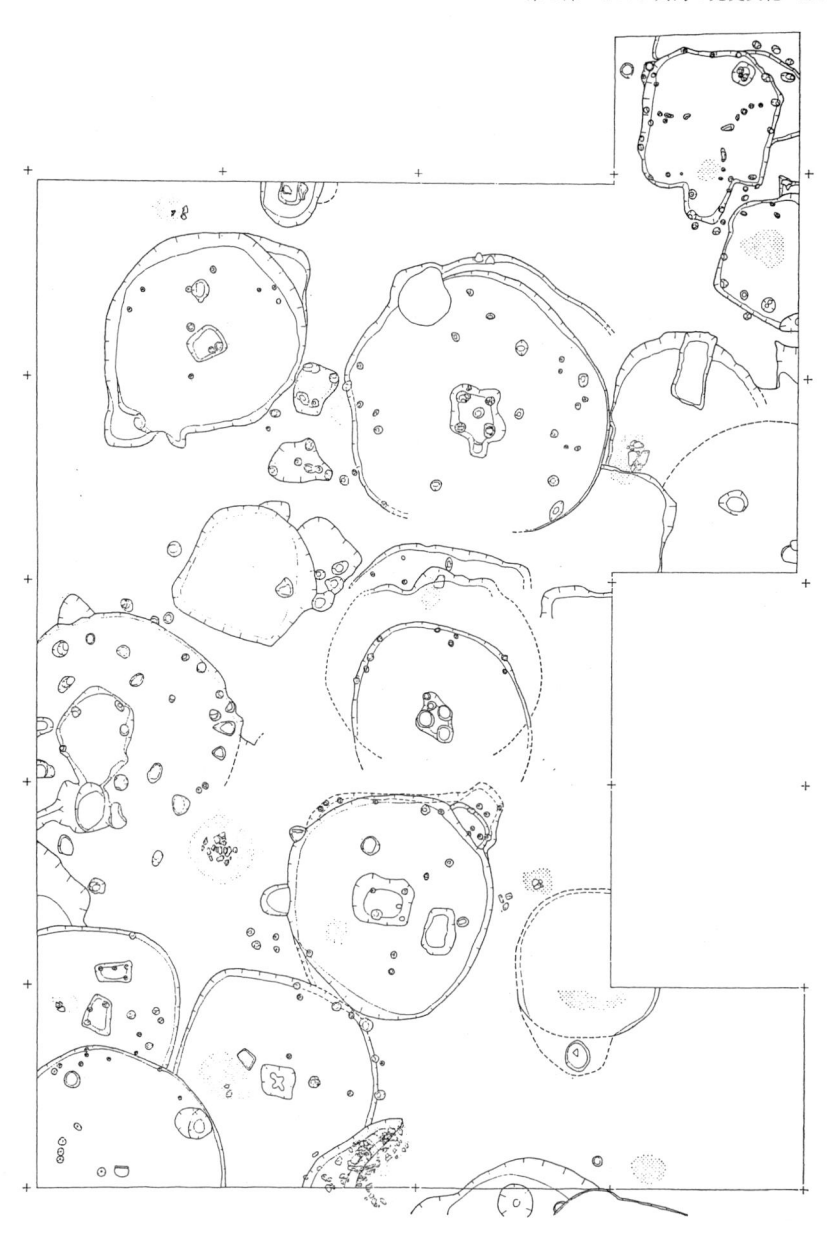

第1節　トカラ列島の先史文化　*291*

第2図　タチバナ遺跡・遺構分布図（1区画：4m）

れた状態でまとまってみられた。

　炉址は径が0.3から0.7mの円形もしくは楕円形に焼土が広がるもので、角礫などを焼土面の上面に敷き詰めたり、配したりしたものと、石組を欠くものとがある。炉址は遺跡全体にわたって14基ほど検出され、平面分布上では竪穴住居址と重なり合うことが多い。これら炉址は多くの場合竪穴住居址の覆土中に築かれており、竪穴住居が埋没した後に、その上面に設けられている。当初は竪穴住居址と組み合わさった屋外路として把握したこともあったが、石組をもつ炉址に対応する壁の立ち上がりが一部で確認されたことから、焼土のみの遺構も、本来的には竪穴住居の一部であったとみなされる。タチバナ遺跡は、竪穴住居址と土壙で構成された遺跡であり、竪穴住居址も、中央の浅い皿状の落ち込みに5個のピットを備えたものと、石組炉址をもつものとの2種類が存在していたことが判明したのである。

タチバナ遺跡の出土遺物

　タチバナ遺跡から出土した遺物は、住居址の床面もしくは覆土中から採取されたものが大半で、堆積土に含まれるものは少なかった。集落址西側にある湧水点で発見された土器と石器も少なからずある。
　土器は次の6類に分けることができる。
　　Ⅰ類：頸部に突帯と沈線文をもつもの（第3図1～9）
　　Ⅱ類：無文で口唇部蒲鉾状に肥厚するもの（第4図3、5、6）
　　Ⅲ類：口縁内外に口唇部に刻目をもつもの（第3図10、11）
　　Ⅳ類：黒色磨研土器（第4図2、7～11）
　　Ⅴ類：器壁の厚い無文土器（第4図1）
　　Ⅵ類：突帯を有する磨研土器（第4図14）

　Ⅰ類土器は甕形と壺形に大別できる。甕形は口縁部が蒲鉾状に肥厚し、頸部のあまりしまらない中型の土器で、胴上半部に横位にめぐらされた突帯と口縁部の間には、ヘラ状工具による綾杉文が施される。突帯は1本か2本で、その上にはヘラ状もしくは叉状工具による刺突の連点文がみられる。赤褐色を呈す

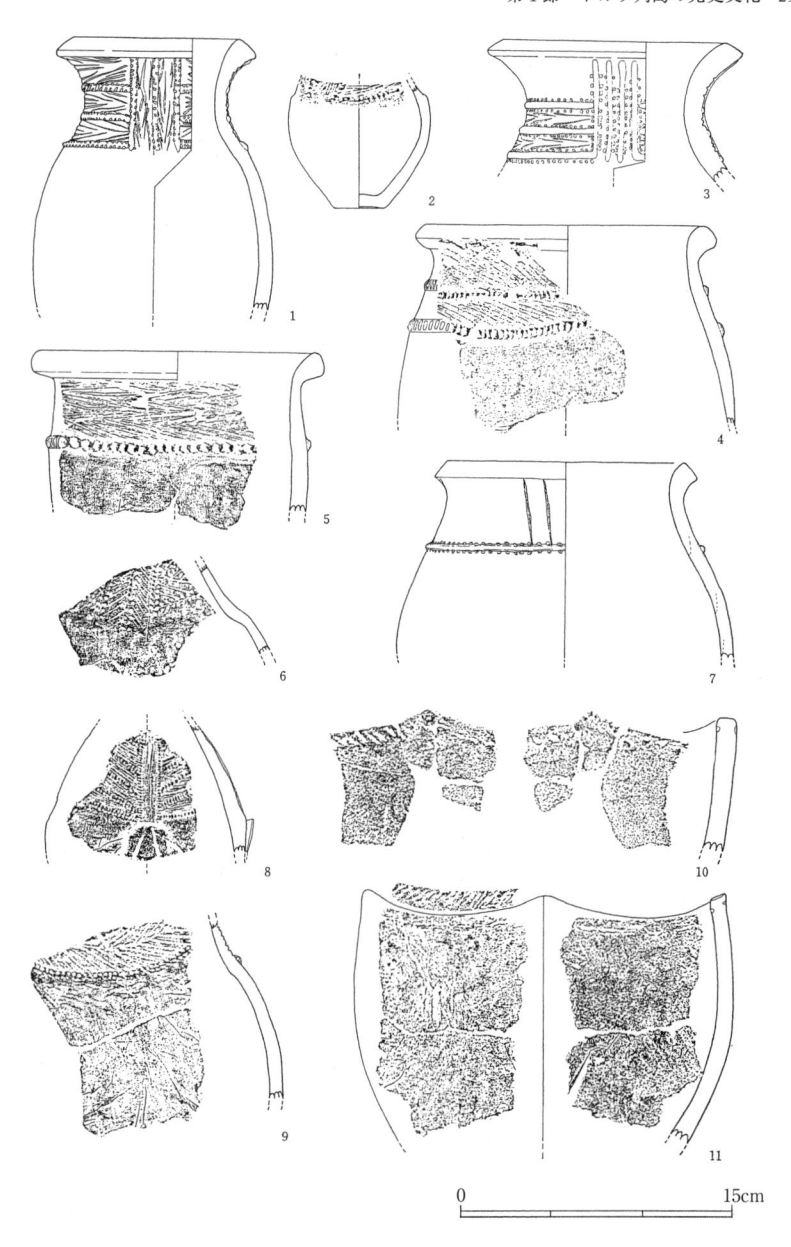

第1節　トカラ列島の先史文化　293

第3図　タチバナ遺跡出土土器

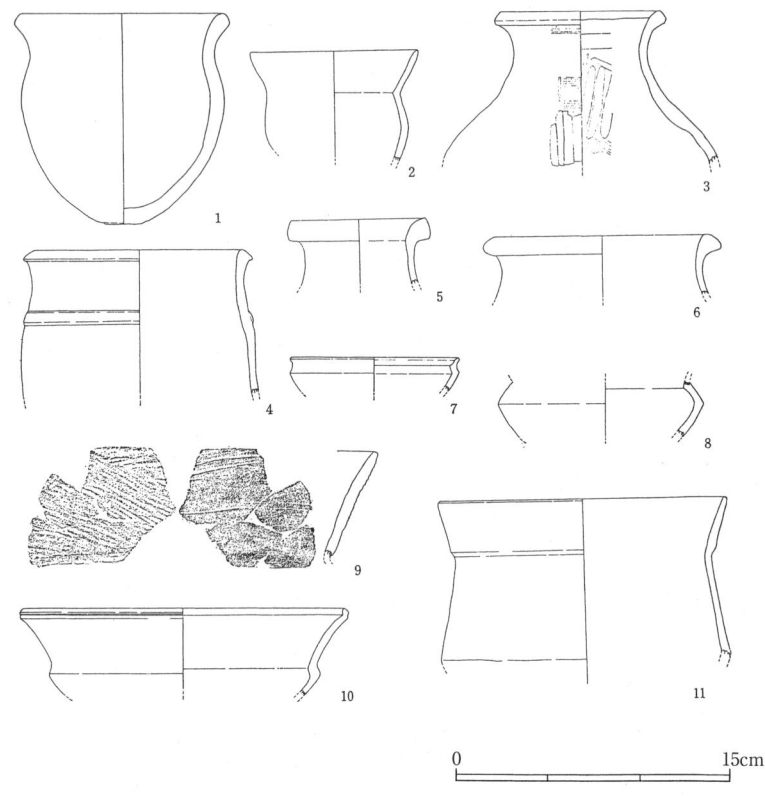

294 第6章 南の世界

第4図 タチバナ遺跡出土土器

る泥質土器で、胴部外面にはヘラ磨きがなされている。

　壺形は、口縁断面が三角形をなし、頸部がしぼんで胴部が張りのある器形を呈する中型の土器で、底部はほとんど丸底である。文様は頸部に集中してみられ、刺突連点をもつ2～3条の細い貼り付け突帯を頸部に巡らし、その突帯間をヘラ状工具による綾杉文で飾る。また口縁部直下から垂らした刺突連点文をもつ1～4条の貼り付け突帯で、横位置の文様を区画するのが基本の文様構成である。縦位の貼り付け突帯間には、縦位の綾杉文を施したり、突帯の下部に粘土粒を貼り付けるものもあり、また貼り付け突帯が細い沈線で表現されるものも、少なからず認められる。赤褐色を呈する砂質土器で、胎土中には径が

0.5mm ていどの白色混和材を多量に含んでいる。全体的につくりはていねいで、ヘラ磨きが器面全体に施されている。

　Ⅱ類は無文の丸底を呈する大型の壺で、出土量のほぼ半数を占める。焼成、器面調整ともにⅠ類と類似する。胎土中には白色の混和材は認められない。口縁の断面形は三角もしくは蒲鉾形をなし、一部には大きく外反するものもある。

　Ⅲ類は器壁の厚い大型の甕形土器で、有文で山形口縁をなすものと、無文で平口縁のものの2種類がある。いずれも器面は粗いナデ調整され、胎土中には多量の雲母を含んでいる。山形口縁をなす類では、口縁直下に内外面とも刺突連点文を施し、口唇と口縁下の刺突連点文のほんのわずかな空間や、口唇部に細沈線文とか貝殻腹縁部による押圧文を刻み込むものと、内外面に連点文を配し、口唇部にのみ刻文を施すものとがある。

　Ⅳ類は「く」の字に大きく外反する口縁部をもつ黒色の磨研土器で、浅鉢と深鉢の2種類が多くみられる。浅鉢形の口縁部が直立するものは大型、外反するものは小型に多い。そのほかにわずかではあるが、算盤球形の胴部に強く外反する口縁をもつ碗形のものもみうけられる。浅鉢の頸部外面に蝶ネクタイ状の貼り付け突帯をもつものもある。深鉢はやや肥厚し他口縁部からゆるやかに膨らむ胴部へとすんなりと納まる器形で、全面に粗いヘラ磨きが施されていて、一部には外器面に貝殻条痕がみられるものもある。

　Ⅴ類は器壁が厚い赤褐色を呈する小型の鉢を中心に、甕形や壺形もみられるが、その数量はきわめて少ない。また、Ⅵ類も例が少ない。器形の判明するものでは、口縁部と胴上部に貼り付けを有する甕形土器で、器面は雑なナデ調整が施されている。胎土はⅠ類に近く、外耳をもつものはこれに属する。

　上述した土器類は、Ⅰ類＝喜念式、Ⅱ類＝宇宿上層式、Ⅲ類＝一湊式、Ⅳ類＝黒川式と従来分類されてきたもので、Ⅵ類はいわゆるカヤウチバンタ式に近い。これら数型式の土器はタチバナ遺跡では「混在」する状況で出土している。第13号住居址出土土器で具体的にみてゆくと、喜念式と宇宿式は壺形、一湊式は大型の甕、黒川式は深鉢と浅鉢で構成され、器種別に組み合わさる形で

共存している。したがって、多くの土器型式も実際上は、奄美系＝喜念式・宇宿上層式、種子・屋久系＝一湊式、九州系＝黒川式と器種を異にしながら一遺構内に相互補完的にみられるのが、本来の姿であるように思える。こうした対応関係は、壺形、甕形、鉢形にみられる2つの時期差を越えて指摘することが可能である。

石器には磨製石斧、石鋸、磨石、凹石、石皿、クガニイシなどあり、表面採取した資料も併せると200点近くに達する。そのうちの大半は磨石と凹石で占められ、他はほんの少数にすぎない（第5図）。磨製石斧は12点出土した。大型のものは片刃に近い両刃で、その他に定角式と扁平片刃石斧もある。石材は安山岩やチャートが多いが、なかにはトカラ列島では産出しない粘板岩製のものがある。粘板岩製の石鋸は2点あり、破片ではあるが両側縁には、側縁と平行に走る磨耗痕を顕著に留めている。磨石・凹石は長径が10cm以下の扁平長楕円形の石の4側面に敲打痕を有し、扁平な両面を研磨して時には浅い窪みをつくるもので、出土石器の約8割を占めている。石皿には大型と小型があり、大型石皿は板状に剥離した石の上面に、平坦な磨耗痕をもつ。小型の石皿は長方形もしくは楕円形の形状をなし、上面を皿状によく窪ませたもので、4個の脚をつけるものもある。

おわりに

以上タチバナ遺跡の発掘調査の結果を取りまとめてきたが、その基本的性格はどのように考えられるであろうか。出土した土器の大半は奄美諸島に分布がみられるもので、種子・屋久系統のもの、九州系統のものは少ない。石器のうち磨石・敲石・凹石・石皿などの植物性食料加工具と思われるものが大部分を占めており、南島における同時代遺跡のあり方と通じるところが多い。また格好の漁場である珊瑚礁近くの低地に居住せず、かなりの高所に生活址を構えるなどの点は、奄美・沖縄の貝塚時代中期のあり方と軌を一にしているといえよう（国分 1972）。しかし一方、土器胎土中に雲母を含有すること、石器のうち粘板岩などトカラ列島には産出せず、近隣では屋久島あたりに求められる鉱物

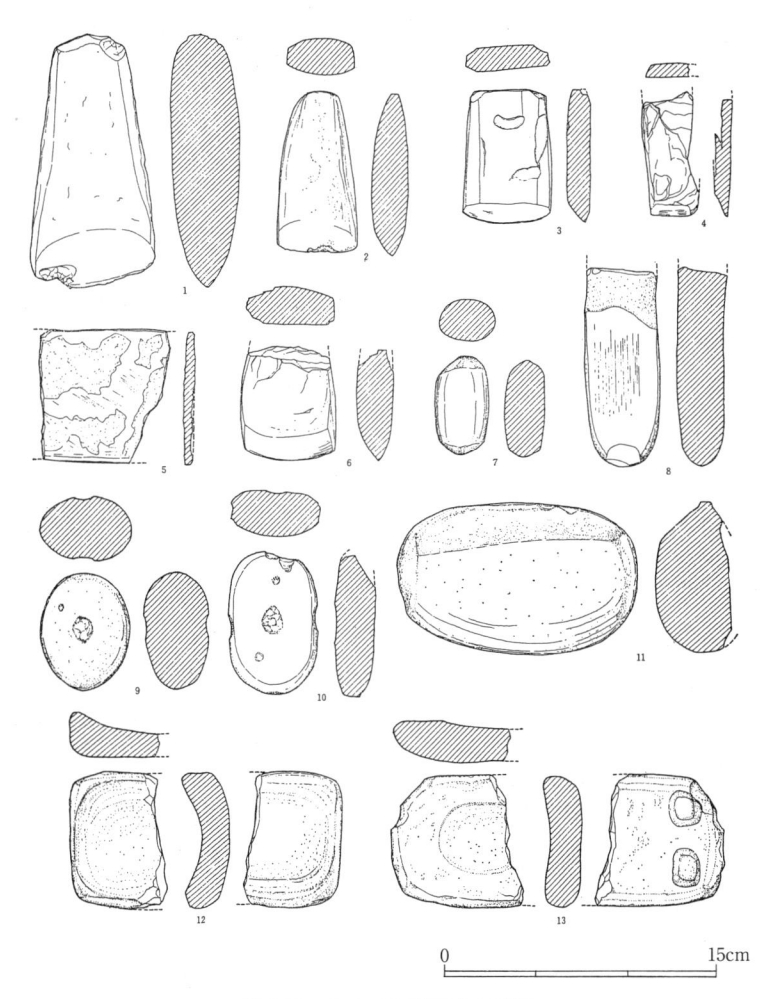

第1節　トカラ列島の先史文化　297

第5図　タチバナ遺跡出土石器

や石材があること、定角式石斧や扁平片刃石斧、脚付の石皿など九州の縄文時代後・晩期にみられるものも登場している。また竪穴式住居址をみても馬蹄形に広がる点は、これまでの南島地域には認められない要素であるとすることができる。南島的性格を基本的には具備しながらも、屋久島を通しての北方の強力なインパクトを感じさせるものである。

トカラ列島の縄文時代研究は、その緒についたばかりであり、発掘された遺跡も3カ所にすぎないので、「管を以ってその実像を窺う」ようなものである。宝島大池遺跡の調査によると、トカラ列島に最初に登場するのは、轟系の条痕を有する土器群であり、それ以前の爪形文系の土器は未発見である。この轟系土器が2、3型式つづいた縄文時代前期末以来、しばらくの空白期間があり、これは南島地域の一般の状況と軌を一にする。この土器型式上における空白期間は国分により、大規模な火山活動の結果、北方地域との交流が途絶えたことによるとの説がなされている（国分 1972）。実際屋久島一湊遺跡での発掘調査により、口之永良部が出自と思われる厚い火山灰層が轟系土器包含層の上に厚く堆積していた（上屋久町教育委員会 1981）。最近の研究によるとこの空白期間、南島は無土器時代に入るのではなく、面縄前庭式土器などの条痕で器面調整する土器群が展開していたということがわかりかけてきた（中山 1981、伊是名村教育委員会 1981、熊本大学考古学研究室 1982）。しかしこの種の土器は、トカラ列島では未発見である。南島にふたたびはっきりと土器文化が展開するのは、縄文後期中葉の市来式土器以降であり、これに影響をうけて宇宿下層式が形成され、種子・屋久では一湊式が生成されたといわれている。ところが、一湊松山遺跡の発掘調査において、市来式土器が南下する以前に、市来式土器によく似た松山式土器が先行して存在し、それを母体として面縄東洞式土器が出現したと主張されるようになってきた（河口 1981）。トカラ列島にふたたび土器が登場するのは、こうした南島での土器の流れの終わり頃、すなわち従来宇宿下層式から上層式への過渡期とされた喜念Ⅰ式の段階であり、これには一湊式と黒川式・入佐式がともなっている。タチバナ遺跡の喜念Ⅰ式には、面縄西洞式に近接するものであり（白木原 1970、河口 1975）、土器の再登場はもうすこし早くなるかもしれない。

　トカラ列島における縄文人の足跡はこのようにきわめて断続的であり、こうした傾向はこの時期以降もつづく。弥生時代の遺跡としては箱式石棺墓がみられるのみで、山の口式土器が破片となって断片的にみられるにすぎず、この後は亀焼、南宋や高麗の青磁、伊万里の磁器というように、飛び石的に人の痕跡

をたどることができるだけである。

(補説)
　本論文以降（1982年成稿）、大池遺跡の調査報告が3本なされた。ひとつは1973年になされた熊本大学考古学研究室による調査分で、条痕文系土器が最下層にそれから室川下層式、室川上層式土器が検出されている（国分直一他 1994「宝島大池遺跡」『熊本大学文学部考古学研究室研究報告』第1集）。また1964年牛島盛光氏が試掘されたときの遺物が熊本大学に寄贈され、あらためて資料紹介がなされた（新里亮人 2001「大池遺跡出土資料」『熊本大学考古学研究室報告』第36集）。さらに国立歴史民俗博物館により、1994年大池遺跡で3カ所の発掘がなされた。A地点は熊本大学調査地点に近接した場所、B地点は島津義昭氏らにより発見された箱式石棺墓、C地点はB地点の北西人骨散乱場所である（付図参照）。A地点では室川下層式段階の住居址と土壙、B地点ではオオツタノハ腕輪を着装した女性人骨を埋葬した箱式石棺墓が確認されている（宝島大池遺跡調査班 1997「トカラ列島宝島大池遺跡」『国立歴史民俗博物館研究報告』第70集）。また新東晃一氏によりトカラ列島の考古学の通史が公表され、近代まで断続的な生活址をたどることができるようになった（新東晃一 1995「トカラ列島の先史時代」

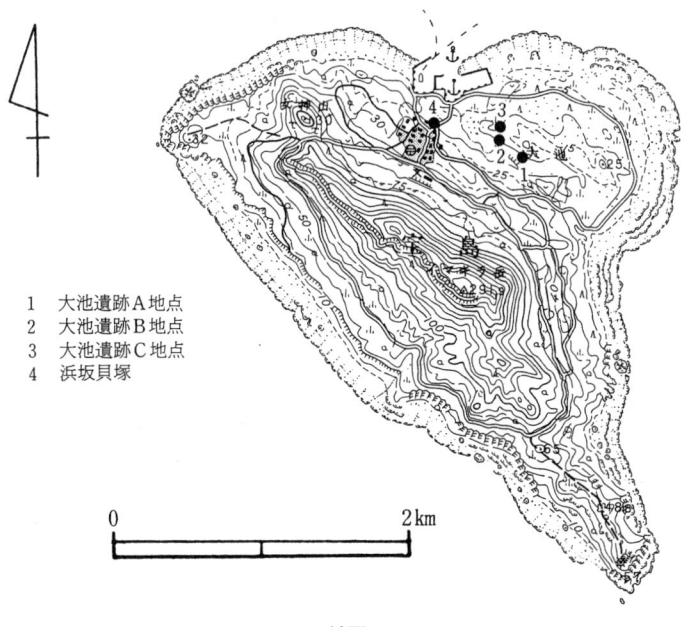

1　大池遺跡A地点
2　大池遺跡B地点
3　大池遺跡C地点
4　浜坂貝塚

付図

『十島村史』)。

引用文献
伊是名村教育委員会 1981 『具志川島遺跡群第4次発掘調査報告書』
牛島盛光 1964「宝島大池遺跡の調査概報」『中・四国歴史・地理学協会、西日本史学会合同秋季学術大会プログラム』
上屋久町教育委員会 1981『一湊松山遺跡』
河口貞徳 1975「奄美における土器文化の編年について」『鹿児島考古』第9号
河口貞徳 1981「市来式の祖形と南島先史文化への影響」『鹿児島考古』第15号
熊本大学考古学研究室 1979『タチバナ遺跡』
熊本大学考古学研究室 1980『タチバナ遺跡（2）』
熊本大学考古学研究室 1982『ウフタ遺跡』
国分直一 1972『南島先史時代の研究』慶友社
白木原和美 1970『徳之島町史』
田原久他 1971『トカラ列島有形民俗資料調査報告書』鹿児島県明治百年記念館建設調査室
中山清美 1981「奄美大島の先史遺跡」『南島史学』第17、18号
三友国五郎・河口貞徳 1962「宝島浜坂貝塚の調査概要」『埼玉大学紀要・社会科学編』第11号
横山勝三 1970「宝島の地形と地質」『鹿児島地理学会紀要』第18号

図の出典
第1図：筆者作成、第2図～第5図：熊本大学考古学研究室 1979、1980より。

第2節　広田遺跡の考古学的環境

はじめに

　種子島の広田遺跡は、海岸砂丘のなかに営まれた弥生時代後期を中心とした時期の埋葬址である（国分・盛園 1958、木下 1987）。砂丘を埋葬地として利用する事例は、島根県古浦遺跡、波来浜遺跡、山口県土井ヶ浜遺跡、中の浜遺跡、梶栗浜遺跡、福岡県夏井ヶ浜遺跡、藤崎遺跡、新町遺跡、佐賀県大友遺跡、長崎県大浜遺跡、白浜貝塚、宇久松原遺跡、鹿児島県高橋貝塚、松之尾遺跡、一湊遺跡など山陰地方や九州地方西部沿岸地域の弥生時代から古墳時代初頭の時期にかけて点々とみることができ、種子島にも少なからず埋葬址の分布が認められる（第1図）。種子島においては、砂丘上で人骨が発見される場所にはかならず「濡れ嫁女」伝説があり、「雨の夕暮れ時には幽霊が若い男性をよび止める」という言い伝えを、1971年当時耳にすることができた。砂丘には小柄の人骨が埋められていて、雨などによりそれらが露出することは早くから知られていたことが推測される。これら墓地が営まれる海岸砂丘では、小さな川が砂丘によって遮られるために、海岸と反対側の背後に後背湿地が形成され、「凹字形に取り囲む丘陵、後背湿地、砂丘、小川、遠浅の沿岸」の組み合わせが一まとまりの生態環境をなしている。こうした条件のもとに遺跡が立地するという生態環境はそれ自体で、後背湿地を利用しての小規模な水田経営や丘陵上での畑作栽培を営みながらも、生業の中心が漁撈活動にあったことをわれわれに物語るものである。馬毛島椎ノ木遺跡で発見された人骨は背筋力がきわめて強かったことが報告されていて、舟を操るのに長けた人であったと想定されている（熊本大学文学部考古学研究室 1980）ことも、彼らのおもな生業

302　第6章　南の世界

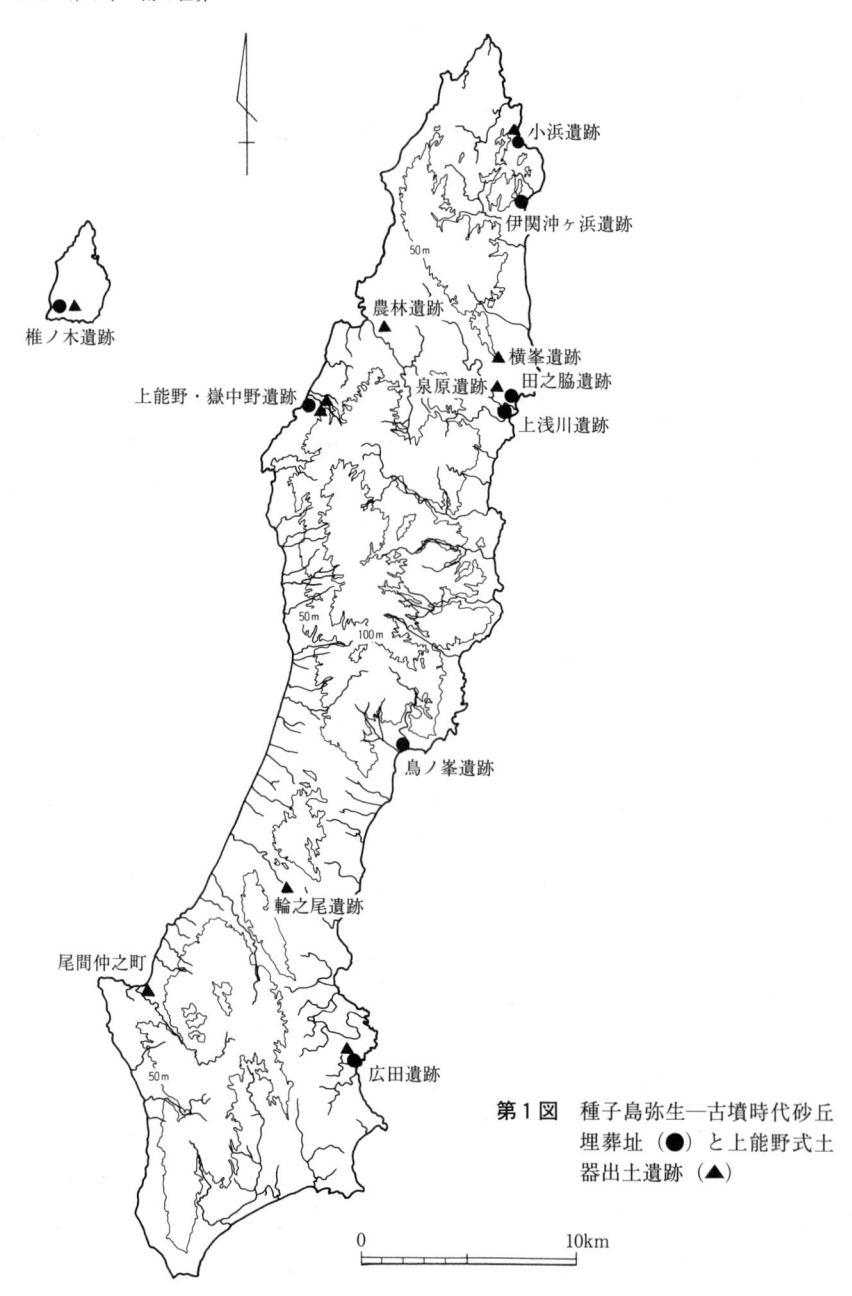

第1図　種子島弥生―古墳時代砂丘埋葬址（●）と上能野式土器出土遺跡（▲）

地名（北から南）:
- 小浜遺跡
- 伊関沖ヶ浜遺跡
- 農林遺跡
- 椎ノ木遺跡
- 横峯遺跡
- 田之脇遺跡
- 上能野・嶽中野遺跡
- 泉原遺跡
- 上浅川遺跡
- 鳥ノ峯遺跡
- 輪之尾遺跡
- 尾間仲之町
- 広田遺跡

活動を考えるうえでの一助となる。また同じく海岸砂丘上に展開する遺跡でも、種子島以南の地域では、遺跡が立地する海岸砂丘の前面には、広範囲に珊瑚礁の発達がみられるのを常とし、種子島から南方に行くにしたがってより漁撈活動への比重が高まってゆくことを物語っている。

砂丘に形成された遺跡

種子島北端、小浜貝塚における縄文時代前期曽畑式土器包含層の上に厚く堆積している砂層を、沖積世第1期の砂丘（奄美地方の古砂丘に対応）とすると、弥生時代から古墳時代初頭にかけての時期の埋葬址が検出される第2期の海岸砂丘（奄美地方の新砂丘に対応）がいつ形成されたかという問題については、種子島では明確な回答は得られないが、長崎県五島列島での考古学的調査によりその形成時期を推定することが可能である。福江市大浜遺跡での発掘調査により、海岸砂丘の最下部から縄文時代晩期黒川式土器が検出され、同じ福江市の白浜貝塚では砂丘上に夜臼式土器の遺物包含層と埋葬址が認められている（福江市教育委員会 1980）。福岡県新町遺跡では砂丘上に夜臼Ⅰ式土器をともなう支石墓がみられることから（志摩町教育委員会 1987）、砂丘の形成時期は、黒川式土器以降、夜臼Ⅰ式土器以前とすることができる。これは紀元前9世紀中葉からはじまる急激な寒冷化にともなう世界的な海退現象により、沿岸部に風成砂丘が形成された可能性が高いことをうかがわせる。種子島南端の一陣長崎鼻砂丘遺跡から、縄文時代晩期黒川式の土器が発見されていることから（金関 1956）、種子島においても広田遺跡などの埋葬址が占地する砂丘は五島列島と同じ頃形成されたことが充分に想定できよう。

種子島の海岸砂丘に考古学的な証跡を求めることができる事例としては、国分直一が定義する、種子島・屋久島など南島北部圏（国分 1969）に特有に分布する「上能野式土器」をともなう遺跡が挙げられる。それらは、西之表市馬毛島椎ノ木遺跡（熊本大学文学部考古学研究室 1980）、上能野遺跡（河口 1973）、嶽中野遺跡（西之表市教育委員会 1994）、小浜遺跡（甲元・蔵冨士 1998）、南種子町島間仲之町遺跡（盛園 1987）、広田遺跡など、ほぼ種子島の

全域に点在している（第1図）。また、上能野式土器を出土する遺跡は、沿岸部以外にも、西之表市農林遺跡・横峯遺跡（鹿児島県教育委員会 1977）、泉原遺跡（橋口 1990）、中種子町輪之尾遺跡（盛園 1955）、屋久島北屋久町火ノ上山遺跡（鹿児島県埋蔵文化財センター 1996）など、海岸から離れた海抜標高が高い台地上でも確認され、それらは集落址と想定される。これに対して砂丘上に形成された椎ノ木、小浜各遺跡では人骨が検出されていることから、上能野式土器が発見される海岸砂丘上の遺跡は、多くはその時期の埋葬址であった可能性が高い。この想定が妥当するものであるとすると、弥生時代後期段階に種子島の海岸砂丘を墓地として利用する事例は、墓の上部に覆石をもつ埋葬址としては、西之表市伊関沖ヶ浜田北遺跡（永井 1968）、田之脇遺跡（盛園 1987）、上浅川遺跡（西之表市博物館資料）、中種子町鳥ノ峯遺跡（中種子町教育委員会 1996）、南種子広田遺跡があり、覆石をもたない埋葬址として、椎ノ木遺跡を挙げることができる。

　種子島の砂丘上に形成されたこれら埋葬址では、短頭で背丈の低い人が、伸展立膝葬、もしくはいちじるしい屈葬で葬られ、上顎の片側だけの側切歯を抜歯する習俗をもつという特徴が認められる。このうち「伸展立膝葬」は西日本沿岸部に分布する箱式石棺墓での埋葬法と共通するが、「短頭で背丈が低い人」は奄美宇宿貝塚人との類似性が高いことが永井昌文により指摘されている（熊本大学文学部考古学研究室 1980）。また上顎の片側だけの側切歯を抜歯する習俗は、種子島独特のものであり、むしろ中国大陸の抜歯様式に近いことが春成秀爾により明らかにされている（春成 1992）。鳥ノ峯遺跡の第3次調査で検出された覆石墓に標識としての立石をもつ類例は、成川遺跡（文化庁 1973）、松之尾遺跡と薩摩半島南端部の遺跡に類例を求められる。さらに貝札や広田型の貝輪は奄美・沖縄などの南島中部圏に分布がみられる。このように種子島においてこの時期営まれた墓の埋葬様式などの面では、薩摩半島南端部から熊毛群島にかけての地域での共通するまとまりを見せるが、大きくは東中国海沿岸地域のさまざまな要素が組み合わさって形成されているという複雑な様相を呈している（木下 1987）。

年代の比較

　種子島に展開する覆石をもつ墓とそれのない墓の相互関係については、種子島や屋久島に特異に分布している上能野式土器と鳥ノ峯遺跡や広田遺跡の土器の年代をどのように考えるかにかかわっている。この土器型式は最初、盛園尚孝により弥生時代後期土器として報告され（盛園 1955）、その後、河口貞徳は「上能野式土器」として型式設定し、弥生時代後期の範疇でとらえられると述べ（河口 1973）、木下尚子もまたこれに従っている（熊本大学文学部考古学研究室 1980）。これに対して中園聡と橋口尚武、新里貴之はその後の発掘資料をもとに検討を加え、上能野式土器は弥生時代後期ではなく古墳時代に属するものとみている[1]（中園 1988、橋口 1990、新里 1997）。

　しかし上能野式に特徴的な脚台付甕の肥厚口縁は、口縁端部に粘土紐を重ねてつくられるものであり、広田遺跡 A11下層出土土器から容易に転化しうるものである（第2図4から6への転化）。また椎ノ木遺跡では上能野式にともなって無文の小型台付甕が検出されているが（第2図5）、これと同様の土器は広田遺跡下層の D15号墓から出土している（第2図3）。台付甕の脚台部分の発達度合も、弥生時代後期のものとくらべて大きな違いはない。すると広田遺跡や椎ノ木遺跡出土の上能野式土器使用時期は、弥生時代後期に近接した段階にあったことが想定できる。さらに上能野式土器に伴出する事象に関しても、椎ノ木遺跡発見の人骨に上顎左側切歯の抜歯が施されていることや小玉・腕輪、貝札などの貝製品をともなっていることなど共通点の多いことは、あまり両者間に時間幅がなかった可能性を示唆している。一方、種子島においては、弥生後期土器に引きつづいて鹿児島本土と同様に、成川式土器が古墳時代相当期までスムーズに連続して展開している。この土器型式の変遷過程の上では、上能野式土器はそのなかには収まらないことは、広田遺跡や椎ノ木遺跡出土の上能野式土器が弥生時代後期の範疇に納まることを示している。上能野式土器を細分するとすれば、上能野貝塚出土の口縁下部に三角貼り付突帯をもつ類型（河口 1973）は、時期的には古墳時代に下る可能性はあるが、古墳時代

306 第6章 南の世界

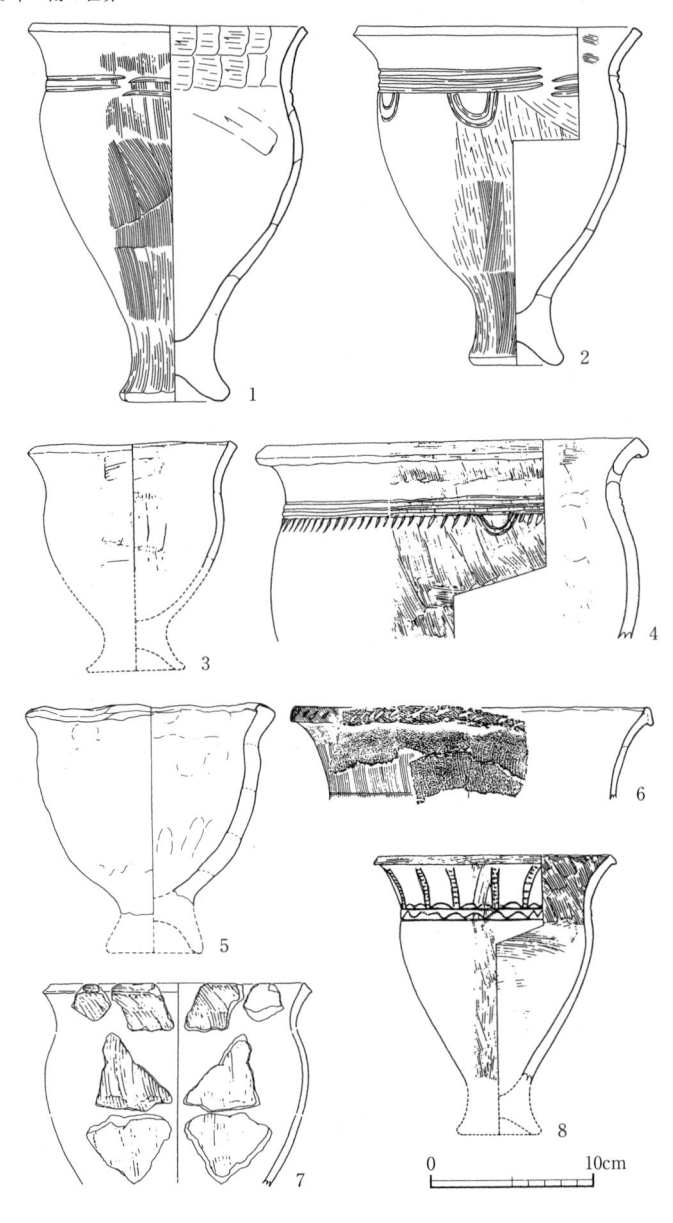

第2図 「上能野式」とそれに関連する土器
1・2:鳥ノ峯遺跡　3・4・7・8:広田遺跡　5・6:椎ノ木遺跡

でも遅い時期とは考えがたい。火ノ上山遺跡で上能野式土器をともなう木炭の炭素年代が1880±120BPと出ていることも、この想定を支持するといえよう（西之表市教育委員会 1994）。上能野式土器を使用する時期は、この地域で海岸砂丘を墓地として利用していた頃であり、弥生時代後期かそれに隣接する時間帯であることの妥当性を示している。

おわりに

種子島で発見される墓地に埋葬された人骨の多くが、頭を北西に向けて葬られていることに関して、Doerr の説を引きながら、永井昌文が顔の方向が故郷を意識したものであることを指摘していることは（永井 1968）、これら薩摩半島南端部から熊毛群島にかけての特異な埋葬様式をもつ墓地を形成した人びとの来歴を考えるうえできわめて示唆的である。今後は貝札をともなう広田遺跡出土土器とスセン当式や兼久式土器との関係がどのようにとらえられるかが、この特異な貝札文化の担い手の安住の地の行く末にかかわっていることだけは、確かである。

注
(1) ただし新里氏は上能野式土器の年代については後出するものとして明確にはしていない。また中園、橋口両氏の上能野式土器については上能野貝塚出土土器に力点がおかれている。諸氏も指摘されるように上能野貝塚出土の上能野式土器は、もっとも後出する型式と考えられる。上能野貝塚出土の図化された2点の土器（橋口 1990第17図）は型式学的にみて同一である。したがって上能野式土器は前後3型式に細分が可能である。

引用文献
鹿児島県教育委員会 1977『指辺・横峯・中之峯・上焼田』
鹿児島県埋蔵文化財センター 1996『火ノ上山遺跡』
金関丈夫 1956「種子島長崎鼻遺跡出土人骨に見られた下顎中切歯水平研歯例」『九州考古学』3・4号
河口貞徳 1973「上能野貝塚発掘概報」『鹿児島考古』第8号
木下尚子 1987「鹿児島県広田遺跡」『探訪弥生の遺跡』有斐閣

熊本大学文学部考古学研究室 1980『馬毛島埋葬址』
甲元眞之・蔵冨士寛 1998「小浜遺跡調査概要」甲元眞之編『環東中国海沿岸地域の先史文化』熊本大学文学部
国分直一 1969「史前時代の沖縄」『日本の民族文化』講談社
国分直一・盛園尚孝 1958「種子島南種子町広田の埋葬遺跡調査概報」『考古学雑誌』第43巻第3号
志摩町教育委員会 1987『新町遺跡』
新里貴之 1997「南西諸島における弥生並行期の土器」『人類史研究』第9号
中園聡 1988「土器様式の動態」『人類史研究』第7号
中種子町教育委員会 1996『種子島鳥ノ峯遺跡』
永井昌文 1968「南島覆石墓のサンゴ石」『日本民族と南方文化』平凡社
西之表市教育委員会 1994『嶽中野遺跡』
橋口尚武 1990「種子島の考古学的研究：その基礎資料（1）」『九州上代文化論集』
春成秀爾 1992「抜歯」『図解日本の人類遺跡』東京大学出版会
福江市教育委員会 1980『白浜貝塚』
文化庁 1973『成川遺跡』
枕崎市教育委員会 1981『松之尾遺跡』
盛園尚孝 1955「鹿児島県熊毛諸島の弥生文化1」『古代学研究』第12号
盛園尚孝 1987『南種子町誌』南種子町役場

図の出典
第1図　筆者作成
第2図1，2：中種子町教育委員会 1996より、3,4,7,8：種子島広田遺跡報告書 2003より、5,6：熊本大学文学部考古学研究室 1980より

第3節　琉球列島の農耕のはじまり

はじめに

　種子・屋久などの熊毛諸島から与那国・波照間などの先島諸島まで1000km以上に及ぶ琉球列島は、文化史的・自然史的には一括可能な側面をもつものの、種子島・屋久島などトカラ以北の北部圏、奄美・沖縄の中部圏、先島諸島（宮古・八重山）の南部圏に分けて論じることが一般的である（国分1959）[1]。考古学の研究においてそれはことに顕著であり、熊毛諸島は九州島との関連が強く、弥生時代には稲作栽培が営まれ、古墳時代には鉄器の生産も行われるなど九州島の文化的影響をもっとも多く受けた地域である（上村1990）。他方先島諸島は約300kmの幅をもつ宮古海峡がバリアとなって琉球列島のなかでは孤立的であり、中世以前の時期にはかえって台湾東海岸やフィリピンとの文化的繋がりが深かったことが明らかにされている（国分 1980、1984、大浜 1981）。一方中部圏は早い段階から北部圏を通して九州島と、中世以降は南部圏を含めた広範囲の文化的な交流はもちつつも、琉球王朝形成にみられるように、南部圏や北部圏との文化的な関係はもとより、東アジア各地との独自の交易を通して、歴史的・文化的創造性を発揮した琉球列島における核地域であるといえよう。

　琉球列島に展開した農耕について論じられるとき、農学や民族学の研究分野では多くは宮古・八重山諸島の先島が分析の対象であり、先島諸島で営まれる農法や栽培される種子の特徴などの事例をもって琉球列島全体に及ぼすのがほとんどであるといっても過言ではないし、南方的農耕文化の北上という構想にあわせてこの地域の農耕が論じられることが多い（渡部・生田 1984）。こうし

た先島という独自の文化圏に展開した諸要素を、無条件に異なった地域に適応させる研究手法は、歴史的にみて両者間に一定の文化的な繋がりが存在していたことが証明されないかぎり、十分には納得のいく論述とはなりえないのであり、そこからもたらされた結論はあまり普遍性をもち得ないといえよう。

　これに対して考古学的接近法では沖縄本島が主たる分析の対象であり、九州島との関係が重要な解明課題であって、九州島を媒介にして本州や朝鮮にその来歴を求め、先史文化要素がどのように受容され、独特の世界が形成されたかという命題が多くの議論の的となっているのである。先島諸島の考古学研究ではその独自性から沖縄本島とは切り離して別個に取り扱われるのが通例であり（金武・当真 1986、国分 1980）、九州島と沖縄本島の中間に位置する奄美の考古学に関してあまり活発な調査研究が進展していないことからか、一部の研究者を除いてあまり言及しないのが一般的であって、沖縄本島地域と九州島との直接的な関係が関心の的になっているといえる。

　このように考古学とその他の分野の研究領域がまったくのすれ違いとなっていることや関心の的が異なっていることから、琉球列島全域にわたる初期農耕に関しては、各分野の研究が総合され、その全体像が明らかにされているとはいいがたいのが実情であろう。

　ここでは沖縄本島中南部地域でのグスク時代以前の状況を把握することが肝要なことから、分析の対象を主として南島中部圏に置くことにする。この地域での従来の初期農耕に関する調査研究は考古学分野が中心であり、したがってそれ以外の学問分野の研究成果は必要に応じて参照するに留めたい。

文献にみられる初期農耕関係史料

　南西諸島における穀物栽培に関して、確実だと思われる最初の証跡は『日本書紀』「天武紀」十年八月の条にある、

　　丙戌、遣多禰嶋使人等、貢多禰国図、其国去京、五千余里。居筑紫南海中、切髪草裳。粳稲常豊。一殖両収。土毛支子・莞子及種々海物等多。

とする文にうかがうことができる。これにより7世紀の後半期の北部圏では稲

作栽培が営まれ、一度収穫後にふたたび成長した稲から再度の収穫（ヒコバエ）が可能であったことを物語っている。この文献と考古学的資料と組み合わせることで南島北部圏では弥生時代から、中部圏北部では古墳時代後期から稲作栽培が営まれていたことを知ることができるし、南部九州での事例から、この地域での稲作は水田栽培により得られていた可能性が高いとみることができる。ヒコバエについては南西諸島以外の地域に住む人間にとってきわめて驚異的なことであったらしく、次に取り上げる朝鮮漂流民による記録にもしばしば表れている。

　沖縄本島や先島の農耕については、李朝『成宗大王実録』をはじめとする朝鮮の記録に記載された15世紀後半の朝鮮人漂流民の記事により知ることができる（李熙永編訳 1972）。これらによると先島や沖縄本島では、イネ・アワ・キビ・オオムギなどが栽培されていることがわかる。西表島や与那国島などでは稲作が多く営まれているのに対して、その他の先島では畑作が優位であり、沖縄本島では「水田と陸田は相半ばして、陸田やや多し」と畑作栽培が水田栽培よりもやや優越する趨勢にあったことがこれら史料でうかがえる。また当時は、イネを初夏と晩秋に、アワを晩春と晩夏にそれぞれ収穫する典型的な二期作が営まれていたことが各所に記され、晩秋にイネを収穫した後には、さらに沖縄本島においてはミズイモが栽培されていたことが知られる。こうした朝鮮李朝実録関係資料や『中山世鑑』、『琉球国由来記』などにより、沖縄本島では琉球王朝の早い段階から畑作栽培を中心とした本格的な農耕が営まれていたことが判明する。それではいつの時期までに沖縄本島では農耕の痕跡が遡上するのであろうか。

　これまでに琉球列島での農耕の開始時期に関してはグスク時代とするのが通説である（安里 1969、1990、当真 1985）。しかし沖縄貝塚時代後期にまで農耕の痕跡が遡上する可能性についての意見もすでに40年前から提示されてきた（新田 1969）。この想定は今日では、沖縄地域での発掘調査を踏まえて、弥生時代相当期（貝塚時代後期前葉）にすでに農耕が開始されていたという説（高宮 1998）と古墳時代並行期に畑作栽培を中心とした農耕の存在を主張する説

(ハドソン 1999) とに収斂されてきている。またごく最近、沖縄貝塚時代前期（縄文時代後期後半期相当）にさかのぼって農耕が開始されていたという仮説（伊藤 1993、1999）もみられるようになってきた。これら諸説はその依拠する考古学的資料が異なって、なかには予察や状況証拠に依拠しての論述がみられるために、個々にわたっての検証はきわめて困難である。ここでは栽培穀物を出土した遺跡あるいは耕作地などの直接資料によって、今日確認できる琉球列島における穀物栽培の実際を検討しながら、この地域における農耕の開始問題に言及してみたい。

沖縄本島の農耕関連資料

沖縄本島の考古学資料によると、グスク時代にはイネ、オオムギ、コムギ、マメなどの穀物が多くの遺跡から検出されていて（盛本 2001）、最近ではグスク時代の畑跡と推定される畝の跡が数カ所の遺跡で発掘されている。さらに貝塚時代後期からグスク時代にみられる列状に配置された小ピット群を「移植」と関係する農法の痕跡ととらえることが可能ならば、穀物の種類は問わず、グスク以前にさかのぼって畑作栽培が営まれたと想定することもできる（日本考古学協会鹿児島大会 2000）。しかしこれら各種畑作栽培が営まれたと想定される遺構は、栽培過程での具体的な人間の行為とその結果として地上に残される痕跡との相関関係が明らかにされていないこと、またその所属年代の把握がむずかしいことなどから、遺構にともなう雑草を含めた種子の分析と種子自体の年代測定がともなわない現状では、明確な論述は困難である。結局のところ現状では、貝塚時代後期に穀物栽培が行われていたという確実な証拠としては、当該時期の耕作地以外でも、遺跡で発掘された穀物遺存体それ自体の検討によるしかないであろう。

これまでの調査により「貝塚時代後期に属する層」から検出された穀物の例としては、那覇市那崎原遺跡と伊江島ナガラ原東貝塚、久米島のヤジャーガマ遺跡の3遺跡が挙げられる。

那崎原遺跡

　那崎原遺跡は那覇空港に隣接する海抜20m前後の楕円形を呈する石灰岩台地上に立地している（那覇市教育委員会 1996）。遺跡西側は落差15mほどの崖に隔てられ低平な海岸線へとつづき、遺跡の東側は、長さが100mほどにわたって海抜5mコンターのラインが巾着状に入り組んだ入江となっていて、東南側は緩やかに下りながら海岸へと向かう地勢となっている。この遺跡で検出された植物遺存体は高宮広土により分析され、同発掘報告書以外にもさまざまな角度から詳しい検討がなされている（高宮 1998）。

　イネ、オオムギ、コムギ、マメ科などの穀物が検出されたのは、地山面をわずかに窪めた不整形の焼土と炭化層を混える遺構で、この遺構群のなかとその周辺から採取された土壌の浮遊選別法によりこれら種子が発見された。この遺跡は沖縄貝塚時代後Ⅳ期の単純期と考定され、それによると紀元9～10世紀にこれら穀物資料の年代が想定されている。

　検出された穀物はすべて、皮が取り除かれた胚乳（穎果）であり、それらはイネ2粒、オオムギ3片、コムギ1粒、アワ2片となっている。これらは上記した不整形の窪みのなかで焼土と炭化層から検出されたものであり、こうした穀類を含めた遺物の出土状況は、脱穀の中途で廃棄されたことを示している。

　この炭化穀物が検出された遺構の近くに半月状の、「鍬先」でつけられたと想定される窪みと溝跡が発見され、これらは畑遺構として判定され、したがって那崎原遺跡は、上述の穀物と畑遺構の組み合わせが貝塚時代後Ⅳ期に属するものとしてグスク時代以前にさかのぼっての畑作農耕の証跡が把握された遺跡として公表されてきた。しかし土器相からするとアカジャンガー式土器からフェンサ下層式土器にかけてのものであり、総体的にはフェンサ下層段階に近い。

　穀物以外に遺跡で検出された種子には、路傍に生える植物とともに、カヤツリグサ科のホタルイに類似したものがあり、遺跡東側の低湿地で水田が営まれた可能性が高宮により説かれている。したがって那崎原遺跡の資料からは水田と畑作両方の農耕が行われていたという見通しとなるが、ホタルイは水田以外

の湿地にも生えることから、水田耕作の存在については推測にすぎず、その可能性を示唆するにすぎない。

ヤジャーガマ遺跡

　久米島の北西部、海岸から500m内陸に入ったところに円形に陥没したドリーネ状竪穴から水平に延びたヤジャーガマとよばれる洞窟が2カ所あり、そのうちの南側洞窟に遺跡は形成されている。この洞窟の奥まったC地点で貝塚時代後期の土器とともに、大量の炭化したオオムギやイネおよび籾殻が検出されている（安里 1975）。このイネやオオムギを検出した地点は、グスク時代の土器を出土したA、B両地点とは離れた場所に位置していることから後世の攪乱は考えがたい。またその2年後の安里の短報では、グスク時代初頭の籾殻・藁層からムギ、イネ、マメ、アワなどの炭化物が大量に検出され、その下の貝塚時代後期の貝層中から炭化したイネの他に、アワ、ヒエらしき穀殻が検出されたという（安里 1977）。ともなった土器は尖底土器が主体となっていることから、貝塚時代後期中頃にまでさかのぼって農耕が営まれた可能性が安里により説かれている。前者の報告は3回にわたる表面踏査の結果で、後者の報告は発掘調査にもとづくものと思われるが、報文が簡単なために、遺跡の内容に立ち入っての検討ができないのが残念である。しかしここでは藁などとともに、穀物が検出されたという点は重要である。

ナガラ原東貝塚

　伊江島の南海岸に東西に展開する砂丘の内側に形成された貝塚時代後期遺跡で、熊本大学考古学研究室により過去4回の発掘調査がなされた（熊本大学文学部考古学研究室 1999、2000、2001、2002）。発掘調査にともなって行われた高宮広土のコラムサンプリングにより、炭化したイネの頴果と殻、コムギの頴果が検出されている。出土層位は1998年度ではⅢ層からイネ20片、Ⅴ層からイネ1片、1999年度ではⅣ層からイネ40数片、2000年度ではⅣ層からイネ18片とコムギ1片の籾や籾殻がそれぞれ検出されている。したがってこの遺跡ではⅢ

層～Ⅴ層にかけてイネの遺存体が発見されたことになる。Ⅴ層の事例は1片のために除外し、Ⅲ層は一部に撹乱を受けていることから、層位的にはⅣ層のイネが検討の対象となる。この層から出土した土器の型式からはアカジャンガー式と認定され、開元通宝や広田上層タイプの貝符などともなう時期であると考定されている（岸本他 2000）。しかし平底の括れ部が顕著なものや、刻目をもたない突帯を有する土器があることにより、アカジャンガー式土器からフェンサ下層時段階にかけての頃と想定される。

以上の他に渡喜仁浜原遺跡でもマメ科の遺存体が検出されているとされるが（盛本 2001）、報告書には記載がなく（沖縄県今帰仁村教育委員会 1977）、委細は不明である。その時期はアカジャンガー式土器も多くみられるが、層位的には区別なく前期から後期までの土器が認められ、時期の比定はむずかしい。マメ科のなかでこれまでリョクトウと鑑定されたものは東アジアにふつうにみられるヤブツルアズキ *Vigna angularis* var. *nipponensis* であることが判明した今日では、栽培穀物の分析対象から除外するのが適切であろう。またアズキに関しては栽培穀物として列島にもたらされた可能性以外に、在来のヤブツルアズキからの出自をも検討しなければならないこととなった。

上記したようにグスク時代以前に遡上する可能性のある遺跡で検出された穀物には、イネ、コムギ、オオムギがあり、その他にアワ、マメ科の穀物がみられる。それらの所属時期はアカジャンガー式土器の段階かあるいはフェンサ下層段階に位置づけられることから、グスク時代以前にさかのぼっての農耕の存在は確実であるとしうる。

穀物の出土状況

沖縄でこれまでに確認された穀物はいずれも炭化し、穎や芒が付着した状況で発見されている。さらにヤジャーガマ遺跡や那崎原遺跡では、藁などを混じえる炭化層から検出されていることは、種子が外部からもちこまれたのではないこと、これら穀物は食用に供されるための前段階での処理の過程で炭化したことを示している。これらは九州島において弥生時代中期前半以前の段階で

は、遺跡から炭化したイネの頴果が多数発見されている事例と類似したあり方であると想定でき、穀物の処理過程での失敗品が放置され遺跡に残されたものであることが考えられる。処理の過程で穀物が炭化する可能性のある機会としては、最近まで対馬でみられたオオムギの脱穀作業が挙げられる（甲元 1988）。

対馬佐護で最近まで行われていたオオムギの堅い芒や外皮を剥離する方法は、写真に示すような順序でなされる。まず穂首刈りされた麦穂は一定期間乾燥された後に、フォークの上に麦穂を載せて火を点け、手掻きで撹拌しながら頴果以外を焼き落すものである。その際しばしば焼け焦げが生じたが、脱穀しやすいためにこの手法が用いられたといわれている。この後、踏臼で脱穀もしくは製粉して食料とするものである。

那崎原遺跡やヤジャーガマ遺跡において炭化藁や炭化層から穀物が検出されたことは、こうした対馬にみられる処理過程の結果として生じる遺構や遺物のあり方とは矛盾しない。当然のことながら沖縄貝塚時代後期にこれら焼き落しに使用される鉄器はまだ存在していないことから、フォークでもち上げて焼くという芒や外皮の処理方法は想定できない。その際重要な暗示を与えてくれるのが、縄文時代のドングリの処理方法である。

縄文時代の遺跡から検出されるドングリの加工処理法について渡辺誠は、生食が可能なシイ類、水晒しでタンニン酸が除去できるカシ類、水晒しした後に加熱処理する必要のあるナラ類に区別している。これらはシイ類を除いて基本的には水晒しを処理法の重要な過程と認識している（渡辺 1975）。しかし西日本の低湿地を除く内陸地帯でカシ類が発見される遺跡では、ドングリ類は炭化して、皮がはがれた実だけの状態で検出されることが多い。こうした炭化したドングリが発掘される遺構は貯蔵穴として把握されているが、しばしばドングリ以外の炭化物も混じった層中で発見されることから、貯蔵のためではなく、あくまでも処理の過程で焼きすぎたものが放棄されたと考えるのが適切であろう。ドングリの灰汁抜きの過程で焼く手法がとられる民族・民俗事例は未見であるが、イギリスの新石器時代において炭化したハシバミがしばしば発見され

第3節 琉球列島の農耕のはじまり　317

写真1　対馬佐護におけるオオムギの処理過程

るのは、焼くことでタンニン酸を除去する手法があったものと想定されている (Smith 1976, Bradley 1978)。東アジアにおいてもクリの一部は炒めることでタンニン酸を含む膜を剥離する事例があることなどを考慮すると、具体的な工程は今のところ不明ではあるが、「焼く」もしくは「炒める」あるいは「熱する」ことで食物加工を行うことは[2]、西日本では縄文時代以来の伝統があるといえるのであり、なんらかの形で火を使用しての処理法が営まれていたことは充分に想定できよう。

ナガラ原貝塚IV層の年代

沖縄貝塚時代後期は高宮により、幾度か修正を加えられてきた結果、真栄里式土器→具志原式土器→アカジャンガー式土器→フェンサ下層式土器に編年され、沖縄本島では一般的に使用されてきた（高宮 1984）。ところが最近こうした編年についての疑義が提示され、アカジャンガー式土器に先行する具志原式土器について、多様な型式の土器群が混在しているものとして、編年から除外する考えが提出されてきた。すなわち阿波連浦貝塚出土土器群を貝塚時代中期、仲原式土器との過渡期として、以下浜屋原式土器→大当原式土器→アカジャンガー式土器→フェンサ下層式土器と編年され、アカジャンガー式土器に先行する具志原式土器段階が欠落しているのが特徴的である（岸本他 2000）。この編年観は尖底土器と平底土器を指標として貝塚時代後期を大きく二分する想定が前提となっている。

従来沖縄の土器を標識とした時代層の把握においては、縄文土器や弥生土器にみられるような「型式学」的分析とは異なっているが、尖底土器は沖縄在来の仲原式土器の伝統を引く器種であり、平底土器は外来の器種であると区別して、尖底土器と平底土器の占める割合で時代層を掴む試みは、大勢を把握する手法としては理解が可能である（沖縄国際大学考古学研究会 1974）。ナガラ原東貝塚1999年の報告において、貝塚時代後期では尖底が優勢な段階から尖底と平底が相半ばする段階、平底が優勢な段階、そして平底に統一される段階へと大きく変化する様相が認められることが指摘されているのはこれによる（熊本

大学考古学研究室 1999)。過去4回に及ぶナガラ原東貝塚Ⅳ層出土の土器をあらためて検討すると、大部分が明瞭な括れ部をもつ平底土器で占められていることが知られる。また文様においても刻み目突帯を有する土器とともに、無文突帯の土器もみられ、甕の外面には指痕や調整痕が残されることが多い。また注口土器がみられることは貝塚時代後期の後半段階であることを示している。したがってこのⅣ層は従来の編年によるかぎり、アカジャンガー式土器からフェンサ下層式土器段階にかけて堆積した層であると認定できる（熊本大学考古学研究室 1999、2000、2001、2002）。

アカジャンガー式土器はアカジャンガー貝塚出土品を標式とする土器群で、括れ平底をもつ甕形土器が大半を占め、一部に壺形のものがある。文様は口縁部に集中し、沈線文、刺突文、波状文などで構成され、頸部には刻目を突帯文が施されることもある。このアカジャンガー式土器は奄美諸島の兼久式土器と並行関係にあり、開元通宝や広田上層タイプの貝符との共伴関係から7世紀以降の時期が所属年代であると想定されている（木下 2000）。また沖縄本島にみられる括れ平底土器は兼久式土器との関係があるといわれ、貝塚時代後期段階に奄美地方との関係が高まったことが指摘されている（池田 1999）。

こうした遺物の上で相互に関係があるコンテクストでは、沖縄本島地域の土器の動態を把握するときに、奄美地域の土器を参照することが有効な手段となる。奄美地域の土器変遷を参照することの利点は、沖縄本島の遺跡では各時期の遺物が重層する傾向が高く、層位的分析が困難であるのに対して、奄美地域では比較的「単純時期」に形成される遺跡が多く、層位的撹乱が少ないことから土器群の様相を把握することが容易なことにある。

兼久式土器については、河口貞徳により奄美地域の独特な土器として弥生時代につづく時期の土器型式として設定され、その後これまでに中山清美や高梨修により兼久式土器の編年が試みられている（河口 1974、中山 1983、1984、高梨 1999）。高梨は名瀬のフワガネク遺跡出土の土器を基本にして兼久式土器の前半期を2類型に区分している。1類は口唇部に刻目をもち口縁部に沈線文のみを有するもので、甕と壺の器種があり、頸部に刻目突帯があるものとない

ものの2種が存在する。2類は口縁部以外に胴上部に沈線文をもつもので、なかには指や草状工具での調整痕を器壁内外に留めるものもみられる。底部平底の括れはあまり明確ではなく、木葉痕を甕の底部にもつものが多い。これら2種類の土器は笠利町用見崎遺跡をはじめとする（熊本大学考古学研究室 1996、1997、1998）奄美各地で大量に発掘されていて、一定の時期的なまとまりを示すことは明らかである。1類土器は古墳時代前期並行期に比定されているスセン當式土器の系譜を引くもので、口縁部の文様や刻目突帯をもつ甕形土器などはスセン當式土器に継続することが考えられている（上村・本田 1984、新里 2000）。すると兼久式土器の初現期は6世紀以降に位置づけられることとなる。

　アカジャンガー式土器にともなう平底には、底部の括れ部が弱い、木葉痕を底部にもつ土器は知られていないことからすると（沖縄後期土器研究会・熊本大学考古学研究室 2001）、貝塚時代後期の土器が兼久式土器の影響を受けていると仮定した場合、フワガネク遺跡や用見崎遺跡段階以降の兼久式土器と関係することとなる。用見崎遺跡の兼久式土器の放射性炭素年代が1390±60BPであることは、同出した古い段階に鋳造された開元通宝の年代とも矛盾しない。このことはナガラ原東貝塚の年代はさかのぼっても8世紀以降に比定されることを意味している。ナガラ原東貝塚遺跡ではⅤ層で1410±60BP、Ⅳ層で1570±60BP、1490±60BPが示され、下層の年代が上層よりも新しく測定され、しかも66％の確率では年代が重なり合わないという結果となっている。これらは層位に撹乱があったか、層位の認定が誤っていたことを意味していて、このままでは使用できないことを表している。用見崎遺跡の放射性炭素年代が順当なものとすればナガラ原貝塚Ⅴ層の尖底土器が卓越する時期の絶対年代がリーズナブルな年代を示すものといえよう。

　ナガラ原東貝塚のⅣ層の年代が8世紀以降とすると、こうした年代観は日本列島にコムギの出土件数が増加するのが奈良時代以降であるという見解とも一致する（小畑 2000）。コムギは粒が堅く、製粉しないかぎり有用な食料とはなりえないのであり、こうした考古学的事実は、奈良時代以降に唐臼が一般に出

まわり始めてはじめて、小麦栽培が全国的に普及するようになった現象と軌を一にするものとみなしうる。

おわりに

沖縄本島で発見された栽培穀物のなかで従来もっとも遡上する事例を検討してきた結果、ナガラ原東貝塚や那崎原遺跡、ヤジャーガマ遺跡などの資料は頴や芒がともなうものであり、また炭化藁などや焦土層と「共伴して」発見されることから、これらは在地においての脱穀過程で残された資料と考えられ、従来想定されていたような他地域からの搬入品ではないことが明らかとなった。その所属年代はアカジャンガー式土器からフェンサ下層土器段階であり、奄美諸島の土器との相対的な関係からは、8世紀以降に属する資料である可能性が高いことをみてきた。すなわち、このことはグスク時代に先行して沖縄本島では穀物栽培農耕が営まれていたことは確実であることを意味している。またこの時期の遺跡出土穀物の組み合わせからはイネ以外の穀物が多くみられ、畑作栽培によりもたらされた可能性が高く、その点においてもグスク時代に畑作が重要視された農耕に直結するものであったことが知られる（高宮 1998）[3]。

一方貝塚時代後期になっても遺跡出土の自然遺物の組み合わせには従前のものとほとんど変化がなかったことは木下尚子や盛本勲の検討により明らかであり（木下 1986、盛本 2001）、グスク時代以前の農耕が海浜での採取活動を中心とした多様な生業形態のなかの一分野であったことは容易に想定できよう。しかし貝塚時代後期後半以降沖縄本島においては集落遺跡の数が急速に増加するとともに、遺跡の立地が海岸砂丘上から離れて台地の端部に移動する傾向が顕著になることが指摘されているし（宮城 2000、高宮 1998）、このころに、人骨にみられる形質変化（グスク人の形成）が看取されるという人類学者の報告や（土肥 1997、安里・土肥 1999）、活発化した九州島との交渉などを念頭におくと、小規模といえども畑作栽培を中心とした農耕の導入は、沖縄に新たな時代変革をもたらす大きな誘因となったことが推測される。

今後は穀物栽培導入によりもたらされた社会現象すなわち、栽培穀物の種類

とその量的把握とともに、穀物栽培を営むことで生じる各種道具の組み合わせの違い、なかでも調理具・煮沸具の変化が、遺跡の立地条件や集落の形成や構造にいかにかかわりをもっていたか、などを考古学的に検証する必要があることはいうまでもない。

注

(1) この地域的な区分は生物地理境界線によっても示される。トカラ海峡は哺乳類・爬虫類・両生類（渡瀬線）で、宮古海峡は鳥類（蜂須賀線）で旧北区と東洋区の違いが表現される（安間繁樹『琉球列島』東海大学出版会 2001年参照）。

(2) 籾の付いたままの状態で炒って米を食べる風習は「焼き米」として中国地方に広く認められる。『聞き書き 島根の食事』（農文協 1991年）によると、以下のような手順で食される。「稲刈りのとき、水口などでできる実入りの悪い稲か、完熟期前の稲を刈り取り、籾殻つきのまま一晩水に浸したものを、水を切ってほうろくで炒る。これを臼で搗き、唐箕にかけて籾殻を除く。焼き米を茶碗に入れ、熱い番茶を注ぎ、塩で味付けし、適当にやわらかくして食べる。香ばしさを味わう」。こうした「焼き米」にして食する習慣は西日本各地に認められることは農文協の『日本の食生活全集』を参照。

　グスク時代になっても依然として石製調理具が検出されることは（田代理恵「石器」熊本大学文学部考古学研究室『考古学研究室報告』第36集、2001年）これらを利用しての調理が行われたことを推測させる。すなわち、焼いて芒や殻を除去した後、さらに擦石や石皿を使用して実を取りだし、焼き米のように蒸かして食うか、あるいは、製粉してハッタイ粉のようにして食べた可能性が想定できる。この点において、民俗事例として先島諸島では珊瑚礁を使用しての脱穀が営まれていたことはきわめて示唆的である。

(3) 『琉球国由来記』によると、琉球王朝の王はオオムギとイネの祭りを行うために、聞声大君・司雲上・研司をともなって2月に久高島を、4月には玉城と知念を訪れた。これはアマミク（天からフッタ人の意）が天を訪れて貰い受けた穀物種子のうち、ムギ、アワ、キビ、マメを久高島で、イネを知念と玉城で播種したという伝承にもとづいている。このマツリが行われる時期はそれぞれ穀物の播種・収穫時期とは異なっていることから、農耕儀礼において久高島が重要視されている点を考量すると、沖縄本島では畑作物が稲作よりも古くから栽培されていたという伝承があったことを示すものかもしれない。

(補説)
ナガラ原東貝塚出土イネの炭素年代が公表され、現代のものであることが確認された（木下尚子編『先史琉球の生業と交易』（改訂版）熊本大学 2003年）。したがってナガラ原東貝塚の資料は、農耕文化とは直接関係があるとはいえないことが判明した。したがって、ここで検討資料として取り上げることは不適切ではあるが、遺跡の年代的把握をするときの手法と、農耕文化の存在を追求するアプローチの方法としては、なお意味をもつものであると考えるので、あえて原文のままに載せることとした。奄美地方で誕生した兼久式土器が、沖縄にその分布を拡大する時期に、琉球列島に畑作栽培を中心とした農耕文化が開花したという見通しは変わらない。

引用文献

〈日本語〉

安里進 1969「沖縄における炭化米・炭化オオムギ出土遺跡」『考古学ジャーナル』第32号

安里進 1975「グシク時代開始期の若干の問題について」『沖縄県立博物館紀要』第1号

安里進 1977「沖縄貝塚時代後期に稲作－久米島ヤジャーガマ遺跡の発掘で－」『考古学研究』第24巻第2号

安里進 1990『考古学からみた琉球』上、ひるぎ社

安里進・土肥直美 1999『沖縄人はどこから来たか』ボーダーインク

池田栄史 1999「沖縄貝塚時代後期土器の編年とその年代的位置づけ」『第2回奄美博物館シンポジューム　サンゴ礁の島嶼地域と古代国家の交流』名瀬市教育委員会

伊藤慎二 1993「琉球縄文文化の枠組み」『南島考古』第13号

伊藤慎二 1999『琉球縄文文化の基礎的研究』

大浜永亘 1981『八重山の考古学』先島文化研究所

沖縄後期土器研究会・熊本大学考古学研究室 2001『アカジャンガー式土器の再検討』

沖縄国際大学考古学研究会 1974「土器分科会研究報告」『第3回大学祭発表資料』

沖縄県今帰仁村教育委員会 1977『渡喜仁浜原貝塚』

小畑弘己 2000「熊本大学構内遺跡における古代コムギの検出とその意義について」『人類史研究会第12回大会発表予稿集』

上村俊雄 1990「南九州の考古学」『隼人世界の島々』小学館

上村俊雄・本田道輝 1984「沖永良部スセン當貝塚発掘調査概報」『鹿大考古』2号

河口貞徳 1974「沖縄における土器編年について」『鹿児島考古』第9号

岸本義彦・西銘章・宮城弘樹・安座間充 2000「沖縄編年後期の土器様相について」『琉球・東アジアの人と文化』

木下尚子 1986「南島」『季刊考古学』第14号

木下尚子 2000「開元通宝と夜光貝」『琉球・東アジアの人と文化』
金武正紀・当真嗣一 1986「沖縄における地域性」『岩波講座日本考古学』5、岩波書店
熊本大学考古学研究室 1996「用見崎遺跡」『考古学研究室報告』第31集
熊本大学考古学研究室 1997「用見崎遺跡2」『考古学研究室報告』第32集
熊本大学考古学研究室 1998「用見崎遺跡3」『考古学研究室報告』第33集
熊本大学考古学研究室 1999「ナガラ原東貝塚」『考古学研究室報告』第34集
熊本大学考古学研究室 2000「ナガラ原東貝塚2」『考古学研究室報告』第35集
熊本大学考古学研究室 2001「ナガラ原東貝塚3」『考古学研究室報告』第36集
熊本大学考古学研究室 2002「ナガラ原東貝塚4」『考古学研究室報告』第37集
甲元眞之 1988「播種と収穫」『弥生時代の研究』第2巻、雄山閣出版
国分直一 1959「史前時代の沖縄」『日本の民族文化』講談社
国分直一 1980「八重山古代文化をめぐる諸問題」『南島—その歴史と文化』
国分直一 1984「琉球列島の局部磨研石器所見」『えとのす』第23号
新里貴之 2000「スセン當式土器」『琉球・東アジアの人と文化』高宮廣衛先生古稀記念編集刊行会
新田重清 1969「最近の沖縄における考古学会の動向」『琉大史学』創刊号
高梨修 1999「いわゆる兼久式土器と小湊フワガネク遺跡出土土器の比較検討」『第2回奄美博物館シンポジューム　サンゴ礁の島嶼地域と古代国家の交流』名瀬市教育委員会
高宮広衛 1984「暫定編年の第3次修正」『沖縄国際大学文学部紀要—社会科学編』第12巻第1号
高宮広土 1998「植物遺存体からみた柳田國男『海上の道』説」『民族学研究』第63巻第3号
当真嗣一 1985「考古学上より見た沖縄のグスク」『紀要』第2号、沖縄県教育委員会文化課
土肥直美 1997『南西諸島出土人骨の形質的人類遺伝学的研究』琉球大学
中山清美 1983「兼久式土器」『南島考古』第8号
中山清美 1984「兼久式土器」『南島考古』第9号
那覇市教育委員会　1996『那崎原遺跡』
日本考古学協会鹿児島大会 2000『はたけの考古学』
ハドソン、マーク 1999「言語学からみた日本列島の先史時代」『はじめて出会う日本考古学』有斐閣
宮城弘樹 2000「貝塚時代後期土器の研究Ⅱ」『南島考古』第19号
盛本勲 2001「九州出土先史時代植物遺存体集成—沖縄」甲元眞之編『環東中国海沿岸地域の先史文化』第5編、熊本大学
李熙永編訳 1972「朝鮮李朝実録所載の琉球諸島関係資料」『沖縄学の課題』木耳社

渡辺誠 1975『縄文時代の植物食』雄山閣出版
渡部忠世 1986『日本農耕文化の展開と系譜』京都大学
渡部忠世 1993『稲の大地』小学館
渡部忠世監修 1998『琉球弧の農耕文化』大明堂
渡部忠世・生田滋 1984『南島の稲作文化』法政大学出版会
〈英語〉
Bradley, R. J. 1978 *The Prehistoric Settlement of Britain*. Routledge and Kegan Paul.
Smith, I. F. 1976 The Neolithic. C. Renfrew ed. *British Prehistory*. Duckworth.

第4節　熊襲と隼人

はじめに

　古代の西南日本には、当時の中央政権に対して「まつろわぬ民」として、特別視されていた「熊襲」が存在していたことが知られている。彼らは後に征服され、肥人・隼人となっても、特殊な民族集団として考えられていたことは、古い記録に示されている。これら古文献に登場する熊襲や隼人については、異種族であり、中央に住む人びととは異なった文化の担い手であったととらえる学者と、同じ倭人でありながら中央政権に反抗し、征服され服属させられた地方集団とみなす見方に分かれていて、今日なお論争に決着をみていない。

　平安時代に編纂されたと考えられる西海諸国の『風土記』にはいずれも、熊襲は「球磨・噌唹」と表記されていて、津田左右吉以来、これは熊本県球磨地方と鹿児島県曽於地方を示す地名と解されている。しかし西海諸国の風土記よりも編纂が古い『播磨風土記』には「久麻曽国」と表記されていることから、地名とのみ想定することは推断すぎる。

　村山七郎は、熊襲の「ソ」について、台湾の一部族では人間の自称を「ツォー」といい、沖縄の「おもろそうし」では「ソ」が人を示すことをあげて、言語学的には「クマのヒト」を指す言葉と考えている（村山 1975）。今村山説に従うと、大和政権に反抗する段階では熊襲であり、征服されその支配体制のなかに組み込まれると「肥人」と呼称されるようになったとみることができる。同様に隼人についても「ハヤ」、「ハエ」は南を意味する言葉であり、6世紀段階で中央の支配機構に取り込まれた肥人を除いた、それ以南に住む人びとに与えられた総称とみなすことが可能である。薩摩・大隅の人びとと南西諸島に居

住する人びとの間には、人種の違いがあり、埋葬風俗の違いがあるにもかかわらず、「〜隼人」などと隼人にまとめて呼称されていることでもうかがい知ることができる。

熊襲と隼人についてこのようにとらえ、以下弥生時代から古墳時代にかけての西南日本の考古学世界を垣間見てみよう。

水稲耕作の南限

北部九州の沿岸部の小河川流域で開始された水稲耕作文化は、きわめて短期間で本州の北端部、津軽平野にその足跡を留めるほどに急速な広がりをみせた。これに対して九州では熊本平野を南下することはなかったのであり、本格的な水稲農耕の波が南九州に拡大するのは、弥生時代の終末から古墳時代の初めの頃にかけての時期であった。

初期水稲農耕民の存在を知る手掛かりになる環濠集落の分布をみてゆくと、弥生時代前期では熊本市大江、江津湖、上六嘉、宇土市西岡台など熊本平野の低湿地をのぞむ台地上にみられるにすぎないが、八代郡小川町の大坪貝塚の例にみられるように、弥生時代後期段階になって初めて、環濠集落が不知火海沿岸に波及するようになる。弥生時代の大部分の期間を通じ、九州山地から宇土半島に伸びる支脈が、水稲耕作民にとって大きな障害になっていたことがうかがわれる。

このことは弥生時代中期になっても変わりはない。弥生時代中期の北部九州は鏡・細形銅剣・銅戈・銅矛といった外国製の青銅器を副葬する甕棺墓地が形成されることで有名である。青銅器の副葬例は少ないものの、甕棺で集団墓地を形成する風習は、熊本平野の緑川流域にまで及んでいるものの、それ以南の地域では確認されていない。

熊本での集団墓地をなす甕棺をみていくと、菊池川流域の甕棺は、須玖式土器に代表される北部九州地域の甕棺で墓地が構成されるのに対して、熊本平野の白川流域では、地元産の黒髪式甕棺に混じって、須玖式系土器の甕棺がほんの少し存在するあり方をみせている。このような分布の違いは、熊本ばかりで

はなく、長崎地方でも認められる。佐賀県武雄市付近までは北部九州的な甕棺で集団墓がつくられるが、長崎県大村市にある富の原遺跡では、甕棺の集団墓地の西端と考えられている地域であり、ここでは須玖系統の土器が少しあって、それを取り囲むようにして熊本平野と同様な黒髪式系の甕棺が多数認められている。しかも北部九州的甕棺には鉄戈が副葬されているのに対して、黒髪系甕棺には副葬品は皆無ときわめて対照的なあり方を示している（甲元1989）。

　このようにみてくると、弥生時代の九州地方では、福岡平野を中心として外国製青銅器類を保持し、またやや遅れて国産青銅器類を製作し、それらを使用して共通の祭祀を行う中核地帯があった。その外側には甕棺共同墓地を形成するものの副葬青銅器は少数しかない地帯、少数の北部九州的甕棺と在地の多数の甕棺で共同墓地が形成されるが副葬品はもたない地帯、箱式石棺墓や土壙墓などその他の墓制といっしょに甕棺が共同墓地に存在する地帯と、福岡平野を中心として集団墓地のあり方が同心円状に違いを示しているのである。見方を変えれば、水稲耕作を生活の基盤にしながら新しい弥生的世界を構成する佐賀平野から菊池川流域までの地帯、在来の生活様式を保持しつつ、北部九州の影響を受けて質的変化を遂げつつある長崎県大村湾から熊本平野に及ぶ地帯、そしてその外側にあって縄文的世界をなお色濃くとどめている南九州一帯に分けて考えることができよう。

低身長低顔の集団

　このような差はまた、形質人類学的研究の結果とも一致している。弥生時代から古墳時代にかけての九州地方では、出土人骨はその形質により3グループに分けることが可能である。北部九州の甕棺墓地より出土する人骨は、身長は男性で162〜163cm、女性で150〜152cmと縄文人よりも背が高く、また顔も面長で鼻が高い。面長の顔はとりわけ鼻根から上顎までの長さ（上顔高）で示され、この地方の弥生人のそれは7cm以上である。西北九州から中九州にかけての地域でみられる人骨では、身長は男性で157〜160cm、女性で146〜150cm

と低く、上顔高も低く、鼻も幅広で低いという縄文人と類似した形状をとる（金関 1973）。一方南西諸島に分布する人骨では身長は男女とも150cm以下ときわめて低く、上からみた頭の形状も丸に近い短頭をなしている。甕棺で集団墓地を形成する地帯では高身長高顔の人びとが、甕棺が分布しない地帯では縄文人と類似した形質の人びとが住み、熊本平野ではその混在した様相を示している。

水稲農耕を基礎とした社会を形成していたと考えられる近畿中央部では、土器のなかで壺と甕の比率が2対1、北部九州では1対1ときわめて壺の出土数が多いことが特徴として挙げられる。一方中九州では甕が圧倒的に多く出土し、2／3以上を占めている。このことは人骨の違いはほぼ生活様式の違いと一致する可能性を物語っている。『肥前国風土記』に記載された、小値賀島の白水郎の容姿や言葉が隼人に似ているという文言は、北部九州の甕棺地帯の外縁にあって、縄文的生活様式を持続させていた人びとが、ある種の共通性をもって別の世界の人びとと認識されていたことを示している。すなわち、後に熊襲・隼人と呼称された人びとは、弥生時代においては中九州以南の地にあって、縄文人的体質を保持しながら、水稲耕作以外の生業活動を基盤に据えた社会を形成していたことを物語るものである。

近畿中央勢力南下の基地

弥生時代の末期になり、それまで熊本平野で停滞していた水稲農耕の波が鹿児島県西部地方に及んだことが、環濠を有する集落の出現によりうかがうことができる。これ以前の段階でも金峰町の高橋貝塚でみられるように、籾の圧痕をもつ土器があり、石庖丁や抉入片刃石斧などの弥生的農耕石器もみられることから、水稲耕作の存在が知られていなかったわけではない。それはあくまでも、点状に分布するにとどまるもので、本格的な水稲耕作民の定着とは考え難い。貝塚を形成することや貝輪の素材であるゴホウラの未製品が多数出土することからみても、高橋貝塚は特殊な役割を担った遺跡とみることができよう。

前方後円墳を中心とする前期古墳の分布をみてゆくと、4世紀末から6世紀

にかけて、宇土半島の基部に13基も築造されていて、熊本における一大中心地となっている。一方、この宇土半島から南では不知火海に面した台地上に、4基の前方後円墳を中核とした竜北古墳群がみられるが、出土する埴輪からみるといずれも5世紀末以降に築造されたものであり、宇土半島の古墳群とは明確に構築時期を異にしている。

宮崎県側の古墳をみてゆくと、高鍋町持田古墳群、新富町新田原古墳群、西都市西都原古墳群など、いずれも4世紀末に築造が開始され6世紀に及ぶものと、志布志湾沿岸や肝属川流域に分布する古墳群のように、5世紀末か6世紀初頭に古墳築造が開始されるものと、古墳形成の時期に差のある古墳群が存在することが注目される。

宇土半島基部は弥生時代には水稲農耕民と非水稲農耕民の対峙する接点であり、出土する人骨からも両者が混在していたことが知られる、竜北古墳群が存在する地方での古墳時代初期の人骨は、小川町大坪貝塚でみるように、縄文人的形質を色濃く留めている集団であった。このことからすると、近畿中央政権となんらかの政治的な繋がりをもつ勢力がその接点で力を扶植し、以後の南下の基地となったことが考えられる。

鏡のもつ意味

こうした状況を物語るものとして、古墳から出土する鏡を挙げることができる。4世紀後半から5世紀初めにかけての時期に近畿勢力との密接な関係を示すものとして三角縁神獣鏡が、5世紀後半段階では画文帯神獣鏡がある。熊本では三角縁神獣鏡の出土は4面知られているが、出土遺跡が明確なのは宇土半島基部にある城の越古墳のもので、鳥取県普段寺山古墳出土品と同型である。宮崎県では3面の三角縁神獣鏡がみられる。西都原古墳群では四神四獣鏡と三神三獣鏡、持田古墳群では四神四獣鏡があり、持田古墳出土品は京都府山城町椿井大塚山古墳出土の天王日月四神四獣鏡と同じ鋳型でつくられていることが確認されている。熊本県下出土の三角縁神獣鏡のうち、葦北郡出土と伝えられる二神二獣鏡は、奈良県新山古墳、京都府東車塚古墳出土のものと同じ鋳型で

第4節　熊襲と隼人　*331*

つくられていることからも、4世紀末から5世紀初めにかけて築造されたこれら古墳は、中央との強い繋がりをもった勢力の存在を物語っている。しかも宇土半島基部や宮崎県一ツ瀬川流域の古墳群のように、中央からみてその勢力のボーダーラインの位置する古墳に神獣鏡が共通してみられることは、なんらかの歴史的世界の存在を意味するものといえよう。

　熊本と宮崎、肥後と日向の結びつきは次の画文帯神獣鏡の頃になって一層明確になってくる。宇土半島基部にある不知火町国越古墳から出土した画文帯環状乳神獣鏡は、樋口隆康によると持田20号墳や江田船山古墳、阿蘇一宮の迎平6号墳と同型であり、他に類例として、福岡県山ノ神古墳、香川県蛇塚古墳からも出土している。また国越古墳出土獣帯鏡は、持田計塚、新田原山ノ坊古墳と同型であり、江田船山古墳出土品ときわめて類似している。持田24号・25号墳で出土した画文帯対置式神獣鏡と同型のものは、これまでに江田船山古墳や近畿地方を中心として計21面発見されている。このように、同型鏡を等しく保有するという事実から、江田船山古墳、国越古墳、迎平古墳、持田古墳群、新田原古墳群の被葬者の間には密接な繋がりがあったことを物語るといえよう。この熊本—宮崎を結ぶ線は、あたかもある種の境界をなすようにも思える。このことは新田原山ノ坊古墳出土の環状乳神獣鏡が、埼玉稲荷山古墳の鏡と同型であることを加味すれば、中央政権の支配の及ぶ外縁をなすものとみることができる。すなわち中央政権にとっての重要なボーダーラインであったことを示している。

　ここで問題となるのは、宮崎県大淀川流域に形成された下北方古墳群、生目古墳群、本庄古墳群である。いずれも「諸県の君」の奥津城として知られた古墳群である。北郷泰道、長津宗重によれば、生目1号墳、東調子塚などは4世紀末から5世紀初めに構築されたと考えられ、その後6世紀中頃まで古墳群が形成しつづけられていたとする。発掘調査がなされていないために明確にはなしえないが、これら古墳群のなかにも三角縁神獣鏡や画文帯神獣鏡が存在するならば、大淀川流域までが大和政権との密接な繋がりをもっていた地域とみなすことができる。

6世紀段階になると、前方後円墳の分布は不知火海沿岸では八代まで広がり、6世紀中頃には球磨川をさかのぼって人吉盆地の亀塚がその南限となる。一方九州の東側では、志布志湾や肝属川流域にまで広がり、唐仁古墳群が前方後円墳の南限を形成してゆく。

このようにみてくると、弥生時代では大分県北部から熊本県中央部まで、5世紀段階では宇土半島基部から一ツ瀬川あるいは大淀川流域まで、6世紀中頃には球磨川流域から肝属川流域までと徐々に大和政権と繋がる地域が拡大していったことがうかがわれる。

こうした考古学的状況をふまえて、熊襲と隼人を考えてゆくとすると、5世紀段階での大和と関係があった線以南に住む人びとが総称されて熊襲と呼称され、6世紀にそれが中央に服従するようになると肥人と変じ、6世紀段階でもなお中央と対峙していた人びとが総称されて隼人（みなみのひと）とよばれるにいたったと推定することが可能である。すなわち、球磨川流域から肝属川流域以南に住んでいた人びとこそ、総称された隼人と想定することができよう。

南九州の生業活動

南九州一帯はシラスとよばれる火山放出物が広汎に堆積していて、土地の生産性は高くない。初期水稲農耕の適地であるグライ土壌が分布しているのは、一ツ瀬川流域、大淀川流域、肝属川流域および隼人町一帯にしかすぎない。このため高橋貝塚では、弥生時代前期に稲作を営み、農耕石器を保持していたにもかかわらず、水稲農耕の広がりはさほど大きくなかったと思われる。

弥生時代後期から古墳時代初期にかけて、それまで弥生人には未踏の大地であった九州山地の平原部の開拓が進み、大規模な集落が各所に出現するようになる。そしてこの時期に、大量の鉄製品が出土することが注目される。このことからすれば、弥生時代後期末から古墳時代にかけて、環濠集落形成の波が不知火海沿岸から鹿児島県の西海岸にまで及ぶ現象は、大量の鉄器をもって初めてこの地域の小河川流域の耕地としての開拓が始まり、点状であっても水稲耕作が本格化したことが推定できる。むしろこの地方で特徴的なことは、国分直

一が指摘するように、打製の有肩石器の存在である。硬砂岩や砂質のスレートを素材とし、粗い打面を残したままのこの打製石器は、南九州から南西諸島にかけての台地上の遺跡から発見されることが多く、陸耕用の鍬と推定されている。水稲耕作が不可能と思われる立地条件をもつ遺跡に、収穫用の打製石庖丁が出土することからも、生業の主体はむしろ畑作栽培にあったのではないかということを思わせるのである。また入来遺跡で多量のドングリが出土していることは、水稲栽培を行いながらも、なお自然物への依存度が高かった生活状況にあったことを物語るものである。

特異な南九州の墓制

南九州に展開する特異な墓制としては、地下式板石積墓と地下式土壙墓、立石墓、配石墓などがある。

地下式板石積墓は地表下1〜1.5mのところに、方形もしくは楕円形に板石を立てるように積み上げて墓室を形成するもので、墓室の大きさは1〜1.5mで、多くの場合板石を積み重ねて蓋とする。今日までのところこの種の墓制のもっとも古い例は、弥生時代中期にさかのぼるもので、それは長崎県五島列島の小値賀島神ノ崎遺跡で確認されている。またこの遺跡では地下式板石積墓は5〜6世紀頃まで引きつづきつくられていたことも明らかにされている。地下式板石積墓は、この他天草諸島、球磨川流域、川内川流域に分布していて、大淀川流域にもわずかながら分布が認められる。こうした分布の状況は、新生弥生人や弥生化した縄文人の分布の外側にある。天草の妻の鼻遺跡の出土人骨から、縄文的体質を色濃く留めていることが知られていることからも、この墓制を営んだ人びとは、弥生時代になっても縄文的生活を強く保持していた、後の熊襲もしくは隼人と同様の人びとであったことを示している。『肥前国風土記』に五島値嘉島白水郎が「言語俗人と異なり、容貌隼人に似たり」と表現されていることがたいへん示唆的であるといえよう。

地下式横穴の被葬者

　地下式横穴墓は地表下約1.5m〜2mまで竪坑を掘り、そこから横穴式の墓室をつくるもので、なかにはその上部、地上に高い墳丘を有するものもある（上村 1975）。宮崎県一ツ瀬川流域、大淀川流域、志布志湾一帯にことに多く分布している。内陸の大淀川上流、川内川上流、人吉盆地では前述した地下式板石積墓と共存することが多い。地下式板石積墓は弥生時代の箱式石棺墓を変形させて独自のものとしたことがその構造上より知ることができるが、地下式横穴墓の来歴は不明である。一ツ瀬川流域、大淀川流域、志布志湾一帯では、高塚古墳と同一の墓域内で共存することがあり、また西都原4号墳、下北方5号墳のように、鏡や短甲といった副葬品をもつものも少なくない。このことから高塚墳に埋葬された人びととくらべて決して遜色はない。鉄製の武器・武具類を多く出土することは、この種の墓制の特徴の一つである。地下式横穴は5世紀の後半から6世紀の終わり頃まで継続して構築されたもので、地下式板石積墓と異なり、高塚古墳との関係を無視してはその性格は語れない。北郷泰道は高塚古墳と地下式横穴墓の共存のあり方から、西都原古墳群にみられるような、主従関係ないしは政治的主体と軍事的側面ととらえられる地域、下北方古墳群にみられるように相対的に自立したグループ、六野原古墳群にみられるように前方後円墳が客体的で在地の首長権は地下式横穴墓で継承されるもの、および内陸部の前方後円墳と共存しない独自の世界のものとに分類してその性格が把握可能であるとしている。このことは一面では熊襲および隼人とよばれた人びととの「大和化」の度合いを示すものであり、平野部の地下式横穴墓で出土する人骨が、山間部出土人骨よりも高顔で身長が高いという差異があることも、こうした点を強く物語るものであるといえよう。

　最後の立石墓・配石墓のグループは薩摩半島先端部から種子島にかけての地域に分布するもので、土壙墓の上部に小石を配した集団墓地のなかに、標石として大きな板石を建てるという特殊な習慣をもつ墓制であり、そこから出土する人骨は、短頭で低身長という南西諸島の弥生時代以降に一般的にみられる身

第4節　熊襲と隼人　335

体的特徴を有している。

隼人の実像

　このように、熊襲・隼人と称された人びとが居住していたとする南九州では、時代的にかなり様相の異なった状況が展開するのであり、墓制をとってしても決して一律には論じられない。このことからすれば、熊襲・隼人も大きくは、九州中部以南の地域に居住していた異民族であるにしても、時代的には異なった集団を対象として把握されていた可能性が高い。すなわち、5世紀段階までは球磨川流域から一ツ瀬川流域もしくは大淀川流域以南の地に住む人びとが熊襲と呼称されたのであり、7世紀頃には川内川から志布志湾・肝属川流域以南の人びとを（その内部には大和化した熊襲や隼人を含みながら）隼人と総称したのであろう。

　律令体制に入って初めて、中央の支配下に取り込まれた薩摩の大部分と大偶半島南半部、それに南西諸島の人びとが明確な隼人である。この地方に住む人びとは、形質的には明らかに九州中部以北の人びととは違いがあり、異民族と考えることが可能である。その生活様式も、たとえば樹皮で衣服をつくるためのクロス・ビーターなど東南アジアと結びつきやすい道具を保有しており、他の地方とは異なった様相を認めることができるが、生活全体を通してその実態は如何なるものかと問い直されたとしたら、その答えは今後の研究にまつしかないとしか現状ではいうことができないのも事実である。

引用文献
金関丈夫　1973「人類学からみた古代九州人」『古代アジアと九州』平凡社
上村俊雄　1975「考古学上より見たる熊襲と隼人」『隼人』社会思想社
甲元眞之　1989「地域と中枢地帯」『考古学研究』第35巻第2号
村山七郎　1975「ハヤトの言葉」『隼人』社会思想社

初 出 一 覧

第1章　環境と考古学
「農耕社会と環境の変化」『考古学による日本歴史』第16巻、雄山閣出版、1996年。
「砂丘の形成と考古学」『西海考古』第5号、2004年。

第2章　大陸との交流
「大陸文化との出会い」『古代史復元』第5巻、講談社、1988年。
「大陸文化と玄界灘」『海と列島文化』第3巻、小学館、1990年。
「稲作農耕の伝播」原題「環東中国海をめぐる稲作の伝播」『日本人はるかな旅』第4巻、NHK出版、2001年。
「弥生文化の系譜」『歴史公論』第4巻第3号、1978年。

第3章　生業とくらし
「九州出土種子の炭素年代」『先史・古代東アジア出土の植物遺存体（2）』熊本大学、2004年。
「弥生農耕の展開」『季刊考古学』第37号、雄山閣出版、1991年。
「弥生時代のコメの収穫量」原題「弥生時代の食糧事情」『古代史の論点』第1巻、小学館、2000年。
「播種と収穫」『弥生文化の研究』第2巻、雄山閣出版、1988年。
「稲作栽培と魚」『VESTA』第11号、1992年。
「先史時代九州の植物利用」『先史学・考古学論究』4、龍田考古会、2003年。
「海と山と里の形成」『考古学ジャーナル』344号、1992年。
「弥生時代のくらし」『弥生文化』大阪府立弥生文化博物館、1991年。

第4章　集団と社会
「弥生時代の社会」『古代史発掘』第4巻、講談社、1975年。
「地域と中枢地帯」『考古学研究』第142号、1989年。
「農耕集落の変遷」原題「農耕集落」『岩波講座日本考古学』第4巻、岩波書店、1986年。

第5章　祭祀と呪術
「考古遺物と祭祀活動」原題「倭国の風景・弥生人の宇宙」『毎日新聞』1993年7月2、9、16日。
「シャーマンと鏡」原題「鏡」『弥生文化の研究』第8巻、雄山閣出版、1987年。
「鳥装のシャーマン」『先史学・考古学論究』2、龍田考古会、1994年。
「弥生時代の動物随葬墓」原題「弥生時代動物随葬の一様相」『歴史公論』第8巻第9号、1982年。

第6章 南の世界

「トカラ列島の先史文化」原題「南島文化　トカラ」『縄文文化の研究』第6巻、雄山閣出版、1982年。

「広田遺跡の考古学的環境」原題「考古学的環境」『種子島広田遺跡』2003年。

「琉球列島の農耕のはじまり」『先史琉球の生業と交易』熊本大学、2002年。

「熊襲と隼人」『図説検証　原像日本1　人間と生業：列島の遠き祖先たち』旺文社、1988年。

あ と が き

　わたしが考古学の勉強をはじめてから40年ほどになる。この間数え切れないほどの先生や先輩に学問的な影響を受けてきた。なかでも考古学の考え方を最も深く教えていただいたのは八幡一郎先生であった。18歳で広島の田舎から上京し、八幡先生と出会えたことはこの上ない幸せなことであったと思える。先生は常々、「人間の営み」という言葉を会話のなかで挟まれることが多かった。考古学の研究にとって人々の具体的な営みを復元把握することの必要性を、淡々と語られていた。こうしたなかで学生時分から、考古学の基本的な方法を学びながらも、勢い、民族誌の方面の勉強に邁進していった。戦前、太平洋協会が出版したアジア関係の民族誌の翻訳本を各地の古本屋で買いあさり、神田の一誠堂にて英文で書かれたフィリピンを中心とする東南アジア民族誌を買い求めて熟読した。八幡先生は大学では技術史の講義をされたが、それは作り方の技術だけでなく、使い方の技術に重点がおかれていたのも、先生の学風が奈辺にあったかを後に知ることとなった。

　ここに掲載した論文はそうした学問的雰囲気の膝下で、考古学、というよりも先史学の研究方法を基礎として、生態学的観点や社会集団の解析法、祭祀や宗教の解明法などを多くの研究者から学び、わたしなりに理解し、実践したものである。

　この本に再録するにあたり、文言の統一や引用文献の表示などにおいて、初出原稿に手をいれた箇所があることをお断りする。

　第1章「環境と考古学」は、生業活動を営む上でのそのバックグランドについて論及したものである。マクロ的には環境の変化は大きくは地球規模で起こることから、世界共通の環境変化を捉えようとしたものであり、またミクロ的

あとがき　339

にはこうした環境変化が一定地域のなかで、考古学資料を通してどのように把握できるかを具体的に示した。遺物と同様に遺跡の形成のあり方を資料化することで、考古学的検討の対象とすることが可能となる。

　第2章「大陸との交流」は、日本列島に開花した文化活動が、常に大陸との関連において展開したという考え方に則って具体的に論じたものをまとめた。先史時代から九州島は大陸文化の窓口であり、大陸の動向を敏感に反映してさまざまな遺物や遺構を残してきた。こうした側面を大陸側から見た場合どのように考えられるかについて論ずるとともに、それら大陸からの文化受容に関して、弥生時代に例をとって男女別でのありかたの違いに言及したのは、ウィーン学派の歴史民族学を学ぶことにより得られた。

　第3章「生業とくらし」は、藤本強先生に倣って、生業活動を具体的に生態環境のなかで論じる必要性を意識して考古資料の分析にあたったものを集めた。ここでは、弥生人は穀物栽培を中心とした生活を営みながらも、多様な生業活動に勤しんでいたことを、主として動植物遺存体の分析を基本として論じた。西ヨーロッパの研究者の先史時代研究における基本的なスタンスは、動植物遺存体の分析に依拠したものであり、これにより先史時代人の営みを具体的に把握することができる。採集・漁撈・狩猟といった穀物栽培以外の生業活動を個別的に論じていないのは、第7節「海と山と里の形成」に述べたような生業活動全体を社会集団との関係で包み込む試みを、最終的には列島規模で展開するという構想のためである。

　第4章「集団と社会」は、考古学資料を基礎として、社会集団を動かす基本的な力点は何か、それをどのようにわれわれは把握できるかを模索しながら論じたものであり、「親族組織」、「中心と周辺」、「単位集団」などが、社会集団を研究対象としたときの基本的な分析視点であることで通底している。未だ十分には消化しきれていない側面もあるが、その時期その時期で自分なりに達成感があった論文である。

　第5章「祭祀と呪術」は、メタフィジカルな世界を扱った論文を集成した。大学・大学院と民俗学や文化人類学を学ぶ機会が多かったことから、自然と関

心が高まった分野である。したがってこうした発想法は別に改めて問題にするほどではないと思っている。ただ残念ながら人間全体に対する学識は深くはなく、論を進めるうえでの裏付けとなる人間の多様な行動様式を全人的に掌握するまでには至っていない。今後は具体的な遺跡のありかたを分析することで、改めてこの問題にわたしなりの解決方法を見出したい。

　第6章「南の世界」は、熊本大学に奉職して南九州地域や南西諸島の調査に携わる機会が多く、そのなかで考えていたことをまとめてある。落葉樹林帯での生活様式に慣れ親しんだものにとっては、まったく異質の世界とも思えるが、その境界はファジーで未だにその違いがどこからくるのか十分には把握していない。南西諸島に展開する諸現象は、はたして日本文化に通底しているのか、独自な世界が展開しているのか。その両者間で揺れ動いているのが実際のところである。

　この本を出版するにあたり、同成社の山脇洋亮社長のご配慮に与ることが多かった。記して謝意を申したい。

　　　2004年5月

　　　　　　　　　　　　　　　　　　　　　　　　　　　甲元眞之

索　引

あ行

アイヴェルセン　2, 3, 4
赤井手遺跡　53
秋葉隆　259
秋根遺跡　222
朝日遺跡　97, 109, 164
朝寝鼻貝塚　60
愛宕山遺跡　184
後中尾遺跡　205
安満遺跡　183
綾羅木郷遺跡　105, 107, 108, 134, 164, 205, 208
荒子遺跡　229, 232
有田遺跡　203, 221
飯氏馬場遺跡　192
イェッシング　172
筏遺跡　62
井頭遺跡　234
伊川津貝塚　107
生目古墳群　331
伊木力遺跡　85
池上遺跡　96, 107, 109, 132, 160, 162, 163, 164, 165, 183, 186, 282
池守・池上遺跡　205, 223
石井入口遺跡　212
石原亀ノ甲遺跡　213
泉原遺跡　304
板付遺跡　90, 91, 98, 102, 117, 132, 164, 203, 204
市来貝塚　49
一湊遺跡　85, 298, 301
一湊松山遺跡　16, 18, 298
一倉遺跡　272
稲荷山古墳　331

今川遺跡　50, 52, 53, 204
今城東遺跡　223
芋岡山遺跡　184
入来遺跡　333
伊礼原Ｃ遺跡　84, 85, 86
岩崎卓也　228
磐田市西貝塚　107
岩屋遺跡　193
尹家城遺跡　125
尹武炳　33
上の台遺跡　231
上の原遺跡　86, 87, 101
ウォーターボルク　5
宇木汲田遺跡　27, 28, 34, 41, 96, 180, 193, 203, 257
宇久松原遺跡　17, 301
ウスティ・ベーラヤ遺跡　46, 47
内河野遺跡　212
圩墩遺跡　124
ウノ・ホルンベルグ　266
姥山貝塚　200
瓜生堂遺跡　93, 96, 183
会下山遺跡　209
江田船山古墳　331
恵良原遺跡　212
エリアーデ　265
大県遺跡　28, 257
大池遺跡　287, 288, 289
大石遺跡　27, 101
皇石遺跡　193
扇谷遺跡　205, 208
大久保貝塚　18
大園遺跡　221, 222, 237
大塚遺跡　205, 208, 215, 225, 226, 227, 228

大坪貝塚　327
大友遺跡　48, 153, 193, 301
大中遺跡　207, 214
大浜遺跡　16, 18, 282, 301, 303
大林太良　255, 258, 259
大南遺跡　211
大峰山遺跡　185
大矢遺跡　16
岡崎敬　115
小川島遺跡　48, 153, 154
荻生遺跡　237
沖ヶ浜田北遺跡　304
沖ノ島　55, 56
沖ノ山遺跡　53
小倉新池遺跡　181
小園遺跡　212
男原遺跡　156
小野忠凞　200
小畑弘己　86
小浜遺跡　303
小浜貝塚　303
オルドラップ　3

か行

貝殻山遺跡　205, 210, 213
貝鳥貝塚　248
貝野遺跡　222
貝の花遺跡　202
槐亭洞　33, 51
鏡山猛　200
柿迫遺跡　156
欠山遺跡　214
賈固遺跡　7, 8
風張遺跡　87, 248
柏﨑貝塚　41
梶栗浜遺跡　28, 41, 52, 174, 193, 257, 301
加曽利貝塚　216
加藤晋平　281

方保田東原遺跡　271
門田貝塚　93, 109
桂見遺跡　91
金関丈夫　79, 191
金関恕　175, 176
金隈遺跡　180, 192, 194
金子浩昌　282
金原正明　13
河姆渡遺跡　6
神ノ﨑遺跡　333
神谷原遺跡　228
上能野貝塚　305
亀井遺跡　93, 109
亀塚遺跡　272
鴨都波遺跡　186
唐古遺跡　96, 109, 160, 183, 247, 273, 281
河口貞徳　287, 319
川寄吉原遺跡　273, 275, 276
瓦谷遺跡　185
観音堂遺跡　107
観音寺山遺跡　208
祇園山古墳　192
北貝戸遺跡　220
北原遺跡　212
鬼頭清明　201, 232
鬼虎川遺跡　93
木下尚子　305, 321
宮坪里遺跡　63
姜寨遺跡　216, 217
玉峴里遺跡　63, 144
欣岩里遺跡　36, 37, 62, 144
金信奎　283
口酒井遺跡　106
国越古墳　331
柊原貝塚 86
鞍骨山遺跡　186
黒橋貝塚　86
神水遺跡　192, 251, 271, 276

索引 *343*

景華園遺跡　192, 193, 194
繋山里遺跡　45, 68
国府台遺跡　238
神原英朗　213
古浦遺跡　301
国分直一　149, 280, 303, 332
虎谷洞遺跡　46, 190
古津路遺跡　185
五洞遺跡　190
湖南里遺跡　62
古南里貝塚　63
小波戸遺跡　16, 84
小林達雄　150, 249
小林行雄　182
小南一郎　258
五領遺跡　229
近藤喬一　53, 182
近藤義郎　165, 200, 205, 209, 238

さ行

歳勝土遺跡　226
西都原古墳群　330, 334
西都原4号墳　334
酒井仁夫　177
佐賀貝塚　46
西呉寺遺跡　125
坂の下遺跡　86
雀居遺跡　83, 85, 86
佐田茂　56
里田原遺跡　117, 139, 140, 257
鯖田豊之　120
佐原真　26, 72, 73, 75, 76, 101, 201
澤田吾一　103
三殿台遺跡　215, 227, 228, 238
山湾子遺跡　30
椎之木遺跡　301, 303, 305
潮見浩　101
四箇遺跡　91, 92
磯山遺跡　124

蜆塚貝塚　107
沈目遺跡　219
志村遺跡　200
下北方古墳群　331
下北方5号墳　334
下郷桑苗遺跡　247
下條信行　149, 150, 196
下長尾野遺跡　156
下稗田遺跡　96, 211
下東遺跡　205
島津義昭　155
清水風遺跡　251, 273
釈迦堂遺跡　193
ジャコビ　126
社宮司遺跡　257
シャーマン岬遺跡　46
集安遺跡　32
十二台営子遺跡　32
十郎川遺跡　203
竺可楨　6
松菊里遺跡　36, 37, 50, 51
松山里遺跡　34
尚荘遺跡　66
城の越古墳　330
上老大島貝塚　45
白川静　29, 30
白浜貝塚　16, 18, 301, 303
白鳥芳郎　276
シロコゴロフ　265, 266
新宮遺跡　193
新里貴之　305
新南部遺跡　202
新町遺跡　17, 301, 303
新山古墳　330
水泉城子遺跡　32
椥沢遺跡　8, 124
須玖岡本遺跡　53
杉原荘介　102
ストゥジェント遺跡　46

ストラボン　131
石寨山遺跡　274, 276
西浦項貝塚　47
石灘里遺跡　63
千塔山遺跡　206, 207, 208, 209, 211
草島遺跡　47
草浦里遺跡　51, 52
曾畑遺跡　60
そとごう遺跡　209

た行

大谷里遺跡　34, 51
大嘴子遺跡　37, 63
大城山遺跡　66
大旬子遺跡　20
大中ノ湖南遺跡　118, 133
大藩家村遺跡　66
大坪里遺跡　63, 144
大拉罕溝遺跡　32
高蔵貝塚　205
高倉洋彰　257
高橋遺跡　214
高橋貝塚　49, 153, 194, 301, 329
高橋一夫　201, 232, 233
高畑遺跡　157
高松原遺跡　215
高根木戸遺跡　202
宝台遺跡　180, 211
滝川政次郎　133
武末純一　150
嶽中野遺跡　303
タチバナ遺跡　153, 287, 289, 292, 296
橘昌信　43
立岩遺跡　180, 181, 185, 193, 194
田中義昭　200, 202, 215, 225, 227
谷頭遺跡　156
谷尻原遺跡　212, 220
田能遺跡　109
智塔里遺跡　62, 142

茶雲洞遺跡　63
中堡島遺跡　126
趙家堡遺跡　32
張金儀　258
朝光寺原遺跡　205, 215, 227, 228
塚田松雄　12
つぐめのはな遺跡　43
辻田遺跡　199
津島遺跡　133
津田左右吉　326
都出比呂志　116, 202, 208
椿井大塚山古墳　330
坪井遺跡　273
坪井清足　101
妻の鼻遺跡　333
ディーツ　172
鄭家窪子遺跡　32, 52
寺尾遺跡　177
寺浦﨑遺跡　55
寺沢薫・知子　36, 90, 102, 103, 105,
　　113, 133, 160, 197, 235
寺山遺跡　218
土井ヶ浜遺跡　174, 175, 176, 177,
　　278, 301
東翁根山遺跡　20
東郷高塚古墳　56
東港里遺跡　68
東西里遺跡　51
東三洞貝塚　45, 47, 50, 62, 68, 142
唐仁古墳群　332
渡喜仁浜原遺跡　315
伽山遺跡　221
途中ヶ丘遺跡　205
鳶尾遺跡　233
富の原遺跡　192, 328
鳥居龍蔵　258, 259
鳥ノ峰遺跡　304, 305
鳥浜貝塚　60, 91
登呂遺跡　100, 102, 133

吐魯溝村遺跡　30

な行

永井昌文　49，304，307
長越遺跡　219
中島遺跡　16，82，83，85，140，141
中園聡　305
中田遺跡　231
長津宗重　331
中の浜遺跡　174，177，180，193，301
仲之町遺跡　303
長原遺跡　93
中平遺跡　214
中山貝塚　48
長柄遺跡　28，257
ナガラ原東貝塚　312，314，318，320，321
名切遺跡　86
那崎原遺跡　312，313，315，316，321
夏井ヶ浜遺跡　301
菜畑遺跡　85，86，90，91，102，106，107，108，117，132，162，163，164，191，203，204，247，249，250，281
波来浜遺跡　301
南京遺跡　36，37，62，144
南山根遺跡　31
南城里遺跡　51
西岡台遺跡　85
西川津遺跡　93，108，109，132
西之薗遺跡　49
新田原古墳群　330
新延貝塚　107
二本木遺跡　212，213
入室里遺跡　34
沼遺跡　200，201，205，209，210，213，215
ネギノ遺跡　212
納所遺跡　93
農所里遺跡　45

農林遺跡　304

は行

白浮村遺跡　31，32
馬橋遺跡　66
伯玄社遺跡　180
馬山里遺跡　62
橋口尚武　305
馬廠溝遺跡　30
橋原遺跡　149，161，164，215
馬場川遺跡　93
浜遺跡　185
浜郷遺跡　282
浜坂貝塚　287
浜田耕作　15
春成秀爾　101，270，304
原の辻遺跡　82，137，140，192，257，281
原口正三　201，218，223
原之城遺跡　232
反川里遺跡　34
比恵遺跡　98，205
稗田地蔵堂遺跡　41，193
東車塚古墳　330
東黒土田遺跡　85
東奈良遺跡　96，109
東平遺跡　232
東山遺跡　164，209，214
樋口隆康　331
日高遺跡　236
火ノ上山遺跡　304，307
日秀西遺跡　232，236
馮漢驥　275
平井遺跡　212
平尾遺跡　222
広瀬和雄　201，218
広田遺跡　301，303，304，305，307
彭頭山遺跡　6
フォン・ポスト　2

吹上遺跡　192
福田貝塚　61，87
福永光司　258
藤崎遺跡　17，301
藤田等　116
藤森栄一　100
二ツ池遺跡　186，215，227
普段寺山古墳　330
不動堂遺跡　216
船橋遺跡　93
フワガネク遺跡　319
文蔵貝塚　155
蛇塚古墳　331
便木山遺跡　184
北荘遺跡　64
北洞村遺跡　30
ホームズ　129
北郷泰道　331，334
本村籠遺跡　257
本城遺跡　85
本庄古墳群　331

ま行

前谷遺跡　86
前畑遺跡　156
曲金北遺跡　134
曲り田遺跡　96，203，211，216
増田遺跡　257
町田章　29
松島透　149
松野遺跡　221
麻田里遺跡　63，144
松之尾遺跡　301，304
三雲遺跡　41，181
美園遺跡　96
三ツ寺遺跡　229，232，236
御床松原遺跡　219
三友国五郎　287
南小路遺跡　53

南溝手遺跡　61，87，248
見晴台遺跡　205
宮ヶ久保遺跡　273
宮坂光次　200
宮ノ州古墳　56
宮の前墓地　185
宮之前遺跡　222
宮本一夫　61
宮山遺跡　184
迎平6号墳　331
向津具遺跡　41
村上遺跡　233，234
村山七郎　326
前原遺跡　86
目久美遺跡　91
目黒身遺跡　209
メラーズ　5
木頭公社　30
持田古墳群　330
持田20号墳　331
持田24・25号墳　331
持田計塚古墳　331
盛園尚孝　305
森貞次郎　149，191
森ノ宮貝塚　96
盛本勲　321

や行

ヤジャーガマ遺跡　312，314，315，316，321
柳瀬昭彦　104
八幡一郎　75，114，200
山賀遺跡　93，218
山垣遺跡　223
山崎純男　44，113，117，150，155
山田水呑遺跡　233，234，237
山内清男　101
山ノ神古墳　331
山ノ坊古墳　331

鑓溝遺跡　181
楊家圏遺跡　64
用木山遺跡　213
用見崎遺跡　320
横峯遺跡　304
横山浩一　201
吉胡貝塚　77
吉田遺跡　214，219
吉武高木遺跡　27，28，41，52，257
吉野ヶ里遺跡　41，109
吉母浜遺跡　174
四ツ池遺跡　186
四日市遺跡　84，85，87
四辻遺跡　184

ら行

羅家角遺跡　123

梨花洞遺跡　34
梁家村遺跡　32
立願寺遺跡　193
領家遺跡　104
陵南遺跡　219，221
琉璃河遺跡　28
六野原古墳群　334
ロコモティフ・スタジアム遺跡　46

わ行

若山遺跡　253，254，257
和島誠一　200
渡部忠世　248
渡辺誠　45，46，75，77，101，216
和邇・森本遺跡　218
輪之尾遺跡　304

Early Farming Culture and Society in Japan

BY

KOMOTO Masayuki

Professor of Archaeology, University of Kumamoto

DOSEISHA CO. LTD., Tokyo

2004/ 9 / 5

CONTENTS

Section1 Environment and Archaeology

Chapter 1 Farming Society and Environment Change

      2 Formation of Sand Dun and Archaeology

Section2 Cultural Exchange with the East Asian World

Chapter 1 East Asia and the Japanese Islands in Farming Culture Complex

      2 The Cultural Exchange through the Sea of Genkai

      3 The Spread of Wet-field Rice Cultivation in Japan

      4 A Note on the Descent of Yayoi Culture

Section3 Cultural Activities in Yayoi Agriculture

Chapter 1 C14 Dating and Prehistoric Plant Seeds from Kyushu Islands

      2 Development of Yayoi Agriculture

      3 The Yield of Rice in Yayoi Period

      4 Sowing and Harvesting

        5 Wet-field Agriculture and Fish Breeding

        6 The Plant Utilizations in Prehistoric Kyushu

        7 Formation of the Yayoi Community based upon Subsistence Economy

        8 The Livelihood in Yayoi Period

Section4 Community and Society

Chapter 1 Yayoi Society

        2 The Core Area in Yayoi Agricultural Society

        3 Development of Agricultural Society

Section5 Cult and Ceremony

Chapter 1 Archaeological Remains and Ceremonial Activity

        2 Remarks on Shaman and Mirror

        3 Shaman wearing Bird Costume

        4 Yayoi Burial Systems with Animal Bone as Grave Goods

Section6 Southern Frontier

Chapter 1 Prehistoric Culture in the Tokara Islands

        2 Archaeological Setting of the Hirota Cemetery

        3 Remarks on the First Cultivation in the Ryukyu Islands

        4 *Kumaso* and *Hayato* − The Disobedient People

日本の初期農耕文化と社会

■著者略歴■

甲元眞之（こうもと　まさゆき）
　　1944年　広島県三次市吉舎町に生まれる。
　　1963年　東京教育大学文学部入学
　　1967年　東京大学大学院進学
　　1972年　古代学協会研究員
　　1977年　熊本大学助教授
　　1994年　熊本大学教授

主要著作及び論文
　『中国新石器時代の生業と文化』中国書店、2001年。
　「農耕社会の形成」『遺跡からのメッセージ』熊本日々新聞社、2003年。
　「東アジアの先史時代漁撈」『東アジアと日本の考古学』Ⅳ、同成社、2002年。
　「朝鮮先史時代の集落構造」『住の考古学』同成社、1997年。

編著
　Krounovka. Kumamoto University, 2004.
　『先史・古代東アジアの植物遺存体（1）、（2）』熊本大学、2003－2004年。
　『環東中国海沿岸地域の先史文化（1）～（5）』熊本大学、1998－2001年。

2004年9月10日発行

著　者　　甲　元　眞　之

発行者　　山　脇　洋　亮

印　刷　　亜細亜印刷㈱

発行所　　東京都千代田区飯田橋
　　　　　4-4-8 東京中央ビル内　㈱同成社
　　　　　TEL 03-3239-1467　振替 00140-0-20618

©Koumoto Masayuki 2004 Printed in Japan
ISBN4-88621-298-0 C3021